독자의 1초를
아껴주는 정성을
만나보세요!

세상이 아무리 바쁘게 돌아가더라도 책까지 아무렇게나 빨리 만들 수는 없습니다.
인스턴트 식품 같은 책보다 오래 익힌 술이나 장맛이 밴 책을 만들고 싶습니다.
땀 흘리며 일하는 당신을 위해 한 권 한 권 마음을 다해 만들겠습니다.
마지막 페이지에서 만날 새로운 당신을 위해 더 나은 길을 준비하겠습니다.

길벗 IT 도서 열람 서비스

도서 일부 또는 전체 콘텐츠를 확인하고 읽어볼 수 있습니다.
길벗만의 차별화된 독자 서비스를 만나보세요.

더북(TheBook) ▶ https://thebook.io

더북은 (주)도서출판 길벗에서 제공하는 IT 도서 열람 서비스입니다.

입문자를 위한 맞춤형 AI 프로그램 만들기
Building Custom AI Applications for Beginners

초판 발행 • 2025년 6월 4일

지은이 • 다비드스튜디오
발행인 • 이종원
발행처 • (주)도서출판 길벗
출판사 등록일 • 1990년 12월 24일
주소 • 서울시 마포구 월드컵로 10길 56 (서교동)
대표 전화 • 02)332-0931 | **팩스** • 02)323-0586
홈페이지 • www.gilbut.co.kr | **이메일** • gilbut@gilbut.co.kr

기획 및 책임 편집 • 변소현(sohyun@gilbut.co.kr) | **디자인** • 장기춘 | **제작** • 이준호, 손일순, 이진혁
마케팅 • 임태호, 전선하, 박민영, 서현정, 박성용 | **유통혁신** • 한준희 | **영업관리** • 김명자 | **독자지원** • 윤정아

교정교열 • 박민정 | **전산편집** • 이상화 | **출력 및 인쇄** • 금강인쇄 | **제본** • 경문제책

▶ 이 책은 저작권법의 보호를 받는 저작물로, 이 책에 실린 모든 내용, 디자인, 이미지, 편집 구성은 허락 없이 복제하거나 다른 매체에 옮겨 실을 수 없습니다.
▶ 인공지능(AI) 기술 또는 시스템을 훈련하기 위해 이 책의 전체 내용은 물론 일부 문장도 사용하는 것을 금지합니다.
▶ 잘못 만든 책은 구입한 서점에서 바꿔 드립니다.

ISBN 979-11-407-1367-7 93000
(길벗 도서번호 080444)

정가 28,000원

독자의 1초를 아껴주는 정성 길벗출판사

㈜도서출판 길벗 | IT단행본&교재, 성인어학, 교과서, 수험서, 경제경영, 교양, 자녀교육, 취미실용
www.gilbut.co.kr

길벗스쿨 | 국어학습, 수학학습, 주니어어학, 어린이단행본, 학습단행본
www.gilbutschool.co.kr

페이스북 • https://www.facebook.com/gbitbook
예제 소스 • https://github.com/gilbutITbook/080444

OpenAI API

입문자를 위한
맞춤형 AI 프로그램 만들기

다비드스튜디오 지음

길벗

책 소개

업무와 일상생활에 응용할 수 있는 AI 프로그램 만들기

누구를 위한 책인가

AI 프로그래밍 입문자를 위한 책으로, 파이썬을 처음 접하는 독자도 따라 할 수 있도록 기초부터 자세히 설명합니다. 실습용 소스 코드를 제공하므로 모든 실습을 복사·붙여넣기로 실행할 수 있습니다.

책에서 다루는 내용

총 3부로 나눠 1부에서는 AI 프로그래밍 실습 환경을 설정하고, 2부에서는 AI 프로그래밍을 위한 파이썬, 스트림릿, API의 기초 사용법을 익힙니다. 3부에서는 열 가지 AI 프로그램을 만들며 AI 모델을 사용하는 방법, 프로그램을 화면에 구현하는 방법을 배웁니다. 이 책을 다 읽고 나면 자신만의 AI 프로그램을 만드는 데 도움이 되는 아이디어를 얻을 수 있고, 본문의 코드를 변형해 사용할 수도 있습니다.

1부. AI 프로그램 시작하기
- AI 프로그램 소개 및 실습 환경 설정
- AI 프로그램 맛보기

2부. AI 프로그램 기초 지식
- 코드 작성을 위한 파이썬 기초
- 화면 UI를 위한 스트림릿 기초
- 요청과 응답을 위한 API 기초

3부. 실전! AI 프로그램 만들기
- 친근한 AI 챗봇 만들기
- 문서 요약 프로그램 만들기
- PDF 번역/요약 프로그램 만들기
- AI 텍스트 낭독기 만들기
- 보고서 작성 프로그램 만들기
- 여행 가이드 프로그램 만들기
- 회의록 요약 프로그램 만들기
- 면접 준비 도우미 만들기
- 이미지 분석 프로그램 만들기
- 메일 자동 응답 프로그램 만들기

베타 학습단의 한마디

파이썬, 스트리밋, OpenAI API를 이용해 일상과 업무에 활용할 수 있는 AI 프로그램을 만들어보는 실전형 입문서입니다. 파이썬 핵심 문법, 스트리밋 UI, API 요청·응답의 기초를 담아 누구나 쉽게 따라 할 수 있고, 챗봇·메일 자동 응답 등을 구현하는 예제를 통해 원하는 AI 프로그램을 개발할 수 있습니다. 맞춤형 AI 개발의 가치, 비용 절감, 데이터 보호 등의 실질적 이점도 강조해 AI 활용 역량을 키우고 싶은 독자에게 도움이 됩니다. **박상길**

이 책을 읽고 AI 프로그램의 기본 개념과 작동 방식을 이해했습니다. 꼭 필요한 파이썬 문법을 간략하게 설명한 후 예시를 보여줘 쉽게 이해할 수 있었고, 원하는 AI 프로그램을 직접 만들 수 있겠다는 자신감이 생겼습니다. AI 프로그래밍에 관심은 있는데 개념이 잡히지 않은 이들에게 추천합니다. **권준혁**

보고서 작성, 회의록 요약, PDF 번역/요약 프로그램 등 실무에 바로 활용할 수 있는 예제를 웹 화면으로 구현하기 때문에 완성 프로그램을 활용하기에 좋습니다. 파이썬을 처음 배우면서 실무형 AI 프로젝트를 경험해보고 싶은 사람들에게 적극 추천합니다. **김원준**

실무에서 바로 활용할 수 있는 열 가지 AI 프로그램을 만들어보는 책입니다. 실습 위주로 구성됐기 때문에 스트리밋과 OpenAI API를 이용해 다양한 AI 프로그램을 직접 만들면서 많은 것을 배울 수 있습니다. 기초 이론부터 실전 프로젝트까지 탄탄하게 구성돼 있어 입문자와 실무자 모두에게 큰 도움이 될 것입니다. **이석곤**

쉬운 내용부터 차근차근 설명하기 때문에 파이썬, 스트리밋, OpenAI API를 처음 접하는 사람도 근사한 AI 서비스를 만들 수 있습니다. 프로젝트마다 개발 순서를 개괄적으로 안내해 프로그램이 어떤 식으로 구현되는지 큰 틀에서 이해할 수 있습니다. LLM 관련 서비스 개발에 관심이 있는 사람들에게 입문서로 기꺼이 추천합니다. **연관모**

OpenAI API를 활용해 챗봇, 문서 요약, 이미지 분석 등 흥미로운 AI 프로그램을 구현해보는 책입니다. 열 가지 프로젝트마다 실제 서비스에 인공지능 API를 적용해보며 해당 API의 기능을 체감할 수 있다는 것이 큰 장점입니다. **박세진**

IT 비전공자 또는 챗GPT와 친해지고 싶은 이들에게 이 책을 추천합니다. 책을 끝까지 읽으며 따라 하면 코딩의 개념을 익히고 웹 프로그램을 완성하는 뿌듯함을 느낄 수 있으며, 자신만의 프로그램을 만들어보겠다고 다짐하게 될 것입니다. **선형준**

지은이의 말

코딩을 처음 배울 때 가장 도움이 되는 방법은 무엇일까요? 유명한 강의를 듣는 것도 좋은 방법이겠지만, 필자가 코딩을 처음 배울 때를 돌이켜보면 '스스로의 힘으로 작은 문제부터 해결하는 프로그램을 만드는 것'이 큰 도움이 됐습니다.

처음에는 자주 하는 계산을 자동화하거나 웹 사이트에서 원하는 데이터를 가져오는 프로그램과 같은 아주 간단한 프로그램을 만들었습니다. 그렇게 작은 문제를 해결하다 보니 '이 기능도 추가해볼까?' 하는 자신감이 생겼고, 하나씩 기능을 더하면서 점점 더 복잡하고 멋진 프로그램을 만들 수 있게 됐습니다. 그렇게 개발한 프로그램이 수십 개에 달하며, 그중에는 다른 사람에게 도움이 되는 실용적인 프로그램도 꽤 많습니다.

이 책은 그러한 경험을 많은 사람과 나누고 싶다는 생각에서 나온 결과물입니다. 이론만 설명하는 책이 아니라 직접 만들면서 익히는 책, 따라 하기만 하면 프로그램 하나가 완성되는 책을 펴내고 싶었습니다. 너무 어렵지 않으면서도, 프로그램을 만들고 나면 뿌듯함을 느낄 수 있도록 난이도를 조절했습니다. 쉬운 챗봇 만들기부터 시작해 마지막에는 AI로 메일을 관리하는 프로그램을 완성할 수 있습니다.

코딩은 단순히 지식을 쌓는 것이 아니라 직접 부딪히면서 배우는 것이라고 생각합니다. 이 책을 통해 독자도 직접 코드를 입력하면서 '아, 나도 이런 걸 만들 수 있구나' 하는 경험을 해보길 바랍니다. 그러다 보면 어느 순간 어떤 프로그램을 봤을 때 '이건 나도 만들 수 있겠는데' 하는 자신감이 생길 것입니다.

AI 기술은 하루가 다르게 발전하고 있습니다. 텍스트 요약, 음성 인식, 이미지 생성, 자연어 대화 등 불과 몇 년 전만 해도 소수의 전문가들만 다룰 수 있었던 기술이 지금은 일반인도 이용 가능한 도구가 됐습니다. 자신만의 AI 비서, 문서를 자동으로 분석·정리해주는 프로그램 등을 개인이 직접 개발할 수 있는 시대가 온 것입니다. 이 책이 그러한 변화의 흐름에 올라타는 계기가 됐으면 좋겠습니다.

끝으로 전하고 싶은 말이 있습니다. 필자에게 코딩은 단순한 기술 그 이상입니다. 처음 파이썬을 접했을 때는 완전히 초심자라 '코딩'이라는 단어조차 낯설었습니다. 하지만 자동화에 흥미를 느껴 코딩을 배우면서 일을 바라보는 시각, 문제를 푸는 방식, 나아가 커리어의 방향 자체가 크게 바뀌었습니다.

코딩이 익숙해진 후에는 평생 써먹을 수 있는 도구를 손에 넣었다는 확신이 들었습니다. 그 도구 하나로 필자는 계속 변화를 만들어가고 있습니다. 코딩은 필자의 인생을 바꿨고, 지금도 바꿔나가고 있습니다. 그래서 이 책이 단순한 기술서를 넘어 독자의 인생에도 전환점이 되기를 기대합니다.

코딩은 스스로 문제를 해결할 수 있는 힘을 주는 도구입니다. 또한 코딩은 시간이 갈수록 더 많은 가능성을 열어줍니다. 그 여정을 시작하기에 지금보다 더 좋은 타이밍은 없습니다. 여러분의 코딩 여정을 응원하며, 앞으로 새로운 것을 만들고 배워가는 과정이 즐겁기를 바랍니다.

다비드스튜디오

다비드스튜디오 | dabidstudio08@gmail.com

누구나 쉽게 AI와 코딩을 활용할 수 있노톡 콘텐츠를 만들고 있는 유듀버이자 썬실딘드입니다. 복잡해 보이는 개념도 얼마든지 이해할 수 있다고 믿으며, 실무에서 다양한 문제를 해결해본 경험을 바탕으로 군더더기 없이 핵심만 담은 실습 중심의 콘텐츠를 만들고 있습니다.

유튜브 https://www.youtube.com/@dabidstudio08

이 책에서 만드는 AI 프로그램

이 책에서는 파이썬, 스트림릿, OpenAI API 기술을 이용해 열 가지 AI 프로그램을 만듭니다. 단순한 코드부터 복잡한 코드까지 난이도를 높여가며 프로그램을 만들고, 각 프로그램에 필요한 기능을 구현하기 위해 알아야 할 핵심 개념과 AI 모델 사용법을 익힙니다. 완성 프로그램은 그대로 사용해도 되고, 자신에게 맞게 고쳐서 사용해도 됩니다.

장	프로그램	난이도	핵심 개념	AI 모델
6	친근한 AI 챗봇	★	세션 상태/채팅 요소	GPT
7	문서 요약 프로그램	★	프롬프트 엔지니어링	GPT
8	PDF 번역/요약 프로그램	★★	PDF 파일 다루기	GPT
9	AI 텍스트 낭독기	★★	텍스트-음성 변환	TTS
10	보고서 작성 프로그램	★★★	텍스트-문서 변환	GPT
11	여행 가이드 프로그램	★★★	이미지 생성	GPT, Dall-E
12	회의록 요약 프로그램	★★★	음성-텍스트 변환	GPT, Whisper
13	면접 준비 도우미	★★★	세션 관리/녹음	GPT, Whisper
14	이미지 분석 프로그램	★★★★	이미지 인코딩/데이터프레임	GPT
15	메일 자동 응답 프로그램	★★★★★	외부 메일 연동	GPT

완성 프로그램과 코드는 다음 링크에서 확인할 수 있습니다. 또한 OpenAI API를 사용하려면 비용이 드는 OpenAI API Key를 발급받아야 합니다.

- **완성 프로그램:** https://github.com/gilbutITbook/080444
- **OpenAI API Key 발급:** OpenAI Platform 페이지에서 5달러 결제(정기 결제가 아니라 한 번만 결제, 자세한 내용은 **2.1.4절** 참조)

이 책을 학습하는 방법

소스 코드 안내

이 책에서 사용하는 소스 코드는 깃허브 또는 길벗 홈페이지에서 내려받을 수 있습니다.

깃허브에서 내려받기

① 웹 브라우저에서 https://github.com/gilbutITbook/080444에 접속합니다.

② 화면 오른쪽에 보이는 **Code** 버튼을 누른 후 아래로 펼쳐지는 메뉴에서 **Download ZIP**을 눌러 압축 파일을 내려받습니다.

길벗 홈페이지에서 내려받기

① 길벗 홈페이지(https://www.gilbut.co.kr)에 접속해 **검색창에 도서명을 입력**한 후 검색된 도서를 선택해 해당 페이지로 갑니다.

② 표지 아래쪽의 **자료실**을 선택한 후 **실습예제**란에 보이는 파일명을 클릭해 압축 파일을 내려받습니다. 내려받은 파일의 압축을 풀면 폴더 세 개가 있습니다.

- **ai_program:** 1, 2, 3부의 프로그램 실습을 모두 완료했을 때의 완성 코드입니다.
- **final:** 3부에서 만드는 열 가지 AI 프로그램의 완성 코드입니다. 이 완성 코드는 ai_program 폴더에도 담겨 있으나, 찾기 쉽게 장별 폴더로 정리해놓았습니다.
- **resource:** 실습 시 사용할 수 있는 준비 코드입니다. 본문의 안내에 따라 복사해 사용하면 됩니다.

실습 환경

이 책에서 사용하는 프로그램은 다음과 같습니다. 원활한 학습을 위해 동일한 버전을 설치한 후 실습하세요.

- **파이썬:** Python 3.12.4
- **에디터 프로그램:** VSCode

목차

Part 1 | AI 프로그램 시작하기

1장   AI 프로그램 소개 및 실습 환경 설정   021

1.1   **AI 프로그램 소개**   022

    1.1.1   열 가지 AI 프로그램 한눈에 보기   022

    1.1.2   프로그램에 사용하는 주요 기술   027

    1.1.3   AI 프로그램을 직접 만드는 이유   028

1.2   **실습 환경 설정하기**   030

    1.2.1   파이썬이 인기 있는 이유   030

    1.2.2   파이썬 설치하기   033

    1.2.3   간단한 코드 실행하기   036

    1.2.4   VSCode 설치하기   038

    1.2.5   첫 파이썬 프로그램 실행하기   042

마무리   049

2장   AI 프로그램 맛보기   051

2.1   **완성 코드 가져다 실행하기**   052

    2.1.1   소스 코드 복사해 붙여넣기   052

    2.1.2   가상 환경 생성하기   054

    2.1.3   패키지 설치하고 실행하기   056

    2.1.4   OpenAI API Key 발급받고 적용하기   060

    2.1.5   프로그램 수정하기   066

마무리   070

Part 2 | AI 프로그램 기초 지식

3장 코드 작성을 위한 파이썬 기초   073

- **3.1** 변수와 자료형   074
  - **3.1.1** 변수   074
  - **3.1.2** 자료형   077
  - **3.1.3** 간단한 사칙연산   080
- **3.2** 자료구조   083
  - **3.2.1** 리스트   084
  - **3.2.2** 딕셔너리   088
  - **3.2.3** 세트와 튜플   092
- **3.3** 조건문과 반복문   095
  - **3.3.1** 조건문   095
  - **3.3.2** 반복문   098
- **3.4** 함수와 패키지   103
  - **3.4.1** 함수 정의하고 실행하기   103
  - **3.4.2** 함수의 입력값과 반환값   104
  - **3.4.3** 변수의 스코프   107
  - **3.4.4** 패키지   108

마무리   110

4장 화면 UI를 위한 스트림릿 기초   113

- **4.1** 스트림릿의 개요   114
  - **4.1.1** 스트림릿 소개   114

4.1.2 스트림릿 파일 생성하고 실행하기　116

4.1.3 스트림릿 실습 화면 설정하기　118

4.2　텍스트 출력하기　122

4.2.1 기본 텍스트 출력하기　122

4.2.2 마크다운 출력하기　123

4.2.3 제목 출력하기　126

4.2.4 만능 출력 명령 사용하기　126

4.3　레이아웃 설정하기　130

4.3.1 단순화와 맞춤화　130

4.3.2 기본 레이아웃　131

4.3.3 열 레이아웃　132

4.3.4 사이드바 레이아웃　135

4.3.5 페이지 환경 설정하기　137

4.4　위젯 사용하기　141

4.4.1 위젯의 개요　141

4.4.2 버튼 위젯　143

4.4.3 입력 위젯　146

4.4.4 선택형 위젯　148

4.4.5 파일 위젯　150

4.5　세션 상태 관리하기　155

4.5.1 세션 상태 없이 카운터 만들기　155

4.5.2 세션 상태로 카운터 만들기　156

4.6　스트림릿 서비스 배포하기　159

4.6.1 스트림릿 커뮤니티 클라우드로 배포하기　160

마무리　169

5장 요청과 응답을 위한 API 기초   171

5.1 API의 개요   172

    5.1.1 API의 개념   172

    5.1.2 API Key   174

5.2 OpenAI API 기본 사용법   175

    5.2.1 openai 패키지 설치하기   175

    5.2.2 OpenAI API 요청하고 응답받기   176

    5.2.3 연속해서 대화하기   179

5.3 프롬프트 엔지니어링   183

    5.3.1 프롬프트 엔지니어링의 개요   183

    5.3.2 프롬프트 엔지니어링 4원칙   184

마무리   192

Part 3 | 실전! AI 프로그램 만들기

6장 친근한 AI 챗봇 만들기 난이도 ★   197

6.1 프로그램 소개   198

    6.1.1 실행 화면 미리 보기   198

    6.1.2 개발 단계 한눈에 보기   200

6.2 프로그램 만들기   201

    6.2.1 사이드바 만들기   201

    6.2.2 입력창과 대화창 만들기   203

    6.2.3 OpenAI API로 요청 및 응답 처리하기   206

    6.2.4 과거 대화 내역 관리하기   208

마무리   213

7장   문서 요약 프로그램 만들기   난이도 ★   215

7.1   프로그램 소개   216

    7.1.1   실행 화면 미리 보기   216

    7.1.2   프로그램의 핵심 포인트   217

    7.1.3   개발 단계 한눈에 보기   217

7.2   프로그램 만들기   219

    7.2.1   문서 요약 함수 만들기   219

    7.2.2   함수의 입력값으로 프롬프트 추가하기   221

    7.2.3   문서 요약 함수와 화면 UI 연동하기   223

    7.2.4   최적의 프롬프트 찾기   228

마무리   233

8장   PDF 번역/요약 프로그램 만들기   난이도 ★★   235

8.1   프로그램 소개   236

    8.1.1   실행 화면 미리 보기   236

    8.1.2   프로그램의 핵심 포인트   237

    8.1.3   개발 단계 한눈에 보기   237

8.2   프로그램 만들기   239

    8.2.1   텍스트 추출 함수와 이미지 변환 함수 만들기   239

    8.2.2   두 함수와 화면 UI 연동하기   246

    8.2.3   PDF 번역/요약 기능 구현하기   250

마무리   255

9장　AI 텍스트 낭독기 만들기　난이도 ★★　257

9.1　프로그램 소개　258
  9.1.1　실행 화면 미리 보기　258
  9.1.2　프로그램의 핵심 포인트　259
  9.1.3　개발 단계 한눈에 보기　259

9.2　프로그램 만들기　261
  9.2.1　텍스트-음성 변환 함수 만들기　261
  9.2.2　함수와 화면 UI 연동하기　264
  9.2.3　사용자 맞춤 기능 추가하기　267

마무리　272

10장　보고서 작성 프로그램 만들기　난이도 ★★★　275

10.1　프로그램 소개　276
  10.1.1　실행 화면 미리 보기　276
  10.1.2　프로그램의 핵심 포인트　277
  10.1.3　개발 단계 한눈에 보기　277

10.2　프로그램 만들기　279
  10.2.1　보고서 생성 및 미리 보기 만들기　279
  10.2.2　MS워드 문서 변환 함수 만들기　282
  10.2.3　함수와 화면 UI 연동하기　290

마무리　295

11장 여행 가이드 프로그램 만들기　난이도 ★★★　　297

11.1　프로그램 소개　298
　　11.1.1　실행 화면 미리 보기　298
　　11.1.2　프로그램의 핵심 포인트　299
　　11.1.3　개발 단계 한눈에 보기　299

11.2　프로그램 만들기　301
　　11.2.1　여행 일정 함수 만들기　301
　　11.2.2　이미지 생성 함수 만들기　304
　　11.2.3　여행 일정 분할 함수 만들기　306
　　11.2.4　세 함수와 화면 UI 연동하기　310

마무리　315

12장 회의록 요약 프로그램 만들기　난이도 ★★★　　317

12.1　프로그램 소개　318
　　12.1.1　실행 화면 미리 보기　318
　　12.1.2　프로그램의 핵심 포인트　319
　　12.1.3　개발 단계 한눈에 보기　319

12.2　프로그램 만들기　321
　　12.2.1　음성-텍스트 변환하기　321
　　12.2.2　음성-텍스트 변환 기능과 화면 UI 연동하기　323
　　12.2.3　요약 기능 추가하기　328

마무리　333

13장 면접 준비 도우미 만들기 난이도 ★★★   335

13.1 프로그램 소개   336
    13.1.1 실행 화면 미리 보기   336
    13.1.2 프로그램의 핵심 포인트   337
    13.1.3 개발 단계 한눈에 보기   338

13.2 프로그램 만들기   339
    13.2.1 질문 생성하기   339
    13.2.2 답변 녹음 및 텍스트로 변환하기   342
    13.2.3 답변 분석하기   345

마무리   353

14장 이미지 분석 프로그램 만들기 난이도 ★★★★   355

14.1 프로그램 소개   356
    14.1.1 실행 화면 미리 보기   356
    14.1.2 프로그램의 핵심 포인트   357
    14.1.3 개발 단계 한눈에 보기   357

14.2 프로그램 만들기   359
    14.2.1 이미지 분석 함수 만들기   359
    14.2.2 함수와 화면 UI 연동하기   364
    14.2.3 표를 CSV 파일로 내려받기   367

마무리   374

15장 메일 자동 응답 프로그램 만들기 난이도 ★★★★★ 377

15.1 **프로그램 소개** 378

    15.1.1 실행 화면 미리 보기 378

    15.1.2 프로그램의 핵심 포인트 379

    15.1.3 개발 단계 한눈에 보기 379

15.2 **프로그램 만들기** 380

    15.2.1 네이버 메일과 연동하기 380

    15.2.2 화면 UI 만들고 메일 불러오기 388

    15.2.3 답장 초안 생성 및 회신하기 394

마무리 403

찾아보기 406

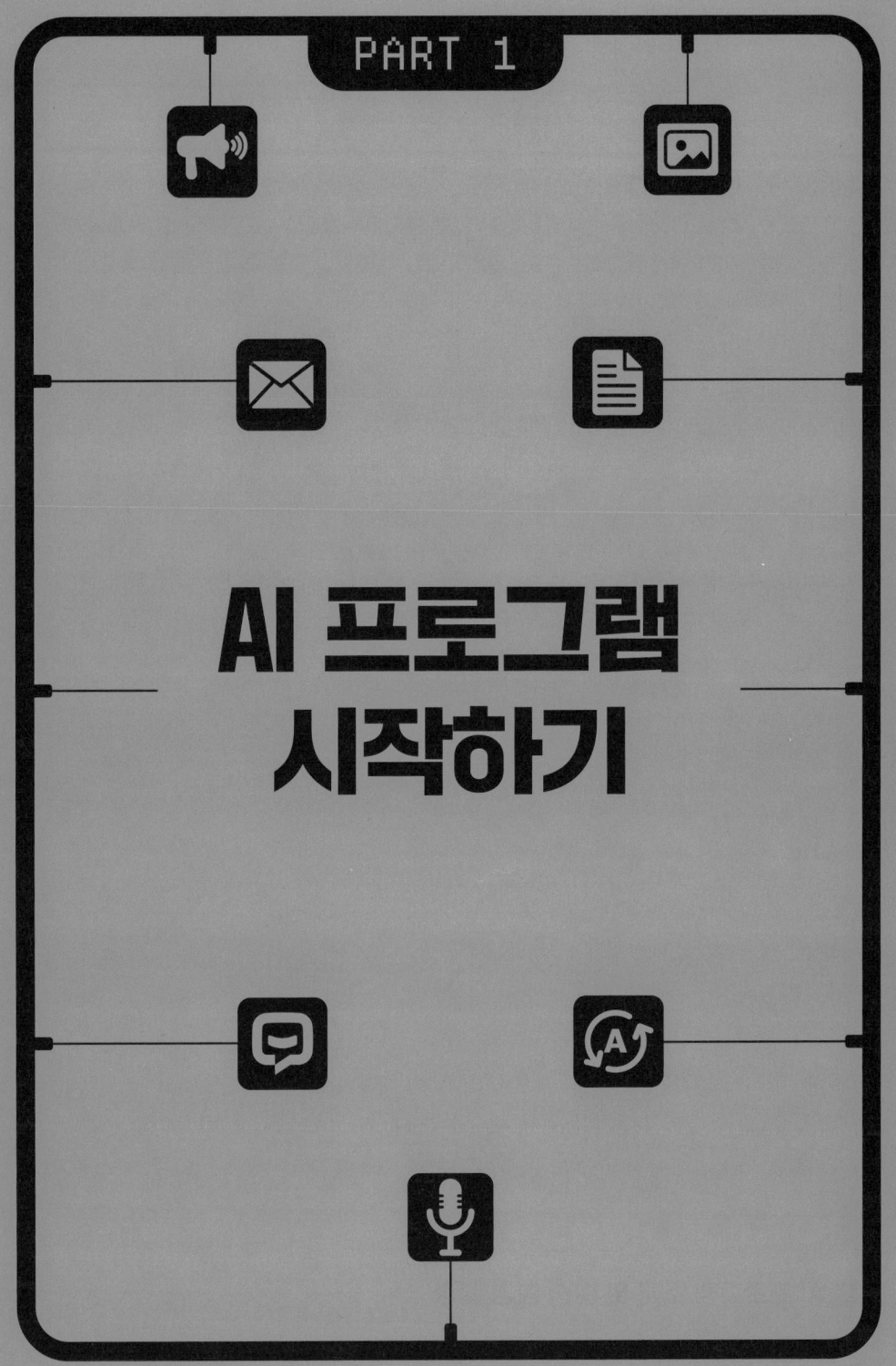

1 — AI 프로그램 시작하기

1장 AI 프로그램 소개 및 실습 환경 설정
2장 AI 프로그램 맛보기

1장

AI 프로그램 소개 및 실습 환경 설정

이 장에서는 앞으로 만들어볼 열 가지 AI 프로그램을 소개하고, 프로그램을 제작하는 데 사용되는 기술을 알아봅니다. 그리고 실습에 필요한 파이썬과 VSCode(코드 편집기)를 설치한 다음 기본 사용법을 익힙니다.

1.1 AI 프로그램 소개

이 책에서는 간단한 AI 챗봇부터 메일 자동 응답 프로그램까지 일상과 업무에 활용할 수 있는 열 가지 AI 프로그램을 만듭니다. 프로그램을 난이도에 따라 쉬운 것부터 어려운 것까지 순서대로 배치했으니 책에 나오는 순서대로 만들면 됩니다. 만약 파이썬 문법을 어느 정도 알고 있고 좀 더 흥미로운 프로그램이 있다면 그것부터 시도해도 괜찮습니다.

1.1.1 열 가지 AI 프로그램 한눈에 보기

친근한 AI 챗봇

질문을 하면 친근하게 대답하는 AI 챗봇으로, 대답에 어울리는 이모티콘도 같이 보여줍니다. 이 프로그램에서는 API를 이용한 채팅 기능 구현 방법을 알아봅니다.

그림 1-1 친근한 AI 챗봇

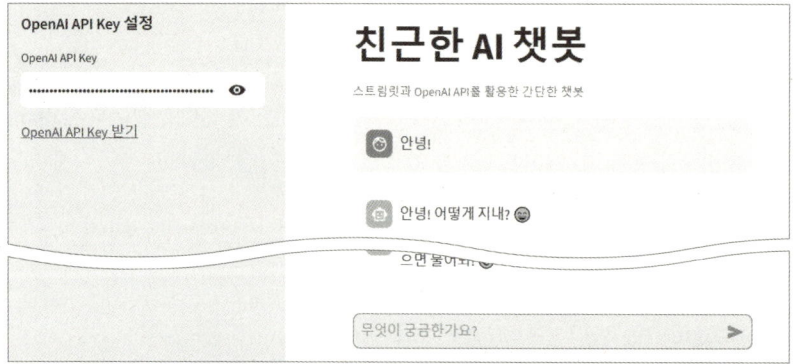

문서 요약 프로그램

보고서와 같이 분량이 많은 문서를 입력하면 핵심 내용을 요약해주는 AI 프로그램으로, 원하는 요약 방식을 프롬프트로 입력하면 이를 반영한 결과가 나옵니다. 이 프로그램에서는 화면에 텍스트 입력창을 삽입하고 AI의 응답 결과를 출력하는 방법을 알아봅니다.

그림 1-2 문서 요약 프로그램

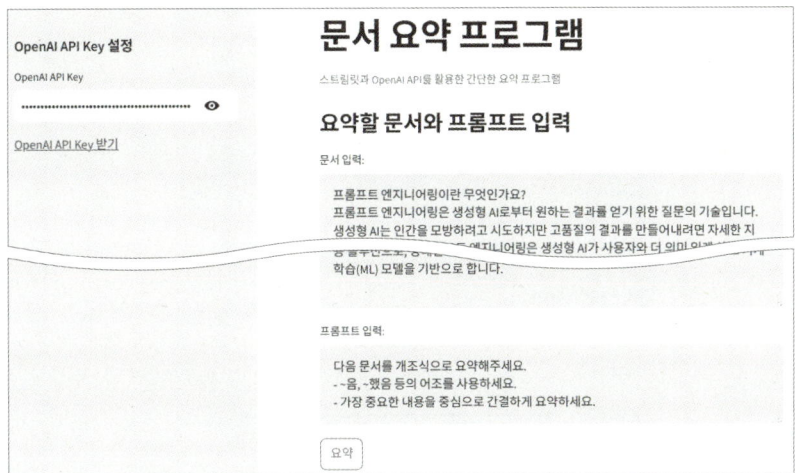

PDF 번역/요약 프로그램

영어로 작성된 PDF 문서를 업로드하면 문서를 번역 및 요약해주는 AI 프로그램으로, 앞서 소개한 두 가지 프로그램보다 한 단계 발전된 형태입니다. 이 프로그램에서는 PDF 문서를 업로드하는 기능과 업로드한 PDF 문서에서 텍스트를 추출해 활용하는 방법을 알아봅니다.

그림 1-3 PDF 번역/요약 프로그램

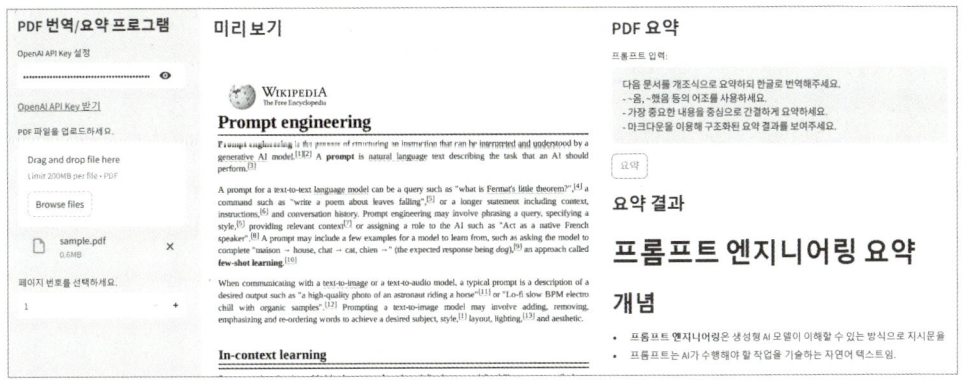

AI 텍스트 낭독기

텍스트를 입력하면 정확한 발음으로 읽어주는 AI 낭독기로, 영어·일본어·중국어 등 언어를 가리지 않고 어떤 단어든 자연스럽게 읽습니다. 이 프로그램에서는 음성 재생 프로그램 구현 방법을 알아봅니다.

그림 1-4 AI 텍스트 낭독기

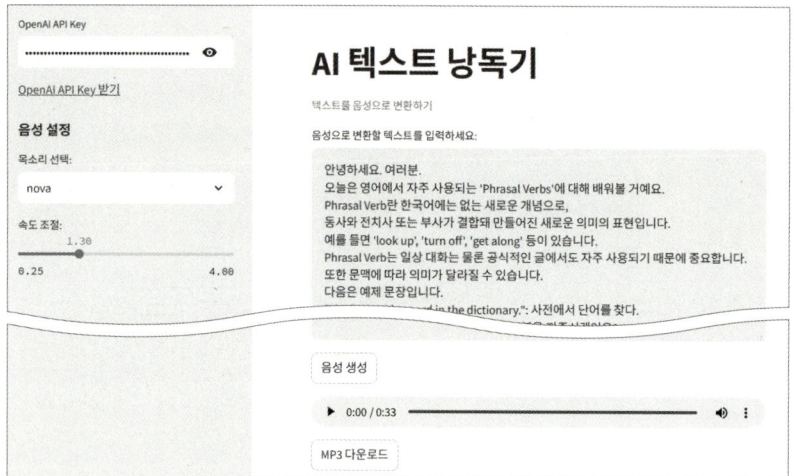

보고서 작성 프로그램

주제를 입력하면 내용을 채워 보고서를 작성해주는 AI 프로그램입니다. 보고서는 제목-소제목-본문의 체계를 갖추고 있으며 MS워드 파일(*.docx)을 내려받을 수 있습니다. 이 프로그램에서는 MS워드 파일을 다루는 방법과 파일 다운로드 구현 방법을 알아봅니다.

그림 1-5 보고서 작성 프로그램

여행 가이드 프로그램

가보고 싶은 도시를 입력하면 여행 일정을 짜주는 AI 프로그램입니다. 오전·오후·저녁으로 나눠 구체적인 여행 일정을 제공하며, 각 일정에 어울리는 이미지도 함께 표시합니다. 이 프로그램에서는 AI를 활용해 이미지를 만드는 방법과 이미지를 화면에 출력하는 방법을 알아봅니다.

그림 1-6 여행 가이드 프로그램

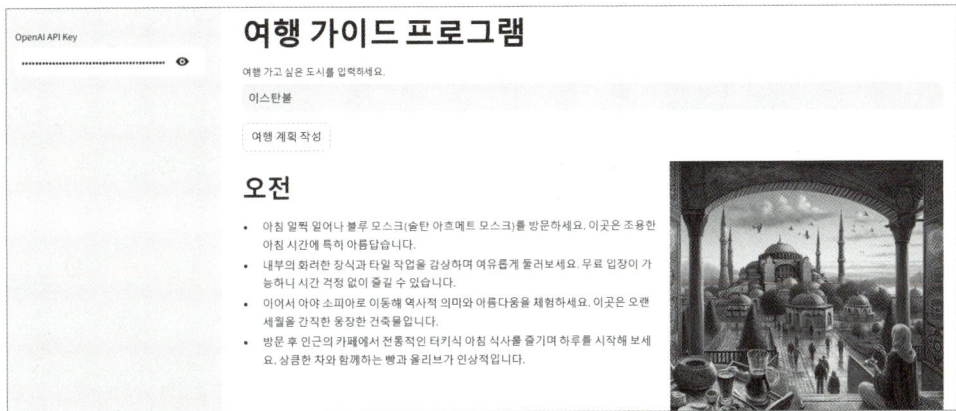

회의록 요약 프로그램

회의 시 녹음한 음성 파일을 업로드하면 텍스트로 변환하고 핵심 내용을 요약해주는 AI 프로그램입니다. 이 프로그램에서는 MP3 파일을 업로드하는 방법과 음성을 텍스트로 변환하는 방법을 알아봅니다.

그림 1-7 회의록 요약 프로그램

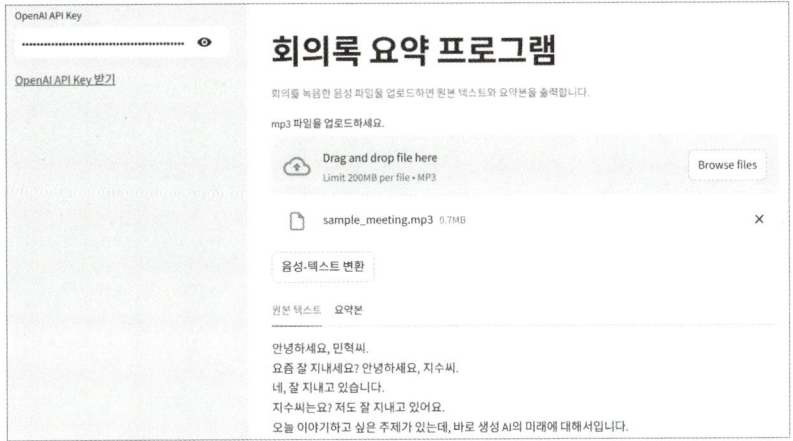

면접 준비 도우미

마케터, 데이터 분석가 등의 직무 정보를 입력하면 예상 질문을 생성하고, 이에 대한 답변을 녹음해 제출하면 답변의 장단점과 개선점을 분석해주는 AI 프로그램입니다. 이 프로그램에서는 웹 브라우저를 통해 녹음하는 방법과 음성을 텍스트로 변환하는 방법을 알아봅니다.

그림 1-8 면접 준비 도우미

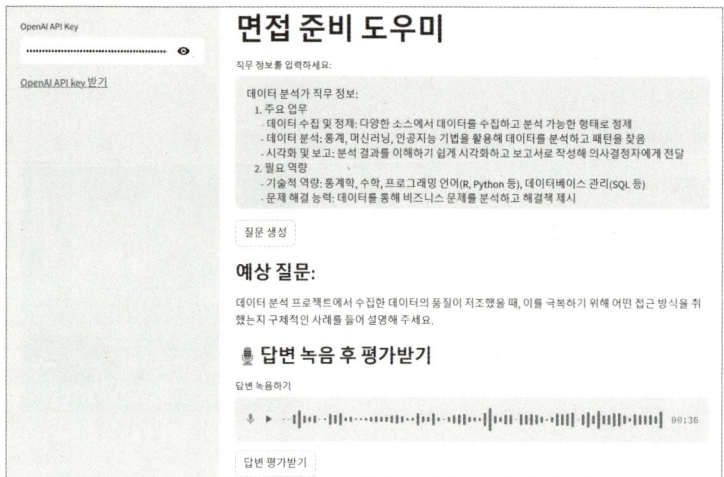

이미지 분석 프로그램

이미지(예: 성분이 적힌 영양제 포장지, 주식 차트 등)를 업로드하면 그 내용을 분석해주는 프로그램입니다. 이 프로그램에서는 이미지를 업로드하는 방법과 AI를 활용해 이미지를 분석하는 방법을 알아봅니다.

그림 1-9 이미지 분석 프로그램

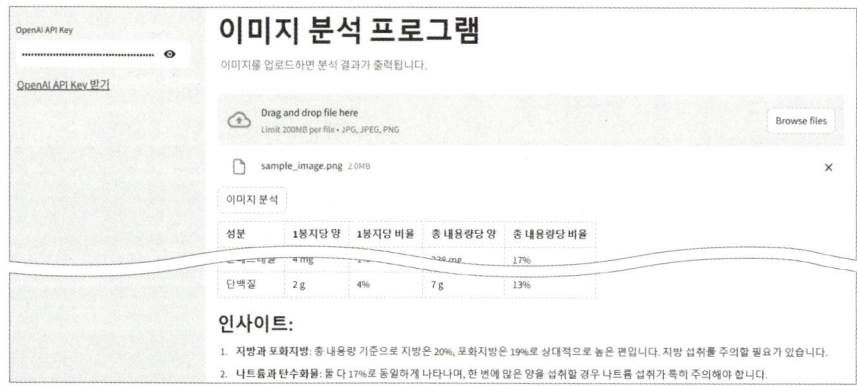

메일 자동 응답 프로그램

네이버 메일과 연동해 수신 메일을 확인하고, 답변이 필요한 경우 답변 초안을 작성해주는 AI 프로그램입니다. 사용자는 이 답변 초안을 그대로 회신할 수도 있고, 일부분을 수정해 회신할 수도 있습니다. 이 프로그램에서는 파이썬을 외부 메일 계정과 연계해 활용하는 방법을 알아봅니다.

그림 1-10 메일 자동 응답 프로그램

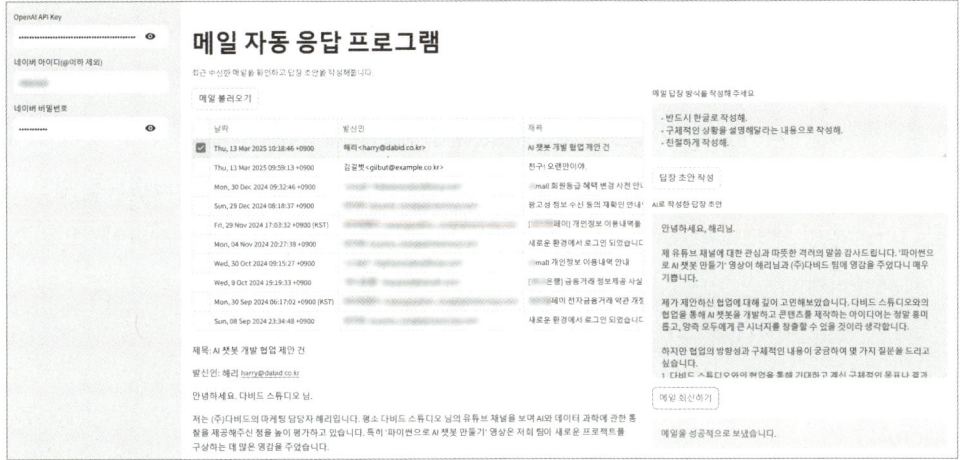

1.1.2 프로그램에 사용하는 주요 기술

열 가지 AI 프로그램에는 공통적으로 파이썬, 스트림릿, OpenAI API의 기술을 사용합니다. 이러한 기술을 활용하면 개발자가 아니더라도 AI 프로그램을 만들고 변형할 수 있습니다.

파이썬

파이썬(Python)은 1991년에 개발된 프로그래밍 언어로, 고드기 직관적이고 간결해 입문자가 배우기 쉽습니다. 또한 AI 프로그램을 개발할 수 있는 다양한 패키지를 제공합니다.

이 책은 파이썬을 배워본 적이 있는 사람을 대상으로 합니다. 하지만 파이썬을 처음 접하는 사람도 열 가지 AI 프로그램을 만들 수 있도록 파이썬 핵심 문법을 3장에서 소개합니다. 책에서 소개하는 순서대로 공부하면 AI 프로그램을 충분히 만들 수 있습니다.

스트림릿

일반적으로 프로그램 개발은 크게 두 부분으로 나뉩니다. 예를 들어 계산기 프로그램은 다음과 같이 개발합니다.

- **프로그램 로직 개발**: 프로그램이 작동하도록 내부 로직을 개발하는 단계입니다. 계산기 프로그램의 경우 숫자 두 개를 입력받아 더하기, 빼기, 곱하기, 나누기 연산을 하는 계산 로직을 개발합니다.
- **화면 UI 개발**: 사용자와 프로그램이 상호작용하는 화면 UI(User Interface)를 개발하는 단계입니다. 계산기 프로그램의 경우 열 개의 숫자 버튼과 각종 연산자 버튼을 화면에 구현합니다.

이 책에서는 누구나 링크만 있으면 접속할 수 있는 웹 애플리케이션(web application) 형태로 AI 프로그램을 제작합니다. 웹 애플리케이션의 화면 UI는 HTML, CSS, 자바스크립트로 만드는데, 그러려면 이 세 언어를 배워야 합니다. 그러나 **스트림릿**(Streamlit)을 이용하면 파이썬으로 쉽게 웹 애플리케이션의 화면 UI를 개발할 수 있습니다. 따라서 이 책에서는 스트림릿을 이용해 AI 프로그램의 화면 UI를 구현합니다.

OpenAI API

OpenAI API는 AI 프로그램이 GPT 같은 AI 모델을 쉽게 가져다 쓸 수 있게 해주는 기술입니다. 예전에는 직접 AI 모델을 개발하고 고성능 서버를 운영해야 했기 때문에 AI 프로그램 제작이 매우 어렵고 비용도 많이 들었습니다. 하지만 이제는 GPT처럼 이미 만들어진 AI 모델을 인터넷을 통해 간편하게 빌려 쓸 수 있습니다. 이 책에서는 GPT를 개발한 OpenAI의 API를 이용해 다양한 AI 모델을 자신의 프로그램에 연결하는 방법을 배웁니다.

1.1.3 AI 프로그램을 직접 만드는 이유

요즘처럼 업무에 손쉽게 활용할 수 있는 다양한 AI 도구가 존재하는 시대에 왜 굳이 AI 프로그램을 만들까라는 의문이 들 수도 있습니다. 물론 당장은 챗GPT 같은 AI 도구가 많은 문제를 해결해줄 것입니다. 하지만 이를 활용하는 데에는 한계가 있습니다.

파이썬을 배워 직접 만든 AI 프로그램의 가치는 다음과 같습니다.

- **업무 맞춤형 프로그램:** 챗GPT 같은 AI 도구는 강력하지만 모든 문제를 내 입맛에 맞게 해결해주지는 못합니다. 하지만 직접 프로그래밍을 하면 특정 업무에 딱 맞는 맞춤형 프로그램을 만들 수 있습니다.
- **비용 절약:** 상용 AI 도구는 사용량에 따라 과금됩니다. 하지만 프로그램을 직접 개발하면 추가 비용 없이(또는 최소 비용으로) 지속적으로 사용할 수 있습니다.
- **데이터 보호:** 민감한 데이터를 다루는 업무라면 데이터 보안이 중요합니다. 이러한 경우 AI 프로그램을 직접 개발하면 중요한 데이터를 외부 클라우드 서비스로 보내지 않고 안전하게 내부에서 처리할 수 있습니다.

자신만의 맞춤형 프로그램을 개발할 수 있다니 설레지 않나요? 다음 절에서는 AI 프로그램을 만드는 데 필요한 실습 환경을 설정해봅시다.

1.2 실습 환경 설정하기

실습 환경 설정은 개발 언어인 파이썬 설치와 코드 에디터인 VSCode 설치로 나눠 진행합니다. 그 전에 파이썬이 왜 인기 있는지 간단히 짚고 넘어가겠습니다.

1.2.1 파이썬이 인기 있는 이유

PYPL(PopularitY of Programming Language) 지수는 구글에서 프로그래밍 언어 튜토리얼이 얼마나 많이 검색되는지 집계해 프로그래밍 언어의 인기도를 순위로 나타낸 것입니다. 이 책을 집필하는 시점에 파이썬은 PYPL 지수에서 1등(30.41%)을 차지하고 있습니다. 코딩 학습자 100명 중에서 약 30명이 파이썬으로 공부하는 셈입니다.

그림 1-11 PYPL 지수(출처: pypl.github.io/PYPL.html, 2025년 5월)

Worldwide, May 2025 :

Rank	Change	Language	Share	1-year trend
1		Python	30.41 %	+1.3 %
2		Java	15.12 %	-0.5 %
3		JavaScript	7.93 %	-0.6 %
4	↑	C/C++	6.98 %	+0.6 %
5	↓	C#	6.09 %	-0.7 %
6		R	4.59 %	-0.1 %
7		PHP	3.71 %	-0.8 %

그렇다면 파이썬은 왜 이렇게 인기가 많은 것일까요? 그 이유는 크게 세 가지를 꼽을 수 있습니다.

배우기 쉽다

파이썬은 원래 비전공자에게 코딩을 가르치려는 목적으로 만들어졌기 때문에 코드가 매우 읽기 편하고 이해하기 쉬운 형태입니다. 다음 코드를 봅시다.

파이썬 코드

```python
if "민수" in ["민수", "하인", "다연", "혜수", "혜연"]:
    print("민수가 있습니다")
else:
    print("민수가 없습니다")
```

파이썬을 잘 모르더라도 민수, 하인, 다연 등으로 이뤄진 집합이 있고, 집합에 민수가 있으면 "민수가 있습니다"를, 없으면 "민수가 없습니다"를 출력하라는 의미라고 짐작할 수 있습니다.

다음은 이와 동일한 기능을 C++로 작성한 코드입니다.

C++ 코드

```cpp
#include <iostream>
#include <vector>
#include <string>
#include <algorithm>

int main() {
    std::vector<std::string> vec = {"민수", "하인", "다연", "혜수", "혜연"};
    if (std::find(vec.begin(), vec.end(), "민수") != vec.end()) {
        std::cout << "민수가 있습니다" << std::endl;
    } else {
        std::cout << "민수가 없습니다" << std::endl;
    }
    return 0;
}
```

파이썬과 달리 코드만 봐서는 내용이 잘 이해되지 않습니다. 이렇듯 파이썬은 다른 언어보다 코드가 간결하고 자연어처럼 읽히기 때문에 입문자가 배우기에 좋습니다.

커뮤니티가 활발하다

파이썬은 커뮤니티가 활발합니다. 즉 모르는 내용을 인터넷에서 검색하면 다른 사람들이 이미 겪은 시행착오와 해결책을 쉽게 찾을 수 있습니다. 파이썬은 워낙 인기 있는 언어라 배우는 사람이 많다 보니 온라인 자료가 풍부합니다. 인터넷에 무료 강의, 책, 샘플 코드 등이 넘쳐나고, 다양한 문제의 해결 방법도 쉽게 구할 수 있습니다.

그림 1-12 코딩 질의응답 커뮤니티의 파이썬 관련 질문과 답변(출처: stackoverflow.com)

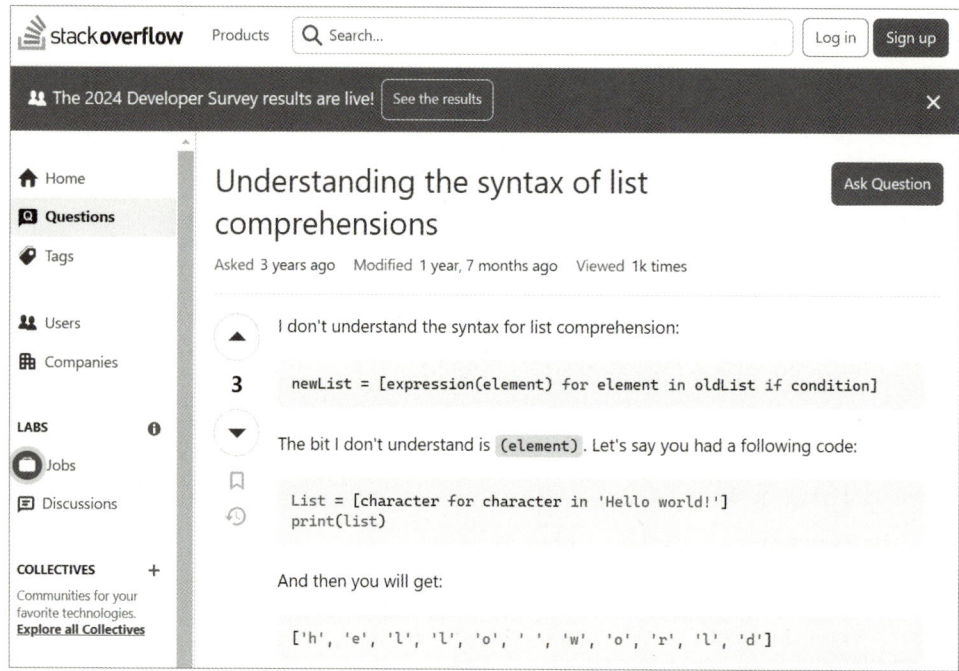

챗GPT의 도움을 받으면 입문자도 파이썬 프로그램을 만들 수 있습니다. 챗GPT는 특히 파이썬을 잘 다루는데, 이는 파이썬 커뮤니티가 활발하고 관련 자료가 풍부해 챗GPT가 방대한 자료를 학습했기 때문입니다.

활용 범위가 넓다

파이썬은 활용 범위가 넓은 프로그래밍 언어입니다. 예를 들어 파이썬을 활용하면 네이버 증권, 뉴스 등 인터넷의 데이터를 자동으로 수집하고 취합하는 웹 크롤링을 할 수 있습니다. 또한 이 책에서 실습하려는 것처럼 AI 모델을 이용해 AI 프로그램을 개발할 수도 있고 통계 분석, 데이터 시각화, 엑셀 자동화, 로봇 제어 등도 가능합니다.

파이썬으로 다양한 작업을 할 수 있는 것은 바로 파이썬의 풍부한 패키지 덕분입니다. 웹 크롤링에는 requests, beautifulsoup 등의 패키지를 사용하고, 데이터 시각화에는 pandas, plotly 등의 패키지를 사용합니다. 이는 반조리 제품으로 간단하게 요리를 완성하는 것과 같습니다. 파이썬을 사용하면 모든 것을 처음부터 직접 개발할 필요 없이 패키지를 가져다 손쉽게 프로그램을 완성할 수 있습니다.

> **NOTE 파이썬의 단점**
>
> 물론 파이썬에 단점이 없는 것은 아닙니다. 다른 언어보다 이해하기 쉬운 만큼 하드웨어 제어와 거리가 멀고, 성능 최적화 측면에서도 그렇게 완벽하지 않습니다. 그래서 매우 정교한 성능 최적화가 필요한 기계 제어나 임베디드 시스템에는 잘 쓰이지 않습니다. 또한 모바일 앱이나 웹 페이지 개발 분야에는 파이썬보다 더 적합한 언어가 있기 때문에 파이썬을 잘 사용하지 않습니다.
>
> 하지만 프로그래밍을 처음 접하는 사람에게 파이썬은 단점보다 장점이 훨씬 큰 프로그래밍 언어입니다. 따라서 프로그래밍 입문자라면 파이썬으로 시작할 것을 권합니다.

1.2.2 파이썬 설치하기

이 책에서 설치할 파이썬의 버전은 3.12.4입니다. 최신 버전을 설치하면 일부 코드가 제대로 작동하지 않을 수 있으니 반드시 **3.12.4 버전**을 설치하기 바랍니다.

1 구글에서 **python 3.12.4 download**를 검색해 첫 번째 링크를 클릭합니다.

그림 1-13 파이썬 다운로드 링크 검색

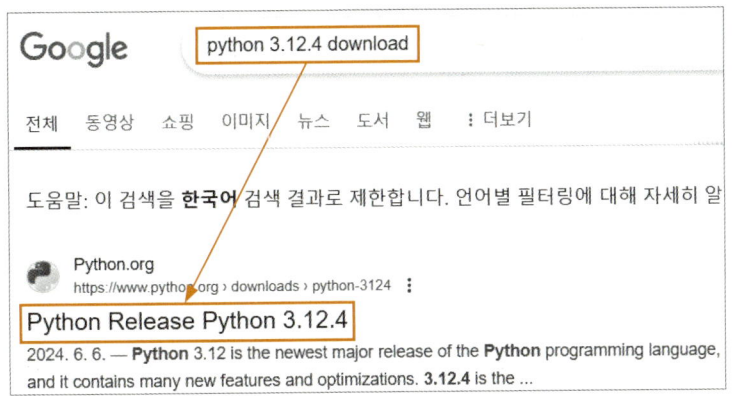

2 Python 3.12.4 페이지에서 스크롤을 내려 Files에서 다음과 같이 운영체제에 맞는 설치 파일을 클릭해 내려받습니다.

- **윈도우:** Windows installer (64-bit)
- **맥OS:** macOS 64-bit universal2 installer

그림 1-14 파이썬 설치 파일 다운로드

Version	Operating System	Description	MD5 Sum	File Size	GPG	Sigstore	SBOM
Gzipped source tarball	Source release		ead819dab6d165937138daa9e51ccb54	26.0 MB	SIG	.sigstore	SPDX
XZ compressed source tarball	Source release		d68f25193eec491eb54bc2ea664a05bd	19.7 MB	SIG	.sigstore	SPDX
macOS 64-bit universal2 installer	macOS	for macOS 10.9 and later	b6de6aea008605f5d4096014c2ad3c43	44.0 MB	SIG	.sigstore	
Windows installer (64-bit)	Windows	Recommended	f3df1be26cc7cbd8252ab5632b62d740	25.5 MB	SIG	.sigstore	SPDX

윈도우와 맥OS에서 파이썬을 설치하는 방법을 알아봅시다.

윈도우에 파이썬 설치하기

1 내려받은 설치 파일(**python-3.12.4-amd64.exe**)을 더블클릭합니다. 설치 시작 화면이 나오면 **Add python.exe to PATH**에 체크하고 [Install Now]를 클릭합니다. Add python.exe to PATH 옵션을 선택하면 파이썬의 설치 위치가 시스템에 등록돼 컴퓨터 내 어떤 폴더에서든 파이썬을 실행할 수 있습니다.

그림 1-15 윈도우에 파이썬 설치 1

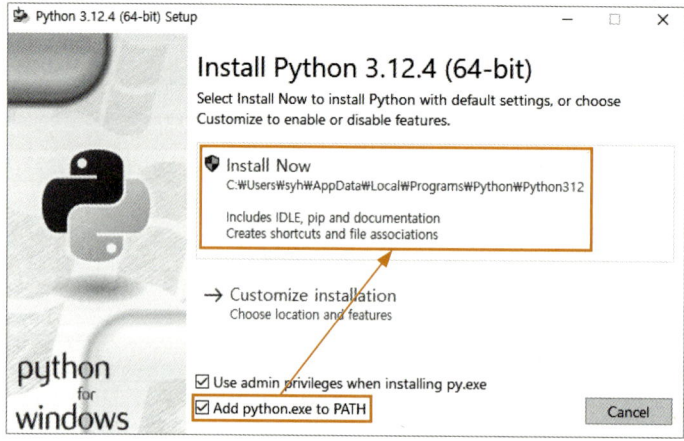

2 설치가 진행되다가 다음과 같은 완료 화면이 뜨면 [Close] 버튼을 클릭해 종료합니다.

그림 1-16 윈도우에 파이썬 설치 2

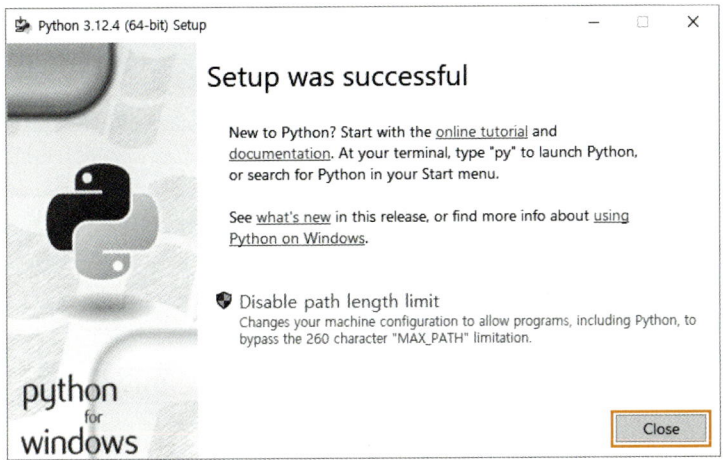

맥OS에 파이썬 설치하기

내려받은 설치 파일(**python-3.12.4-macos11.pkg**)을 더블클릭합니다. 기본 설정을 그대로 두고 안내에 따라 [계속] 버튼을 클릭하다가 소프트웨어 이용 약관 화면이 나타나면 [동의] 버튼을 클릭하고 마지막에 [설치] 버튼을 클릭합니다. 암호를 묻는 창이 뜨면 맥OS 컴퓨터의 비밀번호를 입력하면 됩니다. 모든 과정을 마치면 Python 3.12 폴더가 나타나는데, 이 폴더를 확인하고 설치 프로그램의 [닫기] 버튼을 클릭합니다.

그림 1-17 맥OS에 파이썬 설치

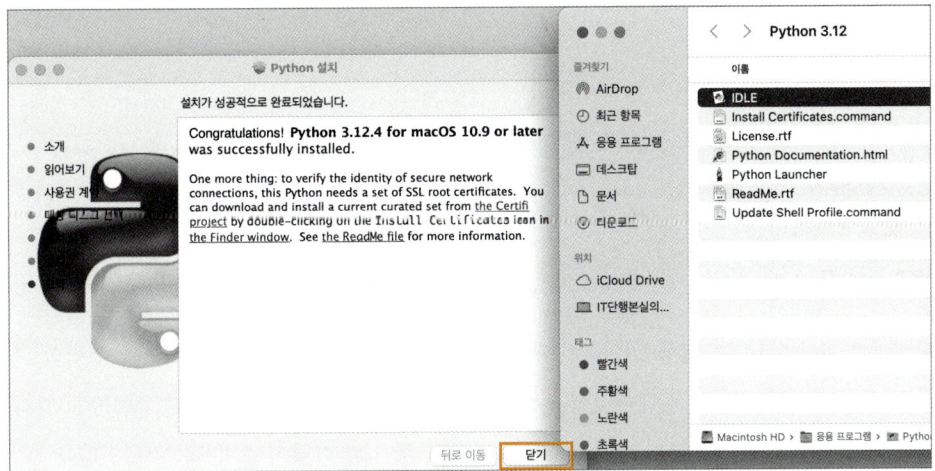

1.2.3 간단한 코드 실행하기

파이썬을 설치했으니 이제 간단한 코드를 실행해봅시다. 코드를 실행하기 전에 파이썬이 잘 설치됐는지 확인하겠습니다. 윈도우에서는 검색창에 **cmd**를 입력하고 [명령 프롬프트]를 선택합니다. 맥OS에서는 command + space 를 눌러 검색창을 열고 **terminal**을 입력해 터미널을 엽니다.

그림 1-18 파이썬 설치 확인 1

(a) 윈도우에서 명령 프롬프트 실행

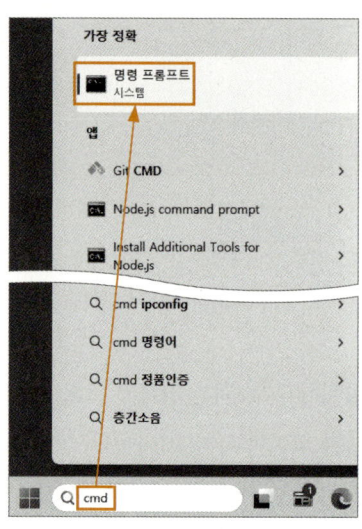

(b) 맥OS에서 터미널 열기

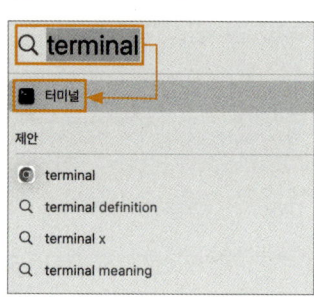

윈도우에서는 명령 프롬프트에 **python --version**을 입력한 후 Enter 를 누르고, 맥OS에서는 터미널에 **python3 --version**을 입력한 후 Enter 를 누릅니다. 방금 설치한 파이썬 버전 (Python 3.12.4)이 나오면 제대로 설치된 것입니다.

그림 1-19 파이썬 설치 확인 2

(a) 윈도우

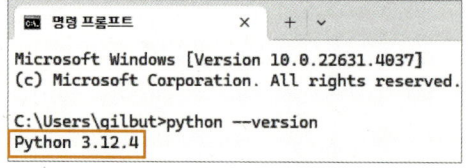

(b) 맥OS

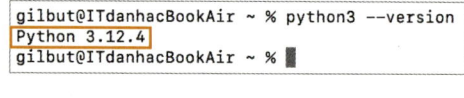

간단한 코드를 작성하고 실행해봅시다. 윈도우에서는 명령 프롬프트에 **python**을 입력한 후 Enter 를 누르고, 맥OS에서는 터미널에 **python3**을 입력한 후 Enter 를 누릅니다. 그러면 >>> 기호가 나오는데, 이는 지금부터 파이썬 코드를 실행할 수 있는 환경이 준비됐다는 뜻입니다.

그림 1-20 파이썬 프로그램 실행

(a) 윈도우

```
C:\Users\gilbut>python
Python 3.12.4 (tags/v3.12.4:8e8a4ba, Jun  6 2024, 19:30:16) [MSC v.1940
Type "help", "copyright", "credits" or "license" for more information.
>>>
```

(b) 맥OS

```
gilbut@ITdanhacBookAir ~ % python3
Python 3.12.4 (v3.12.4:8e8a4baf65, Jun  6 2024, 17:33:18)
300.0.29.30)] on darwin
Type "help", "copyright", "credits" or "license" for more
>>>
```

1+2를 입력하고 Enter 를 누르면 3이 출력됩니다.

터미널
>>> 1+2 3

다음과 같이 여러 줄로 된 코드를 실행하려면 어떻게 해야 할까요?

```
if "민수" in ["민수", "하인"]:
    print("민수가 있습니다.")
```

먼저 코드의 첫 번째 줄을 입력하고 Enter 를 누릅니다. 커서가 다음 줄로 넘어가면 Tab 을 눌러 들여쓰기를 한 후 두 번째 줄을 입력합니다. 다 입력하고 나서 Enter 를 누르고 다음 줄에서 또 한 번 Enter 를 누르면 결과가 출력됩니다.

터미널
>>> if "민수" in ["민수", "하인"]: --- Enter ... --- Tab   print("민수가 있습니다.") --- Enter ... --- Enter 민수가 있습니다. --- 결과 출력 >>>

코드가 짧을 때는 이러한 방법으로 작성해도 되지만 불편합니다. 보고서를 쓸 때 메모장 대신 MS워드 프로그램을 사용하는 것처럼 파이썬으로 프로그래밍할 때도 코드 작성을 도와주는 코드 에디터 프로그램을 사용하면 편리합니다. 대표적인 코드 에디터 프로그램인 비주얼 스튜디오 코드(VSCode, Visual Studio Code)를 설치해 사용해봅시다.

1.2.4 VSCode 설치하기

파이썬으로 코딩할 때 VSCode를 사용하면 간편하게 코드를 작성하고 수정할 수 있습니다. 무엇보다 띄어쓰기와 들여쓰기가 자동으로 되기 때문에 매우 편리하며, 한 프로젝트의 여러 파이썬 파일을 체계적으로 관리할 수 있습니다.

1 구글에서 **visual studio code download**를 검색해 첫 번째 링크를 클릭합니다.

그림 1-21 VSCode 다운로드 링크 검색

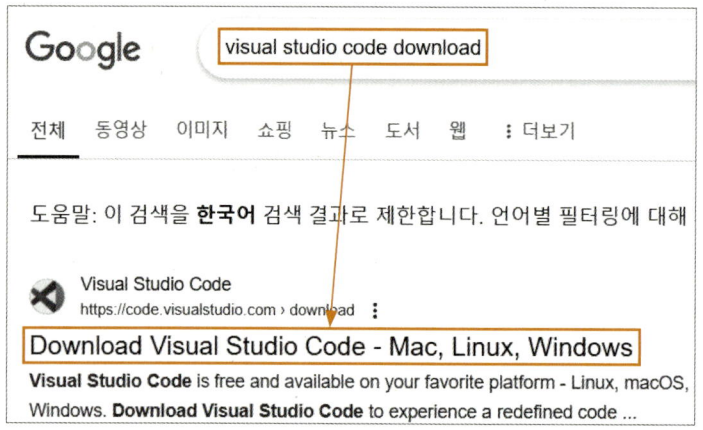

2 윈도우 사용자는 [Windows] 버튼을, 맥OS 사용자는 [Mac] 버튼을 클릭해 설치 파일을 내려받습니다.

그림 1-22 VSCode 설치 파일 다운로드

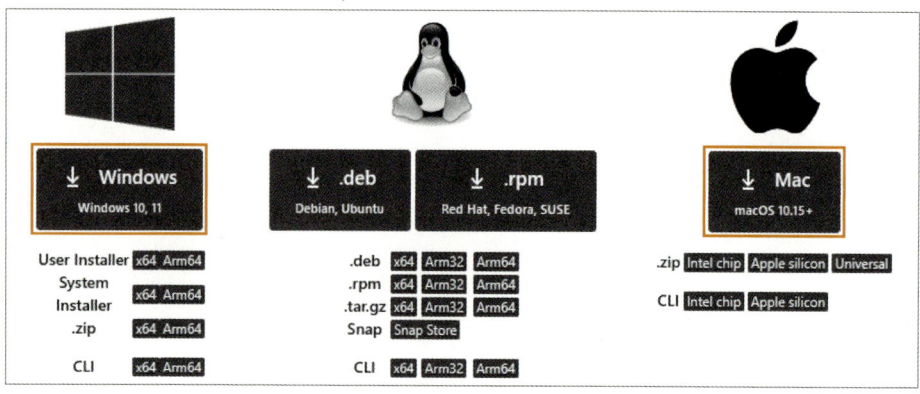

윈도우와 맥OS에서 VSCode를 설치하는 방법을 알아봅시다.

윈도우에 VSCode 설치하기

1 내려받은 설치 파일(**VSCodeUserSetup-x64-1.98.2.exe**)을 더블클릭합니다. 사용권 계약 화면에서는 **동의합니다**를 선택하고 [다음] 버튼을 클릭합니다. 이어지는 설치 위치 선택, 시작 메뉴 폴더 선택 화면에서는 기본 설정을 그대로 두고 [다음] 버튼을 클릭합니다.

그림 1-23 윈도우에 VSCode 설치 1

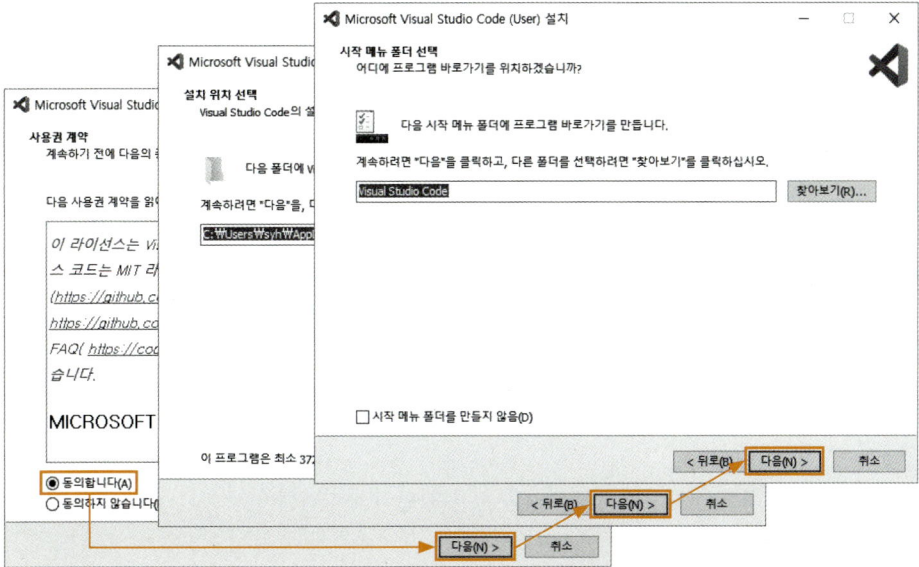

TIP 다운로드 시점에 따라 설치 파일명(VSCodeUserSetup-x64-1.98.2.exe)의 버전 번호(1.98.2)가 다를 수도 있습니다.

2 추가 작업 선택 화면에서는 **바탕 화면에 바로가기 만들기**에 체크하고 [다음] 버튼을 클릭합니다.

그림 1-24 윈도우에 VSCode 설치 2

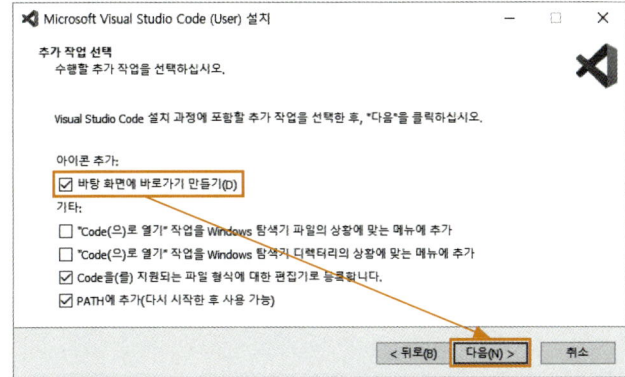

3 설치 준비 완료 화면이 뜨면 [설치] 버튼을 클릭해 설치하고, 설치가 완료되면 **Visual Studio Code 실행**에 체크돼 있는지 확인한 후 [종료] 버튼을 클릭합니다.

그림 1-25 윈도우에 VSCode 설치 3

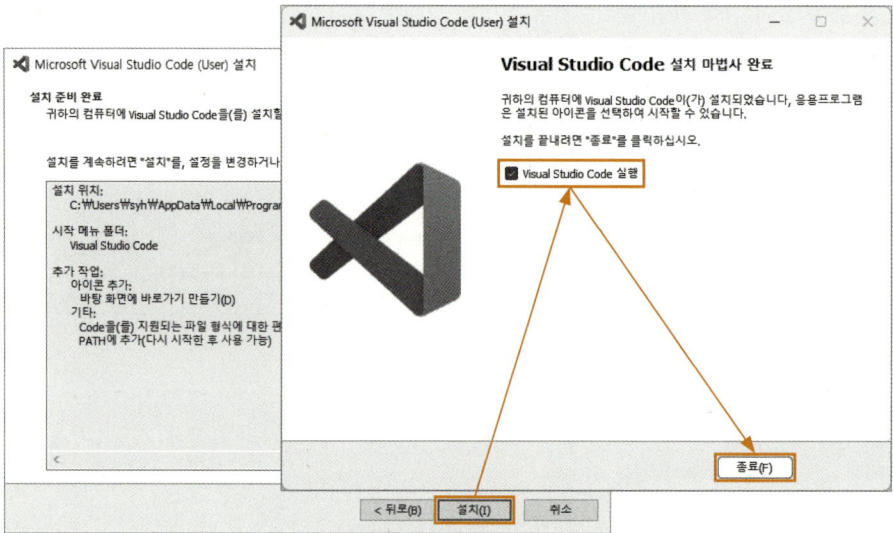

4 VSCode 프로그램이 실행되며 다음과 같은 화면이 나타납니다.

그림 1-26 VSCode 실행

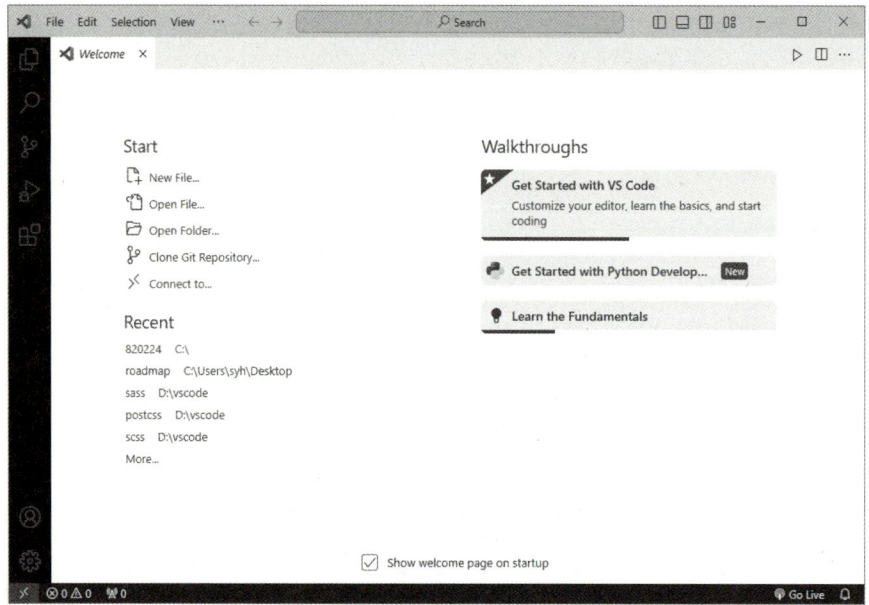

맥OS에 VSCode 설치하기

1 내려받은 설치 파일(**Visual Studio Code**)을 [응용 프로그램] 폴더로 드래그합니다. 이렇게 하면 맥OS에서 다른 응용 프로그램처럼 VSCode를 사용할 수 있습니다.

그림 1-27 맥OS에 VSCode 설치

2 응용 프로그램에 추가된 VSCode를 더블클릭해 실행합니다.

그림 1-28 VSCode 실행

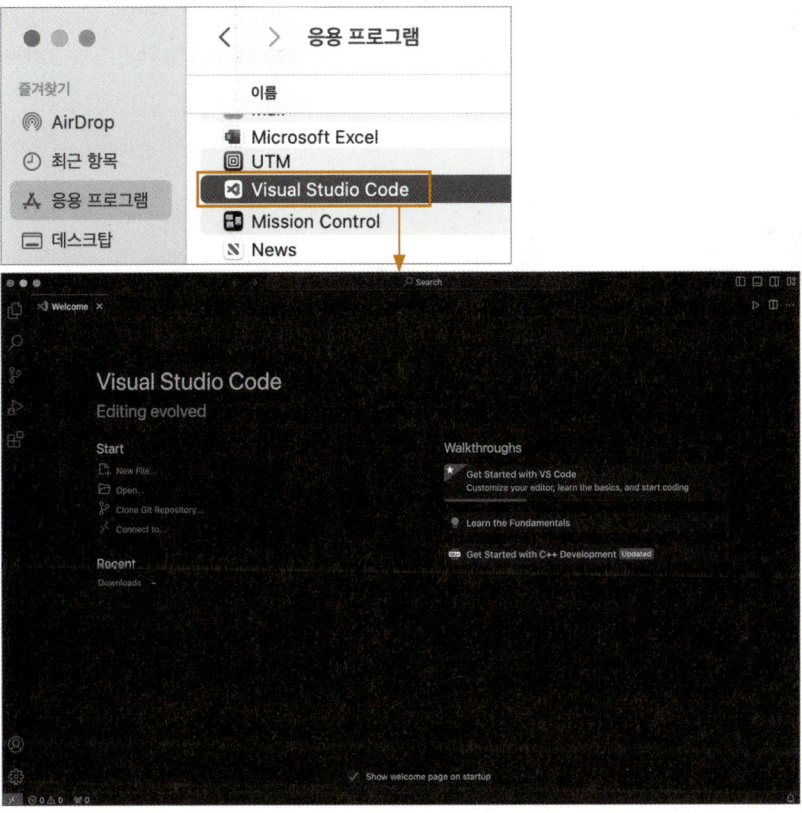

1.2.5 첫 파이썬 프로그램 실행하기

VSCode를 설치했으니 이제 파이썬 프로그램을 실행해봅시다. 윈도우와 맥OS에서 동일하게 실습을 따라 할 수 있는데, 여기서는 윈도우를 기준으로 설명하겠습니다.

> **TIP** VSCode의 화면 색상은 File → Preferences → Themes → Color Theme 메뉴를 선택해 나타나는 목록(light themes와 dark themes)에서 선택할 수 있습니다.

프로젝트 폴더 만들기

바탕화면에 **ai_program**이라는 이름의 폴더를 만듭니다. 앞으로 작성할 AI 프로그램 코드는 이 폴더에 저장합니다.

그림 1-29 ai_program 폴더 생성

> **TIP** 파이썬 폴더명이나 파일명은 영어로 짓는 것이 좋습니다. 폴더명이나 파일명을 한글로 지으면 오류가 발생할 수 있기 때문입니다. 같은 이유로 폴더명이나 파일명에는 띄어쓰기 대신 _(언더바)를 사용할 것을 권합니다[예: ai 프로그램(×), ai program(×), ai_program(○)].

VSCode로 돌아와 **File → Open Folder** 메뉴를 선택한 후, 방금 만든 바탕화면의 **ai_program**을 선택하고 [폴더 선택] 버튼을 클릭합니다.

그림 1-30 ai_program 폴더 열기

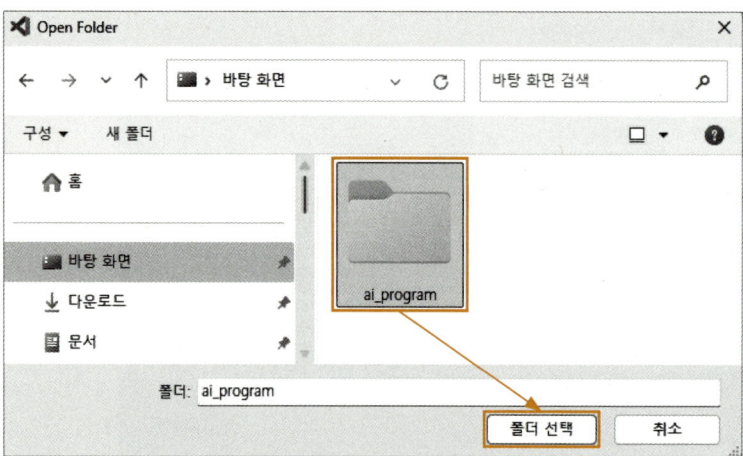

화면 왼쪽의 탐색기에 ai_program 폴더가 추가됩니다. 만약 탐색기가 보이지 않으면 왼쪽 바의 첫 번째 아이콘(Explorer)을 클릭하세요.

그림 1-31 탐색기에 추가된 ai_program 폴더

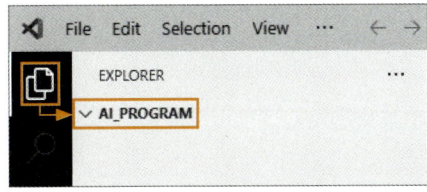

탐색기에서는 현재 작업 중인 폴더에 파일을 추가하거나 삭제하는 등 다양한 작업을 할 수 있습니다. 이제 ai_program 폴더에 새 파이썬 파일을 만들어봅시다.

ai_program 폴더에서 New File 아이콘을 클릭하고 파일명에 **hello.py**를 입력합니다. 확장자 '.py'까지 모두 작성해야 컴퓨터가 해당 파일을 파이썬 파일로 인식합니다.

그림 1-32 새 파일 생성

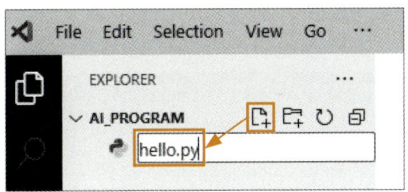

첫 번째 파이썬 프로그램 실행하기

hello.py 파일을 생성하면 오른쪽에 코드 편집기가 나타나며, 여기서 자유롭게 코드를 작성하거나 수정할 수 있습니다.

그림 1-33 코드 편집기 화면

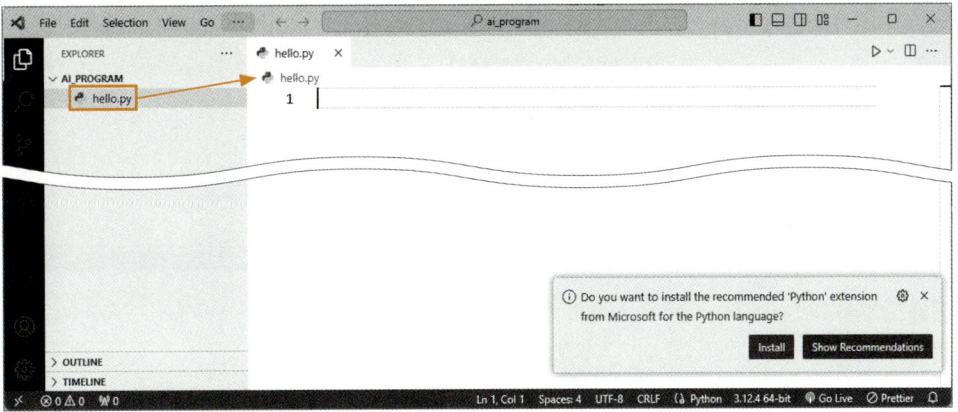

> **TIP** 화면 오른쪽 아래에 'Do you want to install the recommended 'Python' extension from Microsoft for the Python language?'라는 메시지가 나타나면 닫기(×)를 클릭해 창을 닫으세요. 이는 파이썬 확장 프로그램 설치와 관련된 메시지로, 잠시 후 자세히 설명하겠습니다.

코드 편집기에 다음 코드를 작성한 후 Ctrl+S를 눌러 저장합니다.

```
print("파이썬으로 AI 프로그램 만들기")
```

1.2.3 간단한 코드 실행하기에서는 파이썬 코드를 명령 프롬프트에서 작성하고 실행했습니다. 그때는 파이썬 코드를 별도 파일로 저장하지 않고 바로 실행했는데, 지금은 파이썬 코드를 파일로 저장했습니다. 그럼 저장된 파일을 실행해봅시다.

Terminal → New Terminal 메뉴를 선택해 화면 아래에 터미널을 엽니다.

그림 1-34 터미널 열기

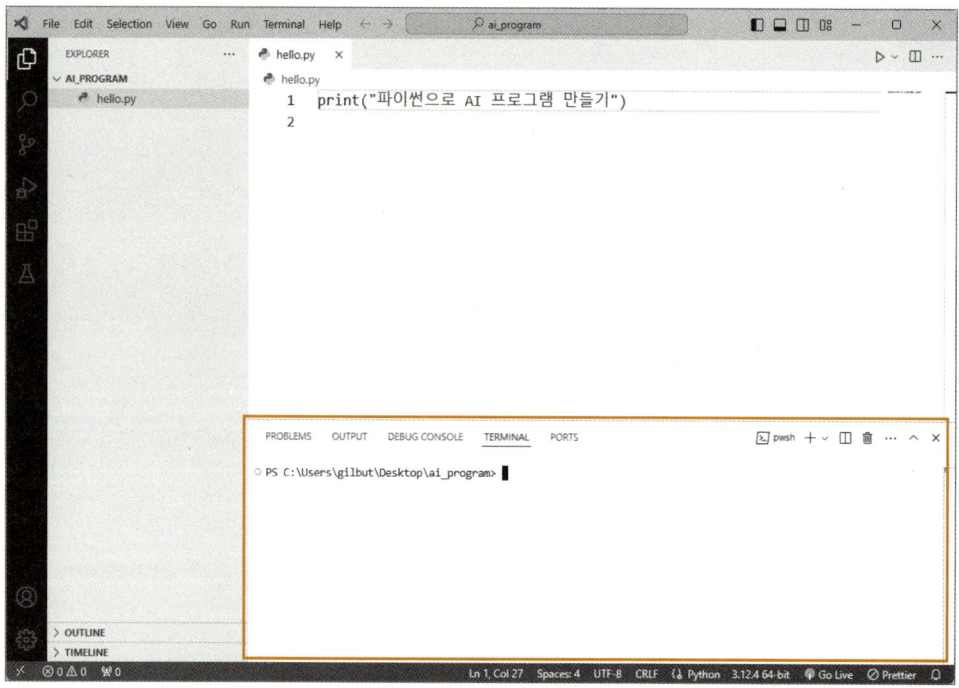

> **TIP** VSCode 창이 작아 Terminal 메뉴가 보이지 않으면 메뉴의 GO 옆에 있는 …을 클릭해 **Terminal → New Terminal** 메뉴를 선택하거나 단축키 Ctrl+~를 눌러 터미널을 여세요.

> **NOTE** 터미널
>
> **터미널**(terminal)은 명령어를 입력해 컴퓨터를 제어할 수 있는 프로그램입니다. 예를 들어 메모장을 열고 싶을 때 메모장 아이콘을 클릭해도 되지만 터미널에서 **notepad** 명령어를 입력해도 메모장을 열 수 있습니다. 터미널 프로그램은 PowerShell(파워셸), zsh(지셸), bash(배시), Command Prompt(명령 프롬프트) 등 종류가 다양합니다.

터미널에서 파이썬 프로그램을 실행하는 명령은 다음과 같습니다. 맥OS의 경우 python 대신 python3 명령을 사용해야 합니다.

```
형식 | python 파일명  ---- 윈도우
       python3 파일명 ---- 맥OS
```

다음 명령으로 hello.py 프로그램을 실행하고 Enter 를 누릅니다.

```
터미널
> python hello.py   ---- 윈도우
> python3 hello.py  --- 맥OS
```

그러면 앞에서 작성한 print("파이썬으로 AI 프로그램 만들기") 문이 실행돼 "파이썬으로 AI 프로그램 만들기"가 출력됩니다.

그림 1-35 파이썬 코드 실행

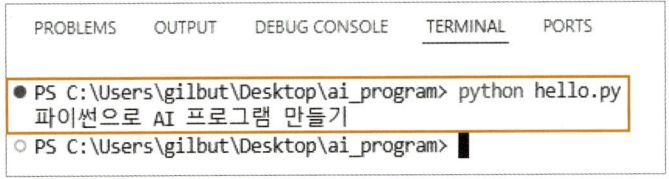

지금까지 VSCode로 간단한 파이썬 프로그램을 작성하고 실행해봤습니다. VSCode는 **그림 1-36**과 같이 탐색기, 코드 편집기, 터미널을 한 화면에서 제공하기 때문에 코드를 작성하고 실행 결과를 확인하기에 편리합니다.

그림 1-36 VSCode의 화면 구성

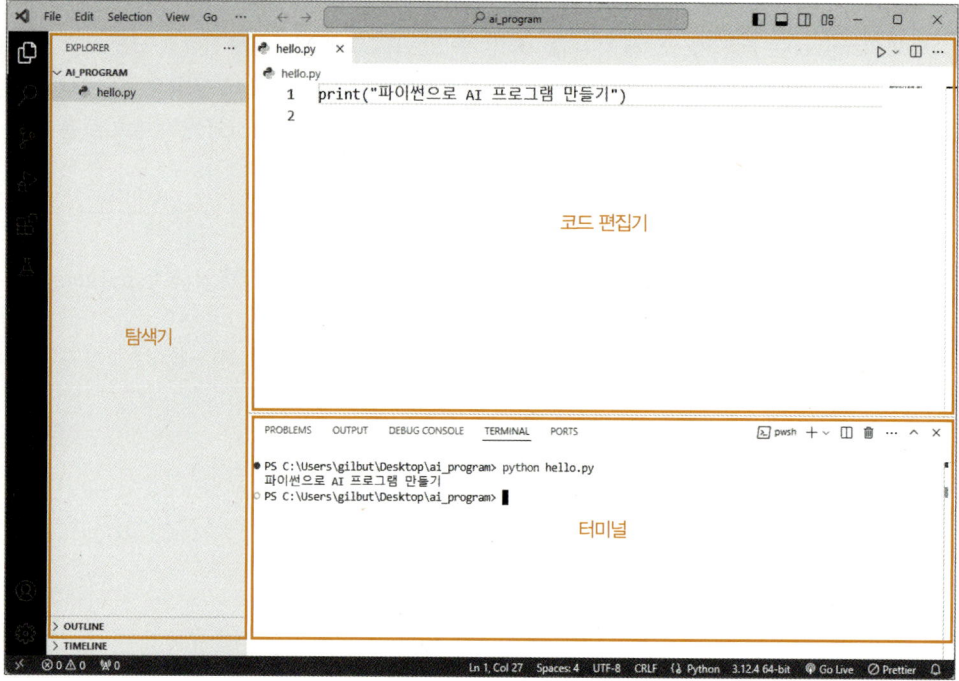

일반적으로 VSCode에서 코드를 작성하고 실행하는 순서는 다음과 같습니다.

❶ 탐색기에서 프로젝트 폴더나 파일을 생성합니다.

❷ 코드 편집기에서 코드를 작성하거나 수정한 후 저장합니다.

❸ 터미널에서 코드를 실행해 결과를 확인합니다.

❹ 앞의 ❷~❸ 단계를 반복하며 프로그램을 완성합니다.

❺ 완성된 최종 코드를 저장합니다.

파이썬 확장 프로그램 설치하기

마지막으로 파이썬 코드 작성을 도와주는 확장 프로그램을 설치하겠습니다. 왼쪽 바의 다섯 번째 아이콘(Extensions)을 클릭한 후 검색창에 **python**을 입력하고 검색 결과에서 Microsoft Python 항목의 [Install] 버튼을 클릭합니다.

그림 1-37 파이썬 확장 프로그램 설치

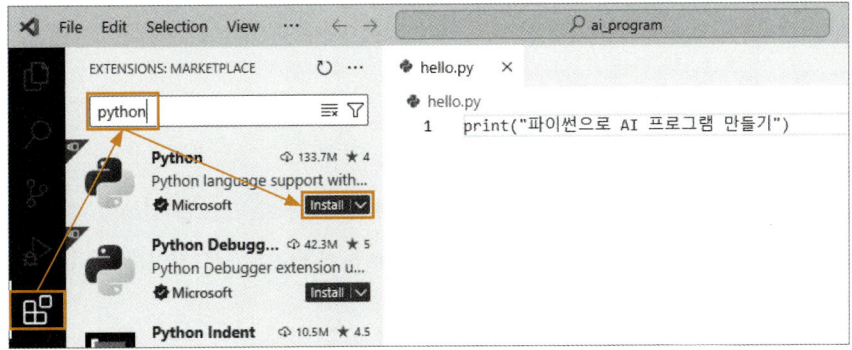

설치가 완료되면 왼쪽 바의 첫 번째 아이콘(Explorer)을 클릭해 hello.py 파일로 돌아갑니다.

그림 1-38 파이썬 확장 프로그램 설치 완료

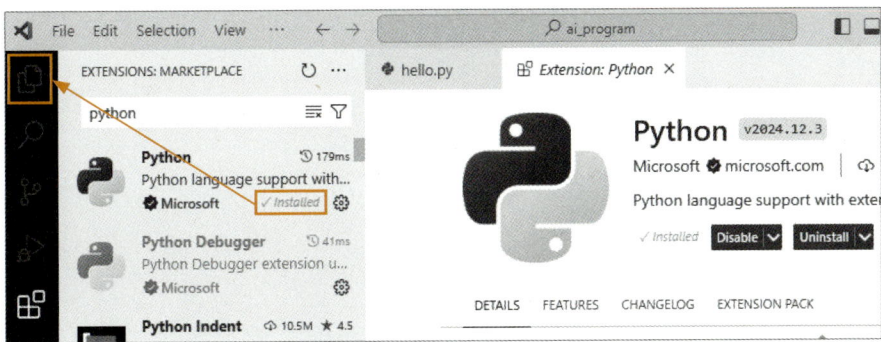

파이썬 확장 프로그램을 설치하고 코드를 작성하면 이 프로그램이 없을 때보다 두 가지 점이 좋습니다. 첫째, 코딩을 할 때 입력할 코드를 예상해 자동으로 코드 목록을 보여줍니다. 이 목록에서 필요한 코드를 선택하면 일일이 타이핑하지 않아도 되기 때문에 매우 편리합니다.

그림 1-39 코드 자동 완성 기능

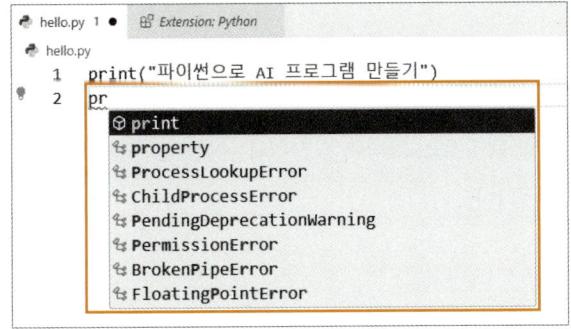

코드 자동 완성 기능을 이용해 다음 코드를 입력하고 Ctrl + S 를 눌러 저장하세요.

```
print("파이썬으로 AI 프로그램 만들기")
print("어떤 프로그램을 만들지 기대돼요!")
```

두 번째 장점은 코드 편집기 오른쪽 상단에 있는 실행 아이콘(▷)으로 코드를 실행할 수 있다는 것입니다. 이 아이콘을 사용하면 터미널에 명령어를 입력하지 않고도 코드를 실행할 수 있습니다.

그림 1-40 실행 아이콘으로 코드 실행

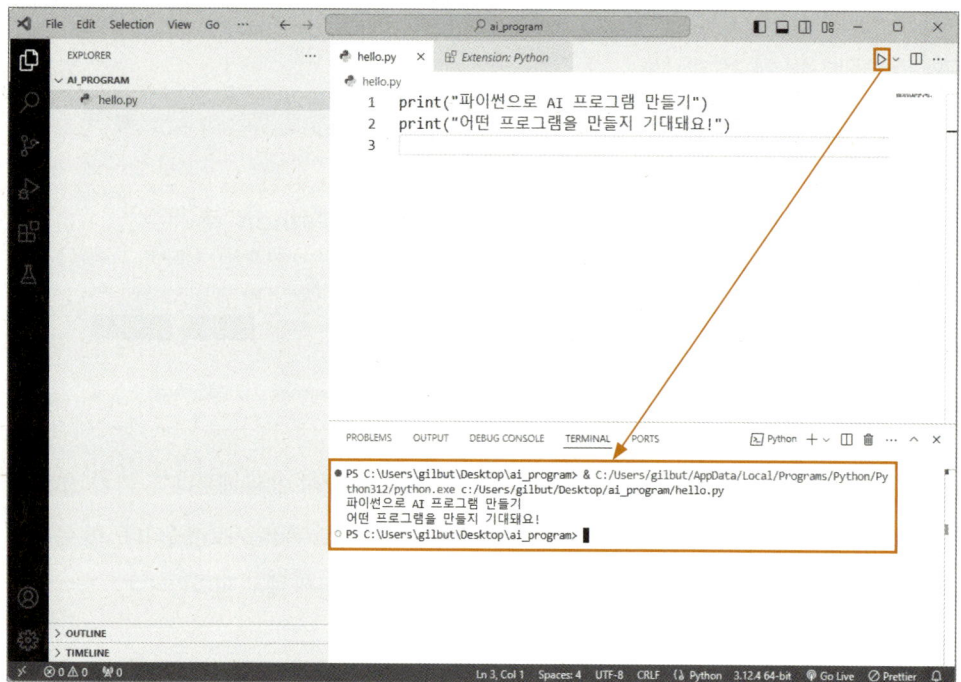

> **TIP** 실행 아이콘을 클릭했는데 결과가 제대로 나오지 않는다면 실행 아이콘 오른쪽의 펼침 아이콘(∨)을 클릭해 [Run Python File]을 선택합니다. 그러면 이후부터 실행 아이콘을 클릭했을 때 결과가 제대로 나옵니다.

이 외에도 파이썬 코딩에 도움을 주는 다양한 확장 프로그램이 있습니다. 이러한 확장 프로그램을 설치하면 수월하게 코드를 작성할 수 있습니다.

마무리

1. 파이썬

- 파이썬은 문법이 간결해 초보자가 배우기 쉬운 프로그래밍 언어로, 커뮤니티를 통해 풍부한 학습 자료를 얻을 수 있습니다.
- AI 프로그램 개발, 웹 크롤링, 통계 분석 등 다양한 프로그램 개발에 이용됩니다.

2. 스트림릿

스트림릿은 파이썬으로 사용자와 상호작용하는 웹 화면의 UI를 개발하는 데 사용되는 기술입니다.

3. OpenAI API

- OpenAI API는 대량의 학습 데이터를 입력받아 훈련한 AI 모델을 각자의 프로그램에 가져다 사용할 수 있게 지원하는 기술입니다.
- OpenAI에서 개발한 AI 모델을 호출해 사용합니다.

4. VSCode

- VSCode는 파이썬 코드를 효율적으로 작성하고 실행할 수 있게 해주는 코드 에디터 프로그램입니다.
- 폴더와 파일을 한눈에 보고 관리할 수 있는 탐색기, 코드를 작성하고 수정할 수 있는 코드 편집기, 코드를 명령어로 실행할 수 있는 터미널로 구성돼 있습니다.

5. 파이썬 프로그램 실행

VSCode 터미널에서 파이썬 프로그램을 실행하는 명령은 다음과 같습니다.

> 형식 | python 파일명 ---- 윈도우
> python3 파일명 ---- 맥OS

2장

AI 프로그램 맛보기

이 장에서는 앞으로 만들게 될 AI 프로그램의 완성 코드를 가져와 미리 실행해봅니다. 완성 코드를 실행하기 위한 개발 환경을 설정하고, 소스 코드의 일부를 내 입맛에 맞게 수정하는 방법을 배웁니다.

2.1 완성 코드 가져다 실행하기

파이썬을 처음 배우는 입문자에게 추천하는 공부 방법 중 하나는 **완성된 프로그램을 직접 실행해보는 것**입니다. 프로그램이 작동하는 것을 눈으로 확인하면 프로그램 실행에 대한 피드백을 바로바로 받을 수 있고, 어떤 프로그램을 만들 수 있는지 앎으로써 동기 부여를 얻게 됩니다.

11장에서 만들 여행 가이드 프로그램의 완성 코드를 실행해보며 AI 프로그램을 미리 체험해봅시다.

2.1.1 소스 코드 복사해 붙여넣기

여행 가이드 프로그램을 실행하기 위해 소스 코드가 있는 깃허브 링크(**https://github.com/gilbutITbook/080444**)에 접속해 [final]-[ch11_여행 가이드 프로그램 만들기]-[ch11_travel_ai.py] 파일을 클릭해 열고 오른쪽 상단의 **Copy raw file**(ⓘ) 아이콘을 클릭합니다.

그림 2-1 Copy raw file 아이콘 클릭

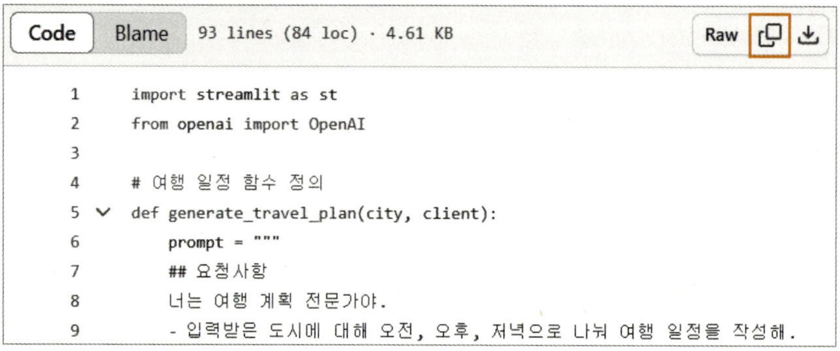

```
Code  Blame   93 lines (84 loc) · 4.61 KB                    Raw  📋  ⬇

1       import streamlit as st
2       from openai import OpenAI
3
4       # 여행 일정 함수 정의
5     ˅ def generate_travel_plan(city, client):
6           prompt = """
7           ## 요청사항
8           너는 여행 계획 전문가야.
9           - 입력받은 도시에 대해 오전, 오후, 저녁으로 나눠 여행 일정을 작성해.
```

> **TIP** 깃허브(Github)는 전 세계 사람들이 작성한 코드를 올려 공유할 수 있는 플랫폼으로, 이 책의 소스 코드 저장소는 https://github.com/gilbutITbook/080444입니다.

VSCode의 ai_program 폴더로 가서 **main.py**라는 파일을 생성한 후, 복사한 코드를 붙여넣고 (Ctrl+V) 저장합니다(Ctrl+S).

그림 2-2 새 파일 생성 및 코드 붙여넣기

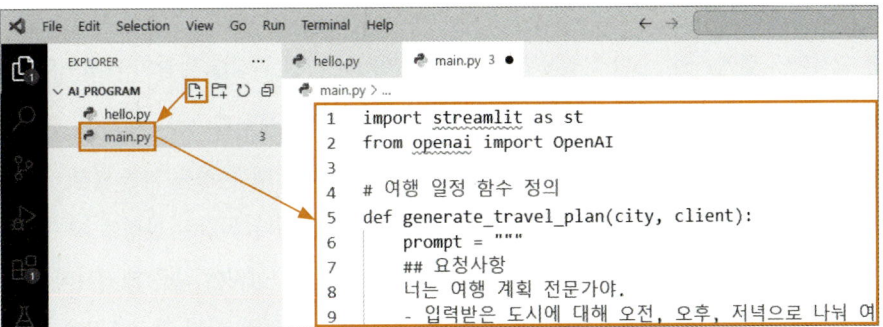

터미널에 다음 명령을 입력해 코드를 실행합니다.

터미널
```
> python main.py  ---- 윈도우
> python3 main.py --- 맥OS
```

그런데 오류가 발생합니다. 코드를 실행하는 데 필요한 패키지가 설치되지 않았기 때문입니다.

그림 2-3 오류 메시지

```
PS C:\Users\gilbut\Desktop\ai_program> python main.py
Traceback (most recent call last):
  File "C:\Users\gilbut\Desktop\ai_program\main.py", line 2, in <module>
    import streamlit as st
ModuleNotFoundError: No module named 'streamlit'
```

파이썬에는 특정 작업을 더 쉽게 처리하기 위해 미리 만들어둔 코드가 있습니다. 이러한 코드는 잘 정리된 **패키지**(package) 형태로 제공되며, 누구나 패키지를 가져다 쓸 수 있습니다. 패키지는 간단히 데워 먹을 수 있는 반조리 제품과 같습니다. 가령 파이썬으로 엑셀 파일을 다루고 싶다면 일일이 코딩할 필요 없이 엑셀 관련 기능이 담긴 패키지를 사용하면 됩니다.

그림 2-3의 경우 streamlit 패키지가 없어서 발생한 오류입니다(ModuleNotFoundError: No module named 'streamlit'). streamlit은 파이썬 패키지 중 하나로, 단 몇 줄의 코드로 웹 화

면의 UI를 만들 수 있습니다. 이 패키지가 없다면 웹 화면을 만들기 위해 직접 수백 줄의 코드를 작성해야 합니다. 그럼 오류를 해결하기 위해 `streamlit` 패키지를 설치하겠습니다.

2.1.2 가상 환경 생성하기

패키지를 설치하기 전에 사전 준비가 필요합니다. 바로 파이썬 가상 환경을 만들어야 합니다.

컴퓨터에 파이썬을 설치하면 파이썬 실행 환경 하나가 자동으로 생성됩니다. 하지만 상황에 따라 파이썬 실행 환경이 여러 개 필요할 수도 있는데, 각각의 실행 환경을 **가상 환경**(virtual environment)이라고 합니다. 이러한 가상 환경을 만들면 프로그램마다 독립된 환경에 패키지를 설치해 실행할 수 있습니다. 프로그램마다 필요한 패키지가 다르고, 심지어 같은 패키지라도 버전에 따라 실행되지 않을 수도 있기 때문에 가상 환경을 통해 안정적인 실행 환경을 만들어 활용하는 것이 좋습니다.

그림 2-4 가상 환경의 개념

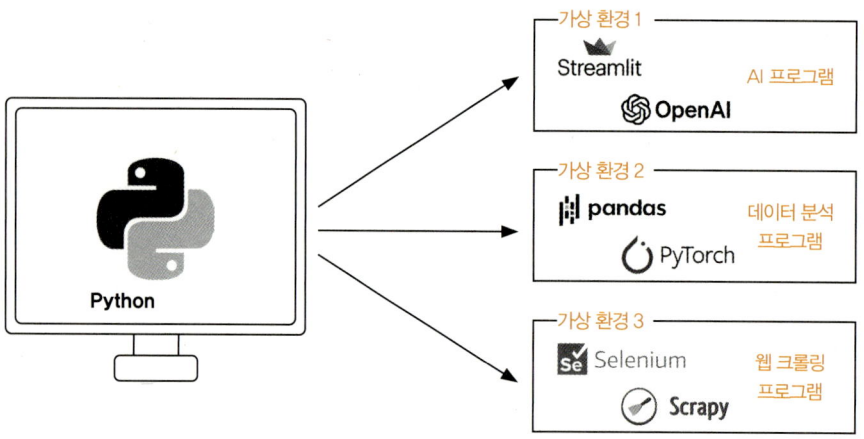

이 책에서 만들 열 가지 AI 프로그램을 위한 가상 환경을 생성하고, 여행 가이드 프로그램도 이 환경에서 실행하겠습니다. 가상 환경을 생성하기 위해 다음 명령을 터미널에 입력합니다.

```
터미널
> python -m venv venv    ---- 윈도우
> python3 -m venv venv   ---- 맥OS
```

탐색기에 [venv] 폴더가 보인다면 가상 환경이 제대로 생성된 것입니다.

그림 2-5 가상 환경 생성

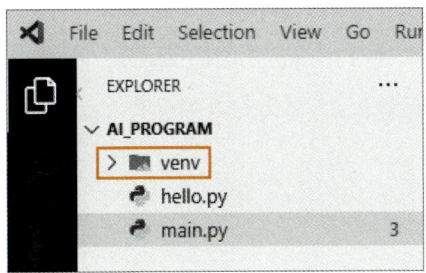

가상 환경을 이용하려면 가상 환경을 활성화해야 합니다. 다음 명령을 입력해 방금 만든 가상 환경을 활성화합니다.

터미널
```
> venv\scripts\activate ----- 윈도우
> source venv/bin/activate -- 맥OS
```

가상 환경이 활성화되면 터미널 창 앞에 **(venv)**라는 기호가 추가됩니다.

그림 2-6 가상 환경 활성화 1

> **NOTE** 오류 메시지가 나타나고 (venv) 기호가 추가되지 않는 경우
>
> '보안 오류: (:) [], PSSecurityException' 키워드가 포함된 오류 메시지가 나타나고 (venv) 기호가 추가되지 않는다면 PowerShell이 보안상의 이유로 스크립트 실행을 거부했기 때문입니다. 이 문제를 해결하려면 PowerShell의 실행 정책을 변경해 스크립트 실행을 허용해야 합니다.
>
> ❶ 윈도우의 [시작] 메뉴에서 'Windows PowerShell'을 검색해 마우스 오른쪽 버튼을 누르고 [관리자 권한으로 실행]을 선택합니다.
>
> ❷ 다음 명령으로 실행 정책을 변경해 스크립트 실행을 허용합니다.
>
> 터미널
> ```
> > Set-ExecutionPolicy RemoteSigned -Scope CurrentUser
> ```
>
> ❸ Y를 눌러 실행 정책을 변경한 후 다시 가상 환경을 활성화하면 (venv) 기호가 나타날 것입니다.

VSCode 오른쪽 하단의 파이썬 버전을 확인합니다. 파이썬 버전이 3.12.4 ('venv')가 아니라 3.12.4만 표시됐다면 가상 환경을 위한 인터프리터가 아닌 전역 인터프리터를 사용하는 것입니다. 이럴 때는 Ctrl + Shift + P (맥OS는 shift + command + P)를 눌러 커맨드 팔레트를 띄우고 **Python: Select Interpreter**를 검색해 선택합니다. 목록에서 Python 3.12.4 ('venv') 가상 환경을 선택하면 파이썬 버전이 **3.12.4 ('venv')**로 표시되며, 앞으로 VSCode가 가상 환경을 정확히 사용하게 됩니다.

그림 2-7 가상 환경 활성화 2

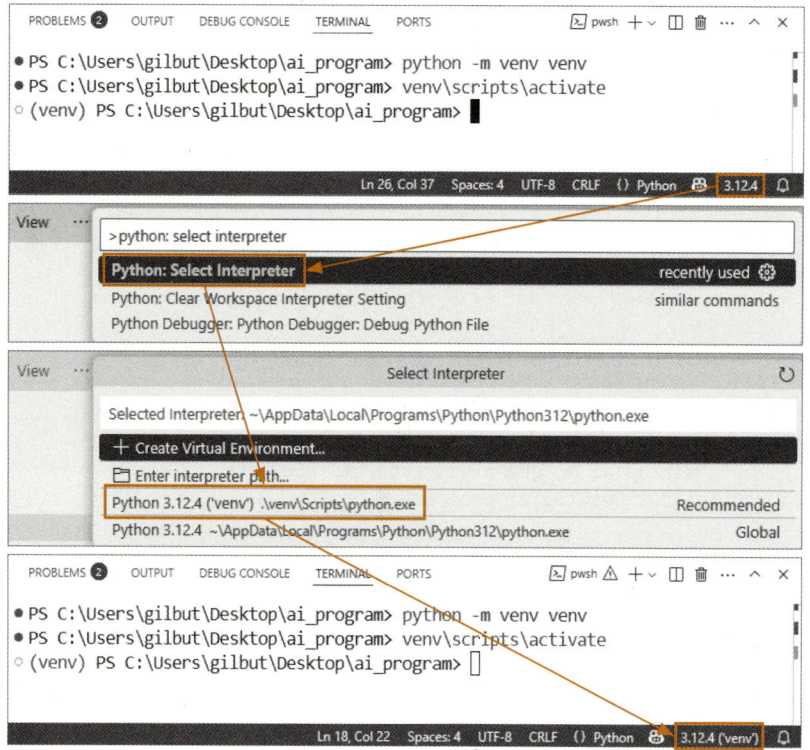

2.1.3 패키지 설치하고 실행하기

필요한 패키지를 설치하겠습니다. 소스 코드의 맨 위에 `import`로 시작하는 부분이 있는데, 이는 패키지를 불러오는 코드입니다. 그런데 `streamlit`, `openai` 패키지가 설치되지 않은 상태라 물결(오류)로 표시됐습니다.

그림 2-8 소스 코드의 import 부분

```
main.py > ...
1  import streamlit as st
2  from openai import OpenAI
3
```

패키지를 설치하는 명령은 다음과 같습니다.

형식 | pip install 패키지명 ------------- 패키지가 하나일 경우
      pip install 패키지명1 패키지명2 --- 패키지가 여러 개일 경우

streamlit, openai 패키지를 설치합니다.

터미널
> pip install streamlit openai

잠시 기다리면 패키지 설치가 완료되고 소스 코드에서 import 부분의 물결 표시가 사라집니다.

그림 2-9 오류가 해결된 import 부분

```
main.py > ⊕ parse_schedule
1  import streamlit as st
2  from openai import OpenAI
3
```

> **NOTE 패키지 설치 시 주의 사항**
>
> 패키지를 설치할 때 주의할 점이 있습니다. 물결로 오류가 표시된 패키지명과 실제로 설치해야 할 패키지명이 다를 수도 있는데, 이럴 때는 검색을 해서 이름을 찾아야 합니다. 예를 들어 다음 코드의 경우 streamlit, openai, dotenv 패키지가 필요하다고 생각할 수 있습니다.
>
> 그림 2-10 패키지가 설치되지 않아 물결로 표시된 import 부분
>
> ```
> main.py > ...
> 1  import os
> 2  import streamlit as st
> 3  from openai import OpenAI
> 4  from dotenv import load_dotenv
> 5
> ```
>
> 예전에는 정확한 패키지명을 알아내기 위해 구글링으로 일일이 검색해야 했습니다.
>
> ◯ 계속

그림 2-11 구글링을 통한 패키지명 확인

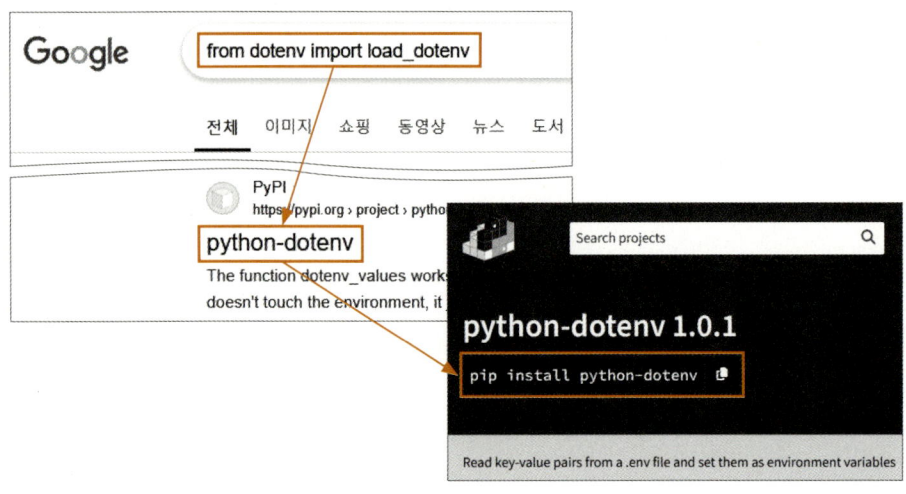

그러나 지금은 챗GPT를 이용해 프로그램 실행에 필요한 패키지명을 알아낼 수 있습니다. 다음과 같이 챗GPT에 `import`로 시작되는 코드를 제시하면서 물어보면 됩니다.

프롬프트의 예

import os
import streamlit as st
from openai import OpenAI
from dotenv import load_dotenv
위 코드를 실행하기 위한 패키지 설치 명령을 알려줘.

챗GPT는 해당 패키지를 찾아내 다음과 같이 응답하며, 이를 복사해 코드에 붙여넣으면 패키지를 설치할 수 있습니다.

그림 2-12 챗GPT의 응답

모든 패키지를 한 번에 설치

아래 명령어로 필요한 모든 패키지를 한 번에 설치할 수 있습니다:

```bash
pip install streamlit openai python-dotenv
```
📋 코드 복사

필요한 패키지를 설치했으니 다시 코드를 실행해봅시다.

> **터미널**
> ```
> > python main.py      ---- 윈도우
> > python3 main.py     --- 맥OS
> ```

그런데 여전히 오류가 발생합니다. 오류 메시지를 자세히 살펴보면 `streamlit run main.py` 명령으로 실행하라는 내용이 있습니다.

그림 2-13 실행 오류 화면

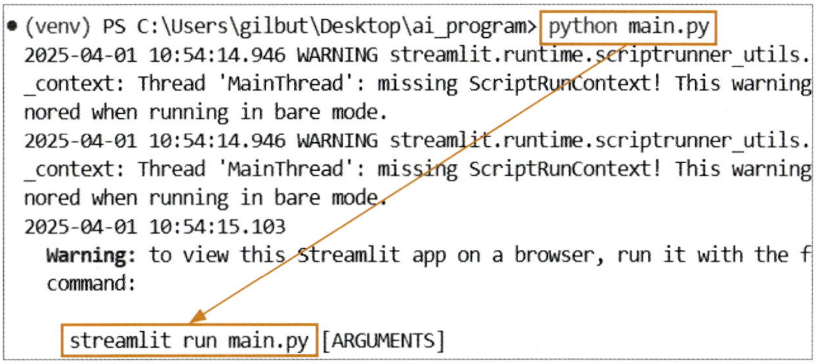

```
(venv) PS C:\Users\gilbut\Desktop\ai_program> python main.py
2025-04-01 10:54:14.946 WARNING streamlit.runtime.scriptrunner_utils.
_context: Thread 'MainThread': missing ScriptRunContext! This warning
nored when running in bare mode.
2025-04-01 10:54:14.946 WARNING streamlit.runtime.scriptrunner_utils.
_context: Thread 'MainThread': missing ScriptRunContext! This warning
nored when running in bare mode.
2025-04-01 10:54:15.103
  Warning: to view this Streamlit app on a browser, run it with the f
  command:

    streamlit run main.py [ARGUMENTS]
```

이 오류는 `streamlit` 패키지를 이용하는 코드의 실행 방법이 다르기 때문에 발생하는 것입니다. 일반 파이썬 프로그램을 실행할 때는 `python 파일명` 명령을 사용하지만, `streamlit` 패키지를 사용할 때는 다음 명령으로 프로그램을 실행합니다.

> **형식** | `streamlit run 파일명`

이는 `python -m streamlit run 파일명`과 같은 명령입니다. 여기서 `-m` 옵션은 패키지를 실행하라는 의미로, 여러 상황에서 파이썬 패키지나 모듈을 실행할 때 사용합니다. 하지만 이렇게 작성하면 명령이 길어지기 때문에 `python -m`을 생략하고 `streamlit run 파일명`으로 간략하게 작성합니다.

새 명령으로 다시 실행하겠습니다.

> **터미널**
> ```
> > streamlit run main.py
> ```

Welcome to Streamlit!이라는 문구와 함께 이메일을 입력하라는 안내가 나오면 Enter 를 눌러 넘어갑니다. 그러면 웹 브라우저가 자동으로 뜨고 여행 가이드 프로그램이 실행됩니다.

그림 2-14 프로그램 실행

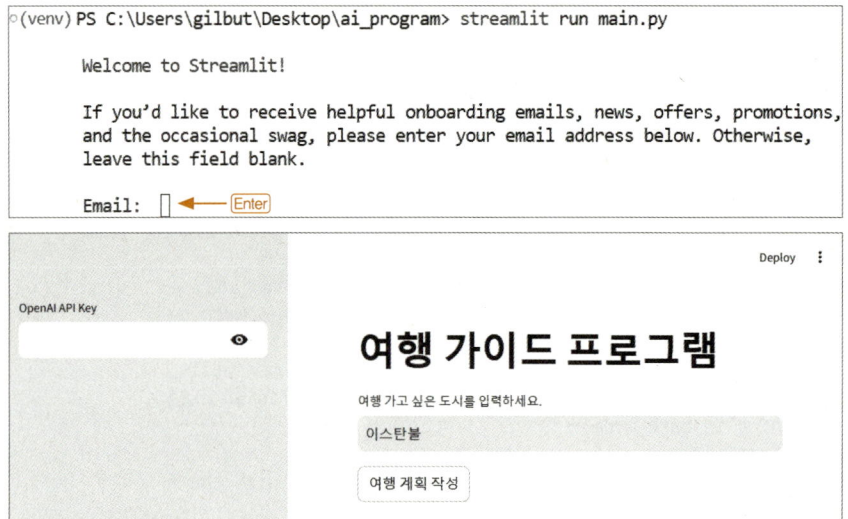

2.1.4 OpenAI API Key 발급받고 적용하기

지금 실행한 프로그램은 원하는 도시를 입력하면 여행 일정을 짜주는 AI 프로그램입니다. 여행 가고 싶은 도시에 '이스탄불'이 기본으로 입력돼 있고, [여행 계획 작성] 버튼을 클릭하면 '계속하려면 OpenAI API Key를 추가하세요.'라는 문구가 나타납니다.

그림 2-15 프로그램 실행 결과

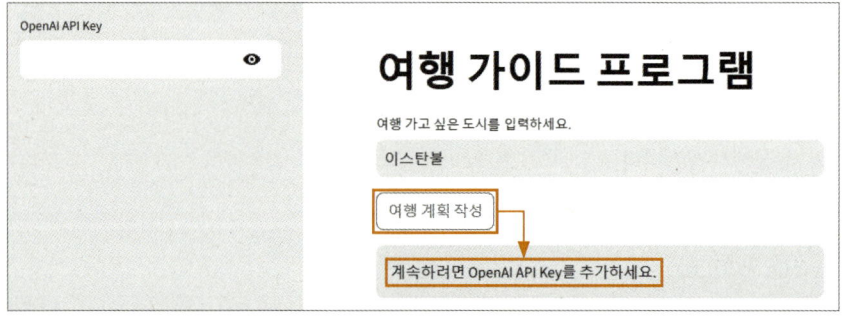

이 프로그램이 제대로 작동하려면 OpenAI API Key를 발급받아야 합니다. 그래야 OpenAI의 최신 AI 모델을 활용할 수 있습니다. OpenAI API Key는 **사용량 기반 요금제**(토큰당 비용)로 과금되며, 챗GPT 구독과 상관없이 별도로 결제해야 합니다. 이 책의 실습을 따라 하는 데 필요한 금액은 **최소 결제액인 5달러 미만**입니다.

회원 가입을 하기 위해 OpenAI Platform 페이지(**https://platform.openai.com**)에 접속해 [Sign up] 버튼을 클릭합니다.

그림 2-16 OpenAI Platform 페이지

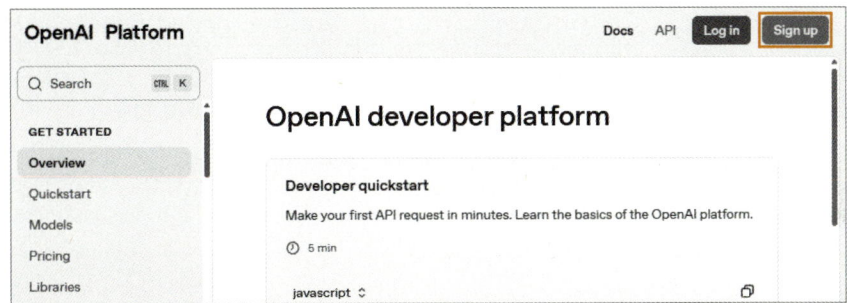

TIP OpenAI Platform 계정이 있고 크레딧을 충전한 상태라면 [Log in] 버튼을 클릭해 로그인한 후 **그림 2-23부터 진행하세요.**

화면의 안내에 따라 회원 가입을 합니다. 구글, 마이크로소프트, 애플 계정과 연동해 회원 가입을 할 수도 있습니다.

그림 2-17 로그인

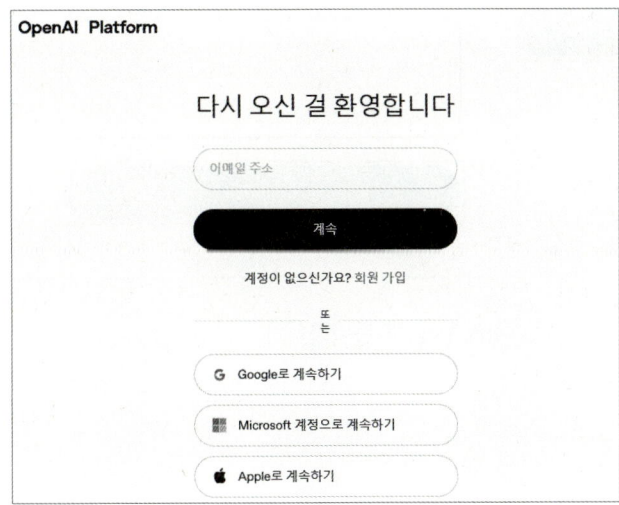

2장 AI 프로그램 맛보기 · 061

회원 가입 후 로그인을 하고 오른쪽 상단의 [Start building] 버튼을 클릭합니다.

그림 2-18 API Key 발급 시작

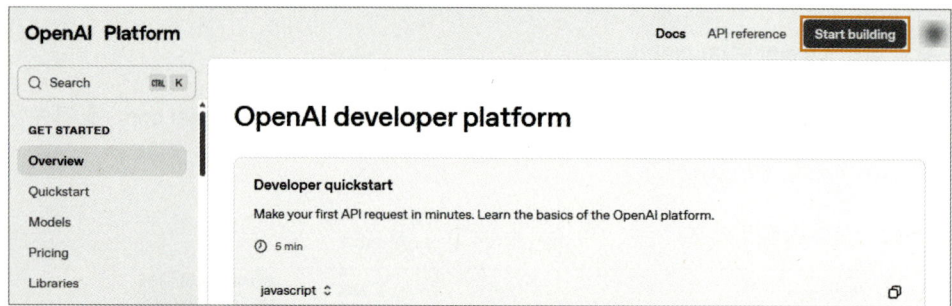

API Key 발급 시작 화면에서 아무것도 입력하지 말고 [Create organization] 버튼을 클릭한 후, 팀을 초대할 계획이 없으니 아무것도 입력하지 않은 채 [Continue] 버튼을 클릭합니다.

그림 2-19 팀 초대 건너뛰기

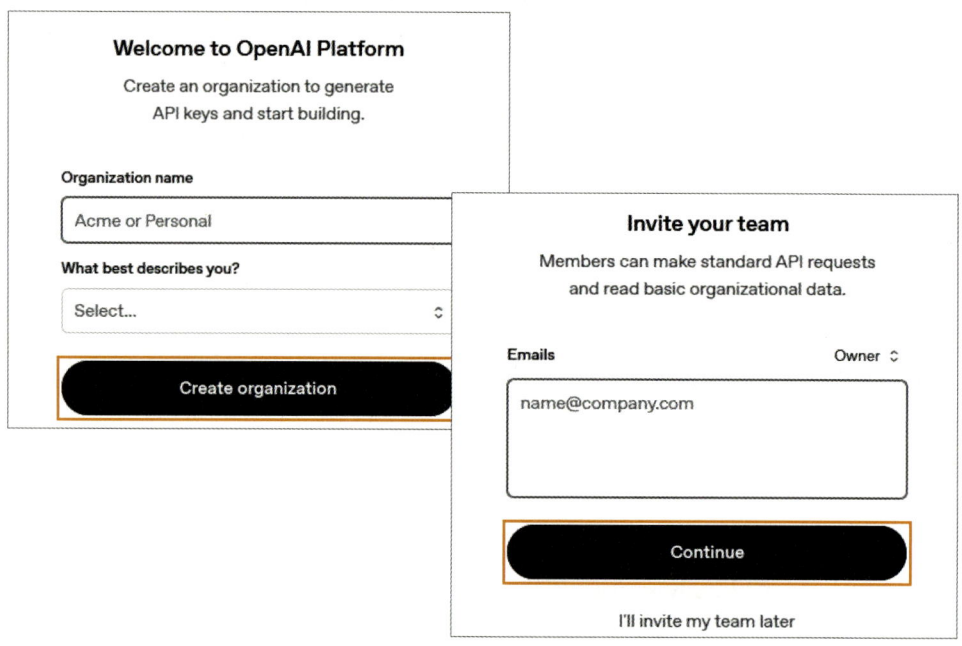

API 호출 테스트를 하지 않을 것이므로 I'll do this later를 클릭합니다.

그림 2-20 API 호출 테스트 건너뛰기

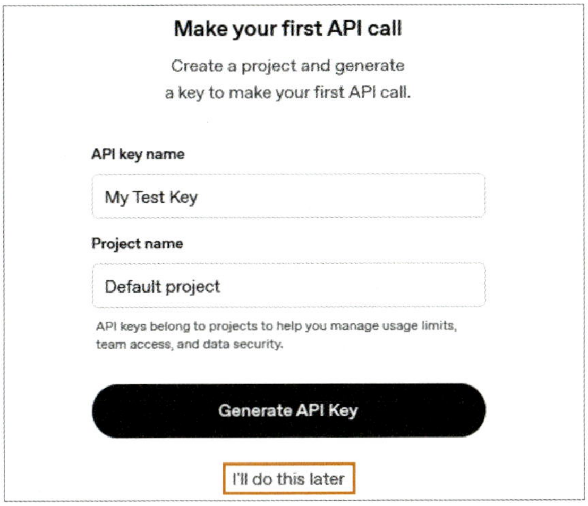

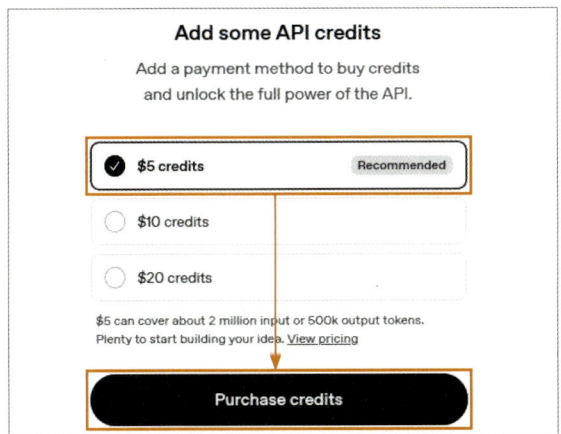

크레딧 구매(credit purchase) 금액으로 **5달러**를 선택하고 [Purchase credits] 버튼을 클릭합니다. 이렇게 하면 5달러만큼 AI 모델을 사용할 수 있는 크레딧이 주어집니다. 크레딧은 실제로 AI 모델을 사용한 만큼만 부과되는데, 이 책을 집필하는 시점(2025년 3월)에 OpenAI의 가장 저렴한 모델인 gpt-4o-mini를 이용할 경우 이 책의 모든 예제를 실행하는 데 1달러 미만이면 충분합니다.

그림 2-21 크레딧 구매 금액 선택

결제 카드 정보를 입력한 후 [Add payment method] 버튼을 클릭하고, 최종 결제 화면에서 [Confirm payment] 버튼을 클릭해 결제합니다.

그림 2-22 최종 결제

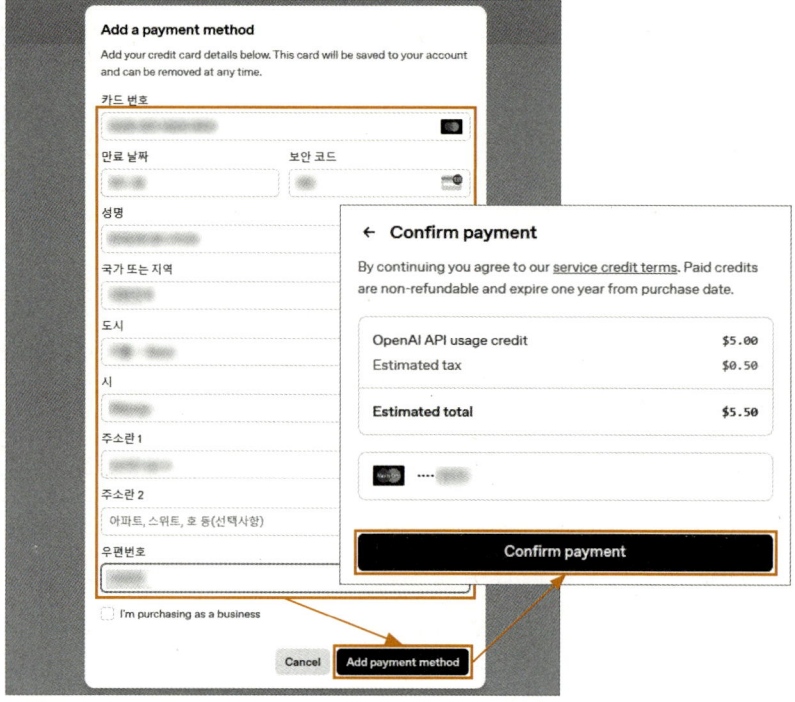

결제가 완료돼 크레딧이 충전되면 화면 오른쪽 상단의 **Dashboard**에 이어서 왼쪽 목록의 **API keys**를 클릭한 후 [Create new secret key] 버튼을 클릭합니다.

그림 2-23 OpenAI API 키 발급 1

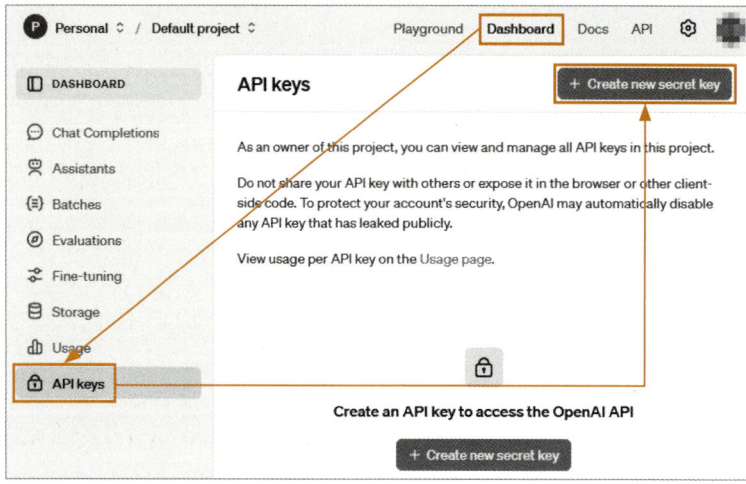

새 키 발급을 위한 화면이 나타나면 다음과 같이 소유자 정보를 입력하고 [Create secret key] 버튼을 클릭합니다.

그림 2-24 OpenAI API 키 발급 2

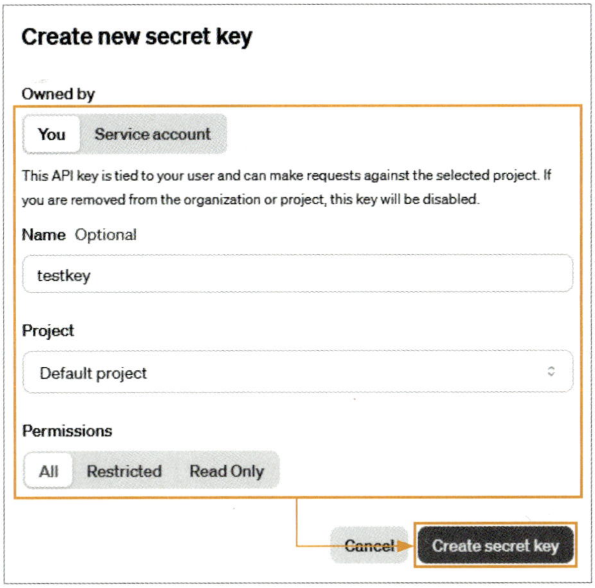

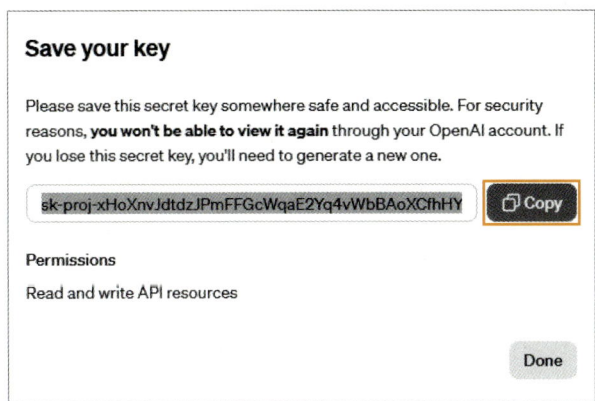

키가 생성되면 [Copy] 버튼을 클릭해 복사한 후 메모장을 띄워 붙여넣습니다. 이 키는 잊어버리지 않게 **txt 파일로 저장**해둡니다.

그림 2-25 OpenAI API 키 복사

발급받은 키를 여행 가이드 프로그램에 입력하고 [여행 계획 작성] 버튼을 클릭하면 프로그램이 정상적으로 실행됩니다.

그림 2-26 AI 프로그램 실행

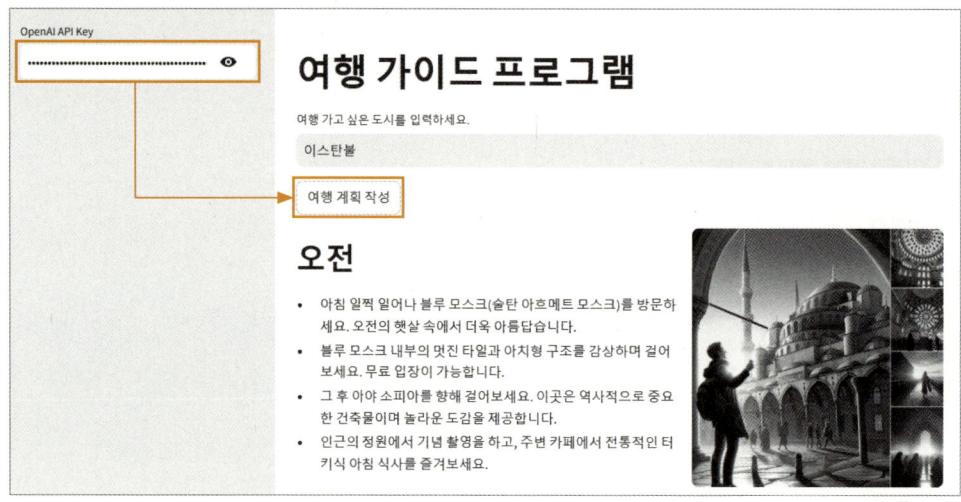

2.1.5 프로그램 수정하기

여행 가이드 프로그램은 그대로 사용해도 되지만 자신에게 맞게 수정할 수도 있습니다. 간단한 소스 코드 변경은 파이썬을 잘 몰라도 할 수 있습니다. 물론 이 책을 다 배우고 나면 코드를 이해하고 수정할 수 있겠지만, 지금은 코드를 몰라도 되는 수준에서 수정해보겠습니다.

프로그램 제목 바꾸기

프로그램의 제목을 '여행 가이드 프로그램'에서 '나만의 AI 여행 가이드'로 바꿔봅시다.

VSCode로 가서 Ctrl + H 를 눌러 [찾기 및 바꾸기] 창을 띄운 후, 찾을 텍스트에 '여행 가이드 프로그램'을 입력합니다. 그러면 [찾기 및 바꾸기] 창 오른쪽에 1 of 1이라고 표시되고 소스 코드의 해당 부분이 선택됩니다.

그림 2-27 제목 찾기

```
 48        return [morning_p    여행 가이드 프로그램  Aa ab .*  1 of 1
 49                              Replace              AB
 50    # 이미지 생성 함수
 51    def generate_image_url(prompt: str, client):
 52        response = client.images.generate(
 53            model="dall-e-3",
 54            prompt=prompt,
 55        )
 56        return response.data[0].url
 57
 58    def main():
 59        st.set_page_config(layout="wide")
 60        st.title("여행 가이드 프로그램")
 61
```

소스 코드의 제목을 '나만의 AI 여행 가이드'로 수정하고 Ctrl + S 를 눌러 저장합니다.

그림 2-28 제목 수정

```
def main():
    st.set_page_config(layout="wide")
    st.title("나만의 AI 여행 가이드")
```

웹 브라우저의 AI 프로그램으로 돌아와 오른쪽 상단의 점 세 개에 마우스를 갖다 댄 후 **Rerun**을 클릭하면 바뀐 제목을 확인할 수 있습니다.

그림 2-29 프로그램 재실행 및 변경된 제목

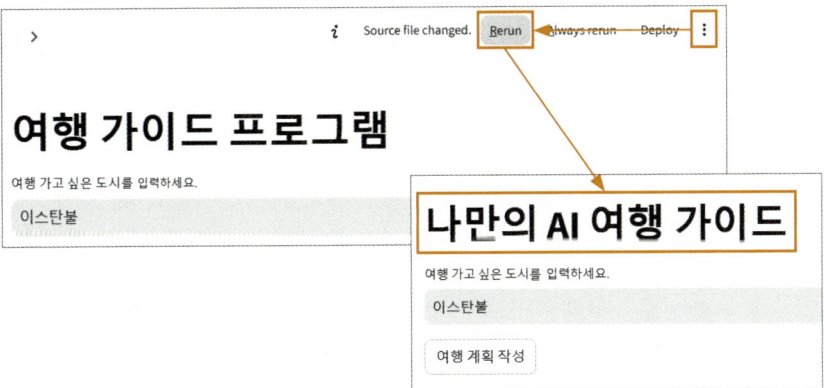

챗GPT로 코드 수정하기

제목의 배경색을 바꾸고 싶다면 어떻게 해야 할까요? 이럴 때도 챗GPT에 질문해 제목 배경색을 바꾸는 소스 코드를 얻을 수 있습니다. 소스 코드에서 제목을 품고 있는 st.title("나만의 AI 여행 가이드") 부분을 복사해 챗GPT에 입력하고 다음과 같이 질문합니다.

> **프롬프트의 예**
> st.title("나만의 AI 여행 가이드")
> 이 제목에서 배경은 회색, 글자는 파란색으로 바꿔줘.

그림 2-30 챗GPT의 응답

```python
import streamlit as st

st.markdown(
    """
    <div style="background-color: #f0f0f0; padding: 10px; border-radius: 10px;">
        <h1 style="color: #007BFF;">나만의 AI 여행 가이드</h1>
    </div>
    """,
    unsafe_allow_html=True
)
```

✅ 제목 글자를 파란색, 배경을 회색으로 설정하는 방법:

챗GPT의 응답은 매번 다를 수 있기 때문에 **소스 코드 > resource > ch02_chatgpt.txt**에 **그림 2-30**의 코드를 준비했습니다. 여기서 import streamlit as st 부분은 이미 소스 코드에 있으니 제외하고, 나머지 코드(**그림 2-30**에 네모로 표시된 부분)를 복사한 후 원래 제목이 있던 코드 부분을 삭제하고 붙여넣습니다.

그림 2-31 챗GPT의 응답 반영

```
def main():
    st.set_page_config(layout="wide")
    st.title("나만의 AI 여행 가이드")    ← 이 부분을 삭제하고 붙여넣기

    with st.sidebar:
        openai_api_key = st.text_input("OpenAI API Key", type="password")
        if openai_api_key:
            client = OpenAI(api_key=openai_api_key)
```

```
def main():
    st.set_page_config(layout="wide")
    st.markdown(
    """
    <div style="background-color: #f0f0f0; padding: 10px; border-radius: 10px;">
        <h1 style="color: #007BFF;">나만의 AI 여행 가이드</h1>
    </div>
    """,
    unsafe_allow_html=True
    )

    with st.sidebar:
        openai_api_key = st.text_input("OpenAI API Key", type="password")
        if openai_api_key:
            client = OpenAI(api_key=openai_api_key)
```

Ctrl + S 를 눌러 소스 코드를 저장한 후 웹 브라우저로 돌아와 **Rerun**을 클릭하면 제목 배경색이 변경된 것을 확인할 수 있습니다.

그림 2-32 변경된 제목 배경색

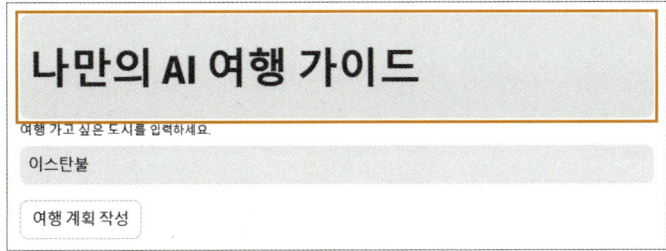

터미널에서 실행 중인 프로그램을 중지하기 위해 Ctrl + C 를 누르고, deactivate 명령으로 가상 환경을 빠져나옵니다.

```
터미널
> ^C  ---------- 실행 중인 프로그램 중지
> deactivate  --- 가상 환경 빠져나오기
```

마무리

1. 가상 환경
- 프로그램마다 실행 환경을 독립적으로 만든 가상 환경을 생성하면 프로그램에 따라 필요한 패키지를 개별적으로 관리할 수 있습니다.
- 가상 환경 생성 명령은 다음과 같습니다.

```
형식 | python -m venv venv  ---- 윈도우
       python3 -m venv venv --- 맥OS
```

2. 패키지 설치
- 파이썬은 특정 작업을 더 쉽게 처리하기 위해 미리 만들어둔 코드를 패키지 형태로 제공합니다.
- 패키지는 누구나 가져다 쓸 수 있으며, 패키지를 설치하는 명령은 다음과 같습니다.

```
형식 | pip install 패키지명 ------------- 패키지가 하나일 경우
       pip install 패키지명1 패키지명2 --- 패키지가 여러 개일 경우
```

3. OpenAI API Key 발급
- OpenAI API Key는 OpenAI의 최신 AI 모델을 활용할 수 있도록 제공되는 기술로, 사용량 기반 요금제(토큰당 비용)로 과금됩니다.
- API Key는 OpenAI Platform 페이지에서 로그인해 결제 정보를 등록한 후 발급받을 수 있으며, 발급받은 키는 잊어버리지 않도록 저장해둡니다.

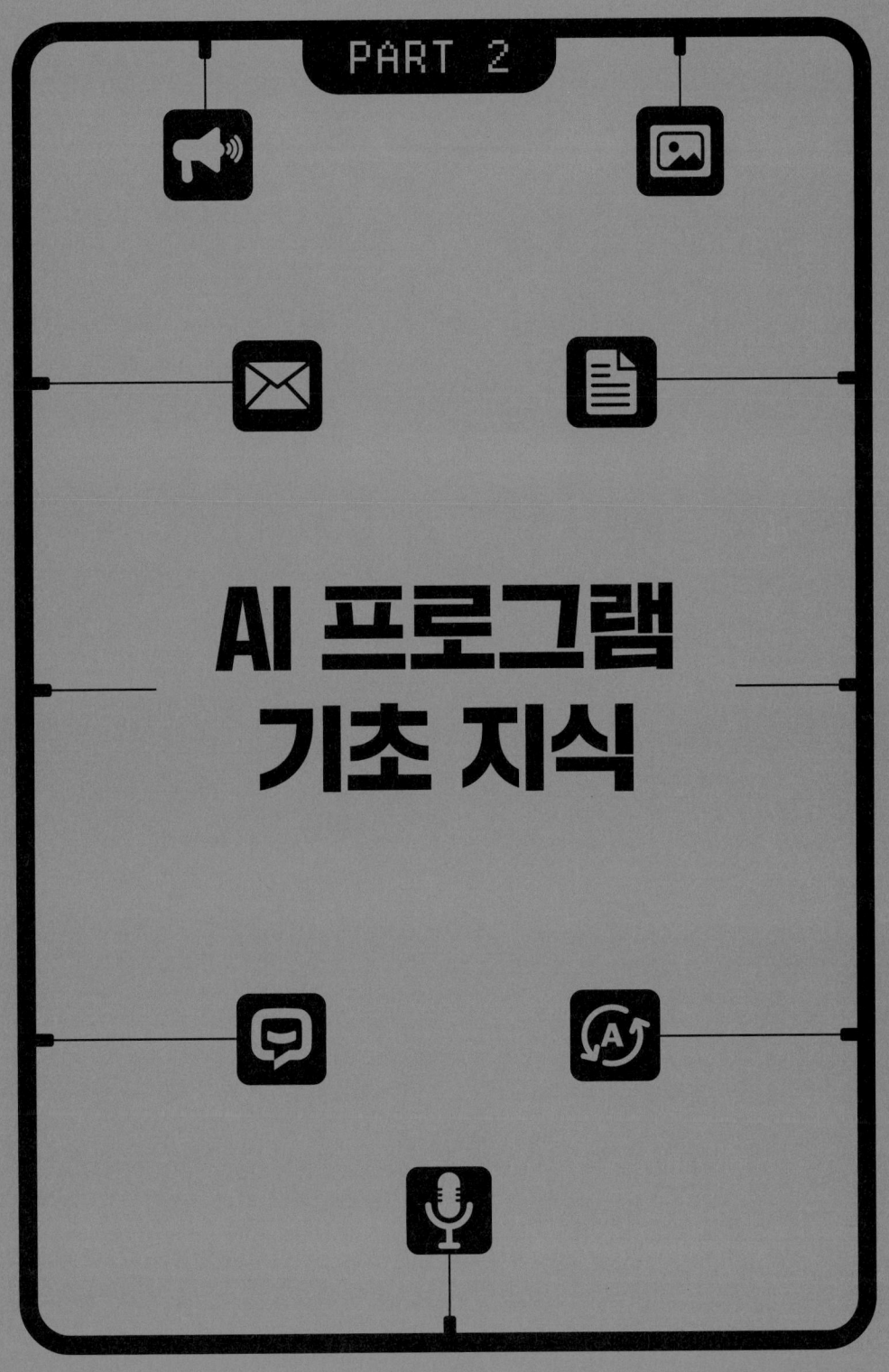

2 − AI 프로그램 기초 지식

3장 코드 작성을 위한 파이썬 기초

4장 화면 UI를 위한 스트림릿 기초

5장 요청과 응답을 위한 API 기초

3장

코드 작성을 위한
파이썬 기초

이 장에서는 AI 프로그램을 만들기 위해 알아야 할 파이썬 기초 문법을 공부합니다. 파이썬 프로그램을 작성하는 데 필수적인 개념인 변수와 자료형, 자료구조, 조건문과 반복문, 함수에 대해 알아봅니다. 파이썬을 잘 알고 있다면 이 장을 넘어가도 되지만, 복습한다는 생각으로 훑어봐도 좋습니다.

3.1 변수와 자료형

변수는 데이터를 저장하는 공간이고, 자료형은 데이터의 종류를 말합니다. 그럼 파이썬에서 변수와 자료형을 어떻게 사용하는지 알아봅시다.

이번 실습은 가상 환경 없이 진행합니다. 만약 가상 환경이 활성화돼 있다면 deactivate 명령으로 빠져나오세요.

터미널
> deactivate

3.1.1 변수

실습을 위해 ai_program 폴더에 **ch03_1.py** 파일을 생성합니다.

그림 3-1 새 파일 생성

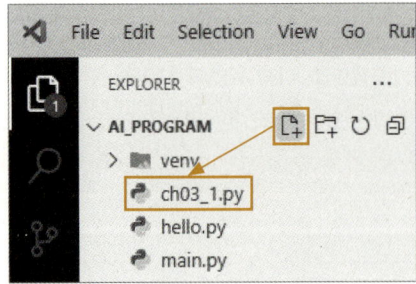

변수와 print( ) 함수

변수(variable)는 데이터를 저장하기 위한 공간입니다. 변수에 값을 할당할 때는 =(등호)를 사용합니다. 수학에서 =는 '같다'는 의미이지만, 코딩에서는 오른쪽의 값을 왼쪽 변수에 할당하라는 의미이며, **할당 연산자**(assignment operator)라고 합니다.

> 형식 | 변수명 = 값

x라는 이름의 변수를 선언하고 숫자 3을 할당해봅시다. 변수 x의 값은 print( ) 함수로 출력할 수 있습니다.

```
# 변수 선언과 값 할당
x = 3
print(x)
```

그림 3-2 실행 결과

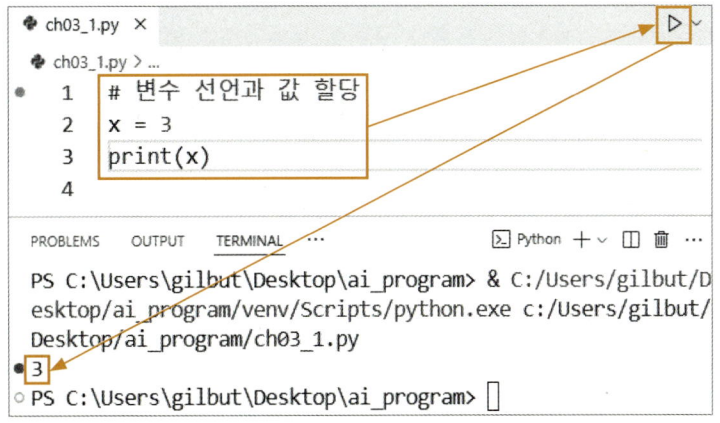

> **TIP** 코드를 작성했으면 항상 Ctrl+S를 눌러 저장한 후 실행하세요.

참고로 코드에서 #(해시)로 시작하는 구문은 주석입니다. **주석**(comment)은 코드의 목적이나 작동을 설명하는 메모로, 코드 실행에 아무런 영향을 주지 않습니다. 지금부터 배울 내용은 앞의 코드에 이어 작성하되, 추가되는 부분은 음영으로 표시하고 각각 주석을 달아 구분하겠습니다.

변수의 값은 연산으로 바꿀 수 있습니다. 다음과 같이 x의 값에 3을 더하면 6이 출력됩니다.

```
# 변수 선언과 값 할당
(중략)
# 변수 연산
x = x + 3
print(x)
```

터미널

```
6
```

TIP 터미널의 실행 결과는 실습 코드에 해당하는 부분만 나타낸 것입니다.

> **NOTE 축약 연산자**
>
> x = x + 3은 줄여서 x += 3으로 쓸 수도 있습니다. 이는 기존 x의 값에 3을 더한 후 x에 저장하라는 뜻이며, 여기서 +=는 **축약 연산자**(compound assignment operator)입니다. 축약 연산자에는 += 외에도 -=, *=, /= 등이 있습니다.
>
> 표 3-1 축약 연산자
>
> | 축약 연산자 | 의미 | 축약 연산자 | 의미 |
> | --- | --- | --- | --- |
> | x += 3 | x의 값에 3을 더한 후 x에 저장 | x *= 3 | x의 값에 3을 곱한 후 x에 저장 |
> | x -= 3 | x의 값에서 3을 뺀 후 x에 저장 | x /= 3 | x의 값을 3으로 나눈 후 x에 저장 |

변수와 input() 함수

사용자로부터 값을 입력받을 때는 input() 함수를 사용합니다. 다음 코드를 실행하면 이름을 입력해주세요: 라는 메시지가 출력되며, 사용자가 입력한 값이 name 변수에 저장돼 print() 함수를 통해 출력됩니다.

```
# 변수 연산
(중략)
# input() 함수 사용
name = input("이름을 입력해주세요: ")
print("안녕하세요. " + name + "님!")
```

그림 3-3 실행 결과

```
PS C:\Users\gilbut\Desktop\ai_program>
3
6
이름을 입력해주세요: 철수      ← '철수' 입력 후 Enter
안녕하세요. 철수님!
PS C:\Users\gilbut\Desktop\ai_program>
```

그런데 이 코드는 실행할 때마다 입력값을 넣어야 하기 때문에 번거롭습니다. 편의상 두 구문이 실행되지 않도록 두 구문을 블록으로 선택한 후 Ctrl+/를 눌러 주석 처리합니다.

```python
# input() 함수 사용
# name = input("이름을 입력해주세요: ")
# print("안녕하세요. " + name + "님!")
```

3.1.2 자료형

자료형(data type)은 변수에 저장되는 데이터의 종류를 말합니다. 파이썬의 기본 자료형에는 숫자형, 문자형, 불형 등이 있습니다.

숫자형

숫자형(number type)은 크게 정수형과 실수형으로 나뉩니다. **정수형**(integer type)은 양수, 0, 음수를 말하고, **실수형**(float type)은 소수점이 있는 실수를 말합니다. 다음 코드의 변수 a, b에는 정수형 데이터를 저장하고 변수 pi에는 실수형 데이터를 저장합니다.

```python
# input() 함수 사용
(중략)
# 정수형과 실수형 데이터 저장
a = 10
b = -5
pi = 3.14
print(a, b, pi)
```

터미널
10 -5 3.14

문자형

문자형(character type)은 한글, 영문, 기호 등의 문자열을 말합니다. 문자열은 ' '(작은따옴표)나 " "(큰따옴표)로 감싸 표현하는데, 둘 중 어느 것을 사용해도 되지만 시작과 끝이 항상 같은 따옴표여야 합니다. 또한 줄바꿈한 문자열을 그대로 저장하고 싶을 때는 따옴표 세 개로 감싸면 됩니다.

```python
# 정수형과 실수형 데이터 저장
(중략)
# 문자형 데이터 저장
greeting = "안녕"
message = '파이썬은 재미있어요.'
multiline_message = """파이썬은
여러 줄 문자열도
쉽게 작성할 수 있어요.
"""
print(greeting)
print(message)
print(multiline_message)
```

터미널
안녕 파이썬은 재미있어요. 파이썬은 여러 줄 문자열도 쉽게 작성할 수 있어요.

TIP 숫자를 따옴표로 감싸면 문자열로 인식합니다. 따라서 변수에 숫자를 저장하고 싶을 때는 따옴표 없이 숫자만 작성하고, 숫자를 문자열로 저장하고 싶을 때는 따옴표로 감쌉니다.

불형

불형(bool type)은 True(참) 또는 False(거짓) 값을 가진 자료형입니다. 불형 데이터는 >(크다), <(작다), ==(같다), !=(같지 않다) 등 비교 연산의 결과로 얻는 경우가 많습니다. 비교 연산의 결과는 항상 True 또는 False입니다.

표 3-2 비교 연산자

비교 연산자	의미	예	결과
>(크다)	왼쪽 값이 오른쪽 값보다 크면 참	7 > 5	True
<(작다)	왼쪽 값이 오른쪽 값보다 작으면 참	3 < 5	True
==(같다)	두 값이 같으면 참, 다르면 거짓	5 == 5	True
!=(같지 않다)	두 값이 다르면 참, 같으면 거짓	5 != 5	False

```
# 문자형 데이터 저장
(중략)
# 불형 데이터 출력
print(3 > 1)
print(5 == 5)
print(10 != 10)
```

터미널
```
True
True
False
```

앞서 =는 오른쪽 값을 왼쪽 변수에 할당하는 할당 연산자라고 했는데, ==(등호 두 개)는 왼쪽과 오른쪽이 같은지 판단하는 비교 연산자입니다. =와 ==를 함께 사용하면 왼쪽 값과 오른쪽 값이 같은지 판단하고 그 결과를 변수에 저장하는 식을 만들 수 있습니다. 다음 코드에서는 a와 b의 값이 같으므로 result에 불형 데이터인 True가 저장됩니다.

```
# 불형 데이터 출력
(중략)
# 불형 데이터 저장
a = 5
b = 5
result = (a == b)
print(result)
```

터미널
```
True
```

3.1.3 간단한 사칙연산

숫자형의 사칙연산

숫자형 데이터로 +(더하기), -(빼기), *(곱하기), /(나누기) 연산을 해봅시다.

```
# 불형 데이터 저장
(중략)
# 간단한 사칙연산
print(1 + 3)
print(5 - 2)
print(4 * 3)
print(10 / 2)
```

터미널
4
3
12
5.0

숫자형 데이터로 사칙연산을 하면 올바른 결과가 출력됩니다. 하지만 다음과 같이 숫자형 데이터와 문자열을 더하면 오류가 발생합니다. 자료형이 서로 달라 사칙연산을 할 수 없기 때문입니다.

```
# 간단한 사칙연산
(중략)
# 자료형이 다른 데이터의 연산
print(3 + '안녕')
```

그림 3-4 실행 시 TypeError 발생

```
Traceback (most recent call last):
  File "c:\Users\gilbut\Desktop\ai_program\ch03_1.py", line 42, in <module>
    print(3 + '안녕') # TypeError 발생
          ~~^~~~~~~
TypeError: unsupported operand type(s) for +: 'int' and 'str'
```

오류가 발생한 코드 앞에 #를 추가해 주석 처리합니다.

```
# 자료형이 다른 데이터의 연산
# print(3 + '안녕')
```

문자형의 더하기, 곱하기

자료형이 서로 다른 데이터끼리는 사칙연산을 할 수 없지만 문자열끼리는 +(더하기), *(곱하기) 연산이 가능합니다. 문자열끼리 더하면 하나의 문자열로 합쳐지고, 곱하면 곱한 횟수만큼 문자열을 반복해 출력합니다.

```
# 자료형이 다른 데이터의 연산
(중략)
# 문자열의 더하기
print("철수" + "야 " + "안녕!" )
print("반가워! " * 2)
```

터미널
```
철수야 안녕!
반가워! 반가워!
```

문자열을 더할 때 문자열이 저장된 변수(name, greeting)를 활용할 수도 있습니다.

```
# 문자열의 더하기
(중략)
# 변수를 이용한 문자열의 더하기
name = "철수"
greeting = "안녕!"
message = name + "야 " + greeting
print(message)
```

터미널
```
철수야 안녕!
```

문자열끼리 더하는 방법으로 + 연산자 대신 **f-문자열**을 사용하는 방법이 있습니다. ""로 둘러싼 문자열 앞에 f를 추가하고 변수를 {}(중괄호)로 감싸면 더 간결한 방법으로 문자열을 연결할 수 있습니다.

```
# 변수를 이용한 문자열의 더하기
(중략)
# f-문자열 사용
name = "철수"
greeting = "안녕!"
message = f"{name}야 {greeting} 반가워!"
print(message)
```

터미널
철수야 안녕! 반가워!

3.2 자료구조

지금까지는 변수 하나에 값 하나를 저장했습니다. 예를 들어 대학에 여섯 개의 학과가 있다면 다음과 같이 여섯 개의 변수를 만들어 저장합니다.

```
department_1 = "컴퓨터공학과"
department_2 = "전자공학과"
department_3 = "심리학과"
department_4 = "수학과"
department_5 = "국어국문학과"
department_6 = "경영학과"
```

그런데 학과가 100개라면 어떨까요? 100개의 변수를 만들어 관리한다면 꽤 번거로울 것입니다. 그래서 여러 데이터를 하나의 변수에 저장하고 관리하는 **자료구조**(data structure)가 등장했습니다.

다음은 '리스트'라는 자료구조로 departments 변수에 여섯 개의 학과명을 저장하고 조회하는 코드입니다. 일반 변수 대신 리스트를 이용하면 여러 값을 한 번에 저장하고 활용할 수 있어 편리합니다.

```
departments = ["컴퓨터공학과", "전자공학과", "심리학과", "수학과",
               "국어국문학과", "경영학과"]
print(departments)
```

그림 3-5 변수와 리스트의 비교

파이썬에서 제공하는 자료구조에는 리스트, 딕셔너리, 세트, 튜플이 있습니다.

3.2.1 리스트

리스트(list)는 여러 값을 담는 대표적인 자료구조로, 앞서 사용했던 departments가 바로 리스트입니다. 실습을 위해 ai_program 폴더에 **ch03_2_1.py** 파일을 생성합니다.

리스트 생성하고 조회하기

리스트는 여러 값을 하나의 공간에 순서대로 저장하는 자료구조입니다. 리스트에 값을 저장할 때는 [ ](대괄호)를 사용하고 각각의 값을 ,(쉼표)로 구분합니다. 값은 문자열일 때만 따옴표로 감싸고 숫자는 그대로 작성합니다.

> **형식** | 리스트명 = [값1, 값2, 값3, …]

학과명을 저장하는 리스트를 생성하고 조회해봅시다. print( ) 문을 사용하면 리스트에 들어 있는 모든 값이 리스트 형태 그대로 조회됩니다.

```python
# 리스트 생성 및 조회
departments = ["컴퓨터공학과", "전자공학과", "심리학과"]
print(departments)
```

> **터미널**
> ['컴퓨터공학과', '전자공학과', '심리학과']

리스트에 저장된 하나하나의 값은 **요소**(element)라고 합니다. 리스트에 총 몇 개의 요소가 있는지 알고 싶을 때는 **len(리스트명)** 명령을 이용합니다.

```
# 리스트 생성 및 조회
(중략)
# 리스트의 요소 개수 조회
print(len(departments))
```

터미널
3

리스트의 각 요소는 **인덱스**(index)라는 순번으로 구분됩니다. 인덱스는 0부터 매겨지며, **리스트명[인덱스]** 형식으로 조회합니다.

```
# 리스트의 요소 개수 조회
(중략)
# 리스트의 개별 요소 조회
print(departments[0])
print(departments[1])
```

터미널
컴퓨터공학과
전자공학과

리스트에 총 몇 개의 요소가 있는지 모르는데 마지막 값을 불러오고 싶다면 **음수 인덱스**를 사용하면 됩니다. 음수 인덱스는 리스트의 마지막 요소부터 왼쪽 방향으로 -1, -2, -3, … 순으로 부여됩니다.

그림 3-6 양수 인덱스와 음수 인덱스

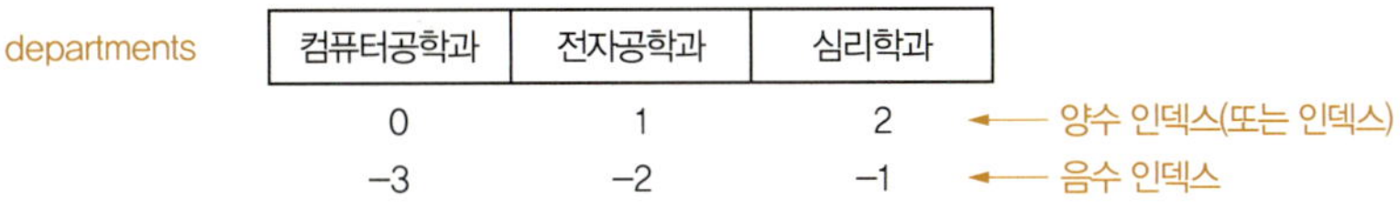

departments	컴퓨터공학과	전자공학과	심리학과	
	0	1	2	← 양수 인덱스(또는 인덱스)
	-3	-2	-1	← 음수 인덱스

```
# 리스트의 개별 요소 조회
(중략)
# 음수 인덱스 조회
print(departments[-1])
print(departments[-2])
```

터미널
```
심리학과
전자공학과
```

리스트에서 두 개 이상의 값을 불러오려 할 때는 **리스트명[시작 인덱스:종료 인덱스]** 형식으로 조회합니다. 다만 주의할 점이 있습니다. 실행 결과로 '시작 인덱스~종료 인덱스 − 1'까지 출력된다는 것입니다. 예를 들어 departments[0], departments[1] 값이 출력되게 하려면 인덱스 범위를 departments[0:2]로 지정합니다. 리스트의 모든 요소를 출력하고 싶다면 **리스트명[시작 인덱스:종료 인덱스+1]**로 조회합니다.

```
# 음수 인덱스 조회
(중략)
# 범위를 지정해 조회
print(departments[0:2]) # 0번, 1번 인덱스 조회
print(departments[0:3]) # 0번, 1번, 2번 인덱스 조회
```

터미널
```
['컴퓨터공학과', '전자공학과']
['컴퓨터공학과', '전자공학과', '심리학과']
```

리스트에 요소 삽입하기

리스트에 새 요소를 삽입할 때는 **리스트명.append(새_값)** 명령을 이용합니다. 이를 실행하면 리스트의 마지막에 새 요소가 삽입됩니다.

```
# 범위를 지정해 조회
(중략)
# 리스트에 요소 삽입
departments.append("영어영문학과")
print(departments)
```

터미널
```
['컴퓨터공학과', '전자공학과', '심리학과', '영어영문학과']
```

리스트명.append(새_값) 명령의 괄호 안에 문자열 대신 변수(new_department)를 넣을 수도 있습니다. 이 방법으로 "반도체학과"를 삽입해보겠습니다.

```
# 리스트에 요소 삽입
(중략)
# 리스트에 요소 삽입(변수 사용)
new_department = "반도체학과"
departments.append(new_department)
print(departments)
```

터미널
```
['컴퓨터공학과', '전자공학과', '심리학과', '영어영문학과', '반도체학과']
```

리스트의 요소 삭제하기

리스트의 요소를 삭제하는 방법은 두 가지입니다. 마지막 요소를 삭제하는 방법과 특정 값을 가진 요소를 삭제하는 방법이 그것입니다.

리스트의 마지막 요소를 삭제할 때는 **리스트명.pop()** 명령을 이용하고, 특정 값을 가진 요소를 삭제할 때는 **리스트명.remove(삭제할_값)** 명령을 이용합니다. 예를 들어 전자공학과를 삭제하려면 departments.remove("전자공학과")라고 작성합니다.

```
# 리스트에 요소 삽입(변수 사용)
(중략)
# 리스트의 요소 삭제
departments.pop() # 마지막 요소 삭제
print(departments)
departments.remove("전자공학과") # 전자공학과 삭제
print(departments)
```

터미널
```
['컴퓨터공학과', '전자공학과', '심리학과', '영어영문학과']  --- 마지막 요소가 삭제됨
['컴퓨터공학과', '심리학과', '영어영문학과']  --- '전자공학과'가 삭제됨
```

리스트 연결하기

리스트 끝에 다른 리스트를 가져와 연결하는 명령은 **리스트명.extend(연결할_리스트명)**입니다.

```
# 리스트의 요소 삭제
(중략)
# 리스트 연결
new_departments = ["기계공학과", "산업공학과"]
departments.extend(new_departments)
print(departments)
```

터미널
```
['컴퓨터공학과', '심리학과', '영어영문학과', '기계공학과', '산업공학과']
```

3.2.2 딕셔너리

데이터를 다루다 보면 하나의 대상(학과)에 대해 여러 관련 정보(학과명, 인원, 설립연도 등)를 저장해야 할 때가 있습니다. **딕셔너리**(dictionary)는 이렇게 관련 데이터를 한꺼번에 저장할 수 있게 만든 자료구조입니다.

실습을 위해 ai_program 폴더에 **ch03_2_2.py** 파일을 생성합니다.

딕셔너리 생성하고 조회하기

딕셔너리는 키(key)와 값(value)의 쌍으로 이뤄집니다. 딕셔너리에 값을 저장할 때는 { }(중괄호)를 사용하고, 키와 값을 :(콜론)으로 연결하며, 각 쌍을 ,(쉼표)로 구분합니다.

> **형식** | 딕셔너리명 = {키1: 값1, 키2: 값2, 키3: 값3, …}

다음은 학과 정보를 딕셔너리로 저장하는 코드입니다. 딕셔너리명은 department이고, "학과명" 키에 대응하는 값은 "수학과", "인원" 키에 대응하는 값은 120, "설립연도" 키에 대응하는 값은 1985입니다. 키는 문자열이므로 반드시 따옴표로 감싸야 합니다. 값은 문자열일 때만 따옴표로 감싸고 숫자는 그대로 작성합니다.

```
# 딕셔너리 생성 및 조회
department = {"학과명": "수학과", "인원": 120, "설립연도": 1985}
```

> **NOTE 딕셔너리 작성**
>
> 딕셔너리의 키-값 쌍은 가독성을 위해 줄바꿈해 작성할 수도 있습니다.
>
> ```
> department = {
>     "학과명": "수학과",
>     "인원": 120,
>     "설립연도": 1985
> }
> ```

딕셔너리에 저장된 값은 **딕셔너리명[키]** 형태로 조회합니다. 예를 들어 "인원" 키의 값은 다음과 같이 조회합니다.

```
# 딕셔너리 생성 및 조회
department = {"학과명": "수학과", "인원": 120, "설립연도": 1985}
print(department["인원"])
```

터미널
120

딕셔너리의 모든 키, 모든 값, 모든 키-값을 한 번에 조회하는 명령은 다음과 같습니다.

- **모든 키 조회:** 딕셔너리명.keys()
- **모든 값 조회:** 딕셔너리명.values()
- **모든 키-값 조회:** 딕셔너리명.items()

```
# 딕셔너리 생성 및 조회
(중략)
# 모든 키, 모든 값, 모든 키-값 조회
print(department.keys())
print(department.values())
print(department.items())
```

터미널
dict_keys(['학과명', '인원', '설립연도']) dict_values(['수학과', 120, 1985]) dict_items([('학과명', '수학과'), ('인원', 120), ('설립연도', 1985)])

키-값 쌍 삽입하기

딕셔너리에 새로운 키-값 쌍을 삽입할 때는 **딕셔너리명[새_키] = 새_값** 명령을 이용합니다. 다음과 같이 department 딕셔너리에 "건물명"이라는 키를 추가하고 "자연관"이라는 값을 부여하면 실행 결과 마지막 항목으로 삽입됩니다.

```
# 모든 키, 모든 값, 모든 키-값 조회
(중략)
# 키-값 쌍 삽입
department["건물명"] = "자연관"
print(department)
```

> 터미널
> {'학과명': '수학과', '인원': 120, '설립연도': 1985, '건물명': '자연관'}

키-값 쌍 삭제하기

딕셔너리의 키-값 쌍을 삭제할 때는 **del 딕셔너리명[삭제할_키]** 명령을 이용합니다. 예를 들어 "건물명" 키를 삭제하려면 다음과 같이 작성합니다.

```python
# 키-값 쌍 삽입
(중략)
# 건물명 키 삭제
del department["건물명"]
print(department)
```

> 터미널
> {'학과명': '수학과', '인원': 120, '설립연도': 1985}

키-값 쌍 수정하기

기존 키 값을 수정하는 명령은 **딕셔너리명[키] = 새_값**입니다. 다음과 같이 "인원" 키 값을 130으로 수정하면 기존 키 값인 120을 130으로 덮어씁니다.

```python
# 건물명 키 삭제
(중략)
# 인원 키 값 수정
department["인원"] = 130
print(department)
```

> 터미널
> {'학과명': '수학과', '인원': 130, '설립연도': 1985}

여러 키-값 쌍을 한꺼번에 수정하려면 **딕셔너리명.update({키: 값, 키: 값, …})** 명령을 이용합니다. "설립연도"를 1990으로 수정하고, 새로운 "건물명": "과학관" 키-값을 추가해 봅시다.

```
# 인원 키 값 수정
(중략)
# 여러 키-값 쌍 수정
department.update({"설립연도": 1990, "건물명": "과학관"})
print(department)
```

터미널
```
{'학과명': '수학과', '인원': 130, '설립연도': 1990, '건물명': '과학관'}
```

3.2.3 세트와 튜플

파이썬에는 리스트, 딕셔너리 말고도 세트와 튜플이라는 자료구조가 있습니다. 실습을 위해 ai_program 폴더에 **ch03_2_3.py** 파일을 생성합니다.

세트

세트(set, 집합)는 중복되는 요소를 허용하지 않는 자료구조로, 학과명이나 사람 이름과 같이 고유한 값을 중복 없이 관리하는 데 유용합니다. 세트에 값을 저장할 때는 {}(중괄호)를 사용하고 각 값을 ,(쉼표)로 구분합니다.

형식 | 세트명 = {값1, 값2, 값3, …}

세트에 같은 요소를 중복 저장했더라도 출력 시 중복되는 값이 제거되고 고유한 값만 표시됩니다.

```
# 세트 생성 및 조회(심리학과, 전자공학과 두 번 저장)
departments = {"심리학과", "전자공학과", "수학과", "전자공학과", "심리학과"}
print(departments)
```

터미널
```
{'수학과', '전자공학과', '심리학과'}
```

세트에 특정 값이 저장됐는지 확인하려면 **찾는_값 in 세트명** 명령을 이용합니다. 찾는 값이 세트 안에 있으면 True, 없으면 False가 출력됩니다.

```
# 세트 생성 및 출력(심리학과, 전자공학과 두 번 저장)
(중략)
# 특정 값이 있는지 확인
print('수학과' in departments)
print('물리학과' in departments)
```

터미널
```
True
False
```

튜플

튜플(tuple)은 한 번 생성하면 값을 변경할 수 없는 자료구조로, 위도와 경도, RGB 색상값 등 프로그램 실행 중 변경되면 안 되는 값을 저장하는 데 활용합니다. 튜플에 값을 저장할 때는 ( )(소괄호)를 사용하고 각 값을 ,(쉼표)로 구분합니다.

형식 | 튜플명 = (값1, 값2, 값3, …)

리스트와 마찬가지로 튜플의 개별 요소는 인덱스로 접근합니다.

```
# 특정 값이 있는지 확인
(중략)
# 튜플 생성 및 조회
coordinates = (10, 20)
print(coordinates)
print(coordinates[0])
print(coordinates[1])
```

터미널
```
(10, 20)
10
20
```

튜플의 값은 고정돼 있으므로 값을 변경하려고 하면 오류가 발생합니다.

```
# 튜플 생성 및 조회
(중략)
# 튜플 값 변경 시도
coordinates[0] = 15
```

그림 3-7 실행 시 TypeError 발생

```
Traceback (most recent call last):
  File "c:\Users\gilbut\Desktop\ai_program\ch03_2_3.py", line 16, in <module>
    coordinates[0] = 15
    ~~~~~~~~~~~~^^^
TypeError: 'tuple' object does not support item assignment
```

튜플은 리스트보다 메모리 사용 효율이 좋고 실행 속도가 빠릅니다. 따라서 값이 변하면 안 되는 여러 요소를 저장할 때 유용합니다.

지금까지 리스트, 딕셔너리, 세트, 튜플을 살펴봤습니다. 이러한 자료구조를 이해하고 상황에 맞게 활용하면 프로그램의 데이터를 더욱 효율적으로 관리할 수 있습니다.

3.3 조건문과 반복문

프로그램 코드는 일반적으로 위에서 아래로 실행됩니다. 그런데 조건문과 반복문을 사용하면 코드의 실행 흐름을 변경할 수 있습니다.

조건문과 반복문을 실습하기 위해 ai_program 폴더에 **ch03_3.py** 파일을 생성합니다.

3.3.1 조건문

조건문은 특정 조건이 참인지 거짓인지에 따라 각기 다른 코드를 실행하는 구문입니다. 조건문에는 if 문, if~else 문, if~elif~else 문 등이 있습니다.

if 문

if 문은 가장 기본적인 조건문으로, 조건식을 충족하면 다음 코드 블록을 실행하고, 충족하지 않으면 if 문을 건너뛰고 다음 코드를 실행합니다. if 문의 코드 블록은 들여쓰기로 구분합니다.

```
형식 | if 조건식:
        실행할_코드
```

다음 코드를 실행해봅시다. language가 "파이썬"이므로 if 문의 조건식을 충족해 "파이썬을 사용합니다."가 출력됩니다.

```
# 조건문 작성 및 실행
language = "파이썬"
if language == "파이썬":
    print("파이썬을 사용합니다.")
```

터미널

파이썬을 사용합니다.

만약 language를 "자바스크립트"로 수정하면 if 문의 조건식을 충족하지 않으므로 아무것도 출력되지 않습니다.

```
# 조건문 작성 및 실행
language = "자바스크립트"
if language == "파이썬":
    print("파이썬을 사용합니다.")
```

터미널

if~else 문

if~else 문은 if 문의 조건식을 충족하면 바로 밑에 있는 코드 블록을 실행하고, 충족하지 않으면 else 문의 코드 블록을 실행합니다.

```
형식 | if 조건식:
         실행할_코드
     else:
         실행할_코드
```

앞의 코드 끝에 else 문을 추가해봅시다. language의 값이 "파이썬"이 아니므로 "파이썬이 아닙니다."가 출력됩니다.

```
# 조건문 작성 및 실행
language = "자바스크립트"
if language == "파이썬":
    print("파이썬을 사용합니다.")
else:
    print("파이썬이 아닙니다.")
```

터미널
파이썬이 아닙니다.

만약 language를 "파이썬"으로 수정하면 if 문의 조건식을 충족하므로 "파이썬을 사용합니다."가 출력됩니다.

```
# 조건문 작성 및 실행
language = "파이썬"
if language == "파이썬":
    print("파이썬을 사용합니다.")
else:
    print("파이썬이 아닙니다.")
```

터미널
파이썬을 사용합니다.

if~elif~else 문

조건식을 여러 개 포함하고 싶을 때는 **if~elif~else 문**을 사용합니다. 이 경우에 if 문의 조건식을 충족하면 바로 밑에 있는 코드 블록을 실행하고, 충족하지 않으면 elif 문의 다른 조건식을 확인해 참이면 바로 밑에 있는 코드 블록을 실행합니다. if 문과 elif 문의 조건식을 모두 충족하지 않으면 최종적으로 else 문의 코드 블록을 실행합니다.

> 형식 | if 조건식:
>   실행할_코드
>   elif 다른_조건식:
>   실행할_코드
>   else:
>   앞의_조건식을_모두_충족하지_않을_때_실행할 코드

코드를 다음과 같이 수정해봅시다. language가 "자바"이므로 if 문과 elif 문의 조건식을 모두 충족하지 않아 else 문의 "기타 언어를 사용합니다."가 출력됩니다.

```
# 조건문 작성 및 실행
language = "자바"
if language == "파이썬":
    print("파이썬을 사용합니다.")
elif language == "자바스크립트":
    print("자바스크립트를 사용합니다.")
else:
    print("기타 언어를 사용합니다.")
```

터미널
기타 언어를 사용합니다.

3.3.2 반복문

반복문은 특정 코드를 여러 번 실행할 때 사용하는 구문으로, for 문과 while 문이 있습니다.

for 문

for 문은 리스트와 같은 자료구조의 각 요소에 대해 반복 작업을 수행할 때 사용합니다.

형식 | # 리스트의 모든 요소를 순회하며 반복
```
for 변수 in 리스트:
    실행할_코드
```

예를 들어 departments 리스트의 모든 요소를 순회하는 for 문은 다음과 같습니다. 이는 departments 리스트의 첫 번째 요소("컴퓨터공학과")부터 마지막 요소("반도체학과")까지 반복하며 요소를 하나씩 꺼내 item 변수에 임시로 저장한 후 item 값을 출력하라는 뜻입니다. 이때 item 변수에 i, k 등 다른 이름을 사용해도 됩니다.

```
# 조건문 작성 및 실행
(중략)
# for 문 작성 및 실행
departments = ["컴퓨터공학과", "전자공학과", "반도체학과"]
for item in departments:
    print(item)
```

터미널
```
컴퓨터공학과
전자공학과
반도체학과
```

만약 반복문을 끝까지 실행하지 않고 중간의 특정 조건 충족 여부에 따라 빠져나오게 하고 싶다면 if 문과 break 문을 사용합니다. 다음은 departments 리스트를 반복하다가 "전자공학과"를 찾는 순간 for 문을 빠져나오는 코드입니다.

```
# for 문 작성 및 실행
departments = ["컴퓨터공학과", "전자공학과", "반도체학과"]
for item in departments:
    print(item)
    if item == "전자공학과":
        print(f"{item}를 찾았습니다. 반복문을 종료합니다.")
        break
```

```
터미널
컴퓨터공학과
전자공학과
전자공학과를 찾았습니다. 반복문을 종료합니다.
```

반복문에 리스트 두 개를 중첩해 사용하는 경우도 있습니다. 예를 들어 학과명과 학년 정보를 조합해 출력하려면 학년 정보를 저장할 리스트를 하나 더 만들고(years), 두 리스트(departments, years)를 for 문에 중첩해 사용하면 됩니다. 코드를 다음과 같이 수정하고 실행해봅시다.

```
# for 문 작성 및 실행
departments = ["컴퓨터공학과", "전자공학과", "반도체학과"]
years = ["1학년", "2학년"]
for item in departments:
    for year in years:
        print(f"{item} - {year}")
```

이 코드를 실행하면 바깥 for 문의 첫 번째 요소("컴퓨터공학과")에 대해 안쪽 for 문의 모든 요소("1학년", "2학년")를 반복합니다. 안쪽 for 문의 반복이 끝나면 다시 바깥쪽 for 문의 두 번째 요소("전자공학과")에 대해 안쪽 for 문의 모든 요소("1학년", "2학년")를 반복하는 과정을 되풀이하며, 학과명과 학년 정보를 조합한 텍스트를 출력합니다.

```
터미널
컴퓨터공학과 - 1학년
컴퓨터공학과 - 2학년
전자공학과 - 1학년
전자공학과 - 2학년
반도체학과 - 1학년
반도체학과 - 2학년
```

for 문을 사용할 때 리스트 대신 **range()** 함수를 사용할 수도 있습니다. range() 함수는 시작 숫자부터 종료 숫자 바로 전까지의 정수를 순서대로 생성해줍니다.

```
형식 | for 변수 in range(시작_숫자, 종료_숫자):
         실행할_코드
```

예를 들어 1부터 10까지의 정수를 출력하려면 다음과 같이 작성합니다.

```
# for 문 작성 및 실행
(중략)
# range() 함수 사용
for number in range(1, 11):
    print(number)
```

터미널
1
2
(중략)
10

range() 함수는 반복 횟수가 정해져 있을 때 for 문에 자주 사용됩니다.

while 문

while 문은 '~을 하는 동안'이라는 while의 뜻처럼 조건식이 참인 동안 반복적으로 코드 블록을 실행하다가 조건식을 충족하지 않으면 반복문을 빠져나옵니다.

```
형식 | # 조건식을 충족하는 동안 계속 반복
       while 조건식:
           실행할_코드
```

다음은 초깃값이 1인 number 변수의 값이 5보다 작거나 같을 때까지 반복하며 현재 number 값을 출력하는 코드입니다.

```
# range() 함수 사용
(중략)
# while 문 작성 및 실행
number = 1
while number <= 5:
    print(number)
    number = number + 1
```

터미널
1
2
(중략)
5

while 문은 for 문으로 쉽게 바꿀 수 있습니다. 앞의 코드를 '1부터 10까지의 정수 요소를 하나씩 꺼내 출력하다가 5가 되는 시점에 반복문을 빠져나오라'는 의미의 for 문으로 변환해봅시다.

```
# while 문 작성 및 실행
(중략)
# while 문을 for 문으로 변환
for number in range(1, 11):
    print(number)
    if number == 5:
        break
```

터미널
1
2
(중략)
5

for 문과 while 문은 반복하는 방법이 다를 뿐 꼭 for 문을 써야 하거나 while 문을 써야 하는 것은 아닙니다.

> **NOTE 조건문과 반복문의 역할**
>
> 프로그램을 만드는 것은 유능한 직원을 고용하는 것과 비슷합니다. 이 직원은 24시간 쉬지 않고 실수도 없이 지시대로 정확하게 일합니다. 이러한 유용함은 조건문과 반복문 덕분입니다.
>
> 조건문은 프로그램이 상황을 스스로 판단하고 조건에 맞게 작업을 수행하도록 해주고, 반복문은 같은 작업을 쉬지 않고 자동으로 계속 반복하게 해줍니다. 이러한 능력 덕분에 프로그램은 실제 직원처럼 매우 유용한 도구로 사용됩니다.

3.4 함수와 패키지

마지막으로 함수와 패키지에 대해 알아봅시다. 실습을 위해 ai_program 폴더에 **ch03_4.py** 파일을 생성합니다.

3.4.1 함수 정의하고 실행하기

함수(function)는 특정 작업을 수행하는 코드들을 모아둔 것입니다. 함수를 사용하려면 함수를 정의한 후 호출해야 합니다.

- **함수 정의:** def 키워드 다음에 함수명():을 작성한 후 줄바꿈하고, 함수에서 실행할 코드를 들여쓰기로 작성합니다.
- **함수 호출:** 함수를 호출할 위치에서 함수명()을 작성하면 해당 함수가 호출 및 실행됩니다.

형식 |
```
# 함수 정의
def 함수명():
    실행할_코드
# 함수 호출
함수명()
```

다음은 say_hello()라는 함수를 정의하고 호출하는 코드입니다.

```
# 함수 정의
def say_hello():
    print("안녕!")
# 함수 호출
say_hello()
```

터미널
안녕!

함수는 한 번 정의하면 여러 번 호출해 사용할 수 있습니다. 동일한 작업을 여러 번 수행해야 할 때 코드를 중복해 작성할 필요가 없어 효율적입니다. 다음은 say_hello() 함수를 세 번 호출하는 코드입니다.

```
# 함수 정의
def say_hello():
    print("안녕!")
# 함수 호출
say_hello()
say_hello()
say_hello()
```

터미널
안녕!
안녕!
안녕!

3.4.2 함수의 입력값과 반환값

함수는 입력값과 반환값을 통해 데이터를 처리하고 결과를 전달합니다. 입력값은 함수가 처리할 대상 데이터를 말하고, 반환값은 작업이 끝난 후 외부로 전달하는 결과 데이터를 말합니다. 이러한 구조를 이용하면 코드를 반복하지 않고 재사용할 수 있어 효율적이며, 복잡한 작업을 더 단순하게 나눠 처리할 수 있습니다.

그림 3-8 함수의 입력값과 반환값

함수의 입력값

say_hello() 함수에 사람 이름을 넣어 "○○ 안녕!"을 출력하려면 어떻게 해야 할까요? 함수에서 사람 이름을 입력값으로 받아 이용하면 됩니다.

```python
# 함수 정의
def say_hello(name):
    print(f"{name} 안녕!")
# 함수 호출
say_hello("철수")
say_hello("영희")
```

터미널
철수 안녕!
영희 안녕!

이때 "철수"처럼 함수 호출 시 넘겨주는 값을 **인자**(argument)라고 하며, name처럼 그 값을 함수 내부에서 받아 사용하는 변수를 **매개변수**(parameter)라고 합니다. 인자의 값은 매개변수로 전달돼 함수 실행 시 이용됩니다. **입력값**은 인자와 매개변수를 포괄하는 표현으로, 문맥에 따라 둘 다 지칭할 수 있습니다.

```
형식 | # 함수 정의
       def 함수명(매개변수):
           실행할_코드
       # 함수 호출
       함수명(인자)
```

동시에 두 명에게 인사하려면 함수의 입력값을 두 개 사용합니다.

```
# 함수 정의
def say_hello(name1, name2):
    print(f"{name1}, {name2} 안녕!")
# 함수 호출
say_hello("철수", "영희")
```

터미널
철수, 영희 안녕!

함수의 반환값

함수를 정의할 때 return 문을 추가하면 ❶ 함수를 호출했던 곳으로 함수 실행 결과, 즉 **반환값**을 되돌려줄 수 있습니다. ❷ 반환값은 변수에 저장해 이용합니다.

```
형식 | # 함수 정의
       def 함수명(매개변수):
           실행할_코드
           return 반환값
       # 함수 호출  ❶
       변수 = 함수명(인자)
              ❷
```

say_hello() 함수의 실행 결과를 반환받아 "철수 안녕! 그리고 영희 안녕!"을 출력하려면 어떻게 해야 할까요?

- **함수 정의:** 함수를 호출했던 곳에 반환값을 되돌려줄 수 있도록 print() 문을 return 문으로 변경합니다.
- **함수 호출:** result 변수에 say_hello("철수")의 호출 결과, 문자열 " 그리고 ", say_hello("영희")의 호출 결과를 연결해 저장한 후 출력합니다.

```
# 함수 정의
def say_hello(name):
    return f"{name} 안녕!"
```

```python
# 함수 호출
result = say_hello("철수") + " 그리고 " + say_hello("영희")
print(result)
```

> **터미널**
> 철수 안녕! 그리고 영희 안녕!

return 문을 사용하지 않는 함수도 있습니다. 따라서 함수의 반환값이 있을 수도 있고, 없을 수도 있습니다.

3.4.3 변수의 스코프

say_hello() 함수에 greeting 변수를 추가하고 함수 밖에서 사용해봅시다. 다음 코드를 실행하면 오류가 발생합니다.

```python
# 함수 정의
def say_hello(name):
    greeting = "안녕"
    print(f"{name} {greeting}")
# 함수 호출
say_hello("철수")
print(greeting)
```

그림 3-9 실행 시 NameError 발생

```
Traceback (most recent call last):
  File "c:\Users\gilbut\Desktop\ai_program\ch03_4.py", line 9, in <module>
    print(greeting)
          ^^^^^^^^
NameError: name 'greeting' is not defined
```

오류를 살펴보면 greeting 변수가 정의되지 않았다는 내용입니다. 분명 greeting 변수가 있는데 왜 없다는 것일까요?

특정 함수 안에서 선언된 변수는 해당 함수 안에서만 유효하기 때문입니다. 함수는 독립된 하나의 코드 영역이므로 그 안에서 만든 변수는 함수 밖에서 사용할 수 없습니다. 예를 들어 같은 이름의 greeting 변수라도 함수 안에서는 "안녕!"을, 함수 밖에서는 "이게 진짜 인사입니다."를 저장하는 데 사용할 수 있습니다. 이처럼 변수가 유효하게 사용될 수 있는 범위를 변수의 **스코프**(scope)라고 합니다.

앞의 코드를 모두 지우고 다음 코드를 작성해봅시다. greeting 변수를 say_hello1() 함수, say_hello2() 함수, 그리고 함수 밖에서도 사용하겠습니다. 세 가지 greeting 변수는 서로 다른 스코프에 속하기 때문에 각각 다른 값을 저장해 사용할 수 있습니다.

```python
# say_hello1 함수에서 greeting 변수 사용
def say_hello1(name):
    greeting = "안녕!"
    print (f"{name} {greeting}")
# say_hello2 함수에서 greeting 변수 사용
def say_hello2(name):
    greeting = "안녕하세요."
    print (f"{name} {greeting}")
# 함수 호출
say_hello1("철수")
say_hello2("영희")
# 함수 밖에서 greeting 변수 사용
greeting = "이게 진짜 인사입니다."
print(greeting)
```

터미널
철수 안녕!
영희 안녕하세요.
이게 진짜 인사입니다.

3.4.4 패키지

패키지(package)란 특정 작업을 하기 위해 함수나 코드들을 모아놓은 집합입니다. 파이썬 프로그램에 패키지를 불러오면 패키지가 제공하는 기능을 이용할 수 있습니다.

패키지는 프로그램의 맨 앞에서 불러오는데, 이를 **임포트**(import)한다고 합니다. 패키지를 임포트하는 형식은 다음과 같습니다.

```
형식 | import 패키지명 --------------- ❶
      import 패키지명 as 별칭 ------- ❷
      from 패키지명 import 모듈명 --- ❸
```

❶ 전체 패키지를 임포트합니다.

❷ 전체 패키지를 임포트하되, 패키지명 대신 별칭을 붙여 불러옵니다. **별칭**(alias)은 짧고 간편하게 줄인 패키지명 대신 사용하는 이름입니다.

❸ 전체 패키지를 임포트하지 않고 패키지 내 특정 **모듈**[module, 여러 함수와 변수를 하나의 파일(.py)에 정리한 것으로, 함수보다 크고 패키지보다 작은 단위]만 임포트합니다.

패키지를 불러왔다면 다음 형식으로 패키지의 세부 함수를 이용할 수 있습니다.

```
형식 | 패키지명.함수명( )
```

패키지에는 다양한 형태의 함수가 있으며, 그중에는 특정 데이터나 구조에서만 사용할 수 있는 메서드도 있습니다. **메서드**(method)는 특정 객체에 속해 동작하는 함수의 한 형태입니다. 패키지를 처음 사용할 때는 함수와 메서드가 헷갈릴 수 있으니 이 책에서는 함수와 메서드를 '명령'으로 통칭하겠습니다.

마무리

1. 변수와 자료형

- 변수는 데이터를 저장하기 위한 공간으로, 변수에 값을 할당할 때는 =(등호)를 사용합니다.
- 자료형은 변수가 저장되는 데이터의 종류를 말합니다. 파이썬의 기본 자료형에는 숫자형, 문자형, 불형 등이 있습니다.

    ① **숫자형:** 정수형(양수, 0, 음수), 소수점이 있는 실수형으로 나뉩니다.

    ② **문자형:** 한글, 영문, 기호 등의 문자열을 말합니다.

    ③ **불형:** True 또는 False 값을 가진 자료형입니다.

2. 자료구조

- 자료구조는 데이터를 효율적으로 저장하고 관리하기 위한 형태를 말합니다. 대표적인 자료구조로 리스트와 딕셔너리가 있습니다.
- 리스트는 여러 값을 하나의 공간에 순서대로 저장하는 자료구조입니다. 리스트에 값을 저장할 때는 [ ](대괄호)를 사용하고 각 값을 ,(쉼표)로 구분합니다.

    형식 | 리스트명 = [값1, 값2, 값3, …]

- 딕셔너리는 키와 값의 쌍으로 이뤄진 자료구조입니다. 딕셔너리에 값을 저장할 때는 { }(중괄호)를 사용하고, :(콜론)으로 연결된 키-값 쌍을 ,(쉼표)로 구분합니다.

> 형식 | 딕셔너리명 = {키1: 값1, 키2: 값2, 키3: 값3, …}

3. 조건문

특정 조건이 참인지 거짓인지에 따라 각기 다른 코드를 실행하는 구문입니다.

> 형식 | if 조건식:
>   실행할_코드
> elif 다른 조건식:
>   실행할_코드
> else:
>   앞의_조건식을_모두_충족하지_않을_때_실행할 코드

4. 반복문

- 반복문은 특정 코드를 여러 번 실행할 때 사용하는 구문으로, for 문과 while 문이 있습니다.
- for 문은 리스트와 같은 자료구조의 각 요소에 대해 반복적으로 작업을 수행합니다.

> 형식 | # 리스트의 모든 요소를 순회하며 반복
> for 변수 in 리스트:
>   실행할_코드

- while 문은 조건식이 참인 동안 반복적으로 코드 블록을 실행하다가 조건식을 충족하지 않으면 반복문을 빠져나옵니다.

> 형식 | # 조건식을 충족하는 동안 계속 반복
> while 조건식:
>   실행할_코드

5. 함수

- 함수는 특정 작업을 수행하는 코드들을 모아둔 것으로, 함수를 사용하려면 함수를 정의한 후 호출해야 합니다.

- 함수는 입력값과 반환값을 통해 데이터를 처리하고 결과를 전달합니다.

> 형식 | # 함수 정의
> def 함수명(매개변수):
>   실행할_코드
>   return 반환값
> # 함수 호출
> 변수 = 함수명(인자)

6. 변수의 스코프

변수의 스코프는 특정 코드 영역에서만 유효하게 사용될 수 있는 변수의 범위를 말합니다.

7. 패키지

- 패키지는 특정 작업을 하기 위한 함수나 코드들을 모아놓은 집합입니다.
- 파이썬 프로그램에서 패키지를 사용하려면 임포트를 해야 합니다.

> 형식 | import 패키지명
> import 패키지명 as 별칭
> from 패키지명 import 모듈명

4장

화면 UI를 위한 스트림릿 기초

이 장에서는 웹 화면의 UI를 만드는 기술인 스트림릿에 대해 알아봅니다. 3부에서 만들 AI 프로그램은 모두 스트림릿을 이용해 웹 화면을 구성하기 때문에 3부의 내용을 이해하려면 스트림릿의 기초 사용법을 알아야 합니다.

스트림릿은 스트림릿으로 만든 웹 프로그램을 배포하는 '스트림릿 커뮤니티 클라우드' 서비스를 제공합니다. 따라서 스트림릿으로 만든 웹 프로그램을 스트림릿 커뮤니티 클라우드로 배포하는 방법도 살펴봅니다.

4.1 스트림릿의 개요

4.1.1 스트림릿 소개

스트림릿(Streamlit)은 파이썬으로 웹 화면 UI를 만들 수 있도록 지원하는 파이썬 패키지입니다. 스트림릿을 이용하면 파이썬 코드로 웹 화면을 빠르게 만들면서 실시간으로 웹에 적용되는 모습을 볼 수 있습니다.

스트림릿 공식 홈페이지(https://streamlit.io)에서는 다음과 같이 스트림릿을 소개하고 있습니다.

그림 4-1 스트림릿 공식 홈페이지의 소개

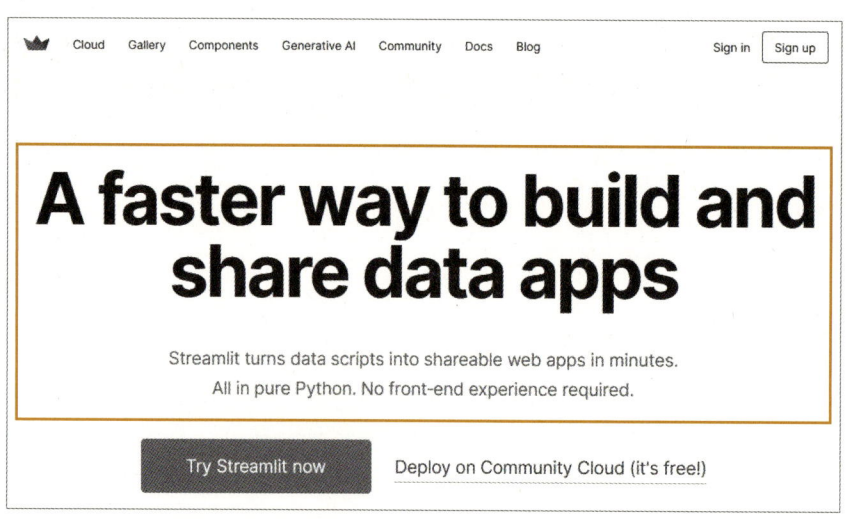

데이터 앱을 더 빠르게 구축하고 공유하는 방법
스트림릿은 몇 분 만에 데이터 스크립트를 공유 가능한 웹 앱으로 바꿔줍니다.
모두 순수한 파이썬 코드로 제공됩니다. 프론트엔드 경험이 필요하지 않습니다.

스트림릿 깃허브(https://github.com/streamlit/streamlit)에서도 '왜 스트림릿을 선택하는가(Why Choose Streamlit)'라는 제목 하단에서 스트림릿의 장점을 확인할 수 있습니다.

그림 4-2 '왜 스트림릿을 선택하는가' 화면

설명에 따르면 스트림릿은 직관적이고 간결한 파이썬 코드를 사용하고(Simple and Pythonic), 빠른 프로토타입 제작이 가능합니다(Fast, interactive prototyping). 또한 코드를 수정할 때 앱이 업데이트돼 결과를 바로 확인할 수 있고(Live editing), 오픈 소스이자 무료로 제공됩니다(Open-source and free).

전문가만 가능한 것 같던 웹 화면을 파이썬으로 쉽게, 그것도 무료로 만들 수 있다니 기대되지 않나요? 그럼 이제 스트림릿 파일을 생성하고 실행하는 방법을 알아봅시다.

TIP 어떤 기술을 알고 싶다면 공식 홈페이지나 깃허브에서 소개글을 읽어보세요. 보통은 기술을 개발한 사람이 해당 기술이 무엇인지, 어떤 특징이 있는지 잘 정리해놓은 글이 실려 있습니다. 영화 장면의 의도를 영화감독이 가장 잘 알고 있듯이 기술도 개발자 본인이 가장 잘 알고 있게 마련입니다.

4.1.2 스트림릿 파일 생성하고 실행하기

첫 스트림릿 파일을 만들고 실행해봅시다. 먼저 가상 환경을 활성화합니다.

```
터미널
> venv\scripts\activate  ------ 윈도우
> source venv/bin/activate  --- 맥OS
```

만약 2장을 건너뛰었다면 스트림릿 사용을 위한 가상 환경 구성 및 패키지 다운로드를 하지 않았을 테니 다음 **NOTE**를 참고해 설정하세요.

> **NOTE 스트림릿 사용 환경 설정**
>
> 가상 환경을 만들기 위해 다음 명령을 실행합니다.
>
> ```
> 터미널
> > python -m venv venv   ---- 윈도우
> > python3 -m venv venv  --- 맥OS
> ```
>
> 탐색기에 [venv] 폴더가 만들어졌다면 가상 환경이 제대로 생성된 것입니다. 이어서 가상 환경을 활성화하기 위해 다음 명령을 입력합니다.
>
> ```
> 터미널
> > venv\scripts\activate  ----- 윈도우
> > source venv/bin/activate  -- 맥OS
> ```
>
> 가상 환경이 활성화되면 터미널 창 앞에 (venv) 기호가 추가됩니다. 그럼 VSCode 오른쪽 하단의 Python 버전을 확인합니다. 3.12.4 ('venv')가 아니라 3.12.4만 표시됐다면 가상 환경을 위한 인터프리터가 아닌 전역 인터프리터를 사용하는 것입니다. 이럴 때는 Ctrl + Shift + P (맥OS는 shift + command + P)를 눌러 커맨드 팔레트를 띄우고 **Python: Select Interpreter**를 검색해 선택합니다. 목록에서 **Python 3.12.4 ('venv')** 가상 환경을 선택하면 Python 버전이 3.12.4 ('venv')로 표시되며, 앞으로 VSCode가 가상 환경을 정확히 사용하게 됩니다.
>
> 이제 다음 명령으로 streamlit 패키지를 설치합니다.
>
> ```
> 터미널
> > pip install streamlit
> ```

ai_program 폴더에 **ch04_1.py** 파일을 생성합니다.

그림 4-3 새 파일 생성

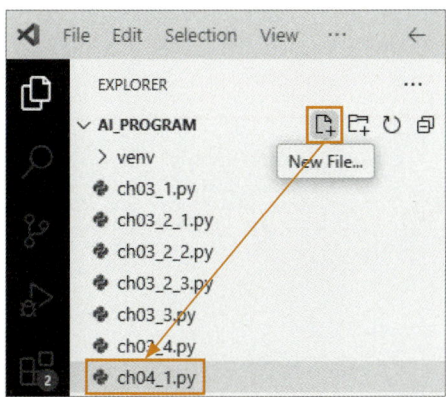

코드 편집기에 다음 코드를 입력하고 저장합니다. ❶ streamlit 패키지를 st라는 이름으로 불러와 ❷ "안녕하세요"를 출력하는 코드입니다.

```
import streamlit as st      --- ❶

# 인사말 출력
st.write("안녕하세요")       ---- ❷
```

> **NOTE 패키지 명칭**
>
> import 문으로 파이썬 패키지를 불러올 때는 대·소문자를 구분해야 합니다. 예를 들어 import 문에서 streamlit이라고 작성하면 정상적으로 실행되지만, 대문자를 포함해 Streamlit이라고 작성하면 오류가 발생합니다.
>
> - **import streamlit as st**: 정상적 실행
> - **import Streamlit as st**: 오류 발생
>
> 패키지 명칭을 작성할 때는 책의 표기에 따라 대·소문자를 유의해 작성하세요.

터미널에 스트림릿 실행 명령을 입력해 코드를 실행합니다.

터미널
```
> streamlit run ch04_1.py
```

'안녕하세요'라고 쓰인 웹 페이지가 뜨면 제대로 실행된 것입니다.

그림 4-4 스트림릿 실행 화면

4.1.3 스트림릿 실습 화면 설정하기

스트림릿 실습은 코드를 작성하고, 결과를 확인한 후, 다시 코드를 수정하는 작업의 반복입니다. 이때 VSCode와 웹 브라우저를 왔다 갔다 하며 실습하면 불편하기 때문에 VSCode에서 바로 웹 브라우저를 볼 수 있도록 설정하겠습니다.

스트림릿이 실행 중인 터미널에서 ❶ Local URL 주소인 http://localhost:8501을 복사합니다. ❷ Ctrl + Shift + P (맥OS는 shift + command + P)를 눌러 커맨드 팔레트를 띄우고, ❸ **Simple Browser**를 검색해 목록에서 선택합니다.

TIP Local URL의 호스트 번호(8501)는 컴퓨터마다 다를 수 있으며, 그대로 복사하면 됩니다.

그림 4-5 Simple Browser 선택

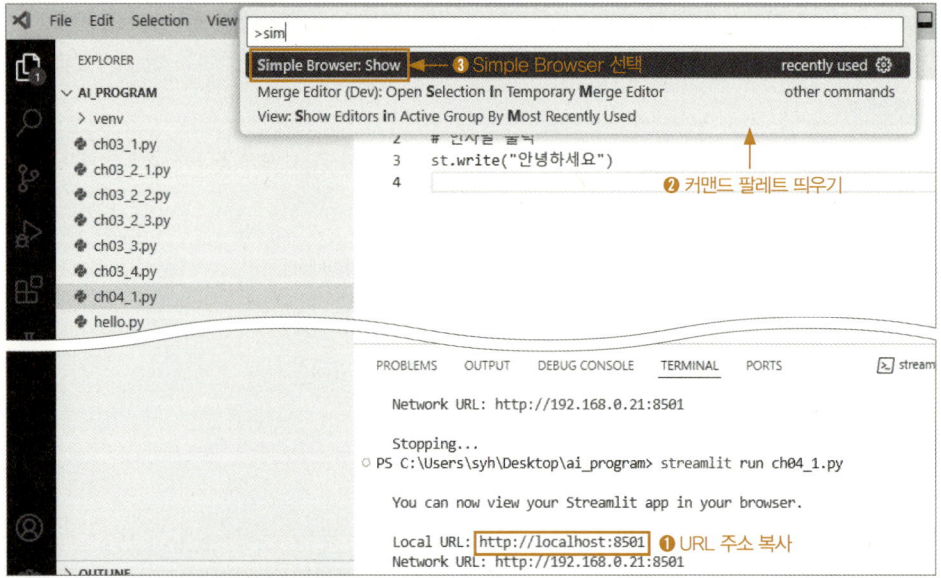

Enter url to visit 창이 나타나면 앞서 복사한 로컬 서버 주소(http://localhost:8501)를 붙여 넣고 Enter 를 누릅니다.

그림 4-6 Local URL 주소 붙여넣기

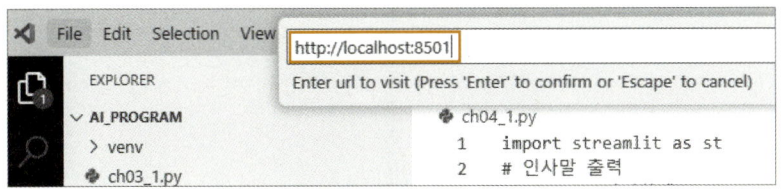

그러면 코드 편집기에 [Simple Browser] 탭이 추가됩니다. 이는 VSCode의 도구 중 하나로, VSCode 안에서 웹 브라우저를 실행해줍니다. [Simple Browser] 탭을 클릭한 상태에서 오른쪽 아래로 드래그해 파란색 음영을 [ch04_1.py] 탭 오른쪽에 배치하고 마우스에서 손을 뗍니다.

그림 4-7 VSCode 스트림릿 화면 세팅

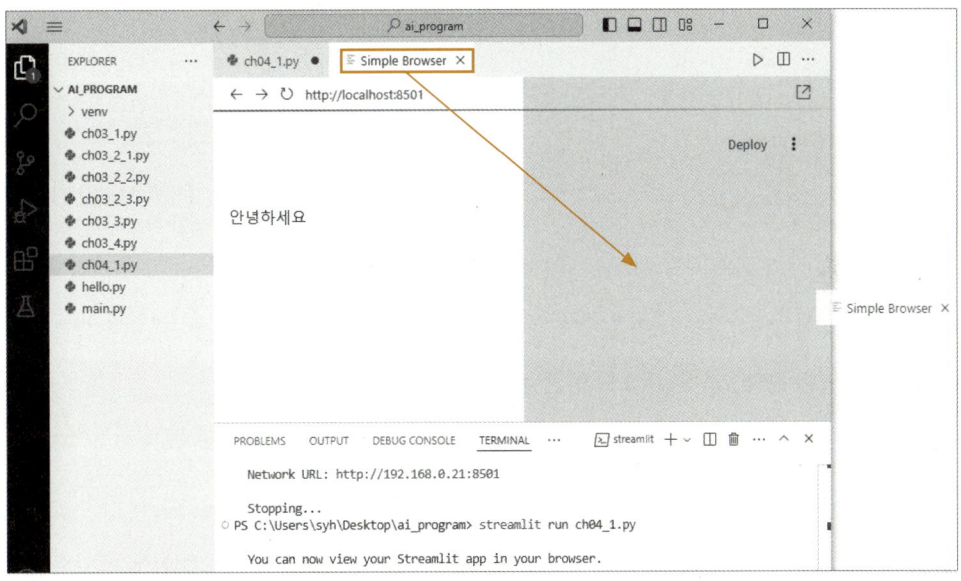

이제 [ch04_1.py] 탭과 [Simple Browser] 탭이 나란히 배치됐습니다.

그림 4-8 VSCode 스트림릿 화면 세팅 완료

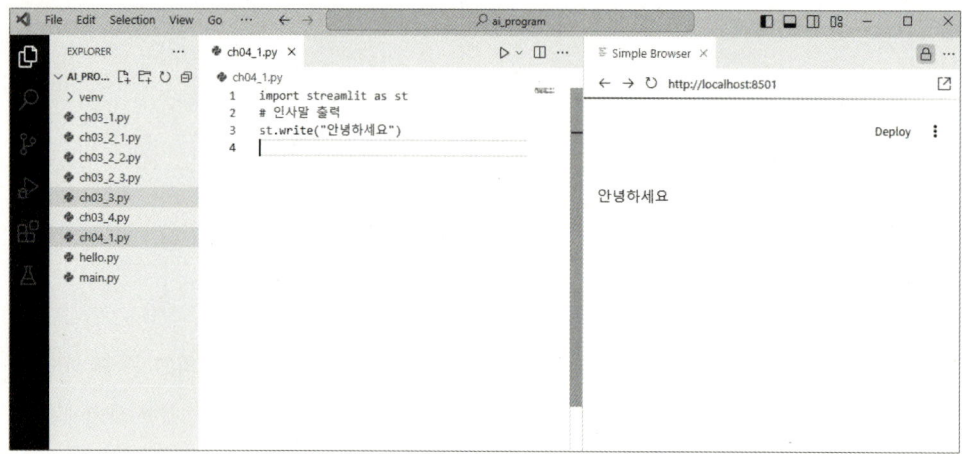

코드의 인사말을 "안녕하세요"에서 "안녕!"으로 수정하고 Ctrl+S를 눌러 저장합니다. Simple Browser 상단에 메뉴가 나타나면 **Always rerun**을 클릭합니다.

그림 4-9 코드 수정

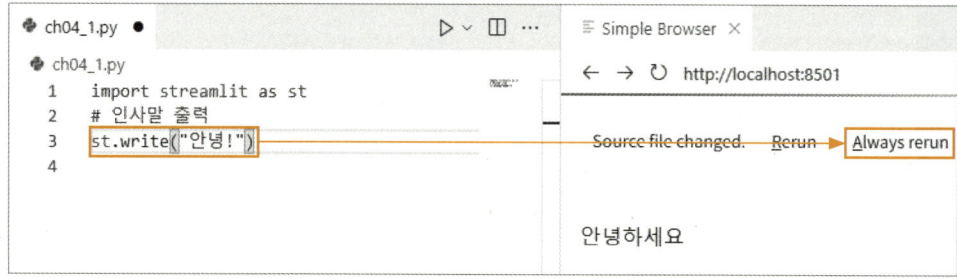

코드가 수정됨에 따라 화면의 텍스트가 안녕!으로 바뀝니다.

그림 4-10 결과 확인

다시 "안녕!"을 "안녕! 친구야"로 수정하고 저장합니다. 앞서 Always rerun으로 설정했기 때문에 웹 페이지의 텍스트가 자동으로 바뀌는 것을 확인할 수 있습니다.

그림 4-11 코드 변경 자동 반영

4.2 텍스트 출력하기

스트림릿 실습 환경을 설정했으니 가장 기본적이면서도 중요한 텍스트 출력부터 배워봅시다. 실습은 앞서 생성한 **ch04_1.py** 파일에서 그대로 진행합니다.

4.2.1 기본 텍스트 출력하기

스트림릿에서 기본 텍스트를 출력할 때는 `st.text()` 명령을 이용합니다. 괄호 안에는 따옴표로 감싼 문자열 또는 문자열이 저장된 변수를 입력합니다.

```
# 인사말 출력
(중략)
# 텍스트 출력
st.text("이건 그냥 텍스트")
my_text = "이건 변수에 저장한 텍스트"
st.text(my_text)
```

TIP `import streamlit as st` 문에서 streamlit 패키지를 st라는 별칭을 붙여 불러왔으니 `st.text()`로 명령합니다. 별칭을 붙이지 않았다면 `streamlit.text()` 명령을 사용해야 합니다.

그림 4-12 실행 결과

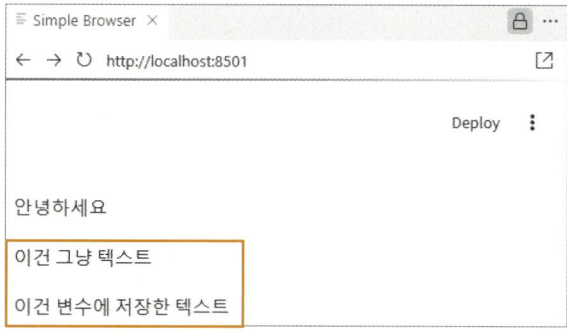

4.2.2 마크다운 출력하기

일부 텍스트를 강조하기 위해 볼드나 이탤릭을 적용하고 싶을 때는 마크다운을 사용합니다. **마크다운**(markdown)은 *, **, # 등의 기호를 이용해 텍스트에 서식을 부여하는 문법입니다. 마크다운으로 표현할 수 있는 서식은 볼드(bold), 이탤릭(Italic), 글머리 기호(bullet), 제목(heading), 표(table) 등입니다.

표 4-1 서식별 마크다운

서식	마크다운	사용 예
볼드	**	**굵은 글씨**
이탤릭	*	*기울임*
글머리 기호	-	- 항목1 - 항목2
제목	#	# 제목1(가장 큰 제목, heading1) ## 제목2(중간 제목, heading2) ### 제목3(가장 작은 제목, heading3)
표	|, -	| 열 제목 1 | 열 제목 2 | 열 제목 3 | |----------|----------|----------| | 데이터1 | 데이터2 | 데이터3 |

물론 이러한 서식은 MS워드 같은 프로그램으로 작성할 수 있지만, 서식 그대로 다른 프로그램으로 옮기기가 어렵습니다. 이럴 때 마크다운을 사용하면 각종 서식을 텍스트 기호로 저장할 수 있어 프로그램에 상관없이 쉽게 옮길 수 있습니다.

마크다운된 텍스트는 **st.markdown()** 명령으로 표시합니다.

```
# 텍스트 출력
(중략)
# 마크다운 출력
st.markdown("어떤 글씨는 **볼드**로, 어떤 글씨는 *이탤릭*으로 표시할게.")
```

그림 4-13 실행 결과

> 어떤 글씨는 **볼드**로, 어떤 글씨는 *이탤릭*으로 표시할게.

마크다운으로 표를 출력할 때는 |와 -를 사용하며, 각 행은 줄바꿈으로 구분합니다.

```
# 마크다운 출력
st.markdown("어떤 글씨는 **볼드**로, 어떤 글씨는 *이탤릭*으로 표시할게.")
st.markdown("""
| 이름  | 나이 | 직업         |
|-------|------|--------------|
| 홍길동 | 25   | 개발자       |
| 김철수 | 30   | 데이터 분석가 |
| 이영희 | 28   | 디자이너     |
""")
```

그림 4-14 실행 결과

이름	나이	직업
홍길동	25	개발자
김철수	30	데이터 분석가
이영희	28	디자이너

> **NOTE** 챗GPT의 답변 서식 그대로 사용하기

챗GPT도 답변할 때 기본적으로 마크다운을 이용합니다. 챗GPT의 답변을 복사해 코드에 붙여넣으면 스트림릿에서 서식 그대로 출력할 수 있습니다.

그림 4-15 챗GPT의 답변 복사 및 활용

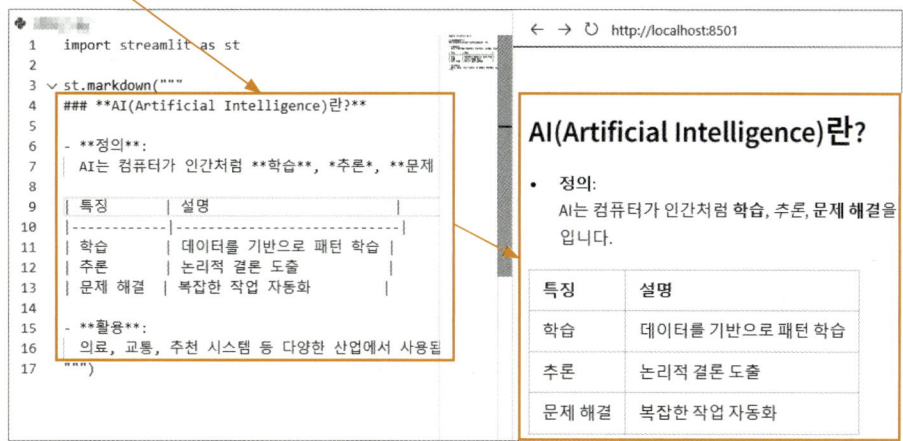

마크다운에 대한 자세한 내용은 다음 영상을 참고하세요.

https://www.youtube.com/watch?v=GARAX8VuNXE&t=1s

마크다운 영상

4.2.3 제목 출력하기

기본 텍스트가 아닌 제목을 출력할 때는 **st.title()**, **st.header()**, **st.subheader()** 명령 중 하나를 사용합니다. 셋 다 제목을 출력하는 명령이지만 제목 크기가 다릅니다. st.title()의 제목이 가장 크고 st.header(), st.subheader() 순으로 크기가 작아지며, 강조하고 싶은 제목 수준에 맞게 적절한 명령을 선택하면 됩니다.

다음 코드를 실행한 후 마지막의 기본 텍스트와 각 제목의 크기를 비교해보세요.

```
# 마크다운 출력
(중략)
# 제목 출력
st.title("제목")
st.header("1장")
st.subheader("1절")
st.text("안녕") # 기본 텍스트
```

그림 4-16 실행 결과

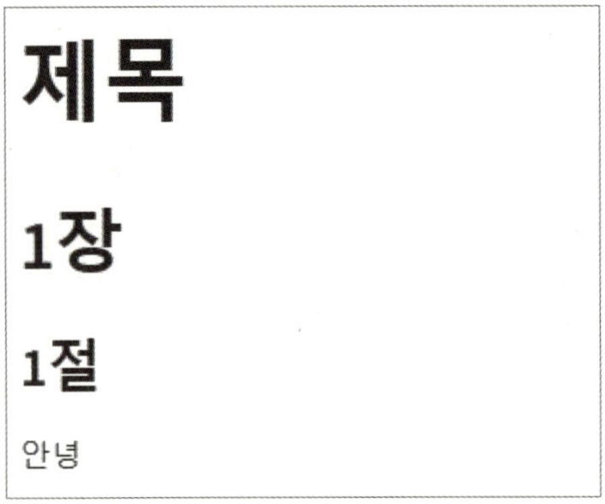

제목

1장

1절
안녕

4.2.4 만능 출력 명령 사용하기

지금까지 기본 텍스트, 마크다운, 제목 출력 방법을 살펴봤습니다. 그런데 이 모든 것을 아우르는 명령이 있습니다. 바로 **st.write()**입니다. st.write() 하나만 기억하면 스트림릿에서 웬만한 텍스트는 다 출력할 수 있습니다.

기본 텍스트 출력하기

st.write()는 st.text()처럼 기본 텍스트를 출력합니다. 사용법도 st.text()와 동일합니다.

```
# 제목 출력
(중략)
# st.write(): 기본 텍스트 출력
st.write("이건 그냥 텍스트")
my_text = "이건 변수에 저장한 텍스트"
st.write(my_text)
```

그림 4-17 실행 결과

> 이건 그냥 텍스트
>
> 이건 변수에 저장한 텍스트

마크다운 출력하기

st.write()는 자체적으로 마크다운 문법을 인식하기 때문에 마크다운 텍스트를 넣어도 제대로 출력됩니다.

```
# st.write(): 기본 텍스트 출력
(중략)
# st.write(): 마크다운 출력
st.write("어떤 글씨는 **볼드**로, 어떤 글씨는 *이탤릭*으로 표시할게.")
```

그림 4-18 실행 결과

> 어떤 글씨는 **볼드**로, 어떤 글씨는 *이탤릭*으로 표시할게.

제목 출력하기

st.write()는 마크다운 문법을 지원하므로 마크다운의 제목 기호를 활용하면 st.title(), st.header(), st.subheader() 명령을 사용하지 않고도 제목을 출력할 수 있습니다. 가장 큰 제목에는 #를, 중간 제목에는 ##를, 가장 작은 제목에는 ###를 붙이되, 그 뒤에는 한 칸 띄어쓰기를 해야 합니다.

```
# st.write(): 마크다운 출력
(중략)
# st.write(): 제목 출력
st.write("# 제목")
st.write("## 1장")
st.write("### 1절")
st.write("안녕")
```

그림 4-19 실행 결과

제목

1장

1절

안녕

다양한 값 출력하기

st.write()가 만능인 이유는 텍스트뿐만 아니라 숫자, 리스트, 딕셔너리 등 다양한 값이나 자료구조도 출력하기 때문입니다. 심지어 숫자의 연산 결과를 출력할 수도 있습니다.

```
# st.write(): 제목 출력
(중략)
# st.write(): 숫자 출력
st.write(123)
# st.write(): 계산 값 출력
st.write(10 + 20)
# st.write(): 리스트 출력
my_list = [1, 2, 3, 4, 5]
```

```
st.write(my_list)
# st.write(): 딕셔너리 출력
my_dict = {"이름": "홍길동", "나이": 25, "지역": "서울"}
st.write(my_dict)
```

그림 4-20 실행 결과

```
123

30

▼ [
    0 : 1
    1 : 2
    2 : 3
    3 : 4
    4 : 5
  ]
▼ {
    "이름" : "홍길동"
    "나이" : 25
    "지역" : "서울"
  }
```

4.3 레이아웃 설정하기

레이아웃(layout)은 화면에 콘텐츠를 어떻게 배치할지를 정의하는 것입니다. 스트림릿에서 구현할 수 있는 다양한 레이아웃을 살펴보고 실습해봅시다.

4.3.1 단순화와 맞춤화

프로그래밍 언어의 패키지를 이용해 무언가를 만들 때 가장 먼저 고려해야 할 부분은 **단순화**와 **맞춤화** 사이에서 균형을 잡는 것입니다. 사용자 입장에서 볼 때 패키지는 일을 수행하는 하나의 도구입니다. 그런데 도구는 저마다 고유한 특징이 있습니다. 조각상을 만드는 조소에 비유하면, 어떤 조각 도구는 '단순화'에 최적화돼 있어 쉽고 빠르게 전체적인 형태를 만들 수 있지만 정밀한 작업에는 한계가 있습니다. 반면 '맞춤화'에 최적화된 조각 도구는 표정 같은 섬세한 부분을 표현할 수 있지만 그만큼 높은 숙련도와 많은 시간을 필요로 합니다.

그림 4-21 단순화와 맞춤화

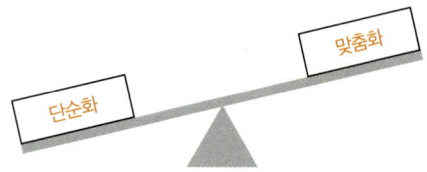

웹 화면을 만들 때 스트림릿은 전자인 단순화에 최적화된 도구입니다. 그래서 스트림릿으로 구현할 수 있는 레이아웃의 유형이 정해져 있으며, 네이버 같은 복잡한 웹 화면을 만들기 어렵습니다. 복잡한 웹 화면을 만들려면 맞춤화에 최적화된 패키지를 이용해야 합니다.

그림 4-22 복잡한 레이아웃의 네이버 화면(출처: 네이버)

스트림릿의 장점과 한계를 파악했으니 이제 스트림릿을 활용해 만들 수 있는 레이아웃을 알아봅시다. 실습을 위해 **ch04_3.py** 파일을 생성합니다.

4.3.2 기본 레이아웃

스트림릿의 **기본 레이아웃**(basic layout)은 모든 요소를 위에서 아래로 배치하는 구조입니다. 텍스트를 추가하면 계속해서 아래로 쌓입니다.

```
import streamlit as st

# 기본 레이아웃
st.write("첫 번째 텍스트")
st.write("두 번째 텍스트")
st.write("세 번째 텍스트")
```

새 파일에 코드를 작성했으니 스트림릿 파일을 새로 실행해야 합니다. Ctrl + C 를 눌러 실행 중인 프로그램을 빠져나온 뒤 다음 명령을 실행합니다.

터미널
```
> streamlit run ch04_3.py
```

Simple Browser의 새로 고침을 클릭하면 결과를 확인할 수 있습니다.

그림 4-23 실행 결과

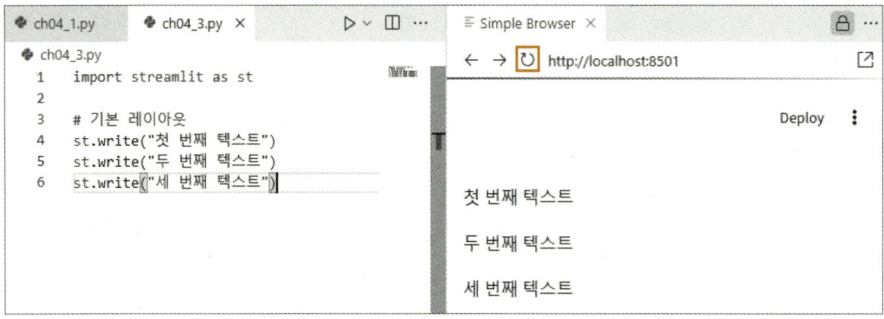

4.3.3 열 레이아웃

열 레이아웃(column layout)은 화면을 세로로 분할하는 구조로, `st.columns()` 명령으로 만듭니다. 열을 만든 후에는 with 키워드를 이용해 열 레이아웃을 활성화한 후 해당 열에 출력할 내용을 작성합니다.

```
형식 | 열_변수1, 열_변수2 = st.columns(열_개수)
       with 열_변수1:  # 왼쪽 열 활성화
           st.write("출력문")
       with 열_변수2:  # 오른쪽 열 활성화
           st.write("출력문")
```

두 개의 열을 만들고 각 열에 텍스트를 출력해봅시다. 코드를 저장한 후 Simple Browser의 **Always rerun**을 클릭해 다음 실행부터 자동 반영되게 합니다.

```
# 기본 레이아웃
(중략)
# 열 레이아웃
col1, col2 = st.columns(2)      --- ❶ 두 개의 열 생성 후 각 열을 변수에 저장
with col1: -------------------- ❷ 왼쪽 열 활성화
    st.write("왼쪽 열!") ------ ❸ 왼쪽 텍스트 출력
```

```
with col2:    -------------------- ④ 오른쪽 열 활성화
    st.write("오른쪽 열!")   --- ⑤ 오른쪽 텍스트 출력
```

> **NOTE** 반응형 레이아웃
>
> Simple Browser 화면이 작으면 2열 레이아웃을 사용했더라도 출력문이 위아래로 나올 수 있습니다. 이럴 때는 화면의 오른쪽 끝을 드래그해 화면 크기를 키우면 제대로 보입니다.
>
> 그림 4-24 열 레이아웃이 통합된 형태 → 정상적 출력
>
>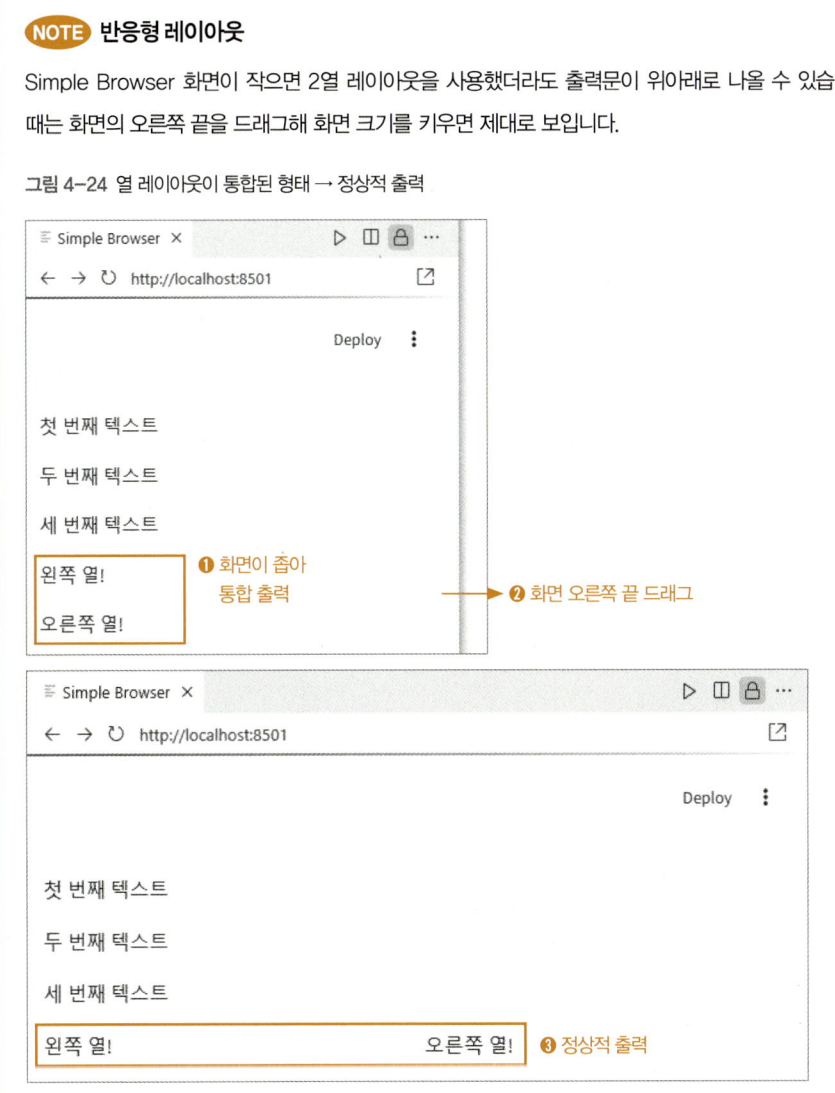
>
> 이처럼 스트림릿은 화면 크기에 따라 콘텐츠 구조를 바꿔 출력하는 **반응형 레이아웃**(responsive layout)을 지원합니다. 앞의 경우처럼 두 개 열을 생성했더라도 모바일같이 화면이 작은 경우에는 자동으로 하나의 열로 출력됩니다.

그림 4-25 실행 결과

```
왼쪽 열!                              오른쪽 열!
```

만약 왼쪽 열에만 텍스트를 출력하고 싶다면 오른쪽 열에 해당하는 `with col2:` 구문은 지워도 됩니다.

```
# 열 레이아웃
col1, col2 = st.columns(2)
with col1:
    st.write("왼쪽 열!")
    st.write("이제부터 왼쪽 열만 사용합니다.")
```

그림 4-26 실행 결과

```
왼쪽 열!
이제부터 왼쪽 열만 사용합니다.
```

다양한 비율의 열 레이아웃 만들기

세 개의 열을 만들고 가운데 열을 가장 넓게 하려면 어떻게 해야 할까요? 이 경우 `st.column(2)`처럼 숫자로 열 개수를 지정하는 대신 `st.column([1, 1])`처럼 리스트를 활용해 열 개수를 지정하고 각 열의 비율을 설정할 수 있습니다. 리스트 안의 숫자는 열 너비의 비율을 의미합니다. 예를 들어 세 개의 열을 동일한 비율로 만들려면 [1, 1, 1]로 설정하고, 가운데 열을 다른 열보다 세 배 넓게 만들려면 [1, 3, 1]로 설정합니다.

```
# 열 레이아웃
(중략)
# 비율에 맞춰 열 생성
col1, col2, col3 = st.columns([1, 3, 1])
with col1:
    st.write("첫 번째 열")
```

```
with col2:
    st.write("가운데 열 - 가장 넓은 열")
with col3:
    st.write("세 번째 열")
```

그림 4-27 실행 결과

| 첫 번째 열 | 가운데 열 - 가장 넓은 열 | 세 번째 열 |

4.3.4 사이드바 레이아웃

사이드바 레이아웃(sidebar layout)은 사용자에게 필요한 메뉴, 버튼 등을 보여주는 공간으로, 접었다 폈다 할 수 있습니다. 챗GPT 화면 왼쪽에도 사이드바가 있어 그동안의 대화 목록을 확인하고 원하는 대화를 선택해 이어서 작업할 수 있습니다.

그림 4-28 챗GPT의 사이드바

스트림릿에서 사이드바를 생성하는 명령은 **st.sidebar**입니다. 열 레이아웃과 마찬가지로 with 키워드를 이용해 사이드바를 활성화한 후 코드를 입력합니다.

```
형식 | with st.sidebar:
        st.title("사이드바_제목")
        st.write("사이드바_텍스트")
        ...
```

그럼 간단한 사이드바를 만들어봅시다.

```
# 비율에 맞춰 열 생성
(중략)
# 사이드바 레이아웃
with st.sidebar:
    st.title("사이드바")
    st.write("사이드바에 표시할 텍스트")
```

사이드바를 생성하면 펼침 상태가 기본으로 출력되며, < 기호를 클릭하면 사이드바가 접힙니다.

그림 4-29 실행 결과

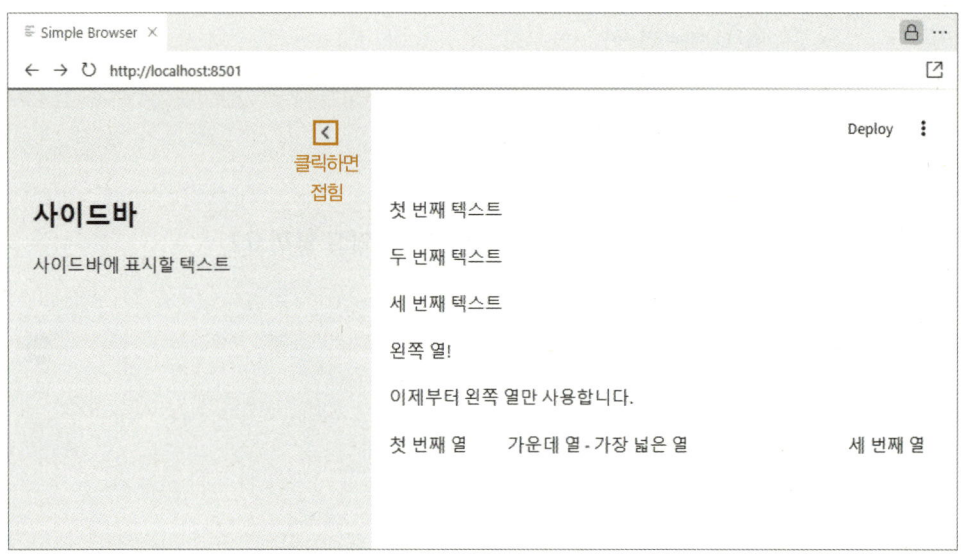

TIP 사이드바를 모바일 화면에서 확인해보면 닫힘 상태가 기본으로 출력됩니다.

4.3.5 페이지 환경 설정하기

레이아웃 설정 외에도 알아두면 좋은 기능이 있습니다. 바로 웹 페이지의 제목과 아이콘, 웹 페이지 자체 레이아웃 등을 설정하는 기능입니다. **페이지 환경 설정**이라 부르는 이 기능에는 **st.set_page_config()** 명령을 이용하며, 다른 스트림릿 명령을 실행하기 전에 설정해야 하므로 보통은 코드 상단에 작성합니다.

```
형식 | st.set_page_config(
        page_title = "페이지 제목",    # 웹 페이지 제목
        page_icon = "🚀",             # 웹 페이지 아이콘
        layout = "centered",          # 웹 페이지 레이아웃("centered", "wide")
        initial_sidebar_state = "auto" # 사이드바 초기 상태("auto", "expanded",
                                                        "collapsed")
     )
```

앞서 만든 사이드바는 기본적으로 열려 있는 상태인데, 이를 처음부터 접혀 있는 상태로 변경해 봅시다. st.set_page_config()의 사이드바 초기 상태를 접힘으로(initial_sidebar_state = "collapsed") 설정합니다.

```
import streamlit as st

# 페이지 환경 설정
st.set_page_config(
    initial_sidebar_state = "collapsed",
)
(중략)
# 사이드바 레이아웃
with st.sidebar:
    st.title("사이드바")
    st.write("사이드바에 표시될 텍스트입니다.")
```

코드를 실행하면 화면에 사이드바가 보이지 않고 >를 클릭해야 열립니다.

그림 4-30 실행 결과

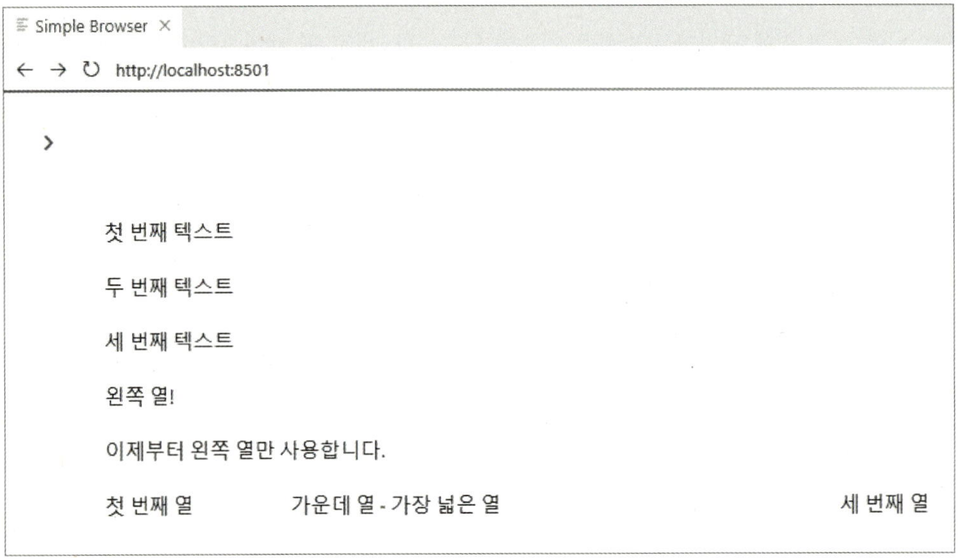

```
Simple Browser  ×
← → ↻  http://localhost:8501

>
        첫 번째 텍스트

        두 번째 텍스트

        세 번째 텍스트

        왼쪽 열!

        이제부터 왼쪽 열만 사용합니다.

        첫 번째 열        가운데 열 - 가장 넓은 열                         세 번째 열
```

페이지 환경 설정에서 사이드바 초기 상태 외에 다른 항목도 적용해보겠습니다. **ch04_3.py**의 맨 위 import 문을 제외한 기존 코드를 모두 지우고 다음 코드를 작성합니다. 두 개의 열에 인사말을 출력하는 코드입니다.

```python
import streamlit as st

# 인사말 출력
col1, col2 = st.columns(2)
with col1:
    st.write("첫 번째 열입니다.")
    st.write("안녕하세요!")
with col2:
    st.write("두 번째 열입니다.")
    st.write("반갑습니다!")
```

페이지 환경 설정의 결과는 Simple Browser에서 확인할 수 없기 때문에 웹 브라우저로 가서 새로 고침을 클릭해 결과를 확인합니다. 만약 웹 브라우저를 닫았다면 Ctrl+C를 눌러 스트림릿 실행을 중지한 다음 **streamlit run ch04_3.py** 명령을 실행해 웹 브라우저를 띄우고 확인합니다.

그림 4-31 웹 브라우저에서 확인한 실행 결과

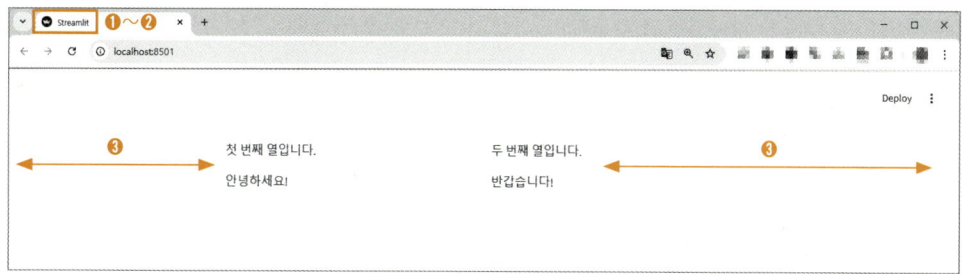

결과 화면에서 다음 세 가지를 주목하세요.

❶ 웹 페이지 제목이 'Streamlit'입니다.

❷ 웹 페이지 제목 왼쪽의 아이콘에는 스트림릿 아이콘이 기본으로 설정돼 있습니다

❸ 전체적인 웹 페이지 레이아웃은 두 개의 열이 가운데에 몰려 있고 양쪽에 여백이 많습니다.

이제 웹 페이지의 제목, 아이콘, 레이아웃 너비를 바꿔보겠습니다. 아이콘으로 사용할 🤖(로봇) 이모지는 운영체제에 따라 다음 방법으로 입력하세요.

- **윈도우:** ⊞ + ; → 이모지 패널에서 '로봇' 검색 → 🤖 이모지 클릭

- **맥OS:** control + command + space → 이모지 패널에서 '로봇' 검색 → 🤖 이모지 클릭

```
import streamlit as st

# 페이지 환경 설정
st.set_page_config(
    page_title = "AI 프로그램",  # 웹 페이지 제목
    page_icon = "🤖",           # 웹 페이지 아이콘
    layout = "wide",            # 웹 페이지 레이아웃: 넓게
)
# 인사말 출력
col1, col2 = st.columns(2)
with col1:
    st.write("첫 번째 열입니다.")
    st.write("안녕하세요!")
with col2:
    st.write("두 번째 열입니다.")
    st.write("반갑습니다!")
```

웹 브라우저의 새로 고침을 클릭해 실행 결과를 확인해보면 웹 페이지의 제목과 아이콘이 바뀌고 열 사이의 너비가 넓어졌을 것입니다.

그림 4-32 실행 결과

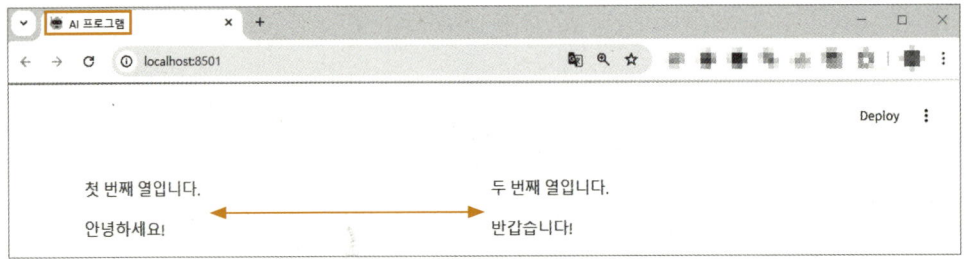

지금까지 다양한 레이아웃을 살펴봤습니다. 앞으로 만들 AI 프로그램에서는 **웹 페이지 레이아웃은 넓게**(layout = "wide"), **두 개의 열 레이아웃 사용**, **사이드바 있음**, 이 세 가지 설정을 주로 사용하니 이와 관련된 문법을 기억해두기 바랍니다.

4.4 위젯 사용하기

4.4.1 위젯의 개요

지금까지는 st.write() 명령으로 텍스트를 출력해 사용자가 읽기만 할 수 있는 웹 페이지를 만들었습니다. 이는 가장 기본적인 웹 페이지 유형으로, 사용자와의 상호작용 없이 내용을 보여주기만 하며, 대표적인 예로 블로그와 뉴스 웹 페이지를 꼽을 수 있습니다.

그림 4-33 상호작용 없이 내용만 보여주는 블로그(출처: 다비드스튜디오 블로그)

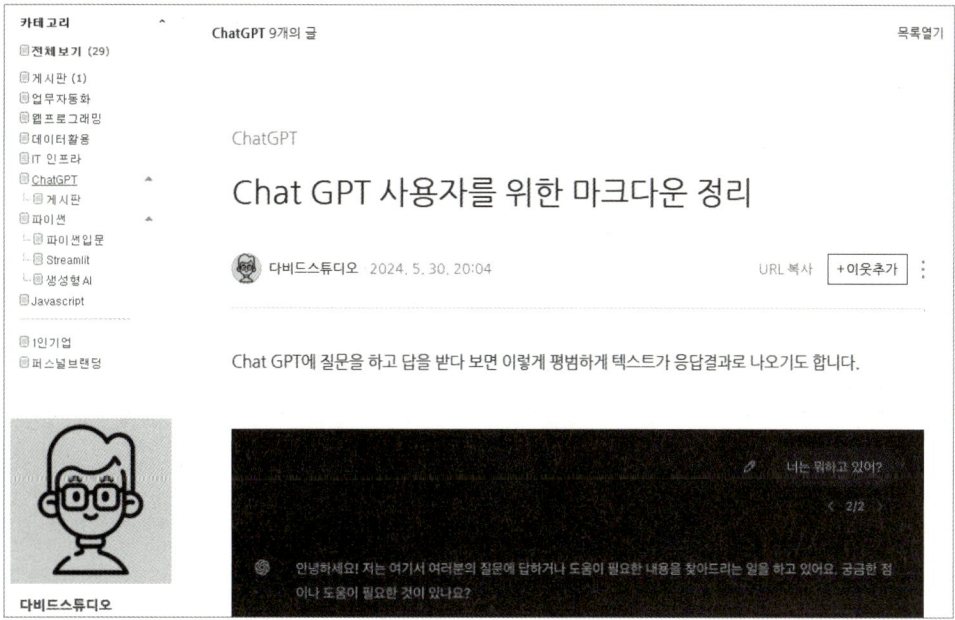

그러나 요즘 대부분의 웹 페이지는 단순히 텍스트를 표시하는 것을 넘어 사용자와의 상호작용을 통해 더 개인화되고 실시간으로 반응하는 화면을 제공합니다. 예를 들어 서점 사이트의 장바구니에서 −, + 버튼을 클릭해 책의 수량을 조절하면 자동으로 합계 금액이 뜨는데, 이는 웹 화면에서 사용자와 상호작용할 수 있도록 만들었기 때문입니다.

그림 4-34 상호작용이 있는 웹 페이지(출처: 교보문고)

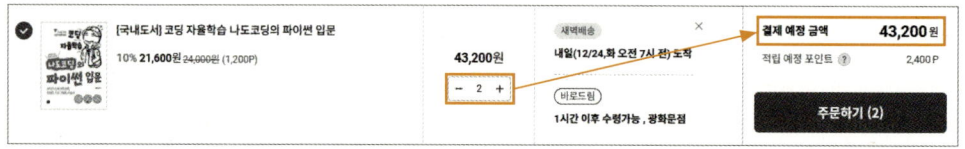

스트림릿의 위젯을 이용하면 사용자의 버튼 클릭, 입력, 마우스 움직임에 따라 실시간으로 반응하는 웹 페이지를 만들 수 있습니다. **위젯**(widget)은 사용자와 프로그램이 상호작용할 수 있도록 제공되는 UI 구성 요소입니다. 버튼, 슬라이더, 드롭다운 메뉴 등 다양한 형태가 있으며, 사용자가 입력한 데이터를 프로그램으로 전달하거나 결과를 표시하는 역할을 합니다.

스트림릿이 제공하는 위젯의 종류는 스트림릿 홈페이지(https://docs.streamlit.io/develop/api-reference/widgets)에서 확인할 수 있습니다.

그림 4-35 스트림릿의 다양한 위젯

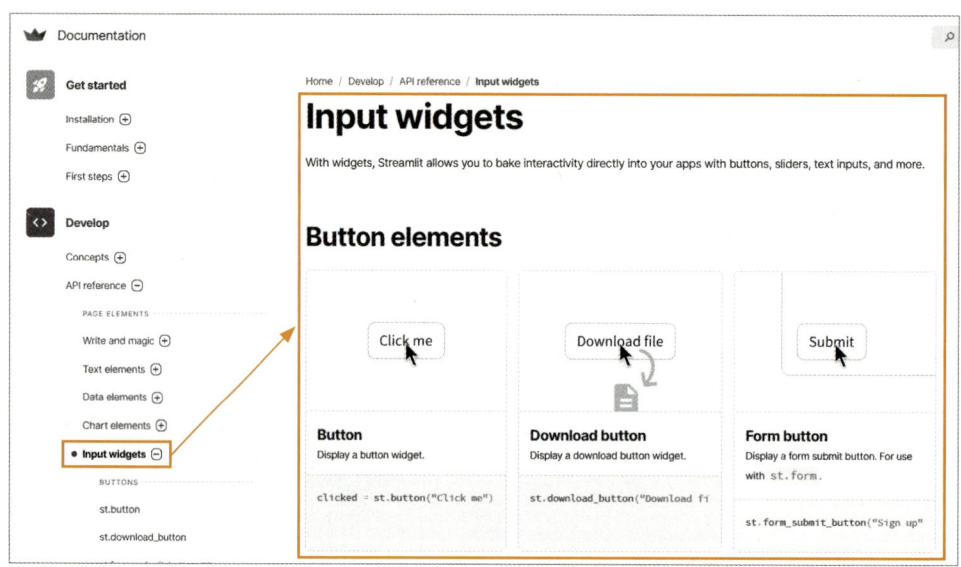

다양한 위젯 가운데 이 책에서 사용할 위젯을 네 개의 카테고리로 나눠 살펴보겠습니다.

❶ **버튼 위젯:** 사용자가 클릭할 수 있는 버튼 형태의 위젯입니다. 버튼을 클릭하면 특정 동작이 실행되는 st.button(), 버튼을 클릭하면 다른 링크로 넘어가는 st.link_button() 등이 있습니다.

❷ **입력 위젯:** 사용자가 입력한 텍스트를 인식해 작동하는 위젯입니다. 가장 기본적인 텍스트 입력 위젯인 st.text_input(), 대화형 챗봇에서 자주 쓰이는 st.chat_input() 등이 있습니다.

❸ **선택형 위젯:** 주어진 옵션 중에서 선택하기 위한 위젯입니다. 여러 옵션 중에서 하나만 선택하는 st.selectbox(), 복수 선택이 가능한 st.multiselect() 등이 있습니다.

❹ **파일 위젯:** 파일 업로드 및 다운로드와 관련된 위젯입니다. PDF, MS워드 파일을 업로드할 수 있는 st.file_uploader(), 웹 페이지 데이터를 다운로드할 수 있는 st.download_button() 등이 있습니다.

위젯을 실습하기 위해 **ch04_4.py** 파일을 생성합니다.

4.4.2 버튼 위젯

버튼 위젯(button widget)은 사용자가 버튼을 눌렀을 때 특정 동작을 실행합니다.

st.button()

st.button()은 기본적인 버튼을 만듭니다.

> 형식 | st.button("버튼에_표시할_문자열")

새 버튼을 만들고 button 변수에 저장해봅시다

```
import streamlit as st

# 기본 버튼 생성
button = st.button("클릭하세요.")
```

새 파일에 코드를 작성했으니 Ctrl+C를 눌러 실행 중인 스트림릿을 빠져나온 후 다음 명령으로 코드를 다시 실행합니다. Simple Browser의 새로 고침을 클릭하면 버튼이 생성된 것을 볼 수 있습니다.

그림 4-36 실행 결과

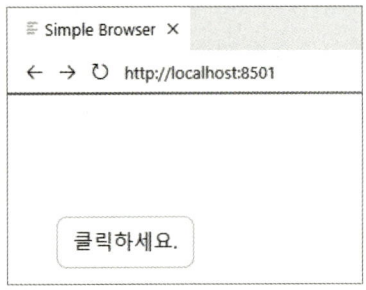

버튼을 만들어 button 변수에 저장한 것은 사용자가 버튼을 클릭했는지 여부를 저장하기 위함입니다. 버튼을 클릭했다면 button 변수에 True가 저장되고, 클릭하지 않았다면 False가 저장됩니다. 버튼을 클릭했을 때 어떤 값이 출력되는지 확인하기 위해 앞의 코드에 st.write(button) 문을 추가해봅시다.

```
import streamlit as st

# 기본 버튼 생성
button = st.button("클릭하세요.")
st.write(button)
```

처음에는 False가 출력되고, 이후 버튼을 클릭하면 True로 바뀝니다.

그림 4-37 버튼 클릭 전과 후

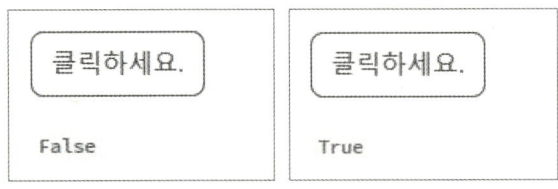

이처럼 위젯 변수를 이용하면 버튼 클릭, 텍스트 입력 등 사용자와 상호작용한 데이터를 저장해 활용할 수 있습니다. 예를 들어 버튼을 클릭했을 때 특정 동작이 실행되게 하려면 다음과 같이 if 문을 작성하면 됩니다.

```
import streamlit as st

# 기본 버튼 생성
button = st.button("클릭하세요.")
if button:
    st.write("버튼을 클릭한 경우에만 출력하는 내용")
```

그림 4-38 실행 결과

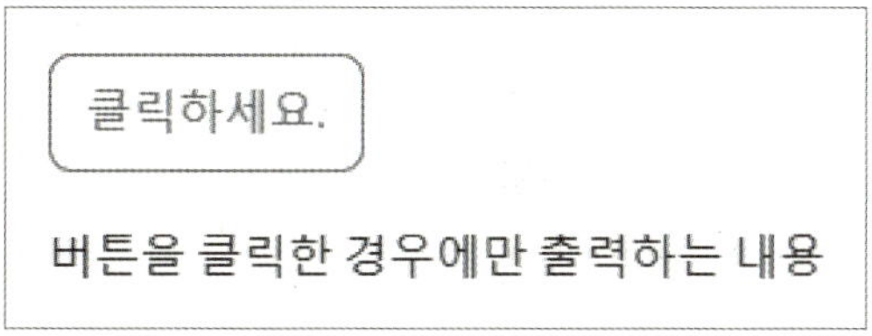

st.link_button()

클릭하면 새 탭에서 웹 페이지가 열리는 버튼은 **st.link_button()**으로 만듭니다.

> 형식 | st.link_button("버튼에_표시할_텍스트", "연결할_링크_주소")

클릭했을 때 네이버 사이트가 새로 열리는 버튼을 생성해봅시다.

```
# 기본 버튼 생성
(중략)
# 링크 바로가기 버튼 생성
st.link_button("네이버로 가기", "https://naver.com")
```

웹 브라우저의 탭을 이용하는 기능은 Simple Browser에서 테스트하기 어렵습니다. 따라서 웹 브라우저의 새로 고침을 클릭해 결과를 확인하세요. 만약 웹 브라우저를 닫았다면 Ctrl + C 를 눌러 스트림릿 실행을 중지하고 **streamlit run ch04_4.py** 명령을 실행해 웹 브라우저를 띄운 후 확인합니다. 웹 브라우저에서 [네이버로 가기] 버튼을 클릭하면 새 탭이 열리면서 네이버로 연결됩니다.

그림 4-39 웹 브라우저에서 확인한 실행 결과

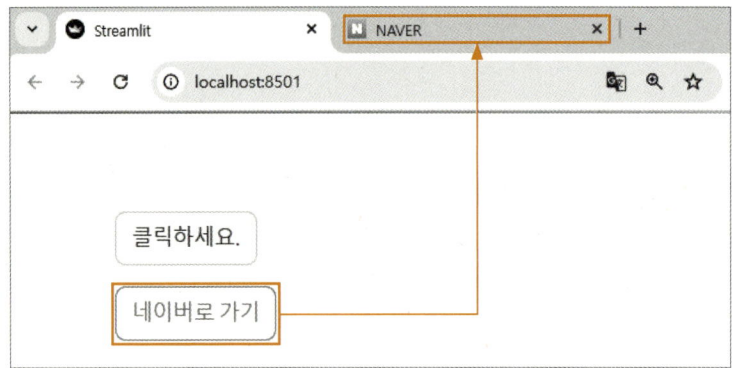

4.4.3 입력 위젯

입력 위젯(input widget)은 사용자가 텍스트를 입력할 수 있도록 텍스트 입력창을 만들기 위한 위젯입니다. 입력 위젯을 이용하면 사용자가 입력한 텍스트를 변수에 저장해 활용할 수 있습니다.

st.text_inputt()

st.text_input()은 기본적인 텍스트 입력창을 만듭니다.

> 형식 | st.text_input("텍스트_입력_안내_문구")

텍스트 입력창을 만들고 user_text 변수에 저장해봅시다. 이렇게 하면 사용자가 입력한 텍스트가 user_text 변수에 저장됩니다.

```
# 링크 바로가기 버튼 생성
(중략)
# 텍스트 입력 위젯
user_text = st.text_input("무슨 과일을 좋아하세요?")
```

그림 4-40 실행 결과

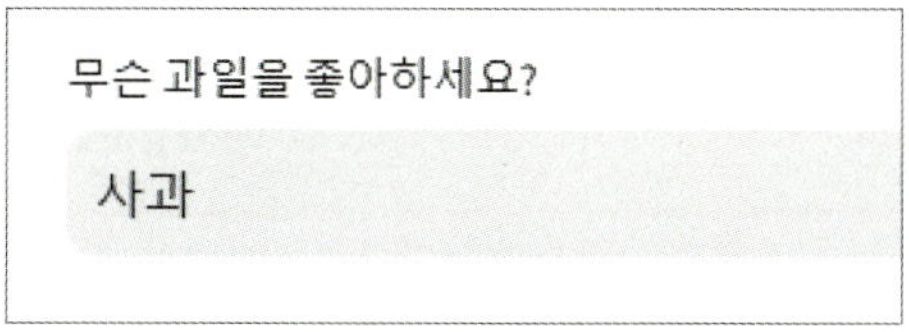

무슨 과일을 좋아하세요?

사과

그런데 결과 화면의 텍스트 입력창에 내용을 입력해도 잘 입력됐는지 알 수가 없습니다. 이를 확인하기 위해 다음 코드를 추가합니다. if 문으로 user_text 변수에 값이 있는지 확인하고, 값이 있으면 st.write() 명령으로 출력하는 구문입니다.

```
# 텍스트 입력 위젯
user_text = st.text_input("무슨 과일을 좋아하세요?")
if user_text:
    st.write(f"당신은 {user_text}를 좋아하는군요.")
```

실행 화면에서 사과를 입력하고 Enter 를 누르면 당신은 사과를 좋아하는군요.라는 텍스트가 출력됩니다. 처음 웹 페이지를 실행했을 때는 user_text 변수에 값이 없다가 사용자가 텍스트를 입력하는 순간 user_text 변수에 텍스트가 저장되고 if 문이 실행됩니다.

그림 4-41 실행 결과

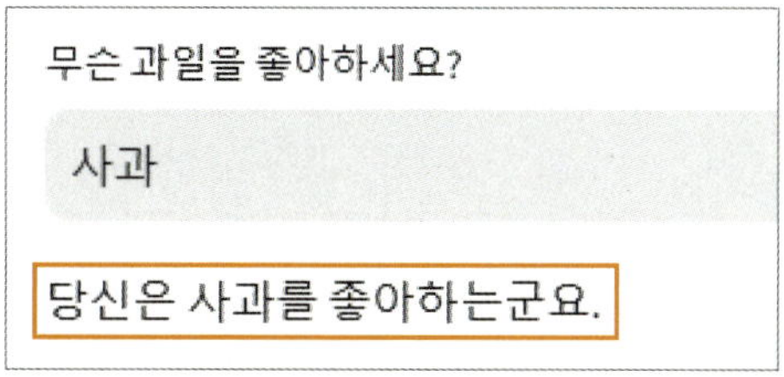

무슨 과일을 좋아하세요?

사과

당신은 사과를 좋아하는군요.

st.chat_input()

st.chat_input()은 챗봇 전용 텍스트 입력창을 만드는 명령으로, 사용법은 st.text_input()과 같습니다. 앞의 코드를 복사해 붙여넣은 후 st.text_input()을 st.chat_input()으로 바꿔 봅시다.

```
# 텍스트 입력 위젯
(중략)
```

```
# 채팅 입력 위젯
user_text = st.chat_input("무슨 과일을 좋아하세요?")
if user_text:
    st.write(f"당신은 {user_text}를 좋아하는군요.")
```

코드를 실행하면 똑같은 입력창이 나타나지만 두 가지 차이점이 있습니다.

❶ 챗GPT처럼 입력창이 항상 화면 하단에 고정됩니다.

❷ 사용자가 클릭해 텍스트를 보낼 수 있는 전송 아이콘이 입력창 오른쪽에 생성됩니다.

그림 4-42 실행 결과

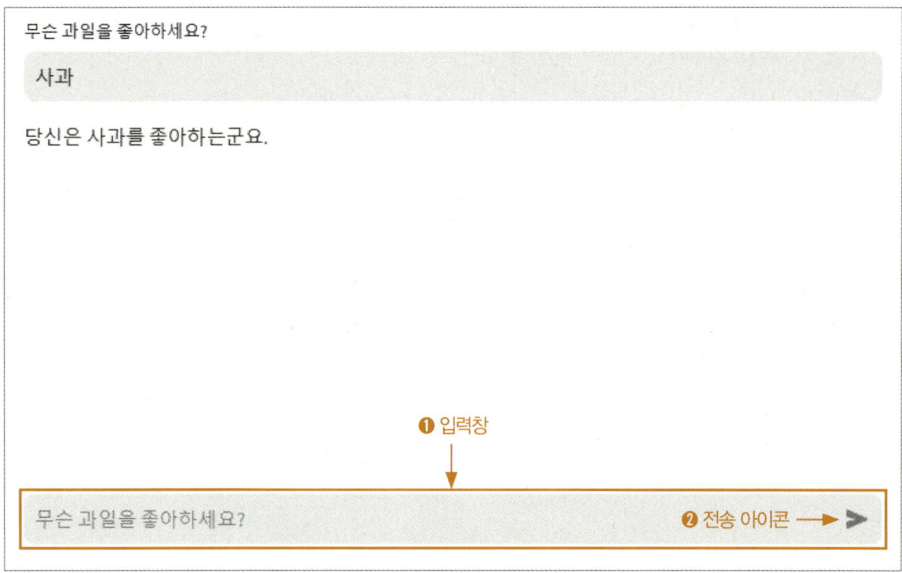

이 위젯으로 실제 챗봇을 만드는 실습은 6장에서 진행하겠습니다.

4.4.4 선택형 위젯

선택형 위젯(selection widget)은 주어진 옵션 중 하나 또는 여러 개를 선택할 때 사용합니다. 텍스트를 일일이 입력할 필요 없이 간단히 클릭만 하면 되기 때문에 사용자 친화적인 웹 페이지를 만들 수 있습니다.

st.selectbox()

st.selectbox() 는 하나의 옵션을 드롭다운 형태로 고르는 선택창을 만듭니다. 괄호 안에는 옵션 안내 문구를 넣고, 리스트 형태([ ])로 선택 옵션을 나열합니다.

> 형식 | st.selectbox("선택지_안내_문구", [옵션1, 옵션2, 옵션3, …])

사과, 바나나, 체리 중 하나를 선택할 수 있는 선택창을 만들고 option 변수에 저장해봅시다.

```
# 채팅 입력 위젯
(중략)
# 드롭다운 선택 위젯
option = st.selectbox("좋아하는 과일을 선택하세요.", ["사과", "바나나", "체리"])
st.write(f"선택한 과일: {option}")
```

코드를 실행하면 드롭다운된 선택창이 생성되고, 선택창에서 한 항목을 선택하면 그것이 그대로 출력됩니다.

그림 4-43 실행 결과

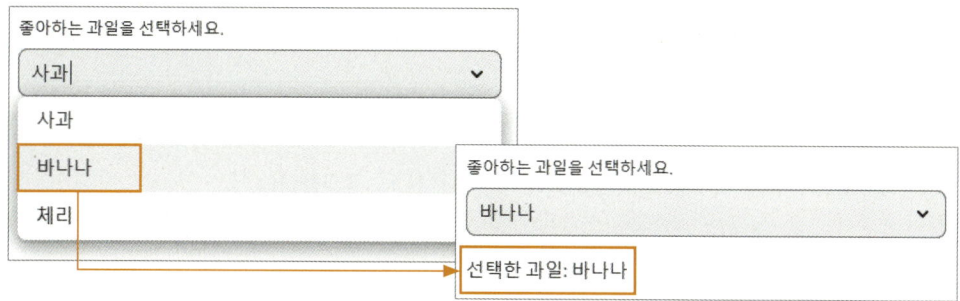

st.multiselect()

선택창에서 여러 개의 항복을 선택할 수 있도록 만들고 싶을 때는 **st.multiselect()** 를 이용합니다.

> 형식 | st.multiselect("선택지_안내_문구", [옵션1, 옵션2, 옵션3, …])

앞의 코드를 복사해 붙여넣은 후, 파일을 여러 개 선택할 수 있도록 st.selectbox()를 st.multiselect()로 수정합니다. 여러 항목을 선택할 수 있으니 문구를 적절히 고치고 변수명도 option에서 options로 수정합니다. options의 데이터는 리스트 형태로 저장됩니다.

```
# 드롭다운 선택 위젯
(중략)
# 드롭다운 다중 선택 위젯
options = st.multiselect("좋아하는 과일을 모두 선택하세요.", ["사과", "바나나", "체리"])
st.write(f"선택한 과일들: {options}")
```

코드를 실행하면 선택한 과일이 리스트 형태로 출력됩니다.

그림 4-44 실행 결과

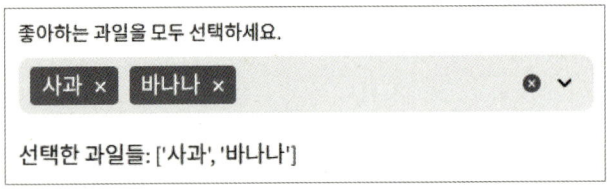

4.4.5 파일 위젯

파일 위젯(file widget)은 파일을 업로드하거나 다운로드할 때 사용합니다.

st.file_uploader()

`st.file_uploader()`는 PDF, MS워드, 엑셀 등 다양한 형식의 파일을 업로드하는 위젯을 만듭니다.

> 형식 | st.file_uploader("업로드_안내_문구")

파일 업로드 위젯을 만들고 uploaded_file 변수에 저장해봅시다.

```
# 드롭다운 다중 선택 위젯
(중략)
# 파일 업로드 위젯
uploaded_file = st.file_uploader("파일을 업로드하세요.")
```

코드를 실행하면 파일 업로드 위젯이 생성되며, 이 위젯에 파일을 드래그하거나 [Browse files] 버튼을 클릭해 파일을 업로드할 수 있습니다.

그림 4-45 실행 결과

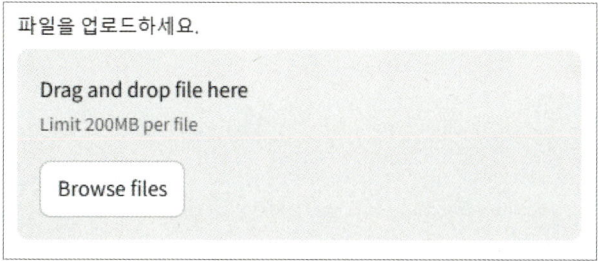

그렇다면 업로드한 파일을 어떻게 읽고 처리할 수 있을까요? 앞서 파일 업로드 위젯을 만들고 이를 uploaded_file 변수에 저장했습니다. 그러면 uploaded_file 변수에 파일 업로드 객체가 저장되는데, 객체의 속성과 메서드를 이용하면 파일의 각종 정보를 조회할 수 있습니다.

- **파일 이름 조회**: uploaded_file.name
- **파일 내용 조회**: uploaded_file.read()
- **파일 크기 조회**: uploaded_file.size

> **NOTE** 객체
>
> 객체(object)는 값(데이터)과 동작(함수)을 함께 담고 있는 파이썬의 기본 단위입니다. 예컨대 앞에서 살펴본 uploaded_file도 업로드한 파일 데이터를 저장하는 객체입니다. 객체에는 속성(property)과 메서드(method) 가 포함되며, .(점) 연산자를 사용해 속성과 메서드에 접근할 수 있습니다.
>
> - **속성**: 객체에 저장된 값을 그대로 보여주며, ( )(괄호) 없이 사용합니다. uploaded_file.name, uploaded_file.size에서 .name과 .size가 바로 속성입니다.
> - **메서드**: 함수처럼 어떤 동작을 수행하고 결과를 반환하며, ( )(괄호)를 붙여 사용합니다. uploaded_file. read()에서 .read()가 바로 메서드입니다.

연습용 파일을 만들어 확인해보겠습니다. 간단한 정보가 담긴 **test.txt** 파일을 ai_program 폴더에 만들고 저장합니다.

그림 4-46 test.txt 생성

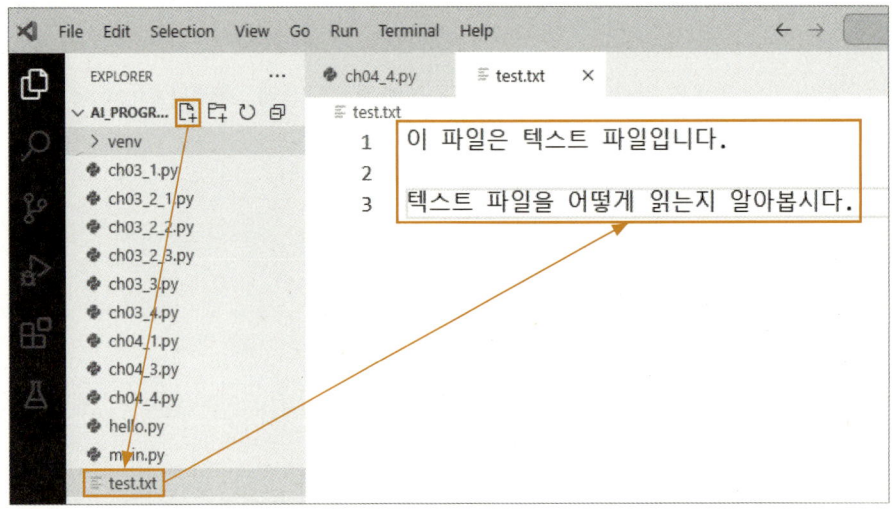

업로드한 파일의 내용을 읽기 위해 다음 코드를 추가합니다.

❶ 파일을 업로드한 경우에만 코드가 실행되도록 if 문을 작성합니다.

❷ 업로드된 파일의 이름을 출력합니다.

❸, ❹ 업로드된 파일의 내용을 읽어 file_content 변수에 저장한 후 출력합니다.

```
# 파일 업로드 위젯
uploaded_file = st.file_uploader("파일을 업로드하세요.")
if uploaded_file:                                       ❶
    st.write(uploaded_file.name)  ---  ❷
    file_content = uploaded_file.read().decode("utf-8")  ---  ❸
    st.write(file_content)  ---------  ❹
```

파일 업로드 기능은 Simple Browser에서 실행할 수 없기 때문에 웹 브라우저의 새로 고침을 클릭해 결과를 확인합니다. 파일 업로드 위젯의 [Browse files] 버튼을 클릭해 **test.txt** 파일을 선택하면 위젯 아래에 test.txt 파일의 내용이 출력됩니다.

그림 4-47 실행 결과

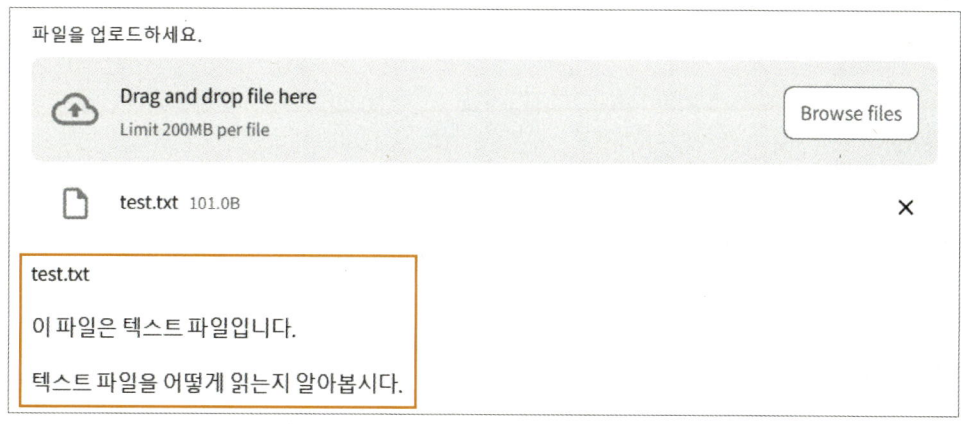

st.download_button()

st.download_button() 은 웹 페이지의 출력 결과를 파일로 다운로드하는 버튼을 만듭니다.

> 형식 | st.download_button("버튼에_표시할_문자열", data = 다운로드할_데이터,
> file_name = "결과_파일명")

data 변수에 문자열을 저장하고 이를 **결과.txt** 파일로 다운로드하는 버튼을 만들어봅시다.

```
# 파일 업로드 위젯
(중략)
# 파일 다운로드 위젯
data = """여러 줄의 예제 텍스트를 작성해 다운로드 기능을 테스트합니다.
이 텍스트는 Streamlit에서 다운로드 버튼을 누르면 저장됩니다.
예제 텍스트를 다운로드해 기능을 확인해보세요.
"""
download_button = st.download_button(
    "텍스트 다운로드",
    data = data,
    file_name = "결과.txt"
)
```

파일 업로드 위젯과 마찬가지로 웹 브라우저의 새로 고침을 클릭해 결과를 확인합니다. [텍스트 다운로드] 버튼을 클릭하면 **결과.txt** 파일이 다운로드됩니다.

그림 4-48 실행 결과

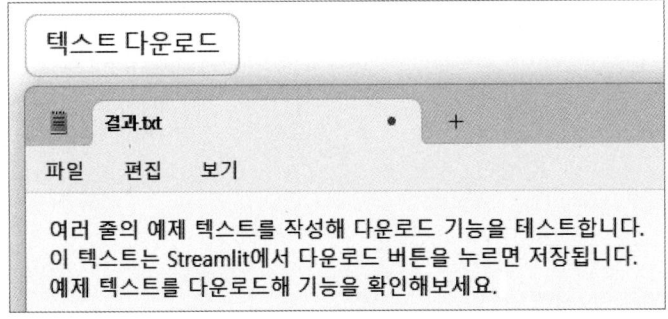

4.5 세션 상태 관리하기

세션 상태(session state)란 웹 프로그램과 사용자가 서로 소통할 때의 **실행 중인 상태**를 말합니다. 이를 이용하면 웹 프로그램과 사용자가 주고받는 정보나 값을 기억할 수 있습니다. 세션 상태를 이용하지 않을 때 어떤 문제점이 있는지 알아보고, 세션 상태를 이용해 해결해봅시다.

4.5.1 세션 상태 없이 카운터 만들기

버튼을 클릭할 때마다 숫자를 세는 프로그램을 만들어보겠습니다. 즉 버튼을 세 번 클릭하면 3, 다섯 번 클릭하면 5를 출력하는 프로그램으로, **ch04_5.py** 파일을 만들고 실습을 진행합니다.

st.button()으로 버튼 위젯을 만든 후 if 문으로 카운트 값을 증가시키는 코드를 작성합니다.

```python
import streamlit as st

counter = 0
button = st.button("카운터 증가")
if button:
    counter = counter + 1
st.write(counter)
```

Ctrl+C를 눌러 실행 중인 스트림릿을 빠져나온 후 **streamlit run ch04_5.py** 명령으로 코드를 실행합니다. 그런데 [카운터 증가] 버튼을 클릭해보면 이상한 결과가 나옵니다. 처음에는 0에서 1로 증가하지만 그 뒤로는 버튼을 클릭해도 숫자가 증가하지 않습니다.

그림 4-49 실행 결과

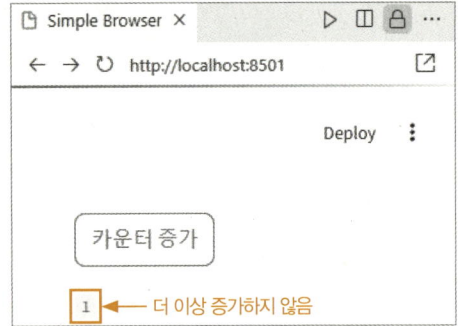

이는 스트림릿의 위젯 실행 원리 때문입니다. 스트림릿에서 버튼 클릭, 텍스트 입력, 드롭다운 선택, 파일 업로드/다운로드 등의 위젯을 실행하면 그때마다 페이지를 새로 고침 해 전체 코드를 다시 실행합니다. 따라서 버튼을 계속 클릭해도 counter 변수가 0으로 초기화돼 0에서 1로만 바뀔 뿐 숫자가 더 이상 커지지 않습니다.

이러한 문제를 해결하기 위해 스트림릿에서는 '세션 상태'라는 개념을 사용합니다. 세션 상태를 이용하면 위젯이 재실행되더라도 값이 초기화되지 않아 다음 작업을 할 수 있습니다.

4.5.2 세션 상태로 카운터 만들기

카운터 프로그램의 문제는 버튼을 클릭할 때마다 counter 변수의 값이 0으로 초기화되는 것입니다. 이를 해결하기 위해 counter 변수를 세션 상태로 정의해 버튼을 클릭해도 계속 값이 유지되도록 만들겠습니다.

특정 숫자 변수를 세션 상태로 관리하는 방법은 다음과 같습니다. 변수명 대신 새로운 **세션 상태명**을 st.session_state 뒤에 정의하는데, 이때 해당 세션 상태가 존재하는지 확인하고 세션 상태가 없으면 0으로 초기화한 후 사용합니다.

형식 |
```
# 세션 상태의 존재 여부 확인 후 초기화
if "세션_상태명" not in st.session_state:
    st.session_state.세션_상태명 = 0
# 세션 상태 값 증가
st.session_state.세션_상태명 = st.session_state.세션_상태명 + 1
```

```
            # 세션 상태 값 감소
            st.session_state.세션_상태명 = st.session_state.세션_상태명 - 1
```

세션 상태를 이용해 카운터 프로그램을 수정해봅시다.

❶ counter라는 세션 상태가 있는지 확인하고, 없으면 0으로 초기화합니다.

❷ 버튼이 눌리면 counter 세션 상태 값을 1만큼 증가시킵니다.

❸ counter 세션 상태를 출력합니다.

```
import streamlit as st

# 세션 상태 초기화 ------------- ❶
if "counter" not in st.session_state:
    st.session_state.counter = 0
button = st.button("카운터 증가")
if button:
    # 세션 상태 값 증가 -------- ❷
    st.session_state.counter = st.session_state.counter + 1
# 세션 상태 출력 --------------- ❸
st.write(st.session_state.counter)
```

코드를 실행하면 카운터가 정상적으로 증가합니다.

그림 4-50 실행 결과

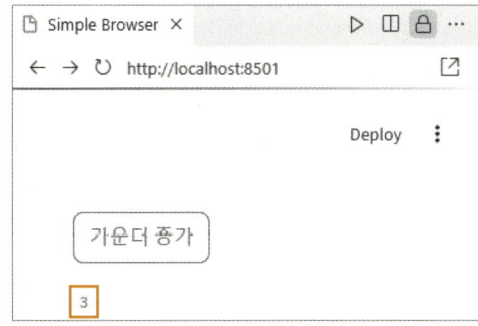

관리할 수 있는 세션 상태의 개수는 제한이 없습니다. 세션 상태명을 다르게 정의하면 수많은 세션 상태를 관리할 수 있습니다. **app.py** 파일을 새로 생성한 후 버튼 세 개가 각각 카운트되는 프로그램을 만들어봅시다.

app.py

```python
import streamlit as st

# 세션 상태 초기화
if "counter1" not in st.session_state:
    st.session_state.counter1 = 1
if "counter2" not in st.session_state:
    st.session_state.counter2 = 2
if "counter3" not in st.session_state:
    st.session_state.counter3 = 3
# 버튼 생성 및 세션 상태 업데이트
button1 = st.button("카운터 1: 1부터 시작해 1씩 증가")
button2 = st.button("카운터 2: 2부터 시작해 2씩 증가")
button3 = st.button("카운터 3: 3부터 시작해 3씩 증가")
if button1:
    st.session_state.counter1 = st.session_state.counter1 + 1
if button2:
    st.session_state.counter2 = st.session_state.counter2 + 2
if button3:
    st.session_state.counter3 = st.session_state.counter3 + 3
# 세션 상태 출력
st.write("카운터 1:", st.session_state.counter1)
st.write("카운터 2:", st.session_state.counter2)
st.write("카운터 3:", st.session_state.counter3)
```

Ctrl+C를 눌러 실행 중인 스트림릿을 빠져나온 후 **streamlit run app.py** 명령으로 코드를 실행하면 각 버튼을 클릭할 때마다 해당 카운터의 숫자가 각각 증가합니다.

그림 4-51 실행 결과

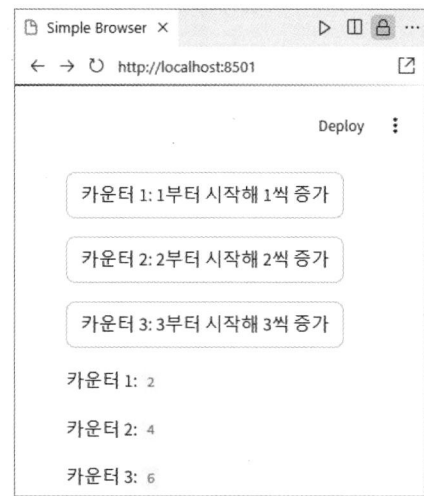

4.6 스트림릿 서비스 배포하기

다양한 스트림릿 웹 UI를 만들어 활용하고, 세션 상태를 이용해 간단한 카운터 프로그램을 작성해봤습니다. 지금까지 실습하면서 결과를 확인하기 위해 접속한 URL 주소는 http://localhost:8501이었습니다. 그런데 스마트폰으로는 이 주소에 접속하면 해당 페이지를 열 수 없다고 표시됩니다.

그림 4-52 http://localhost:8501 스마트폰 접속 화면

스마트폰에서 http://localhost:8501에 접속할 수 없는 것은, 이 주소가 인터넷상의 웹 주소가 아니라 자신의 컴퓨터에서만 접근 가능한 주소이기 때문입니다. **localhost**는 현재 프로그램을 실행하는 컴퓨터 자체를 가리킵니다. 그래서 프로그램을 실행하는 동안 자신의 컴퓨터에서는 localhost로 시작되는 주소에 들어갈 수 있지만 스마트폰으로는 접속할 수 없습니다.

자신의 컴퓨터에서만 작동하는 프로그램이 아니라 웹에 접속해 누구나 사용할 수 있는 프로그램을 만들려면 배포를 해야 합니다. **배포**(deploy)란 누구나 해당 URL 주소에 접속하면 프로그램을 사용할 수 있도록 프로그램을 웹에 올리는 것을 말합니다.

4.6.1 스트림릿 커뮤니티 클라우드로 배포하기

웹 프로그램을 배포하려면 보통은 클라우드 서버 또는 가상 컴퓨터에 파이썬 프로그램을 설치하고 다양한 환경 설정을 하는 등 복잡한 절차를 거쳐야 합니다. 처음 배포해보는 사람에게 이는 어려우면서도 시간이 오래 걸리는 일입니다.

스트림릿은 **커뮤니티 클라우드**(Community Cloud)라는 서비스를 통해 무료로 간편하게 스트림릿 코드를 배포할 수 있는 환경을 제공합니다. 그림 **4.5절**에서 만든 **app.py**를 스트림릿 커뮤니티 클라우드를 이용해 배포해봅시다.

그림 4-53 스트림릿 커뮤니티 클라우드(https://streamlit.io/cloud)

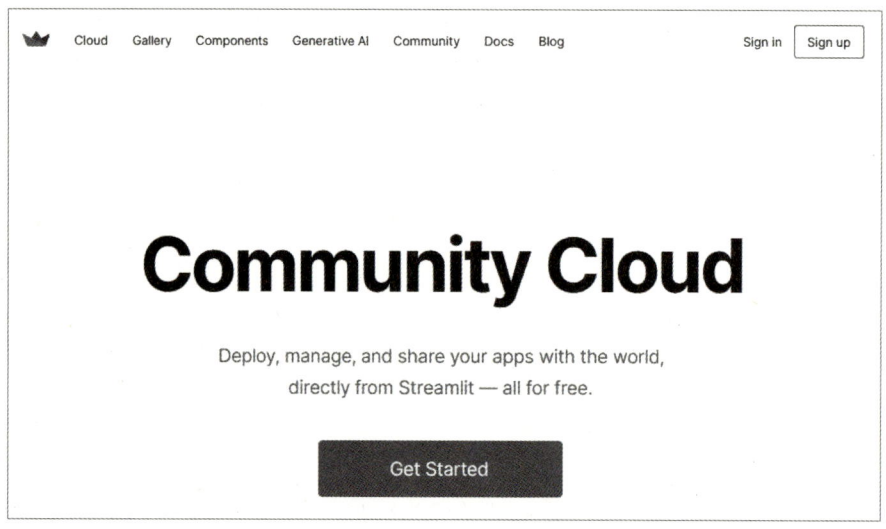

1   스트림릿 커뮤니티 클라우드는 깃허브와 연동해 코드를 배포하기 때문에 먼저 깃허브에 코드를 업로드해야 합니다. 따라서 깃허브(**https://github.com**)에 접속해 로그인합니다. 아이디가 없으면 오른쪽 상단의 [Sign up] 버튼을 클릭해 아이디를 생성하고, 아이디가 있으면 [Sign in] 버튼을 클릭해 로그인하세요.

그림 4-54 깃허브 로그인

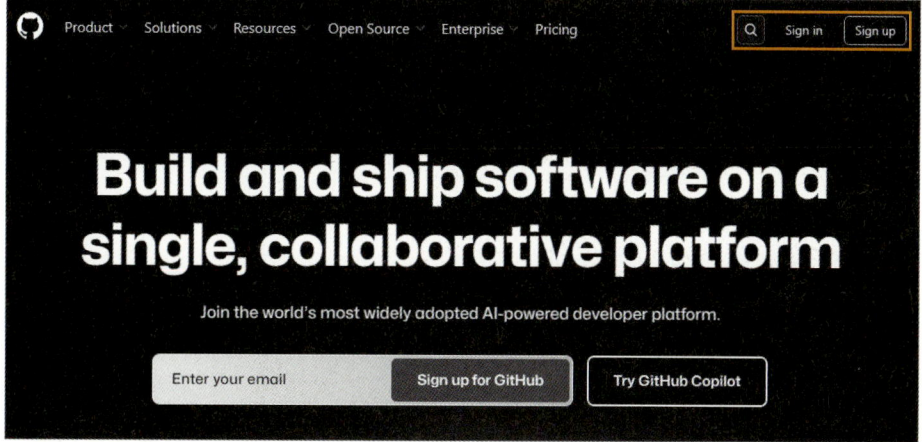

2   깃허브에서는 리포지토리(repository)라는 저장소를 만들어 코드를 업로드합니다. 새 리포지토리를 만들기 위해 대시보드 왼쪽의 [New] 버튼을 클릭합니다.

그림 4-55 새 리포지토리 생성 1

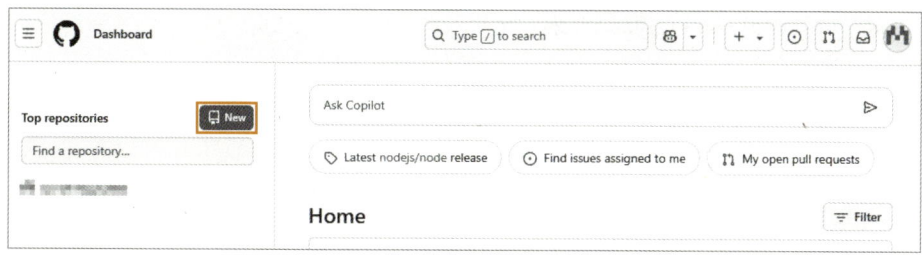

TIP 지금 깃허브에 가입해 [New] 버튼이 보이지 않는다면 [Create repository] 버튼을 클릭하세요.

3   리포지토리 이름(Repository name)에 **streamlit_deploy_test**를 입력하고 **Public**에 체크한 후 하단의 [Create repository] 버튼을 클릭합니다.

그림 4-56 새 리포지토리 생성 2

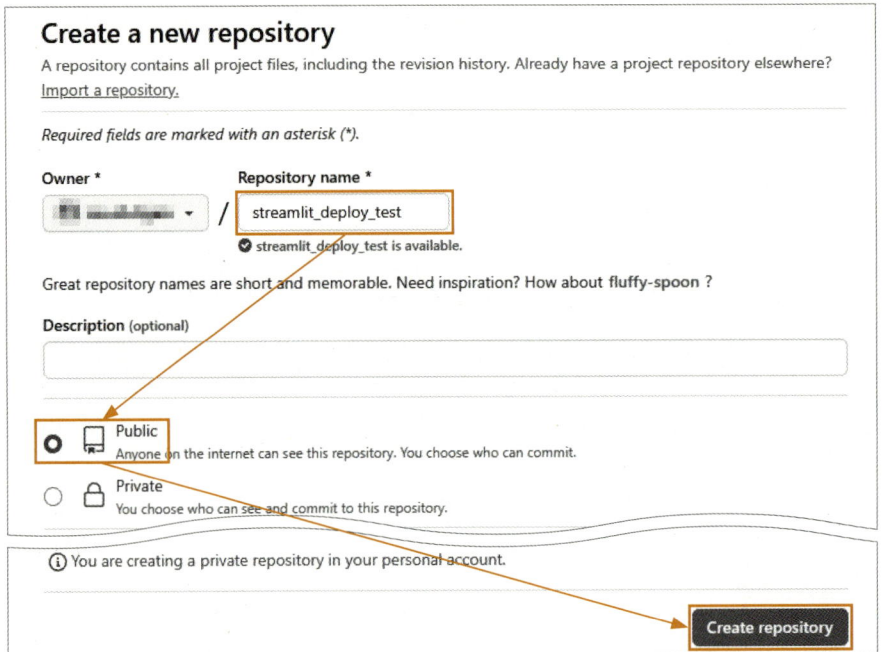

4. 새 리포지토리에 파일을 업로드하겠습니다. 화면 가운데에 파란색 글씨로 표시된 링크인 **uploading an existing file**을 클릭합니다.

그림 4-57 파일 업로드 1

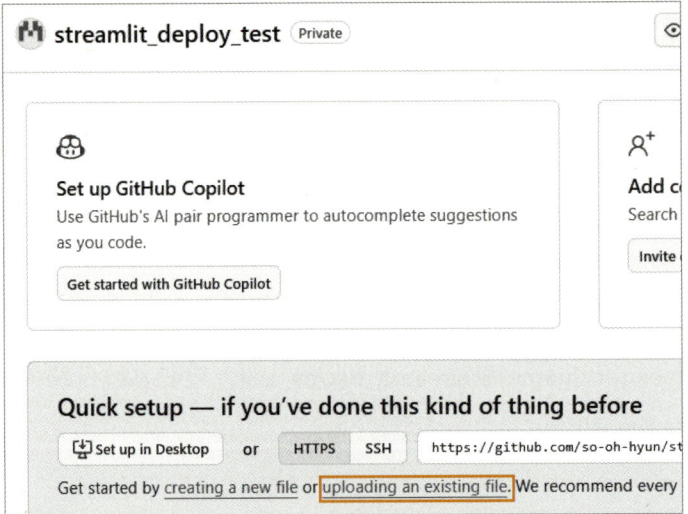

5 드래그 앤드 드롭을 하거나 **choose your files**를 클릭해 **app.py** 파일을 선택해 넣은 후 [Commit changes] 버튼을 클릭합니다. 그러면 화면이 바뀌면서 새 리포지토리에 app.py 파일이 업로드됩니다.

그림 4-58 파일 업로드 2

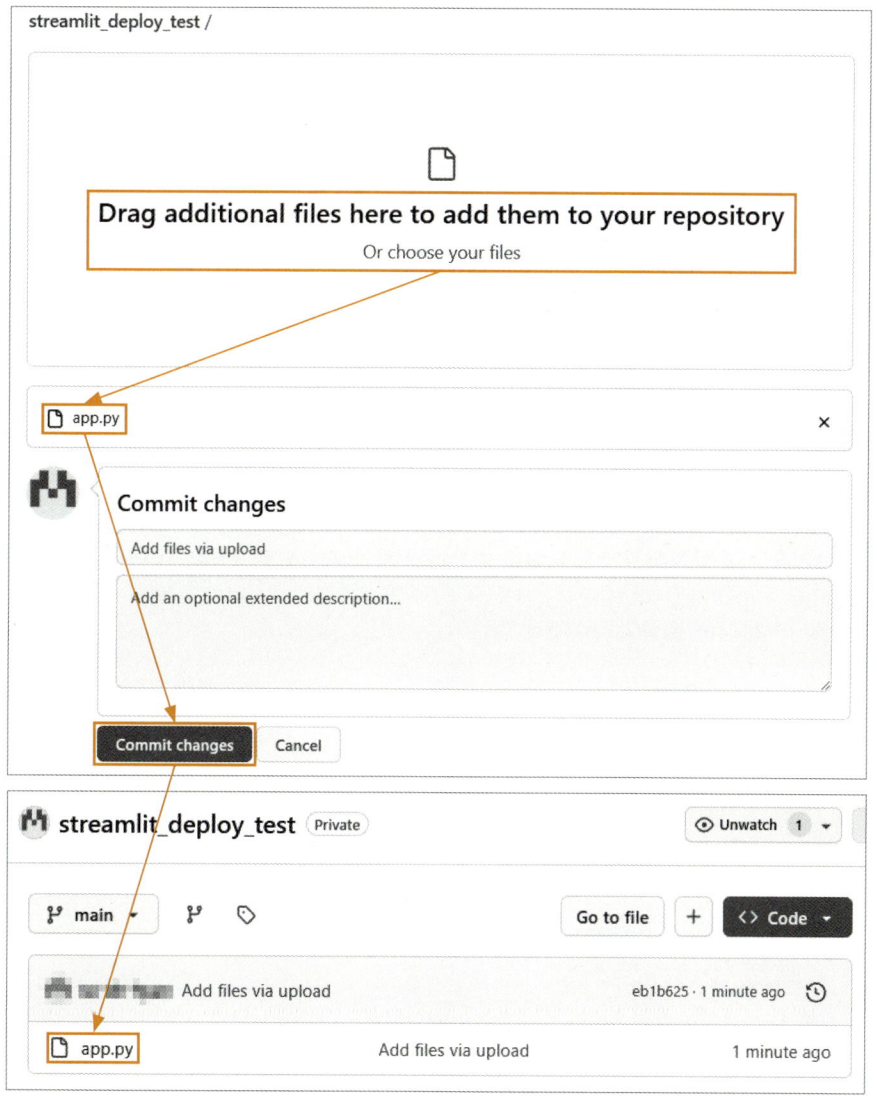

TIP 3부에서 만든 프로그램을 배포할 때는 .py 파일 외에도 프로그램에 사용한 패키지 목록을 저장한 **requirements.txt** 파일도 같이 업로드해야 합니다. 자세한 파일 내용은 **소스 코드 > final** 폴더에서 확인할 수 있습니다.

6 스트림릿 커뮤니티 클라우드(**https://streamlit.io/cloud**)에 접속해 [Join Community Cloud] 버튼을 클릭하고, 다음 화면에서 [Continue to sign-in]을 클릭합니다.

그림 4-59 스트림릿 커뮤니티 클라우드 로그인

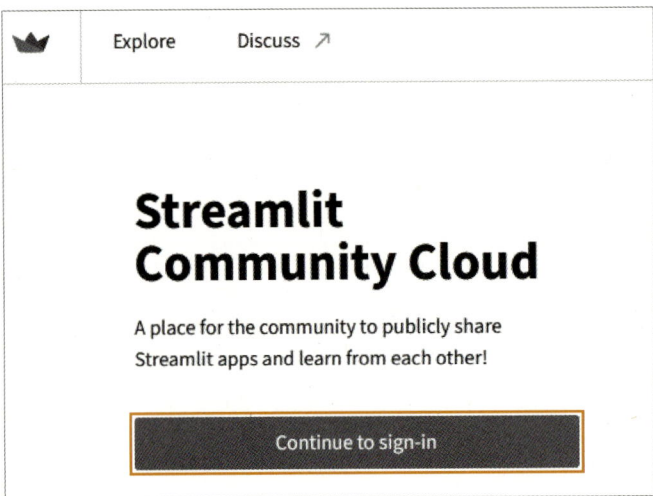

TIP 스트림릿 커뮤니티 클라우드 메인 화면이 바뀔 수도 있습니다. 화면이 바뀐 경우 로그인할 수 있는 링크를 찾아 클릭하세요.

7 회원 가입 화면에서 [Continue with Github] 버튼을 클릭합니다. 이 버튼을 클릭하면 깃허브 계정을 이용해 자동으로 스트림릿 커뮤니티 클라우드에 로그인할 수 있습니다.

그림 4-60 스트림릿 커뮤니티 클라우드와 깃허브 연동 1

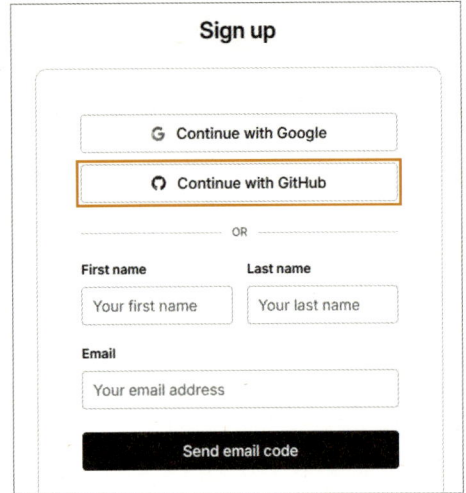

8   깃허브 이메일과 비밀번호를 입력하라는 화면이 나타나면 이메일과 비밀번호를 입력해 로그인합니다. 또는 스트림릿 커뮤니티 클라우드에서 깃허브 계정에 접근해도 되는지 묻는 화면이 나타나면 [Authorize streamlit] 버튼을 클릭한 후 이메일로 받은 번호를 입력해 승인합니다.

그림 4-61 스트림릿 커뮤니티 클라우드와 깃허브 연동 2

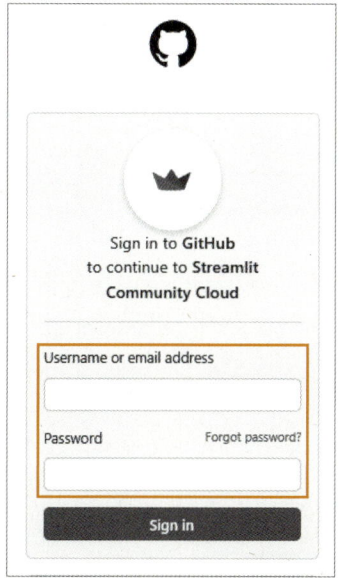

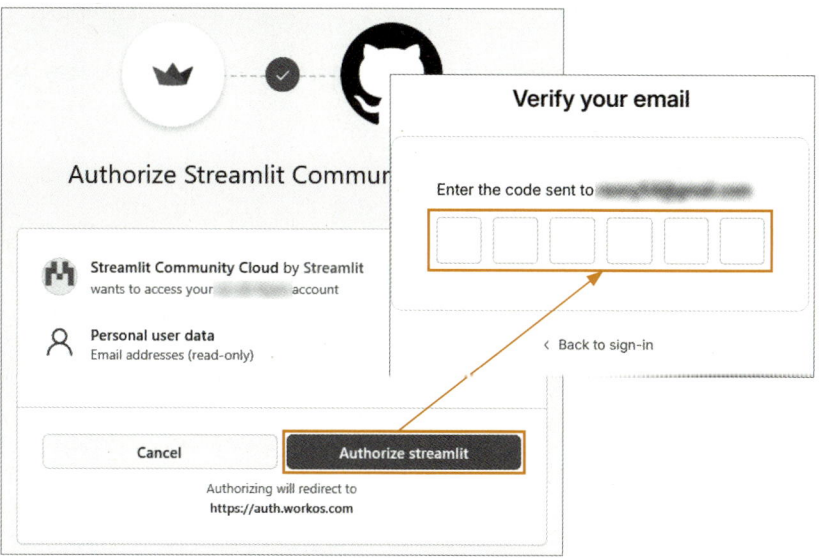

9 계정 설정 화면에 정보를 입력하고 [Continue] 버튼을 클릭한 후 최종 승인 화면에서 [Authorize streamlit] 버튼을 클릭합니다.

그림 4-62 계정 정보 입력

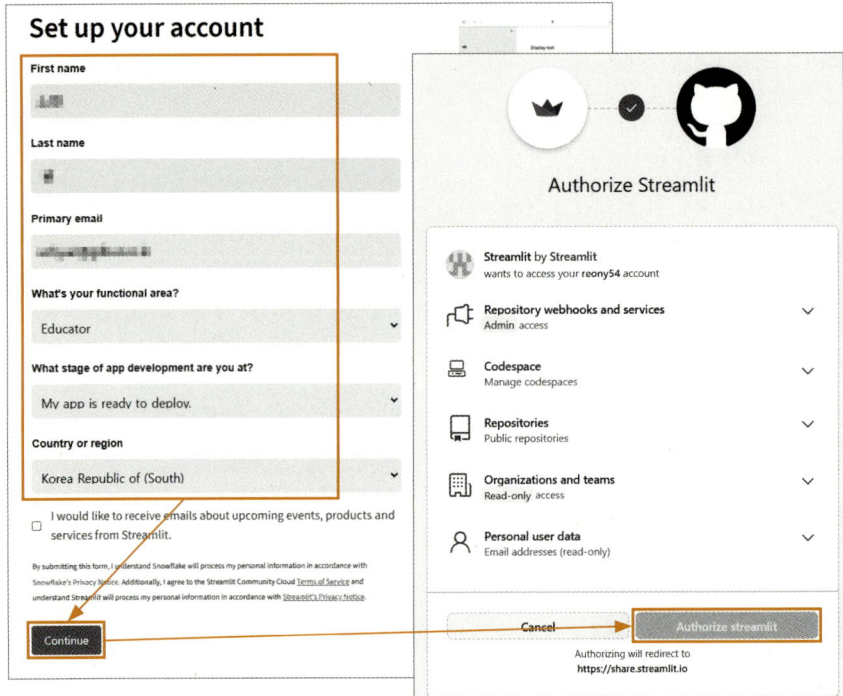

10 이제 웹 프로그램을 배포할 준비가 완료됐으니 실제로 배포하겠습니다. 오른쪽 상단의 **Create app**을 클릭합니다.

그림 4-63 웹 프로그램 배포 1

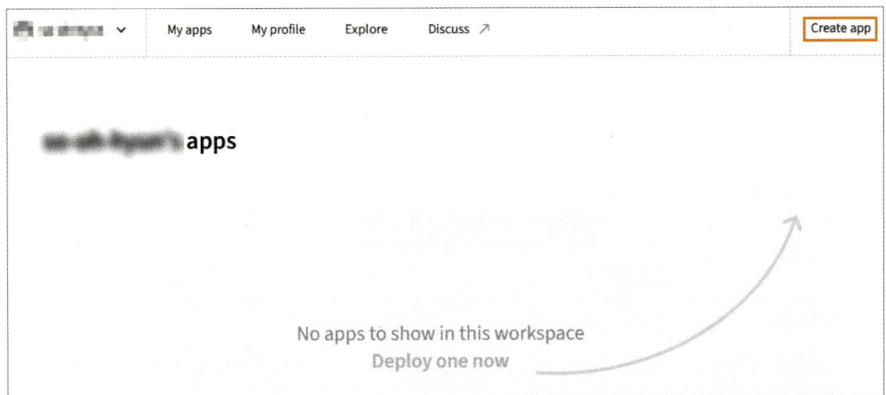

11 배포 유형 선택 화면에서 왼쪽의 **Deploy a public app from GitHub**를 클릭합니다. 이는 깃허브의 리포지토리로부터 배포하려는 것입니다.

그림 4-64 웹 프로그램 배포 2

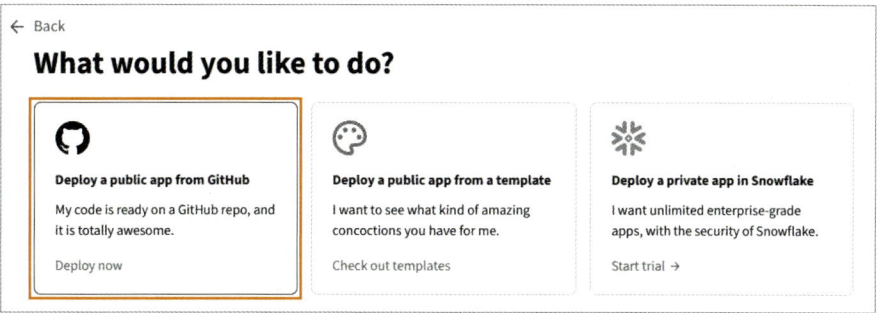

12 Repository 입력란을 클릭해 방금 만든 **계정명/streamlit_deploy_test**를 선택합니다. 그 다음 Branch는 그대로 두고 Main file path 입력란을 클릭해 **app.py**를 선택합니다. 이는 streamlit_deploy_test 리포지토리의 app.py 파일을 배포하겠다는 의미입니다. 설정을 마쳤으면 [Deploy] 버튼을 클릭합니다.

그림 4-65 웹 프로그램 배포 3

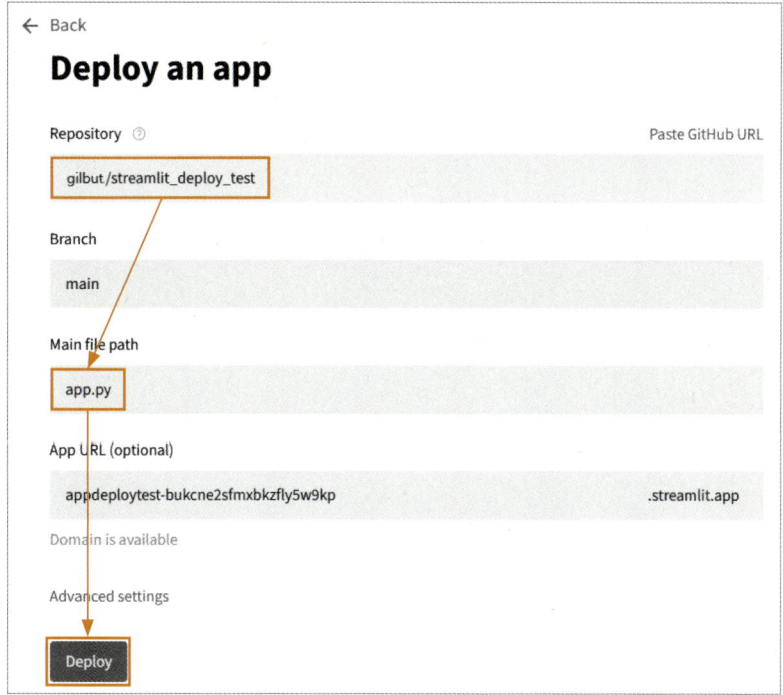

13 잠시 기다리면 배포가 완료되고 카운터 프로그램이 화면에 보입니다. 주소 표시줄의 URL 주소를 복사해 스마트폰에서 접속해보면 제대로 접속될 것입니다. 이로써 스트림릿 웹 프로그램을 다른 사람들에게 공유할 수 있게 됐습니다.

그림 4-66 웹 프로그램 배포 완료

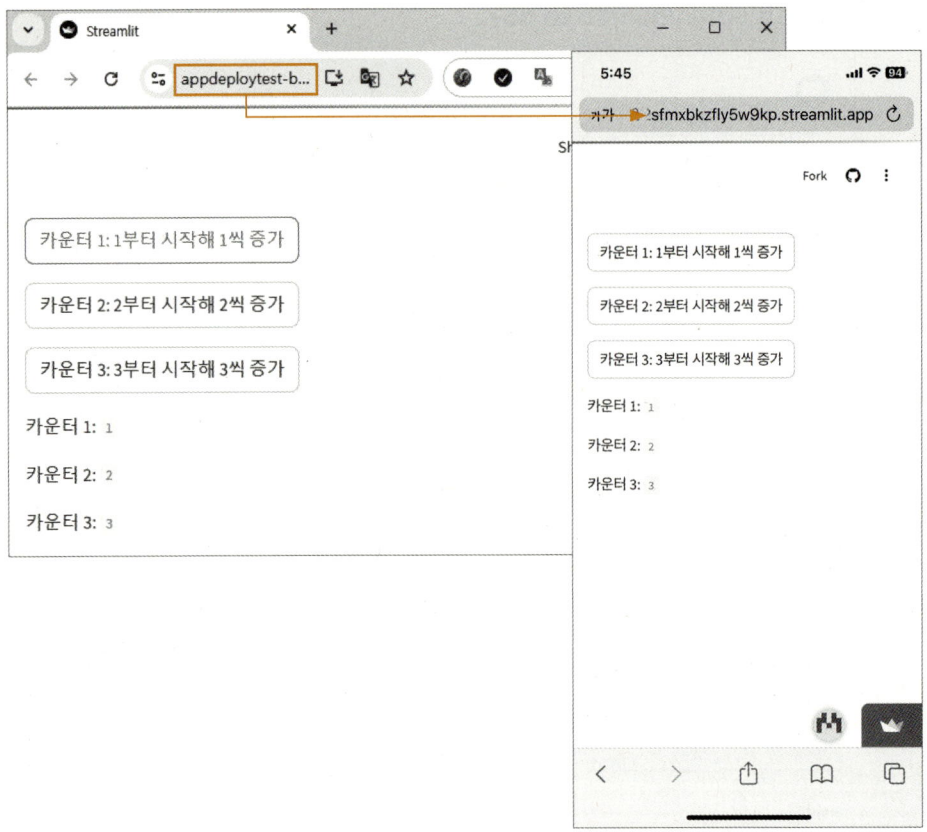

마무리

1. 스트림릿
- 스트림릿은 파이썬으로 웹 화면 UI를 만들 수 있도록 지원하는 파이썬 패키지입니다.
- 스트림릿을 이용하면 파이썬 코드로 웹 화면을 빠르게 만들면서 실시간으로 웹에 적용되는 모습을 볼 수 있습니다.

2. 텍스트 출력
- **st.text()**: 괄호 안의 텍스트를 출력합니다.
- **st.markdown()**: 괄호 안의 마크다운이 포함된 텍스트를 출력합니다. 마크다운은 *, **, # 등의 기호를 이용해 텍스트에 서식을 부여하는 문법입니다.
- **st.title(), st.header(), st.subheader()**: 제목을 출력합니다. st.title()의 제목이 가장 크고 st.header(), st.subheader() 순으로 크기가 작아집니다.
- **st.write()**: 기본 텍스트, 마크다운이 포함된 텍스트, 제목, 숫자, 리스트/딕셔너리 등 괄호 안에 들어 있는 다양한 형식의 텍스트를 출력합니다.

3. 레이아웃 설정
- **st.columns()**: 화면을 세로로 분할하는 구조의 열 레이아웃을 설정합니다.
- **st.sidebar**: 접었다 폈다 할 수 있는 사이드바를 만듭니다. 이는 사용자에게 필요한 메뉴, 버튼 등을 보여주는 공간입니다.

4. 인터렉티브 위젯 생성

- **st.button()**: 기본적인 버튼을 만듭니다.
- **st.link_button()**: 클릭하면 새 탭에서 웹 페이지가 열리는 버튼을 만듭니다.
- **st.text_input()**: 기본적인 텍스트 입력창을 만듭니다.
- **st.chat_input()**: 챗봇 전용 텍스트 입력창을 만듭니다.
- **st.selectbox()**: 하나의 옵션을 드롭다운 형태로 고르는 선택창을 만듭니다.
- **st.multiselect()**: 여러 개의 항목을 선택할 수 있는 선택창을 만듭니다.
- **st.file_uploader()**: PDF, MS워드, 엑셀 등 다양한 형식의 파일을 업로드하는 위젯을 만듭니다.
- **st.download_button()**: 웹 페이지의 출력 결과를 파일로 다운로드하는 버튼을 만듭니다.

5. 세션 상태 관리

스트림릿은 위젯을 실행할 때마다 페이지를 새로 고침 함으로써 변수의 값이 초기화되는 문제가 있습니다. 이를 해결하기 위해 변수명 대신 새로운 세션 상태명을 정의해 세션 상태를 증가시키거나 감소시키며, 이렇게 하면 프로그램이 실행되는 동안 값이 유지됩니다.

```
형식 | # 세션 상태의 존재 여부 확인 후 초기화
        if "세션_상태명" not in st.session_state:
            st.session_state.세션_상태명 = 0
        # 세션 상태 값 증가
        st.session_state.세션_상태명 = st.session_state.세션_상태명 + 1
        # 세션 상태 값 감소
        st.session_state.세션_상태명 = st.session_state.세션_상태명 - 1
```

6. 스트림릿 서비스 배포

자신의 컴퓨터에서만 작동하던 프로그램을 스트림릿 커뮤니티 클라우드를 이용해 배포하면 누구나 특정 웹 페이지에 접속해 사용할 수 있습니다. 파이썬 코드를 깃허브에 올리고, 스트림릿 커뮤니티 클라우드와 연동한 후, 간단한 설정을 해서 스트림릿 서비스를 배포합니다.

5장

요청과 응답을 위한 API 기초

API는 자신이 만든 프로그램에 AI 모델을 가져와 사용할 수 있게 해주는 기술입니다. 이 장에서는 API의 개념을 이해하고 OpenAI API의 기본 사용법을 익힙니다. 그리고 챗GPT에게 제대로 된 답변을 얻기 위해 질문을 정교하게 다듬는 기술인 프롬프트 엔지니어링에 대해서도 알아봅니다.

5.1 API의 개요

5.1.1 API의 개념

API를 이해하기 위해 먼저 챗GPT의 작동 원리를 살펴봅시다. 챗GPT 사이트에 접속해 질문을 하면 다음과 같이 답변이 바로 출력됩니다.

그림 5-1 챗GPT의 질문과 답변

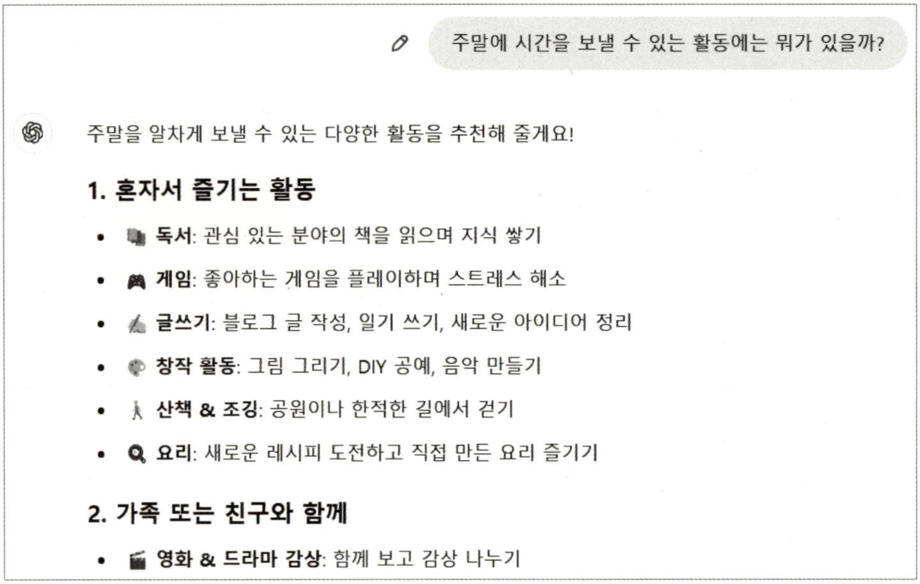

> 주말에 시간을 보낼 수 있는 활동에는 뭐가 있을까?
>
> 주말을 알차게 보낼 수 있는 다양한 활동을 추천해 줄게요!
>
> **1. 혼자서 즐기는 활동**
> - 📖 **독서**: 관심 있는 분야의 책을 읽으며 지식 쌓기
> - 🎮 **게임**: 좋아하는 게임을 플레이하며 스트레스 해소
> - ✍️ **글쓰기**: 블로그 글 작성, 일기 쓰기, 새로운 아이디어 정리
> - 🎨 **창작 활동**: 그림 그리기, DIY 공예, 음악 만들기
> - 🚶 **산책 & 조깅**: 공원이나 한적한 길에서 걷기
> - 🍳 **요리**: 새로운 레시피 도전하고 직접 만든 요리 즐기기
>
> **2. 가족 또는 친구와 함께**
> - 🎬 **영화 & 드라마 감상**: 함께 보고 감상 나누기

이는 얼핏 보기에 챗GPT 사이트만 작동하는 것 같지만 보이는 것이 다가 아닙니다. 눈에 보이지 않지만 **AI 모델**(Artificial Intelligence model)이 작동하고 있습니다.

그림 5-2 눈에 보이지 않는 AI 모델

AI 모델은 사용자의 눈에 보이지 않으며, 사용자는 챗GPT 사이트를 통해 AI 모델에 접근합니다. 그렇다면 챗GPT 사이트는 어떻게 AI 모델에 요청을 보내고 응답받을 수 있을까요? 바로 API를 사용해 요청과 응답을 처리합니다. **API**는 프로그램을 뜻하는 'Application', 프로그래밍을 뜻하는 'Programming', 여러 시스템 간의 상호작용을 뜻하는 'Interface'가 합쳐진 말의 약자입니다. 즉 API는 **다양한 프로그램끼리 프로그래밍을 통해 상호작용할 수 있도록 지원하는 기술**을 말합니다.

챗GPT는 OpenAI API라는 API를 사용합니다. **OpenAI API**는 챗GPT를 개발한 OpenAI에서 자사가 만든 AI 모델에 접근할 수 있도록 제공하는 API입니다. 챗GPT는 OpenAI API로 AI 모델에 API 요청을 보내고, AI 모델은 이를 처리해 API 응답을 회신합니다.

그림 5-3 OpenAI API의 역할

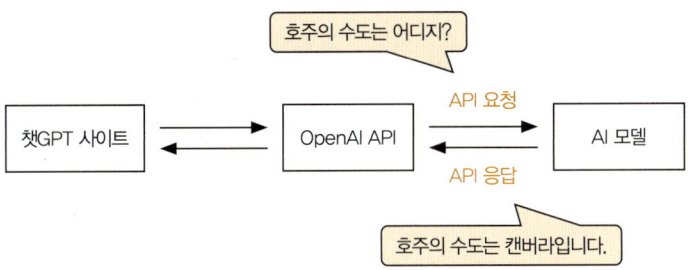

API 요청과 응답은 다음과 같이 정의할 수 있습니다.

- **API 요청:** 클라이언트(챗GPT 사이트)가 AI 모델에 특정 작업을 수행하도록 데이터나 명령을 보내는 행위입니다.
- **API 응답:** AI 모델이 클라이언트의 요청을 처리해 그 결과(데이터)를 응답하는 행위입니다.

이 책에서 만들 AI 프로그램 역시 이러한 구조로 작동합니다.

그림 5-4 이 책에서 만들 AI 프로그램

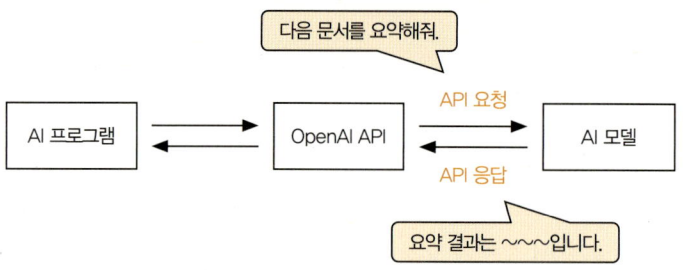

5.1.2 API Key

챗GPT 사이트를 사용하려면 로그인을 해야 합니다. OpenAI는 로그인을 통해 사용자가 누군지 식별하고 사용자에게 적절한 권한을 부여합니다.

API도 이와 같은 원리로 작동합니다. 사전에 허가받은 사용자만 API를 사용할 수 있고, 따라서 누가 언제 API를 사용했는지 추적할 수 있습니다. 이는 API Key라는 도구가 있기 때문에 가능합니다.

API Key는 API 제공자가 사용자에게 부여하는 고유한 인증 정보입니다. 사용자는 API를 사용하기 위해 API Key를 발급받아야 하며, 이 책의 2장에서도 OpenAI의 API Key를 발급받아 이용했습니다.

그림 5-5 API Key의 역할

아직 API Key를 발급받지 않았다면 OpenAI Platform 페이지(**https://platform.openai.com**)에서 발급받은 후 실습을 진행하기 바랍니다. 자세한 방법은 **2.1.4 OpenAI API Key 발급받고 적용하기**를 참고하세요.

5.2
OpenAI API 기본 사용법

OpenAI API는 파이썬, 자바, 자바스크립트 등 다양한 프로그래밍 언어에서 활용할 수 있습니다. OpenAI는 특히 파이썬 환경에서 OpenAI API를 더 쉽고 간편하게 이용할 수 있도록 전용 패키지인 openai를 만들었습니다. 이 openai 패키지를 설치하고 API 요청 및 응답을 실습해봅시다.

5.2.1 openai 패키지 설치하기

VSCode의 터미널에 다음 명령을 입력해 가상 환경을 활성화합니다. 가상 환경이 활성화된 상태라면 생략하고 다음으로 넘어갑니다.

```
터미널
> venv\scripts\activate  ------ 윈도우
> source venv/bin/activate  --- 맥OS
```

가상 환경이 활성화돼 (venv) 기호가 추가되면 터미널에 다음 명령을 입력해 openai 패키지를 다운로드합니다. 잠시 기다리면 openai 패키지가 설치됩니다.

```
터미널
> pip install openai
```

이제 OpenAI API를 요청해 AI 모델의 응답을 받아보겠습니다.

5.2.2 OpenAI API 요청하고 응답받기

ch05_test_openai.py 파일을 생성하고 이 책의 **소스 코드 > resource > ch05_test_openai.txt** 에서 코드를 복사해 붙여넣은 후 저장합니다. 지금부터 이 코드를 **기본 예제**라고 하겠습니다.

ch05_test_openai.py
```
import os
from openai import OpenAI

client = OpenAI(
    api_key=os.environ.get("OPENAI_API_KEY"),
)

chat_completion = client.chat.completions.create(
    messages=[
        {
            "role": "user",
            "content": "Say this is a test.",
        }
    ],
    model="gpt-4o",
)
```

코드에서 다음 두 부분을 수정합니다.

❶ os.environ.get("OPENAI_API_KEY"), 부분을 지우고 2장에서 발급받은 API Key를 큰따옴표로 감싸서 넣습니다.

❷ 맨 밑에 print(chat_completion.choices[0].message.content) 문을 추가합니다.

ch05_test_openai.py
```
import os
from openai import OpenAI

client = OpenAI(
    # 발급받은 API Key 입력
    api_key="sk-proj-xHoXnvJdtdzJPmFFGc…"  --- ❶
)

chat_completion = client.chat.completions.create(
```

```
    messages=[
        {
            "role": "user",
            "content": "Say this is a test.",
        }
    ],
    model="gpt-4o",
)
```

`print(chat_completion.choices[0].message.content)` --- ❷

코드를 실행해 결과를 확인합니다.

터미널
```
> python ch05_test_openai.py
```

다음과 같은 응답을 받았다면 제대로 실행된 것입니다.

그림 5-6 기본 예제 실행 결과

```
(venv) PS C:\Users\gilbut\Desktop\ai_program> python ch05_test_openai.py
This is a test.
```

기본 예제 이해하기

기본 예제가 어떤 의미인지 좀 더 자세히 살펴봅시다. 코드는 크게 네 부분으로 나뉘는데, 이해를 돕기 위해 (1)~(4)로 주석을 붙였습니다.

ch05_test_openai.py

```python
# (1) 패키지 불러오기
import os
from openai import OpenAI

# (2) OpenAI 클라이언트 생성
client = OpenAI(
    # 발급받은 API Key 입력
    api_key="sk-proj-xHoXnvJdtdzJPmFFGc…"
)
# (3) API 요청 및 응답
chat_completion = client.chat.completions.create(
```

```
        messages=[
            {
                "role": "user",
                "content": "Say this is a test.",
            }
        ],
        model="gpt-4o",
)
# (4) 응답 결과 출력
print(chat_completion.choices[0].message.content)
```

(1) 패키지 불러오기: openai 패키지를 불러옵니다.

(2) OpenAI 클라이언트 생성: 이 프로그램과 AI 모델이 있는 OpenAI 서버 간의 통신을 도와주는 클라이언트를 생성합니다. 클라이언트를 생성할 때는 미리 발급받은 API Key를 입력합니다.

(3) API 요청 및 응답: 준비된 클라이언트로 OpenAI 서버에 요청을 보내고 응답을 받으며, 응답 결과를 chat_completion 변수에 저장합니다. 여기서 중요한 코드는 다음과 같습니다.

- **"content": "Say this is a test.":** AI 모델에 질문하는 부분입니다. 만약 다른 질문을 하고 싶다면 "content": "너의 이름은 뭐니?" 등으로 변경할 수 있습니다.
- **model="gpt-4o":** 응답할 AI 모델을 설정하는 부분입니다. 만약 gpt-4o-mini 모델로 변경하고 싶다면 model="gpt-4o-mini"로 수정합니다.

(4) 응답 결과 출력

- chat_completion 변수에 저장된 응답을 출력합니다.
- API 응답에 여러 개의 답변이 포함될 수도 있어 choices라는 리스트 형태로 제공됩니다. 그러나 보통은 응답이 하나이기 때문에 choices[0]으로 첫 번째 응답을 가져옵니다 (chat_completion.choices[0]).
- 응답에는 텍스트로 된 응답 본문(content)뿐만 아니라 응답 아이디, 모델 이름, 토큰 사용량 등 다양한 정보가 들어 있으며, 여기서는 응답 본문만 출력합니다(chat_completion.choices[0].message.content).

> **NOTE 클라이언트**
>
> 프로그래밍에서 자주 등장하는 개념인 클라이언트를 이해하려면 클라이언트-서버 구조를 알아야 합니다. **클라이언트-서버 구조**는 여러 컴퓨터가 연결된 네트워크에서 정보를 요청하고 응답하며 상호작용하는 시스템을 말합니다. 여기서 클라이언트(client)는 정보를 요청하는 주체이고, 서버(server)는 정보를 제공하는 주체입니다. 크롬(Chrome)과 같은 웹 브라우저는 클라이언트의 대표적인 예입니다. 사용자는 웹 브라우저(클라이언트)를 통해 서버에 정보를 요청하고 그 결과를 받습니다.
>
> 클라이언트를 '대리인'에 비유하면 좀 더 직관적으로 이해할 수 있습니다. 클라이언트는 사용자를 대신해 서버와 통신하면서 필요한 정보를 요청하고 받아오는 역할을 하며, 사용자는 서버와의 복잡한 통신 과정을 몰라도 원하는 결과를 얻을 수 있습니다.
>
> 앞의 프로그램에서는 OpenAI 클라이언트를 생성했는데, 마찬가지로 이 클라이언트는 사용자를 대신해 OpenAI 서버에 요청을 보내고 응답을 받아 활용합니다. 이 책에서 만들 모든 AI 프로그램은 OpenAI 클라이언트를 만들어 이용합니다.

5.2.3 연속해서 대화하기

기본 예제는 "Say this is a test."라는 요청에 대해 "This is a test."라고 응답하는 간단한 프로그램입니다. 그런데 한 번만 질문하고 끝나는 것이 아니라 챗GPT처럼 이전 대화 내용을 기억시키면서 대화하려면 과거의 대화 내역을 순차적으로 저장하는 리스트와 while 반복문을 이용해야 합니다.

자세한 내용을 살펴보기 전에 완성된 코드를 일단 실행해보겠습니다. 지금부터 이 코드를 **활용 예제**라고 하겠습니다.

ch05_chat_openai.py 파일을 생성하고 이 책의 **소스 코드 > resource > ch05_chat_openai.txt**에서 코드를 복사해 붙여넣은 후 저장합니다. api_key 변수에는 각자 발급받은 API Key를 입력합니다.

ch05_chat_openai.py

```
# (1) 패키지 불러오기
from openai import OpenAI

# (2) OpenAI 클라이언트 생성
```

```python
client = OpenAI(
    api_key="API_Key_입력",
)
# (3) 대화 내역을 저장할 리스트 선언
message_history = []
# (4) 대화 시작
while True:
    user_input = input("사용자: ")
    # (5) 사용자의 질문을 리스트에 추가
    message_history.append({"role": "user", "content": user_input})
    # (6) API 요청 및 응답
    chat_completion = client.chat.completions.create(
        model="gpt-4o",
        messages=message_history,
    )
    # (7) 챗봇의 응답을 리스트에 추가
    assistant_response = chat_completion.choices[0].message.content
    message_history.append({"role": "assistant",
                            "content": assistant_response})
    # (8) 응답 결과 출력
    print(f"챗봇: {assistant_response}")
```

python ch05_chat_openai.py 명령으로 코드를 실행하면 계속해서 대화할 수 있는 챗봇 프로그램이 구현됩니다. 이전 대화 내용을 기억하는지 확인하기 위해 이름을 알려준 다음 이름을 물어보면 정확하게 이름을 답변합니다.

그림 5-7 이전 대화 내용을 기억하는 챗봇

```
(venv) PS C:\Users\gilbut\Desktop\ai_program> python ch05_chat_openai.py
사용자: 내 이름은 다비드야.
챗봇: 안녕하세요, 다비드! 만나서 반가워요. 오늘 어떻게 도와드릴까요?
사용자: 내 이름이 뭐게?
챗봇: 당신의 이름은 다비드라고 하셨네요! 또 다른 도움을 드릴 수 있는 것이 있을까요?
사용자:
```

Ctrl+C를 눌러 실행 중인 프로그램을 빠져나옵니다.

활용 예제 이해하기

주석을 중심으로 활용 예제를 자세히 살펴봅시다.

(1) 패키지 불러오기: 기본 예제와 동일합니다.

(2) OpenAI 클라이언트 생성: 기본 예제와 동일합니다.

(3) 대화 내역을 저장할 리스트 선언: 이 프로그램에서 가장 중요한 부분으로, 대화 내용을 기억하도록 리스트(message_history)를 선언합니다.

(4) 대화 시작: 무한 반복문(while True:)을 사용해 계속 이어지는 대화문을 활성화합니다.

(5) 사용자의 질문을 리스트에 추가

- 사용자가 입력한 질문을 message_history 리스트에 추가합니다.

- 리스트의 각 요소는 role(역할), content(본문) 키를 가진 딕셔너리 형태로 저장합니다.

(6) API 요청 및 응답: 기본 예제와 동일하지만, 계속해서 값이 바뀌는 message_history의 값을 messages 변수에 저장한다는 것이 중요한 차이점입니다. 이는 대화가 이어짐에 따라 message_history 리스트의 값이 바뀌면 이 바뀐 값으로 요청을 보낸다는 뜻입니다.

(7) 챗봇의 응답을 리스트에 추가

- 챗봇에게 받은 응답 content(본문)를 assistant_response 변수에 저장하고, 이를 message_history 리스트에 새로운 content(본문)로 추가합니다.

- (5)번에서 사용자의 질문을 리스트에 추가할 때는 "role": "user"로 설정했는데 여기서는 "role": "assistant"로 설정합니다. 이렇게 하면 사용자를 "user"로, 챗봇을 "assistant"로 구분해 저장함으로써 누가 어떤 대화를 했는지 OpenAI 서버에 명확히 전달할 수 있습니다.

(8) 응답 결과 출력: 챗봇의 응답 결과를 출력합니다.

활용 예제에서 주목할 점은 (6)번의 API 요청 및 응답 시 messages 리스트의 활용 방식입니다. 기본 예제에서는 일회성으로 요청 messages를 보냈지만, 활용 예제에서는 챗봇이 이전 대화 내용을 기억해야 하므로 사용자와 챗봇이 나눈 대화 내역이 모두 포함된 message_history 리스트를 messages로 보냅니다. 이 방식을 이용하면 이전 대화 내용을 기억한 채 대화할 수 있습니다. 다시 말해 기본 예제에서는 사용자의 질문 하나만 messages 리스트에 포함되지만, 활용 예제에서는 사용자의 질문과 챗봇의 응답이 번갈아가면서 순차적으로 모두 messages 리스트에 포함됩니다.

기본 예제의 API 요청 및 응답

```
# (3) API 요청 및 응답
chat_completion = client.chat.completions.create(
    messages=[   --- 일회성 질문 저장
        {
            "role": "user",
            "content": "Say this is a test",
        }
    ],
    model="gpt-4o",
)
```

활용 예제의 API 요청 및 응답

```
# (3) 대화 내역을 저장할 리스트 선언
message_history = []
# (4) 대화 시작
while True:
    (중략)
    # (6) API 요청 및 응답
    chat_completion = client.chat.completions.create(
        model="gpt-4o",
        messages=message_history,   --- 이전 대화 내역 모두 저장
    )
```

5.3 프롬프트 엔지니어링

끝으로 AI 모델을 잘 활용하기 위한 기술인 프롬프트 엔지니어링에 대해 알아봅시다.

5.3.1 프롬프트 엔지니어링의 개요

챗GPT는 사용자가 질문을 입력하면 AI 모델이 답변을 생성하는데, 이때 사용자가 AI 모델에 입력하는 질문 자체를 **프롬프트**(prompt)라고 합니다. 이러한 프롬프트를 작성하는 기술은 시행착오와 연구를 거듭하면서 끊임없이 발전하고 있습니다. 이 기술은 체계적이고 과학적인 접근 방식을 요구하기 때문에 연구와 설계를 의미하는 엔지니어링과 합쳐져 프롬프트 엔지니어링이라는 개념이 탄생했습니다.

프롬프트 엔지니어링(prompt engineering)을 쉽게 말해 '자신이 원하는 형태로 AI 모델이 답변하도록 프롬프트를 잘 작성하는 기술'입니다. 즉 **질문을 잘 구성하는 기술**이라고 할 수 있습니다.

컨텍스트 윈도우와 프롬프트 엔지니어링 전략

컨텍스트 윈도우(context window)는 AI 모델이 한 번에 처리할 수 있는 최대 텍스트 길이(입력 텍스트+출력 텍스트)로, AI 모델이 발전함에 따라 컨텍스트 윈도우도 늘어나고 있습니다. 컨텍스트 윈도우가 늘어나면 사용자가 한 번에 입력 가능한 정보의 양도 커져서 사용자가 프롬프트를 설계할 수 있는 전략의 다양성이 확장됩니다.

이 책을 집필하는 시점(2025년 3월)에 OpenAI의 GPT-4o는 약 128,000개의 토큰을 컨텍스트 윈도우로 지원하고 있습니다. 이는 한글 기준으로 약 116,000자(약 230쪽) 분량의 텍스트를 한 번의 질문으로 처리할 수 있다는 의미입니다.

OpenAI가 내놓은 주요 AI 모델의 컨텍스트 윈도우는 다음과 같습니다.

표 5-1 OpenAI 주요 AI 모델의 컨텍스트 윈도우

모델명	컨텍스트 윈도우(단위: 토큰)
GPT-4o mini	128,000
GPT-4o	128,000
o3-mini	200,000

프롬프트로 입력할 수 있는 텍스트의 길이가 길어지면서 프롬프트 엔지니어링 전략도 다양해졌습니다. 긴 문맥을 활용해 AI 모델이 보다 정확하고 목적에 맞는 답변을 생성하도록 질문을 세밀히 설계할 수 있게 됐습니다.

> **NOTE 토큰**
>
> **토큰**(token)은 AI 모델이 이해하는 텍스트의 가장 작은 단위입니다. 사람이 글을 읽을 때 단어 단위로 의미를 이해하고 해석하듯이 AI 모델은 토큰 단위로 텍스트를 인식하고 생성합니다.
>
> 토큰은 단어와 겹칠 수도 있고, 겹치지 않을 수도 있습니다. 예를 들어 'apple'은 단어가 한 개(apple), 토큰이 한 개(apple)이고, '만나다'는 단어가 한 개(만나다), 토큰이 두 개(만, 나다)입니다.
>
> 토큰은 AI 모델의 컨텍스트 윈도우를 표현할 때 기준이 될 뿐만 아니라 API 사용료 부과의 기준이 되기도 합니다. OpenAI Platform에서는 API 사용료가 '100만 토큰당 × 달러'로 책정돼 있습니다.

5.3.2 프롬프트 엔지니어링 4원칙

AI 모델로부터 최적의 응답을 얻기 위한 프롬프트 엔지니어링의 네 가지 원칙이 있습니다.

구체적으로 질문하기

첫 번째 원칙은 '구체적으로 질문하기'입니다. 예를 들어 출판사 마케팅 담당자가 신간 도서를 홍보하는 마케팅 메일 초안을 작성한다면 보통은 다음과 같이 간략하게 질문할 것입니다.

> **질문의 예**
>
> 새로 출간하는 책을 홍보하기 위한 마케팅 메일을 작성해줘.
>
> **챗GPT 답변의 예**
>
> 새로 출간하는 책을 홍보하는 마케팅 메일을 작성해드리겠습니다. 아래는 예시 메일입니다.
>
> **제목:** 📖 신간 출간! 지금 바로 만나보세요!
>
> 안녕하세요. [고객님/독자님]!
>
> 기쁜 소식을 전해드리고자 합니다. **[책 제목]**이(가) 새롭게 출간됐습니다. 🎉
>
> 이 책은 [책의 주제/장르]에 대한 심도 있는 통찰을 제공하며, [목표 독자층]에게 꼭 필요한 정보와 영감을 전합니다. 이제 여러분도 이 책을 통해 [주요 메시지나 혜택]을 경험할 수 있습니다.
>
> 📖 **책 소개**
> - **제목:** [책 제목]
> - **저자:** [저자 이름]
> - **출판사:** [출판사 이름]
> - **출간일:** [출간일]
>
> **간략한 책 설명:** [책의 내용과 특징을 간략하게 소개]

챗GPT는 어느 책에나 사용할 수 있는 일반적인 내용으로 답변합니다. 반면에 다음과 같이 책의 성격, 대상 독자, 강조하고 싶은 내용 등을 구체적으로 알려주면 구체적인 답변이 돌아옵니다.

> **개선된 질문의 예**
>
> 새로 출간하는 책을 홍보하기 위한 마케팅 메일을 작성해줘.
>
> 가. 지침
>
> 1. 대상 독자: 프로그래밍 초보자, AI 활용에 관심이 많은 개발 입문자
> 2. 강조할 내용
>   - 실용적인 예제를 통해 배우는 파이썬 기초
>   - AI와 프로그래밍을 접목한 프롬프트 엔지니어링 스킬 포함
>   - 이론과 실습을 병행하며 학습할 수 있도록 풍부한 연습문제 제공
> 3. 어조: 친근하고 격려하는 말투
>
> ◐ 계속

4. 행동 유도 전략: 초판 한정 특별 할인, 무료 샘플 챕터 다운로드 혜택 강조

5. 개인화 전략: {{NAME}} 변수를 사용해 독자의 이름을 포함해 작성

나. 구조

1. 제목: 파이썬과 AI를 활용한 새로운 학습의 시작

2. 본문
   - 150~200개 단어로 구성
   - 관심을 끌면서 책의 핵심 가치를 전달함으로써 독자의 행동 유도

3. 행동 유도 버튼 텍스트: 무료 샘플 보기 및 할인받기

개선된 챗GPT 답변의 예

제목:

파이썬과 AI를 활용한 새로운 학습의 시작

본문:

안녕하세요, {{NAME}}님!

프로그래밍과 AI에 관심이 많으시죠? 이제 그 관심을 실용적인 기술로 바꿀 때입니다! 저희의 새 책 **"실용 예제로 배우는 파이썬과 AI 활용"**은 프로그래밍을 처음 시작하는 분들을 위해 완벽하게 설계됐습니다.

이 책은 파이썬의 기초부터 AI 활용법까지 **실전 예제를 통해 쉽게 배울 수 있도록** 구성됐습니다. 특히 **프롬프트 엔지니어링** 섹션을 통해 AI와 프로그래밍을 어떻게 접목할 수 있는지 쉽게 이해할 수 있어요.

또한 각 장마다 **이론과 실습을 병행**하며 공부할 수 있도록 풍부한 **연습문제**를 제공해 실력을 확실히 키우는 데 도움이 됩니다.

지금 바로 **초판 한정 특별 할인과 무료 샘플 챕터 다운로드 혜택**을 놓치지 마세요!

감사합니다.

행동 유도 버튼 텍스트:

무료 샘플 보기 및 할인받기

요청하는 내용이 구체적이고 명확할수록 원하는 형태로 챗GPT가 답변할 가능성이 커집니다.

역할 부여하기

두 번째 원칙은 '역할 부여하기'입니다. 챗GPT에게 기대하는 역할을 부여하면 더욱 효과적으로 답변을 받을 수 있습니다. 영어 문장을 번역해야 하는 경우를 예로 들어보겠습니다. 다음과 같

이 질문하면 단순히 번역된 문장을 답변합니다.

> **질문의 예**
>
> 아래 문장을 번역해줘.
>
> You are a seasoned data scientist at a Fortune 500 company.
>
> **챗GPT 답변의 예**
>
> 당신은 《포천》 500대 기업에서 경험 많은 데이터 과학자입니다.

그런데 번역을 하는 궁극적인 목적이 문장의 구조를 정확하게 이해하는 것이라면 어떨까요? 이 경우에는 챗GPT에게 '영어 선생님'이라는 명확한 역할을 기대한다고 볼 수 있습니다. 따라서 다음과 같이 영어 선생님이라는 역할을 구체적으로 부여하면 목적에 맞는 답변을 얻을 수 있습니다.

> **개선된 질문의 예**
>
> 너는 나를 위한 최고의 영어 선생님이야.
>
> – 아래 문장을 번역해줘.
>
> – 번역한 후에는 이 문장이 어떻게 구성돼 있고 핵심 단어가 무엇인지 설명해줘.
>
> You are a seasoned data scientist at a Fortune 500 company.
>
> **개선된 챗GPT 답변의 예**
>
> 번역:
>
> 당신은 《포천》 500대 기업에서 숙련된 데이터 과학자입니다.
>
> **문장 분석 및 핵심 단어 설명**
>
> **1. 문장 구조 분석**
>
> - You are → 주어(You) ㅣ 동사(are)(be 동사의 현재형)
> - a seasoned data scientist → 보어(명사구)
> - at a Fortune 500 company → 전치사구(장소를 나타냄)
>
> 👉 주어+동사+보어(SVC) 구조로 이뤄진 문장입니다.
>
> ◐ 계속

> **2. 핵심 단어 설명**
> - seasoned: 숙련된, 경험이 많은
> - data scientist: 데이터 과학자
> - Fortune 500: 미국 경제 잡지 《포천》에서 발표하는 500대 기업 리스트
>
> ☞ seasoned는 '잘 조미된'이라는 뜻도 있지만, 여기서는 '경험이 많은'이라는 의미로 쓰였습니다.

구체적으로 역할을 부여하니 친절하게 번역해줄 뿐만 아니라 주어, 동사, 보어 등 문장 구조도 정확하게 분석해줍니다.

답변 예시 제공하기

세 번째 원칙은 '답변 예시 제공하기'입니다. 즉 원하는 형태의 답변이 있는 경우 질문과 함께 답변 예시를 제공하는 것입니다. 예를 들어 영어 문장을 분석하고 싶을 때 다음과 같이 요청할 수 있습니다.

> **질문의 예**
>
> 아래 문장을 분석해줘.
>
> You are a seasoned data scientist at a Fortune 500 company.

그런데 필요한 답변의 구조나 유형이 있다면 구체적인 답변 예시를 질문에 포함해 물어보면 됩니다.

> **개선된 질문의 예**
>
> 아래 문장을 분석하고 분석 결과만 응답해줘.
>
> You are a seasoned data scientist at a Fortune 500 company.
>
> ## 답변 예시(예시 문장: The dog barked loudly)
>
> 1. 주어: The dog → 개
>
> 2. 동사: barked → 짖었다
>
> 3. 보어: 없음
>
> 4. 수식 어구: loudly → 크게

개선된 챗GPT 답변의 예

1. 주어: You → 당신
2. 동사: are → ~이다(be 동사의 현재형)
3. 보어: a seasoned data scientist → 숙련된 데이터 과학자
4. 수식어구: at a Fortune 500 company → 《포천》 500대 기업에서

사전 정보 제공하기

마지막 원칙은 '사전 정보 제공하기'입니다. 챗GPT는 광범위한 분야의 방대한 지식을 보유하고 있지만 때로는 정확하지 않은 답변을 내놓는 경우가 있습니다. 특히 최신 정보나 법률, 제도와 관련된 질문을 하면 정확한 답변을 받기 어려울 때가 있습니다. 예컨대 주택청약 절차 중 구체적인 소득 산정 방법을 확인하고자 현재 상황과 소득 산정 방법을 챗GPT에게 물어봤다고 합시다.

질문의 예

주택청약 입주자 모집 공고일이 2025년 3월 1일이야.
2024년에 월평균 소득이 300만 원이었는데 2025년 1월부터는 무직이야.
소득 산정 방법은?

챗GPT 답변의 예

주택청약 신청 시 소득 산정은 분양 유형에 따라 다르게 적용됩니다. 입주자 모집 공고일이 2025년 3월 1일인 경우, 2024년의 소득과 2025년 1월부터의 무직 상태를 고려해 소득을 산정해야 합니다.

1. 민간 분양의 경우

민간 분양에서는 전년도(2024년) 근로소득을 기준으로 소득을 산정합니다. 따라서 2024년 월평균 소득이 300만 원이었다면 이를 기준으로 소득을 평가하게 됩니다. 2025년 1월부터 무직 상태이더라도 민간 분양에서는 전년도 소득을 기준으로 하기 때문에 2024년 소득이 적용됩니다.

2. 공공 분양의 경우

공공 분양에서는 입주자 모집 공고일(2025년 3월 1일) 현재의 소득 상태를 반영합니다. 따라서 2025년 1월부터 무직 상태라면 현재 소득이 없는 것으로 간주됩니다. 이 경우 동일 직장 동일 직급·호봉자의 소득을 기준으로 소득을 추정하게 됩니다. 이를 위해 본인의 재직 증명서와 동일 직급·호봉자의 전년도 근로소득 원천징수 영수증 및 재직 증명서를 제출하여 소득을 추정합니다.

계속

> **주의 사항**
>
> - 소득 산정 방식은 분양 유형에 따라 다르므로 지원하려는 분양의 입주자 모집 공고문을 정확히 확인하시기 바랍니다.
> - 소득 산정 시 가구원 수에 따른 도시 근로자 월평균 소득 기준을 참고해야 합니다. 이는 통계청의 자료를 기반으로 하며, 입주자 모집 공고문에 명시돼 있습니다.
>
> 소득 산정과 관련된 자세한 내용은 해당 분양의 입주자 모집 공고문을 통해 확인하시기 바랍니다.

챗GPT가 답변을 해주기는 하지만 결국 자세한 내용은 입주자 모집 공고문을 찾아보라고 안내합니다. 이럴 때는 신뢰할 수 있는 문서의 관련 내용을 프롬프트에 포함해 질문하면 더욱 정확한 답변을 얻을 수 있습니다. 앞에서 예로 든 질문의 경우 국토교통부에서 발행하는 주택청약 FAQ 문서(https://www.molit.go.kr/USR/policyData/m_34681/dtl.jsp?id=4765) 154쪽 298번 문항에 관련 내용이 있습니다.

그림 5-8 주택청약 FAQ 문서 298번 문항

> **주택청약 FAQ**
>
> **다. 퇴직자 & 무직자**
>
> **Q 297** 전년도 및 현재까지 계속하여 무직인 경우에 소득산정 방법은?
>
> **A** 비사업자로서 건강보험자격득실확인서상 직장가입자가 아닌 경우(계속하여 근로소득, 사업소득 모두 미발생)에는 과세관청에서 발급가능한 전년도 "사실증명(신고사실없음)"을 제출(연말정산 및 종합소득세 신고기한 전으로 전년도 사실증명 발급이 안 되는 경우 전전년도 사실증명 제출)하여 무소득임을 증명하고, 비사업자 각서를 작성합니다.
>
> **Q 298** 전년도 또는 금년도까지 소득이 발생하였으나, 입주자모집공고일 현재는 무직인 경우의 소득 산정 방법은?
>
> **A** 입주자모집공고일 현재 무직자인 경우에는 전년도 1월 1일부터 입주자모집공고일까지의 총소득을 해당기간으로 나누어 월평균소득을 산정합니다(일할계산)
> ※ 월평균소득 = (전년도 1월1일부터 입주자모집일까지 총소득 / 전년도 1월1일부터 입주자모집일까지 총일수) * 30

298번 문항의 답변을 복사한 후 다음과 같이 〈청약 가이드〉~〈/청약 가이드〉를 프롬프트에 포함해 질문하면 보다 정확한 답변을 받아볼 수 있습니다.

개선된 질문의 예

〈청약 가이드〉

전년도 또는 금년도까지 소득이 발생했으나 입주자 모집 공고일 현재 무직인 경우의 소득 산정 방법은?

입주자 모집 공고일 현재 무직자인 경우에는 전년도 1월 1일부터 입주자 모집 공고일까지의 총소득을 해당 기간으로 나눠 월평균 소득을 산정합니다(일할 계산).

※ 월평균 소득 = (전년도 1월 1일부터 입주자 모집일까지의 총소득 / 전년도 1월 1일부터 입주자 모집일까지의 총일수) × 30

〈/청약 가이드〉

위 청약 가이드를 기반으로 아래 질문에 대답해줘.

주택청약 입주자 모집 공고일이 2025년 3월 1일이야.

2024년에 월평균 소득이 300만 원이었는데 2025년 1월부터는 무직이야.

소득 산정 방법은?

개선된 챗GPT 답변의 예

1. 총소득

- 2024년 총소득: 300만 원 × 12개월 = 3,600만 원
- 2025년 1월 1일~3월 1일: 무직 → 0원
- 총소득 = 3,600만 원

2. 총일수

- 2024년 1월 1일~2024년 12월 31일: 365일
- 2025년 1월 1일~2025년 2월 28일: 59일
- 2025년 3월 1일: 1일
- 총일수 = 365 + 59 + 1 = 425일

3. 월평균 소득 공식 적용

- 월평균 소득 = (3,600만 원 / 425일) × 30 = 약 254만 1,000원

결론: 월평균 소득은 약 254만 1,000원으로 산정됩니다.

마무리

1. API

- API는 다양한 프로그램끼리 프로그래밍을 통해 상호작용할 수 있도록 지원하는 기술입니다.
- 챗GPT를 만든 OpenAI는 자사의 AI 모델을 사용할 수 있도록 OpenAI API를 제공합니다.

2. API Key

- API Key는 API 제공자가 사용자에게 부여하는 고유한 인증 정보입니다.
- 사용자가 API를 사용하려면 API Key를 발급받아야 합니다.

3. openai 패키지

OpenAI는 파이썬 환경에서 OpenAI API를 더 쉽고 간편하게 이용할 수 있도록 openai 패키지를 제공합니다.

4. OpenAI 클라이언트

- OpenAI 클라이언트는 사용자가 작성한 프로그램과 AI 모델이 작동하는 OpenAI 서버 간의 통신을 도와주는 역할을 합니다.
- 클라이언트를 생성할 때는 API Key를 입력해야 합니다.

```
# OpenAI 클라이언트 생성
client = OpenAI(
    api_key="API_Key_입력"
)
```

5. AI 모델과 연속해서 대화하기

- AI 모델에게 한 번만 질문하고 끝나는 것이 아니라 이전 대화 내용을 기억시키면서 대화하려면 과거의 대화 내역을 순차적으로 저장하는 리스트와 while 반복문을 이용해야 합니다.

- 과거의 대화 내역을 저장하는 리스트는 role(역할: 사용자의 경우 "user", AI 모델의 경우 "assistant"), content(본문) 키를 가진 딕셔너리로 저장합니다.

```
# 사용자의 질문을 리스트에 추가
message_history.append({"role": "user", "content": user_input})
# AI 모델의 응답을 리스트에 추가
message_history.append({"role": "assistant", "content": assistant_response})
```

6. 프롬프트 엔지니어링 4원칙

- **구체적으로 질문하기:** 요청하고 싶은 내용을 구체적이고 명확하게 알려주며 질문합니다. 예를 들어 신간 도서 마케팅 메일을 작성하려면 책의 성격, 대상 독자, 강조하고 싶은 내용 등을 포함해 질문합니다.

- **역할 부여하기:** 챗GPT에게 기대하는 역할을 부여해 질문합니다. 예를 들어 영어 문장의 구조를 분석한 결과를 얻고 싶다면 '너는 나를 위한 최고의 영어 선생님'이라는 역할을 부여할 수 있습니다.

- **답변 예시 제공하기:** 원하는 형태의 답변이 있으면 질문에 '## 응답 예시: 1…, 2…, 3…'과 같이 응답 예시를 포함합니다.

- **사전 정보 제공하기:** 최신 정보나 법률, 제도와 관련된 질문을 할 때는 관련 문서의 해당 내용을 발췌해 제시합니다.

MEMO

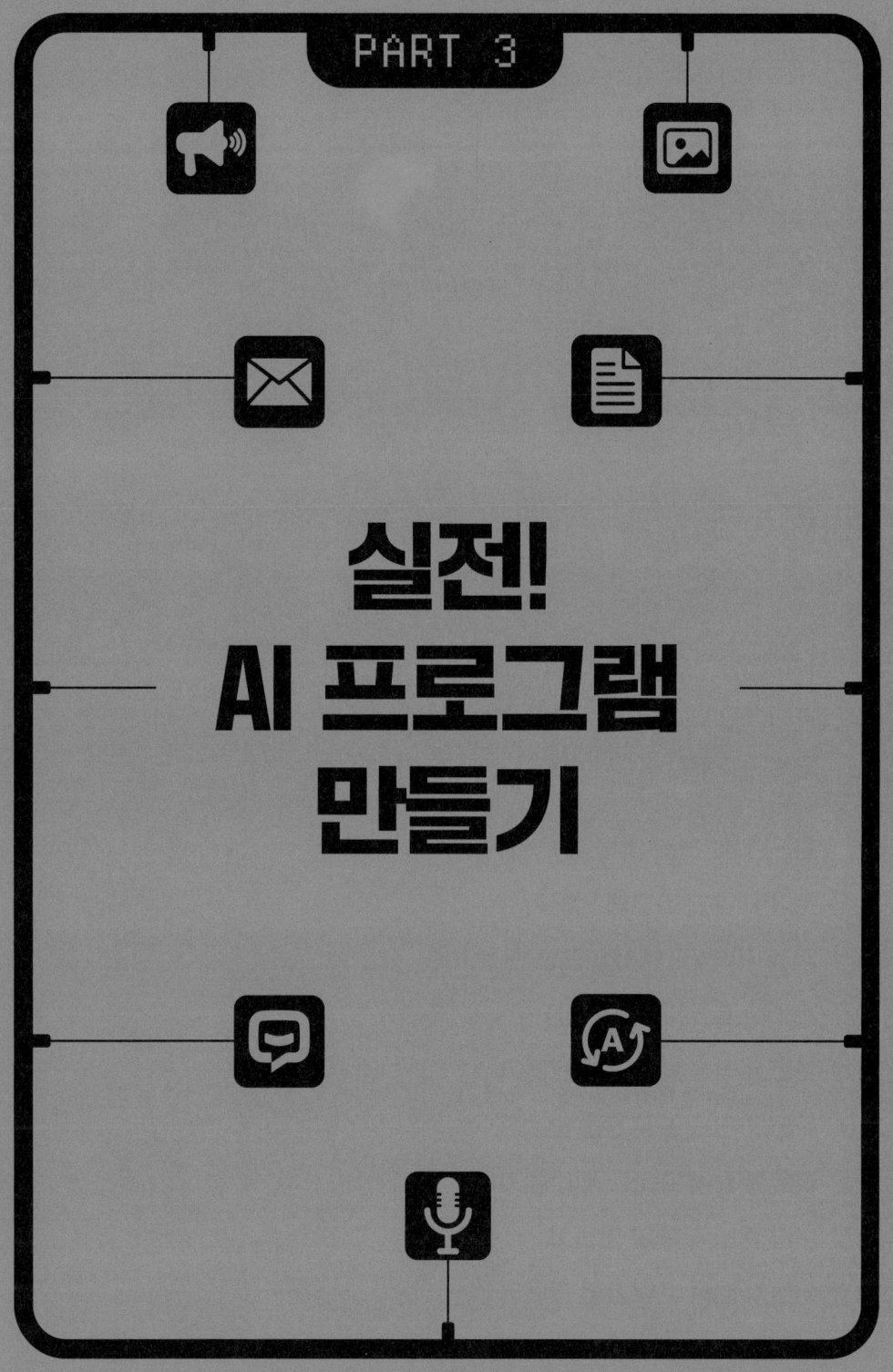

PART 3

실전!
AI 프로그램
만들기

3 — 실전! AI 프로그램 만들기

6장 친근한 AI 챗봇 만들기

7장 문서 요약 프로그램 만들기

8장 PDF 번역/요약 프로그램 만들기

9장 AI 텍스트 낭독기 만들기

10장 보고서 작성 프로그램 만들기

11장 여행 가이드 프로그램 만들기

12장 회의록 요약 프로그램 만들기

13장 면접 준비 도우미 만들기

14장 이미지 분석 프로그램 만들기

15장 메일 자동 응답 프로그램 만들기

6장

친근한 AI 챗봇 만들기

드디어 AI 프로그램 개발 실전에 돌입할 차례입니다. 이 장에서는 첫 번째로 친근한 AI 챗봇을 만듭니다. 챗GPT 같은 대화형 챗봇 프로그램을 만들기 위해 스트림릿과 OpenAI API를 이용해 화면 레이아웃부터 복잡한 세션 상태 관리까지 구현하고, 챗봇의 응답을 자연스럽고 친근하게 다듬을 수 있도록 시스템 프롬프트를 설정합니다.

난이도: ★　　핵심 개념: 세션 상태/채팅 요소　　사용 모델: GPT

6.1 프로그램 소개

6.1.1 실행 화면 미리 보기

이 장에서 구현할 프로그램은 사용자가 질문을 입력하면 친근하게 응답하는 AI 챗봇입니다. 실행 화면은 다음과 같이 크게 세 부분으로 나뉩니다.

그림 6-1 친근한 AI 챗봇 실행 화면

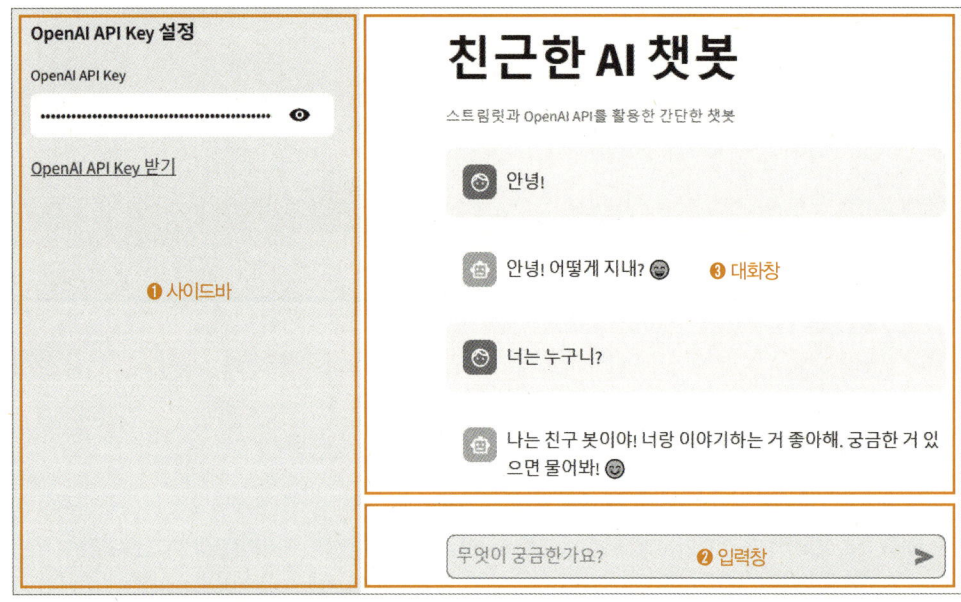

❶ **사이드바**: 사용자에게 필요한 메뉴, 버튼 등이 있는 공간으로, 이 프로그램에서는 OpenAI에서 발급받은 API Key를 입력합니다.

❷ **입력창:** 사용자가 질문을 입력하는 창으로, 프로그램 하단에 위치합니다.

❸ **대화창:** 사용자가 입력한 질문과 그에 대한 AI의 응답을 보여주는 메인 화면입니다.

> **NOTE 사이드바에 API Key를 입력하는 이유**
>
> 5장에서 실습할 때 파이썬 코드 안에 직접 API Key를 입력했습니다. 하지만 지금부터 만들 프로그램은 실행 화면의 사이드바에서 사용자가 직접 API Key를 입력합니다. 이는 프로그램을 배포했을 때 과도한 사용료가 나오는 것을 방지하기 위함입니다.
>
> OpenAI API를 익명의 사용자가 과도하게 사용하면 많은 비용이 청구될 수 있습니다. 그러므로 이 책에서는 사용자가 직접 API Key를 입력하도록 해 비용 걱정 없이 프로그램을 만들 수 있습니다.

챗봇은 친한 친구처럼 편하게 반말로 응답하고 상황에 맞는 이모티콘도 보여줍니다. 또한 이전 대화 내용을 기억하기 때문에 맥락에 맞게 대화할 수 있습니다. 이전 대화 내용을 기억하게 만드는 방법은 프로그램을 구현하면서 알아보겠습니다.

그림 6-2 대화 내용을 기억하면서 말하는 챗봇

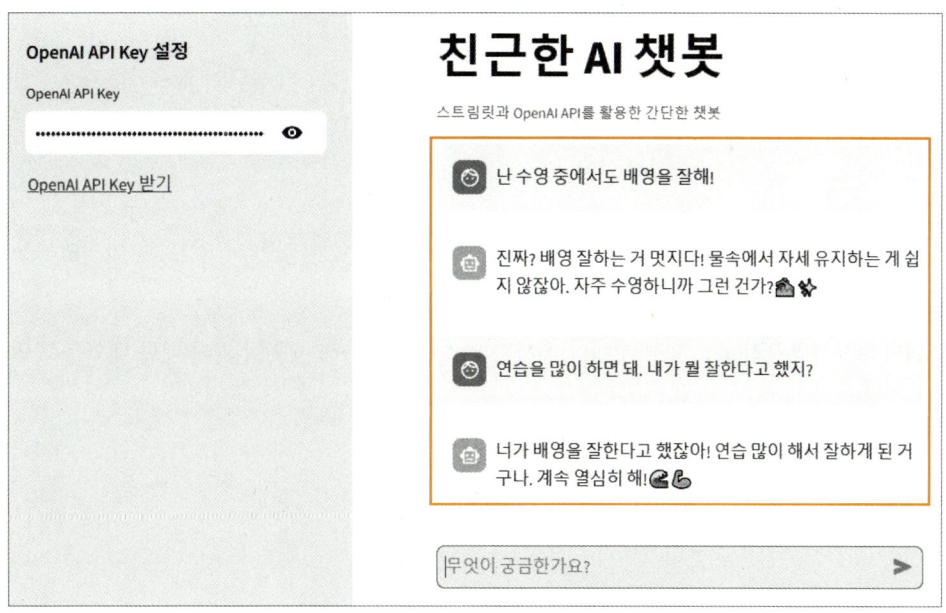

6.1.2 개발 단계 한눈에 보기

프로그램을 만들 때 중요한 점은 **단계별 구현**입니다. 아무리 복잡하고 어려워 보이는 프로그램도 처음에는 간단한 기능에서부터 시작합니다. 일단 작은 프로그램이 제대로 구현된 것을 확인한 후 조금씩 기능을 추가해나가면 결국 완성할 수 있습니다.

이 장에서 만들 친근한 AI 챗봇은 다음과 같이 4단계로 개발할 것입니다.

그림 6-3 친근한 AI 챗봇의 개발 단계

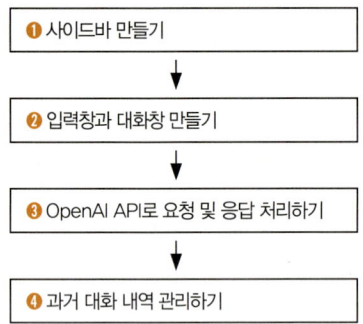

❶ **사이드바 만들기**: OpenAI API Key를 입력할 수 있는 사이드바를 만듭니다.

❷ **입력창과 대화창 만들기**: 사용자가 질문을 입력하는 입력창, 챗봇의 응답이 표시되는 대화창을 만듭니다. 아직 OpenAI API로 AI 모델과 통신하기 전이므로 챗봇이 '안녕!'이라고 답변하는 간단한 로직을 적용해 화면을 구현하는 데 집중합니다.

❸ **OpenAI API로 요청 및 응답 처리하기**: OpenAI API로 AI 모델에 요청을 보내고 응답을 받습니다.

❹ **과거 대화 내역 관리하기**: 세션 상태와 메시지 리스트를 이용해 챗봇이 과거 대화 내역을 기억할 수 있도록 로직을 완성합니다.

6.2 프로그램 만들기

친근한 AI 챗봇을 단계별로 만들어봅시다. 먼저 가상 환경을 활성화합니다. 가상 환경이 활성화된 상태라면 생략하고 다음으로 넘어갑니다.

터미널
```
> venv\scripts\activate  ------ 윈도우
> source venv/bin/activate  --- 맥OS
```

친근한 AI 챗봇을 만들려면 streamlit과 openai 패키지가 필요한데, 이는 4장과 5장에서 이미 설치했습니다. 만약 이 두 패키지가 설치돼 있지 않다면 다음 명령으로 설치하세요.

터미널
```
> pip install streamlit openai
```

6.2.1 사이드바 만들기

ch06_chatbot.py 파일을 생성하고, 사이드바 레이아웃을 구현하기 위해 **소스 코드 > resource > ch06_chatbot.txt**에서 **6.2.1 사이드바 만들기** 코드를 복사해 붙여넣은 후 저장합니다.

ch06_chatbot.py
```python
import streamlit as st

# (1) main() 함수 선언
def main():
```

```python
# (2) 메인 화면 구성
st.set_page_config(layout="wide")
st.title("친근한 AI 챗봇")
st.caption("스트림릿과 OpenAI API를 활용한 간단한 챗봇")
# (3) 사이드바 구성
with st.sidebar:
    st.subheader("OpenAI API Key 설정")
    # (4) 입력 위젯 유형 설정(비밀번호)
    openai_api_key = st.text_input("OpenAI API Key", type="password")
    st.write("[OpenAI API Key 받기](https://platform.openai.com/account/api-keys)")

# (5) main() 함수 실행
if __name__ == "__main__":
    main()
```

다음 명령으로 코드를 실행합니다.

> 터미널
```
> streamlit run ch06_chatbot.py
```

OpenAI API Key를 입력할 수 있는 입력 위젯이 사이드바에 구현돼 다음과 같이 웹 브라우저에 표시됩니다.

그림 6-4 실행 결과

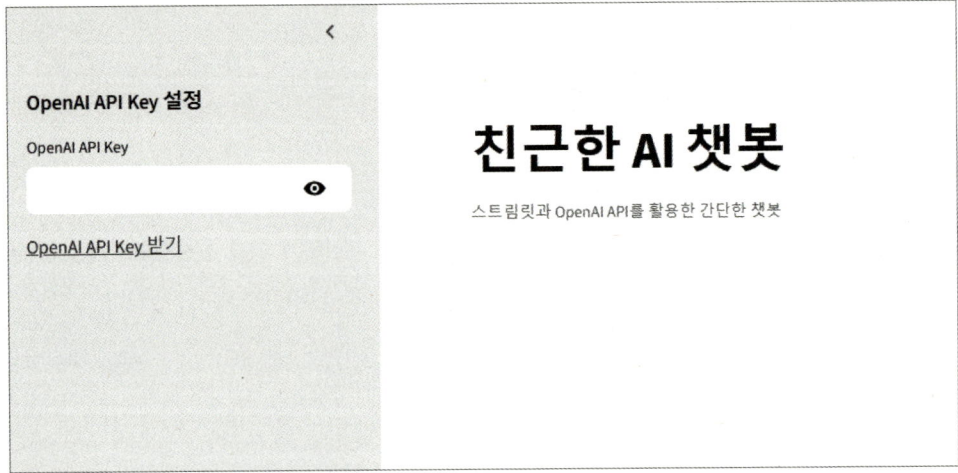

> TIP 3부에서는 Simple Browser를 사용하지 않고 웹 브라우저에서 결과를 확인합니다.

코드가 어떻게 작동하는지 좀 더 자세히 살펴봅시다. 지면상 앞의 코드와 다음에 나오는 설명을 함께 보기 어려울 수 있으니 화면의 코드와 설명을 함께 보기 바랍니다.

(1) main() 함수 선언: 프로그램의 전체 로직을 담을 main() 함수를 선언합니다.

(2) 메인 화면 구성: 메인 화면의 레이아웃을 넓게 설정하고 제목과 캡션을 추가합니다.

(3) 사이드바 구성: 사이드바를 만듭니다.

(4) 입력 위젯 유형 설정: OpenAI API Key를 입력할 수 있는 입력 위젯을 만듭니다. 입력 위젯의 API Key는 입력값을 숨겨야 하므로 ***로 마스킹 처리하도록 type="password" 속성을 추가합니다.

(5) main() 함수 실행: 프로그램이 직접 실행될 때만 main() 함수를 호출하도록 if __name__ == "__main__": 조건문을 사용해 설정합니다.

> **NOTE** if __name__ == "__main__": 조건문의 의미
>
> 파이썬 프로그램을 실행하는 방식은 두 가지입니다. 예를 들어 main.py 프로그램을 실행한다고 가정해보겠습니다.
>
> - **직접 실행:** python main.py 명령으로 프로그램을 직접 실행합니다.
> - **다른 파일에 임포트해 실행:** 예를 들어 test.py에서 import main 문으로 main.py를 불러온 후 python test.py 명령으로 실행하는 방식입니다.
>
> __name__ 변수의 값은 파이썬 프로그램을 직접 실행할 경우 "__main__"으로, 다른 파일에 임포트해 실행할 경우 임포트된 모듈의 이름(test.py에서 main.py를 임포트했다면 "main")으로 설정됩니다. 그래서 if __name__ == "__main__": 조건문을 충족할 때 main() 함수를 실행하도록 코딩하면, 파이썬 파일을 직접 실행한 경우에만 main() 함수가 실행됩니다. 이는 다른 파일에서 불러온 코드가 실행되는 것을 방지함으로써 특정 코드가 의도치 않게 실행되는 상황을 막아줍니다.

6.2.2 입력창과 대화창 만들기

사용자가 질문을 입력하는 입력창, 챗봇의 응답을 보여주는 대화창을 구현하기 위해 다음과 같이 코드를 추가하고 저장합니다. ☺(스마일) 이모지는 윈도우에서는 ⊞+⊙을, 맥OS에서는

command + control + space 를 눌러 추가합니다.

ch06_chatbot.py
```python
import streamlit as st

# (1) main() 함수 선언
def main():
    # (2) 메인 화면 구성
    st.set_page_config(layout="wide")
    st.title("친근한 AI 챗봇")
    st.caption("스트림릿과 OpenAI API를 활용한 간단한 챗봇")
    # (3) 사이드바 구성
    with st.sidebar:
        st.subheader("OpenAI API Key 설정")
        # (4) 입력 위젯 유형 설정(비밀번호)
        openai_api_key = st.text_input("OpenAI API Key", type="password")
        st.write("[OpenAI API Key 받기](https://platform.openai.com/account/api-keys)")
    # (6) 입력창과 대화창 구현
    user_input = st.chat_input("무엇이 궁금한가요?")
    if user_input:
        # (7) 사용자의 질문 출력
        with st.chat_message("user"):
            st.write(user_input)
        # (8) 챗봇의 응답 출력
        with st.chat_message("assistant"):
            st.write("안녕! 난 친구 봇이야.☺")

# (5) main() 함수 실행
if __name__ == "__main__":
    main()
```

웹 페이지를 새로 고침 하면 화면 아래에 입력창이 나타납니다. 이 입력창에 '반가워!'라고 입력하면 '안녕! 난 친구 봇이야.☺'라고 응답합니다. 지금까지는 대화 화면을 구현하는 데 집중했기 때문에 어떤 질문을 해도 같은 응답을 합니다.

그림 6-5 입력창과 대화창 구현

추가된 코드를 자세히 살펴봅시다.

(6) 입력창과 대화창 구현

- 화면 하단에 '무엇이 궁금한가요?'라는 메시지가 포함된 입력창을 추가하고, 입력받은 내용을 user_input 변수에 저장합니다.

- 사용자로부터 입력받은 내용이 있다면(if user_input:) 사용자의 질문과 챗봇의 응답을 보여줄 대화창을 구현합니다.

(7) 사용자의 질문 출력

- 사용자(user) 역할의 채팅 메시지를 표시하는 대화창 블록을 생성하고(with st.chat_message("user"):), 사용자가 입력한 내용을 출력합니다(st.write(user_input)).

- st.chat_message()는 채팅 UI에서 메시지를 역할별로 표시하는 기능을 합니다.

(8) 챗봇의 응답 출력

- (7)번과 같은 방식으로 챗봇(assistant) 역할의 응답 메시지를 표시하는 블록을 생성하고, 챗봇이 응답한 내용을 출력합니다.

- 챗봇은 '안녕! 난 친구 봇이야.☺'라는 고정된 응답을 출력합니다.

6.2.3 OpenAI API로 요청 및 응답 처리하기

화면을 완성했으니 OpenAI API로 파이썬 프로그램과 AI 모델을 연동해 고정된 답변이 아닌 진짜 AI 모델의 응답을 받아봅시다. 코드를 다음과 같이 수정합니다.

ch06_chatbot.py

```python
import streamlit as st
from openai import OpenAI  # (9) openai 패키지에서 OpenAI 클래스 불러오기

# (1) main() 함수 선언
def main():
    # (2) 메인 화면 구성
    st.set_page_config(layout="wide")
    st.title("친근한 AI 챗봇")
    st.caption("스트림릿과 OpenAI API를 활용한 간단한 챗봇")
    # (3) 사이드바 구성
    with st.sidebar:
        st.subheader("OpenAI API Key 설정")
        # (4) 입력 위젯 유형 설정(비밀번호)
        openai_api_key = st.text_input("OpenAI API Key", type="password")
        st.write("[OpenAI API Key 받기](https://platform.openai.com/account/api-keys)")
    # (10) OpenAI 클라이언트 생성
    client = OpenAI(api_key=openai_api_key)
    # (6) 입력창과 대화창 구현
    user_input = st.chat_input("무엇이 궁금한가요?")
    if user_input:
        # (7) 사용자의 질문 출력
        with st.chat_message("user"):
            st.write(user_input)
        # (11) API 요청 및 응답[기존 (8)번 코드를 지우고 작성]
        with st.chat_message("assistant"):
            response = client.chat.completions.create(
                model="gpt-4o-mini",
                messages=[{"role": "assistant", "content": user_input}],
                stream=True,
            )
            # (12) 응답 결과 출력
            st.write_stream(response)
```

```python
# (5) main() 함수 실행
if __name__ == "__main__":
    main()
```

웹 페이지를 새로 고침 하고 이번에는 사이드바에서 OpenAI API Key를 입력한 후 Enter 를 누릅니다. 입력창에 인사말을 입력하면 고정된 응답이 아닌 AI 모델의 응답이 나옵니다.

그림 6-6 실행 결과

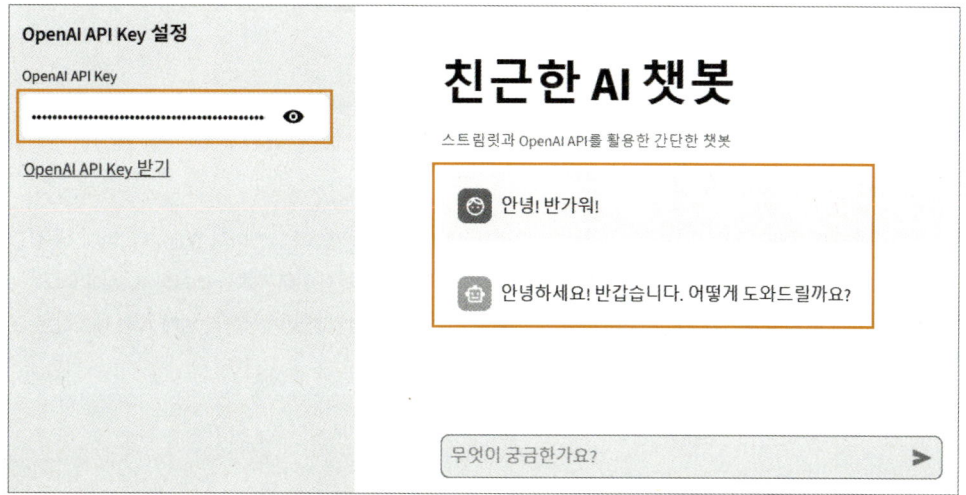

TIP OpenAI API(gpt-4, gpt-4o)는 현재 날짜나 시스템 시간 정보를 자동으로 알지 못합니다. 그래서 오늘 날짜를 물어보면 엉뚱한 응답을 할 수 있습니다.

추가한 코드의 내용은 다음과 같습니다.

(9) openai 패키지에서 OpenAI 클래스 불러오기: OpenAI API를 활용하기 위해 openai 패키지의 OpenAI 클래스(class, 관련 기능을 모아놓은 코드 집합)를 불러옵니다.

(10) OpenAI 클라이언트 생성: OpenAI API로 통신하기 위한 클라이언트를 생성합니다.

(11) API 요청 및 응답

- AI 모델로부터 받은 응답을 response 변수에 저장하기 위해 챗봇의 응답에 해당하는 st.chat_message("assistant"): 이하 부분을 수정합니다.

- API 요청 시 사용한 client.chat.completions.create는 openai 패키지에서 제공하는 명령으로, AI 모델에 텍스트 생성을 요청하는 역할을 합니다.

- client.chat.completions.create에 텍스트 생성을 요청할 때 인자 세 개를 전달합니다. model은 사용할 모델을 지정하고, messages는 전달할 메시지를 지정하며, stream은 스트림(실시간 출력) 응답 방식을 지정합니다.

(12) 응답 결과 출력: st.write_stream(response) 명령으로 응답 결과를 출력합니다. st.write()가 한 번에 모든 텍스트를 출력한다면, st.write_stream()은 한 번에 한 토큰씩 점진적으로 로 텍스트를 출력합니다.

> **NOTE 스트림**
>
> 추가한 코드의 (11)번과 (12)번에는 stream이라는 단어가 있습니다. (11)번에서 API 요청을 할 때 stream=True라는 조건을 추가했고, (12)번에서 응답 결과를 출력할 때 st.write()가 아닌 st.write_stream() 명령을 이용했습니다.
>
> 챗GPT에게 질문하면 챗GPT가 응답을 완성할 때까지 기다렸다가 한꺼번에 답변하지 않습니다. 마치 생각나는 대로 말하는 것처럼 응답을 순차적으로 출력하는데, 이러한 형태의 데이터 흐름을 **스트림**(stream)이라고 합니다. 이렇게 하면 사용자 입장에서는 전체 응답을 기다릴 필요가 없기 때문에 생동감 있게 AI와 대화하는 느낌을 받을 수 있습니다.

6.2.4 과거 대화 내역 관리하기

친근한 AI 챗봇이 거의 완성됐지만 아직은 다음 두 가지가 부족합니다.

- 반말로 이야기하지 않고 이모티콘도 보여주지 않습니다.
- 대화가 연속적으로 이어지지 않고 최근 대화 내용만 표시됩니다.

그럼 코드를 보완해 완성해봅시다.

ch06_chatbot.py

```
import streamlit as st
from openai import OpenAI  # (9) openai 패키지에서 OpenAI 클래스 불러오기

# (1) main() 함수 선언
def main():
```

```python
# (2) 메인 화면 구성
st.set_page_config(layout="wide")
st.title("친근한 AI 챗봇")
st.caption("스트림릿과 OpenAI API를 활용한 간단한 챗봇")
# (3) 사이드바 구성
with st.sidebar:
    st.subheader("OpenAI API Key 설정")
    # (4) 입력 위젯 유형 설정(비밀번호)
    openai_api_key = st.text_input("OpenAI API Key", type="password")
    st.write("[OpenAI API Key 받기](https://platform.openai.com/account/api-keys)")
# (13) 시스템 프롬프트 추가
system_message = """
너의 이름은 친구 봇이야.
너는 항상 반말을 하는 챗봇이야. 절대로 다나까 같은 높임말을 사용하지 마.
항상 반말로 친근하게 대답해줘.
영어로 질문을 받아도 무조건 한글로 대답해줘.
한글이 아닌 답변을 하게 되면 다시 생각해서 답변을 꼭 한글로 만들어줘.
모든 답변 끝에 답변에 맞는 이모티콘도 추가해줘.
"""
# (14) 대화 내용 관리를 위한 세션 상태 설정
if "messages" not in st.session_state:
    st.session_state.messages = [{"role": "system", "content": system_message}]
# (15) 기존 대화 내역 표시
idx = 0 # 대화 내역 순번 기록용
for message in st.session_state.messages:
    if idx > 0:  # 시스템 프롬프트는 표시하지 않음
        with st.chat_message(message["role"]):
            st.write(message["content"])
    idx = idx + 1
# (10) OpenAI 클라이언트 생성
client = OpenAI(api_key=openai_api_key)
# (6) 입력창과 대화창 구현
user_input = st.chat_input("무엇이 궁금한가요?")
if user_input:
    # (16) 세션 상태 리스트에 사용자의 질문 추가
    st.session_state.messages.append({"role": "user", "content": user_input})
    # (7) 사용자의 질문 출력
    with st.chat_message("user"):
        st.write(user_input)
```

```python
# (17) API 요청 및 응답[기존 (11)~(12)번 코드를 지우고 작성]
with st.chat_message("assistant"):
    stream = client.chat.completions.create(
        model="gpt-4o-mini",
        messages=st.session_state.messages,
        stream=True,
    )
    response = st.write_stream(stream)
# (18) 세션 상태 리스트에 챗봇의 응답 추가
st.session_state.messages.append({"role": "assistant", "content": response})

# (5) main() 함수 실행
if __name__ == "__main__":
    main()
```

웹 페이지를 새로 고침 한 후 OpenAI API Key를 입력하고 대화해보세요. 이전 대화 내용을 기억하고 친근하게 응답하는 챗봇이 완성됐습니다!

그림 6-7 최종 챗봇 화면

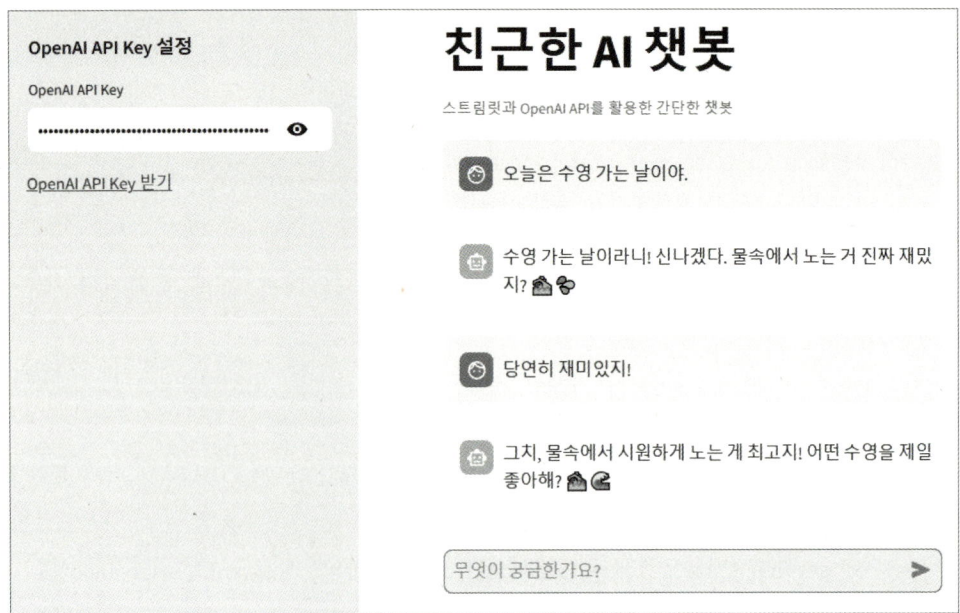

추가한 코드의 내용은 다음과 같습니다.

(13) 시스템 프롬프트 추가

- `system_message` 변수를 선언하고 시스템 프롬프트를 설정합니다.
- **시스템 프롬프트**(system prompt)는 챗봇의 성격과 응답 스타일을 결정하는 역할을 하며, 모든 대화 내용에 적용하고 싶은 프롬프트가 있을 때 설정합니다.

(14) 대화 내용 관리를 위한 세션 상태 설정

- 대화 내용을 관리하기 위해 세션 상태를 리스트(`st.session_state.messages`)로 선언하고, `system_message`를 대화의 시작 메시지로 설정합니다.
- 세션 상태를 사용하면 입력창에 새로운 질문을 입력하더라도 대화 내역을 유지할 수 있습니다.

(15) 기존 대화 내역 표시

- `st.session_state.messages`에 저장된 기존 대화 내역을 화면에 표시합니다.
- 대화 내역 순번을 기록하기 위해 `idx` 변수를 선언하고 0으로 초기화한 후, 세션 상태 리스트에 있는 본문(content)을 반복문으로 하나씩 출력합니다.
- 단, 맨 처음 저장된 `system_message`는 화면에 출력되지 않아야 하므로 `idx > 0`이라는 조건을 넣어 사용자가 처음 대화한 내용부터 출력되게 합니다.

(16) 세션 상태 리스트에 사용자의 질문 추가: 사용자가 입력한 질문을 `st.session_state.messages`에 추가합니다. `리스트명.append()`는 리스트에 새 요소를 삽입하는 명령입니다.

(17) API 요청 및 응답

- AI 모델에 요청을 보내고 응답을 받습니다. 이때 `messages`로 `st.session_state.messages`를 전달하면 AI 모델은 `st.session_state.messages`에 저장된 모든 대화를 참고해 맥락을 이해하고 답변을 생성합니다.
- 챗봇의 응답 메시지를 `st.write_stream()`으로 화면에 출력한 후 `response` 변수에 저장합니다.

(18) 세션 상태 리스트에 챗봇의 응답 추가: `response` 변수에 저장한 챗봇의 응답을 `st.session_state.messages`에 추가합니다.

> **TIP** (17)번에서 client.chat.completions.create()의 stream=True 뒤에 쉼표를 넣어도 되고, 안 넣어도 됩니다. 쉼표를 넣으면 나중에 인자를 추가할 때 편리합니다. 단일 줄에서는 쉼표를 생략하고 여러 줄에서는 쉼표를 넣는 경우가 많습니다.

지금까지 간단한 대화형 챗봇을 구현했습니다. 사이드바 생성부터 입력창과 대화창 구현, API 연동, 대화 내역 관리까지 단계별로 진행하면서 프로그램 개발의 전반적인 흐름을 살펴봤습니다.

그리고 스트림 방식으로 챗봇의 응답을 출력해 실시간으로 대화하는 것처럼 몰입감을 높였습니다. 사용자 관점에서 이는 프로그램 사용 경험을 향상하는 중요한 요소입니다.

챗봇의 응답 스타일을 조정하기 위해 시스템 프롬프트도 활용했습니다. 시스템 프롬프트를 설정하면 챗봇의 성격과 응답 방식을 구체화하고 사용자가 원하는 형태로 챗봇이 응답하도록 조정할 수 있습니다.

마지막으로 스트림릿의 세션 상태를 활용해 대화 내역을 유지하고 사용자와 챗봇 간의 상호작용을 구현했습니다. 이로써 대화형 프로그램을 개발할 때 스트림릿의 세션 상태를 활용하는 것이 얼마나 중요한지 알 수 있었습니다.

마무리

1. API Key 입력 위젯

API Key 입력 위젯의 경우 입력받은 값을 숨겨야 하므로 ***로 마스킹 처리하도록 type="password" 속성을 추가합니다.

```
st.text_input("OpenAI API Key", type="password")
```

2. 대화창

채팅 메시지를 표시하는 대화창은 역할(user 또는 assistant)마다 대화창 블록을 생성하고 사용자(user)의 질문 또는 챗봇(assistant)의 응답을 출력하는 방식으로 만듭니다.

```
# 대화창 블록 생성 및 출력
with st.chat_message("user_또는_assistant"):
    st.write(출력_내용)
```

3. 스트림

챗봇이 생각나는 대로 응답하는 것처럼 보이도록 스트림(실시간 출력) 방식으로 출력합니다. st.write_stream() 명령을 사용하면 한 번에 한 토큰씩 점진적으로 텍스트를 출력할 수 있습니다.

```
st.write_stream(출력_내용)
```

4. 시스템 프롬프트

- 챗봇의 성격과 응답 스타일을 결정하는 프롬프트로, 모든 대화 내용에 적용하고 싶은 프롬프트가 있을 때 설정합니다.

- 대화 내용을 관리하기 위해 세션 상태를 리스트(st.session_state.messages)로 선언하고 시스템 프롬프트를 대화의 시작 메시지로 설정합니다.

```
# 시스템 프롬프트 추가
system_message = """
프롬프트_내용
"""
# 대화 내용 관리를 위한 세션 상태 설정
if "messages" not in st.session_state:
    st.session_state.messages = [{"role": "system", "content": system_message}]
```

5. 세션 상태를 활용한 AI 모델의 응답

AI 모델에 요청을 보낼 때 messages로 세션 상태 리스트를 전달하면 AI 모델은 세션 상태 리스트에 저장된 대화 전체를 참고해 맥락을 이해하고 답변을 생성합니다.

```
stream = client.chat.completions.create(
    messages=st.session_state.messages,
    model="gpt-4o-mini",
    stream=True,
)
```

7장

문서 요약 프로그램 만들기

이 장에서는 문서 요약 프로그램을 만듭니다. 복잡한 문서 내용을 간단하고 명확하게 요약해주는 기능을 통해 긴 텍스트를 쉽게 이해할 수 있는 프로그램입니다. 이 프로그램은 입력된 문서 내용을 한글로 요약하고 프롬프트 지시 사항에 따라 그 결과를 출력합니다.

난이도: ★　　핵심 개념: 프롬프트 엔지니어링　　사용 모델: GPT

7.1

프로그램 소개

7.1.1 실행 화면 미리 보기

이 장에서 개발할 문서 요약 프로그램은 사용자가 긴 텍스트를 입력하면 보기 좋게 요약해줍니다. 실행 화면은 다음과 같이 크게 네 부분으로 나뉩니다.

그림 7-1 문서 요약 프로그램 실행 화면

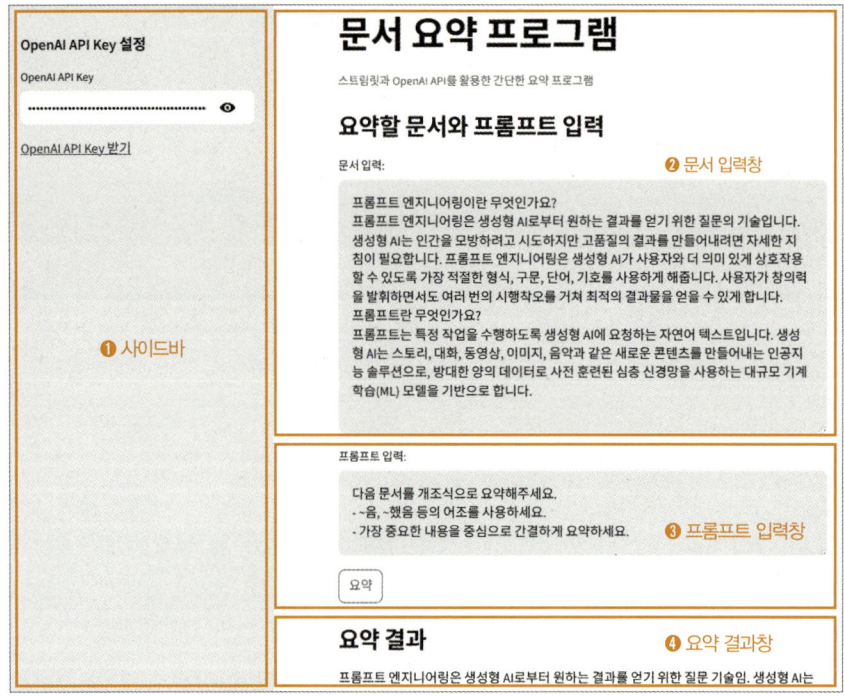

❶ **사이드바:** OpenAI API Key를 입력합니다.

❷ **문서 입력창:** 요약할 문서 내용을 입력합니다. 샘플 문서가 기본으로 작성돼 있으며, 이를 수정하거나 아예 새로운 내용을 입력할 수도 있습니다.

❸ **프롬프트 입력창:** 문서 요약을 위한 프롬프트를 입력합니다. 기본으로 작성돼 있는 프롬프트를 사용해도 되고, 이를 수정하거나 새로 작성해도 됩니다.

❹ **요약 결과창:** 입력된 문서를 프롬프트에 따라 요약해 최종 결과를 출력합니다.

7.1.2 프로그램의 핵심 포인트

이 프로그램의 핵심 포인트는 5장에서 설명한 **프롬프트 엔지니어링을 다양하게 실습해보는 것**입니다. 문서를 요약하는 것은 의외로 주관적인 일입니다. '좋은 요약'의 기준이 사람마다 다르기 때문입니다. 초등학생도 이해할 수 있는 쉬운 말로 요약된 것을 좋아하는 사람도 있고, 간결하게 항목으로 요약된 것(개조식)을 좋아하는 사람도 있습니다.

이 장에서는 원문이 같더라도 프롬프트에 따라 요약 결과가 달라지는 것을 확인하고, 이를 통해 프롬프트 엔지니어링의 효과를 체험해봅니다.

7.1.3 개발 단계 한눈에 보기

문서 요약 프로그램은 다음과 같이 4단계로 개발합니다. 이후로 모든 프로그램에 OpenAI API Key를 입력하는 사이드바를 넣을 것이니 사이드바 만들기는 개발 단계에서 생략하겠습니다.

그림 7-2 문서 요약 프로그램의 개발 단계

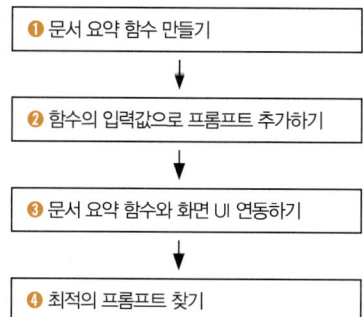

❶ **문서 요약 함수 만들기:** 이 프로그램의 핵심 로직인 문서 요약 함수를 만듭니다. 문서 요약 함수는 문서 내용을 입력받아 요약 결과를 출력합니다.

❷ **함수의 입력값으로 프롬프트 추가하기:** 기본 프롬프트를 작성해 문서 요약 함수의 입력값으로 넣습니다. 결국 문서 요약 함수는 요약할 '문서 내용'과 어떻게 요약할지를 정리한 '프롬프트', 이 두 값을 입력받아 요약 결과를 출력합니다.

❸ **문서 요약 함수와 화면 UI 연동하기:** 문서 요약 함수와 화면 UI를 연동해 프로그램을 완성합니다. 문서 입력창과 프롬프트 입력창에서 기본으로 작성된 내용을 수정할 수 있도록 스트림릿의 st.textarea() 위젯을 사용합니다. [요약] 버튼을 클릭하면 요약 결과를 출력하는 부분도 구현합니다.

❹ **최적의 프롬프트 찾기:** 프롬프트를 바꿔가며 문서 요약 결과가 어떻게 나오는지 확인하고, 여러 프롬프트 중 마음에 드는 것을 골라 프로그램의 기본 프롬프트로 설정합니다.

7.2 프로그램 만들기

다음 명령으로 가상 환경을 활성화합니다. 가상 환경이 활성화된 상태라면 생략하고 넘어갑니다.

```
터미널
> venv\scripts\activate  ------ 윈도우
> source venv/bin/activate  --- 맥OS
```

문서 요약 프로그램에는 6장의 친근한 AI 챗봇과 마찬가지로 streamlit, openai 패키지가 필요한데, 이는 이미 설치했습니다.

7.2.1 문서 요약 함수 만들기

문서 요약 함수는 문서 내용을 입력받아 요약 결과를 출력하며, 함수명을 summarize_text()라고 하겠습니다.

그림 7-3 문서 요약 함수의 역할

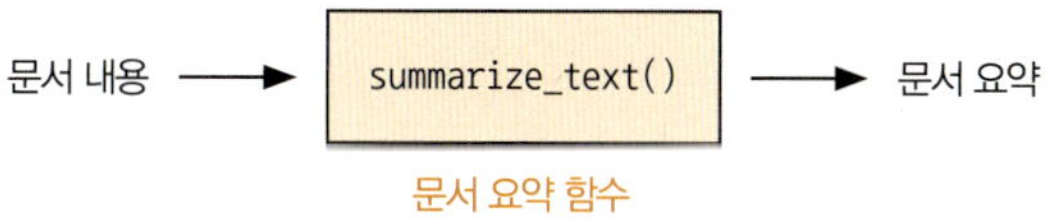

문서 내용 → summarize_text() → 문서 요약
            문서 요약 함수

문서 요약 함수를 만들고 샘플 문서를 요약해봅시다. **ch07_summarize_test.py** 파일을 생성하고, **소스 코드 > resource > ch07_summarize_test.txt**에서 **7.2.1 문서 요약 함수 만들기** 코드를 복사해 붙여넣은 후 저장합니다. (1)번의 openai_api_key 변수에 API Key를 입력하는 것도 잊지 마세요.

ch07_summarize_test.py

```python
from openai import OpenAI

# (1) OpenAI 클라이언트 생성
openai_api_key = "API_Key_입력"   # --- 여기에 OpenAI API Key 입력
client = OpenAI(api_key=openai_api_key)

# (2) 문서 요약 함수 정의
def summarize_text(text):
    # (3) 최종 프롬프트 완성
    content = "다음 문서를 요약해주세요." + "\n" + text
    # (4) API 요청 및 응답
    response = client.chat.completions.create(
        model="gpt-4o-mini",
        messages=[{"role": "user", "content": content}],
    )
    return response.choices[0].message.content

# (5) 샘플 문서 작성
sample_text = """
프롬프트 엔지니어링이란 무엇인가요?
프롬프트 엔지니어링은 생성형 AI로부터 원하는 결과를 얻기 위한 질문의 기술입니다. 생성형 AI는 인간을 모방하려고 시도하지만 고품질의 결과를 만들어내려면 자세한 지침이 필요합니다. 프롬프트 엔지니어링은 생성형 AI가 사용자와 더 의미 있게 상호작용할 수 있도록 가장 적절한 형식, 구문, 단어, 기호를 사용하게 해줍니다. 사용자가 창의력을 발휘하면서도 여러 번의 시행착오를 거쳐 최적의 결과물을 얻을 수 있게 합니다.
프롬프트란 무엇인가요?
프롬프트는 특정 작업을 수행하도록 생성형 AI에 요청하는 자연어 텍스트입니다. 생성형 AI는 스토리, 대화, 동영상, 이미지, 음악과 같은 새로운 콘텐츠를 만들어내는 인공지능 솔루션으로, 방대한 양의 데이터로 사전 훈련된 심층 신경망을 사용하는 대규모 기계 학습(ML) 모델을 기반으로 합니다.
"""

# (6) 문서 요약 함수 호출 및 결과 출력
result = summarize_text(sample_text)
print(result)
```

python ch07_summarize_test.py 명령으로 프로그램을 실행하면 터미널에 문서 요약 결과가 출력됩니다. 요약 결과는 실행할 때마다 달라지기 때문에 다음 그림과 다를 수 있습니다.

그림 7-4 실행 결과

```
(venv) PS C:\Users\gilbut\Desktop\ai_program> python ch07_summarize_test.py
프롬프트 엔지니어링은 생성형 AI가 원하는 결과를 도출하기 위해 질문을 효과적
으로 구성하는 기술입니다. 이를 통해 AI는 사용자와 더 의미 있는 상호작용을 하
게 되며, 프롬프트는 AI에게 특정 작업을 요청하는 자연어 텍스트를 의미합니다.
생성형 AI는 스토리, 대화, 이미지 등 다양한 콘텐츠를 생성하는 인공지능으로,
대량의 데이터로 훈련된 심층 신경망을 기반으로 합니다.
```

코드의 작동 원리는 다음과 같습니다.

(1) **OpenAI 클라이언트 생성**: OpenAI API Key를 입력받아 클라이언트를 생성합니다.

(2) **문서 요약 함수 정의**: 함수의 매개변수(입력으로 받는 값)로 text 변수를 선언하고, 샘플 문서를 받아 저장합니다.

(3) **최종 프롬프트 완성**: "다음 문서를 요약해주세요."와 text를 합쳐 content 변수에 저장하고 이를 최종 프롬프트로 사용합니다. \n은 줄바꿈을 의미합니다.

(4) **API 요청 및 응답**: 최종 프롬프트로 API 요청을 보내고 응답을 받아 response 변수에 저장합니다. 응답 본문을 함수의 반환값으로 보냅니다.

(5) **샘플 문서 작성**: 요약할 문서를 샘플 문서로 작성해 sample_text 변수에 저장합니다.

(6) **문서 요약 함수 호출 및 결과 출력**: 문서 요약 함수를 호출하면서 샘플 문서를 전달하고 그 결과를 받아 출력합니다.

7.2.2 함수의 입력값으로 프롬프트 추가하기

앞에서는 어떻게 요약할지를 지시한 텍스트("다음 문서를 요약해주세요.")와 요약하고자 하는 문서 내용(text)을 합쳐 최종 프롬프트를 만들었습니다. 이 경우 프롬프트는 프로그램 내에 고정돼 있어 변경할 수 없습니다.

— 최종 프롬프트

```
content = "다음 문서를 요약해주세요." + "\n" + text
```

사용자가 직접 프롬프트를 입력하고 문서 요약 결과를 받아볼 수 있게 하려면 프롬프트(prompt)와 문서 내용(text)을 문서 요약 함수의 입력값으로 사용해야 합니다.

그림 7-5 문서 요약 함수의 입력값 수정

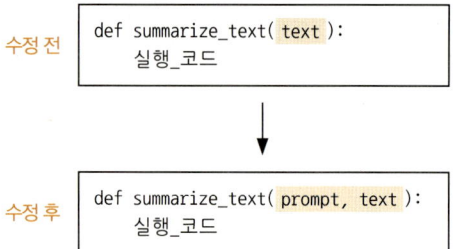

다음과 같이 코드를 수정합니다.

ch07_summarize_test.py

```python
# (2) 문서 요약 함수 정의
def summarize_text(prompt, text):
    # (3) 최종 프롬프트 완성
    content = prompt + "\n" + text
    # (4) API 요청 및 응답
    response = client.chat.completions.create(
        model="gpt-4o-mini",
        messages=[{"role": "user", "content": content}],
    )
    return response.choices[0].message.content

# (5) 샘플 문서 작성
sample_text = """
프롬프트 엔지니어링이란 무엇인가요?
프롬프트 엔지니어링은 생성형 AI로부터 원하는 결과를 얻기 위한 질문의 기술입니다. 생성형 AI는 인간을 모방하려고 시도하지만 고품질의 결과를 만들어내려면 자세한 지침이 필요합니다. 프롬프트 엔지니어링은 생성형 AI가 사용자와 더 의미 있게 상호작용할 수 있도록 가장 적절한 형식, 구문, 단어, 기호를 사용하게 해줍니다. 사용자가 창의력을 발휘하면서도 여러 번의 시행착오를 거쳐 최적의 결과물을 얻을 수 있게 합니다.
프롬프트란 무엇인가요?
프롬프트는 특정 작업을 수행하도록 생성형 AI에 요청하는 자연어 텍스트입니다. 생성형 AI는 스토리, 대화, 동영상, 이미지, 음악과 같은 새로운 콘텐츠를 만들어내는 인공지능 솔루션으로, 방대한 양의 데이터로 사전 훈련된 심층 신경망을 사용하는 대규모 기계 학습(ML) 모델을 기반으로 합니다.
"""

# (6) 문서 요약 함수 호출 및 결과 출력
sample_prompt = "다음 문서를 요약해주세요."
result = summarize_text(sample_prompt, sample_text)
print(result)
```

python ch07_summarize_test.py 명령으로 코드를 실행하면 동일한 결과가 나옵니다. 다만 함수의 구조를 변경해 summarize_text() 함수의 입력값으로 샘플 프롬프트(sample_prompt)와 샘플 문서(sample_text)를 넘겨받아 최종 프롬프트를 완성했습니다.

> **NOTE** 최종 프롬프트의 구성
>
> 최종 프롬프트는 다음 두 가지 요소로 구성됩니다.
>
> - **프롬프트**(prompt): AI가 대상에 대해 수행할 지시 사항(command)을 정의한 것이며 '요약해줘', '번역해줘', '분석해줘', '카테고리화해줘' 등으로 작성할 수 있습니다.
>
> - **대상**(input data): AI가 처리할 원본 데이터이며 텍스트, 문서, 이미지, 데이터셋 등이 사용됩니다.
>
> 일반적으로 프롬프트와 대상은 각기 다른 변수에 저장한 후 최종 프롬프트 하나로 합쳐 사용합니다. 이렇게 하면 대상이 달라지더라도 동일한 프롬프트를 적용할 수 있고, 반대로 동일한 대상에 대해 다른 프롬프트를 적용할 수 있어 코드의 유연성이 커집니다.
>
> 그림 7-6 최종 프롬프트의 구성

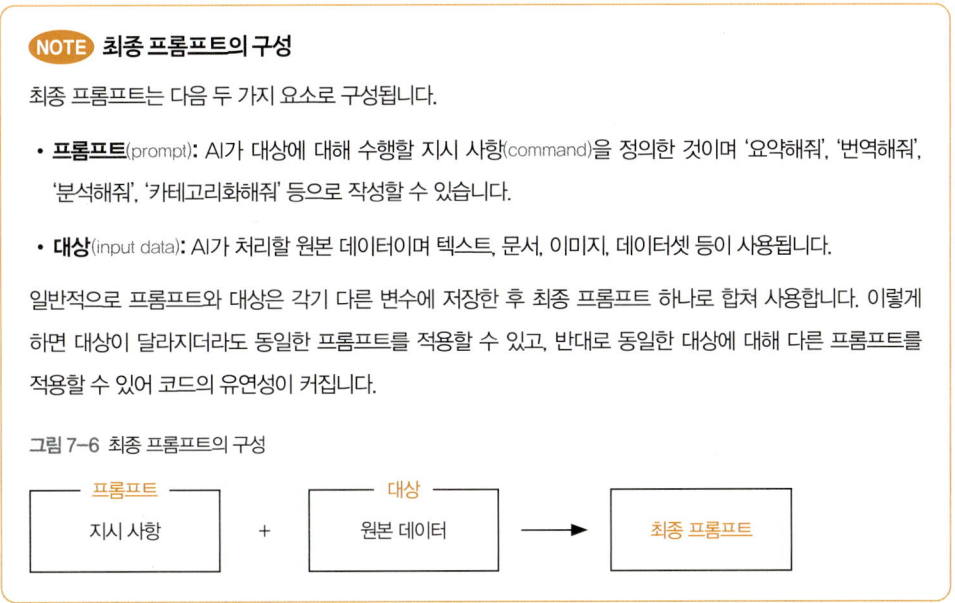

7.2.3 문서 요약 함수와 화면 UI 연동하기

문서 요약 함수와 화면 UI를 연동해 프로그램을 완성해봅시다. 그런데 지금까지 만든 프로그램은 터미널에서 실행 결과를 확인하는 형태이기 때문에 그대로 사용할 수 없습니다. 따라서 새 파일을 만들고 문서 요약 함수의 주요 로직만 가져와 프로그램을 완성하겠습니다.

ch07_summarize_ai.py 파일을 생성하고, **소스 코드 > resource > ch07_summarize_ai.txt**에서 **7.2.3 문서 요약 함수와 화면 UI 연동하기** 코드를 복사해 붙여넣은 후 저장합니다. 이는 메인 화면과 사이드바를 구현한 코드입니다.

ch07_summarize_ai.py

```python
import streamlit as st

# (1) main() 함수 선언
def main():
    # (2) 메인 화면 구성
    st.set_page_config(layout="wide")
    st.title("문서 요약 프로그램")
    st.caption("스트림릿과 OpenAI API를 활용한 간단한 요약 프로그램")
    # (3) 사이드바 구성
    with st.sidebar:
        st.subheader("OpenAI API Key 설정")
        # (4) 입력 위젯 유형 설정(비밀번호)
        openai_api_key = st.text_input("OpenAI API Key", type="password")
        st.write("[OpenAI API Key 받기](https://platform.openai.com/account/api-keys)")


# (5) main 함수 실행
if __name__ == "__main__":
    main()
```

streamlit run ch07_summarize_ai.py 명령으로 프로그램을 실행하고 결과를 확인합니다.

그림 7-7 실행 결과

이제 문서 요약 함수와 화면 UI를 연동해 다음과 같이 완성합니다.

ch07_summarize_ai.py

```python
import streamlit as st
from openai import OpenAI

sample_text = """프롬프트 엔지니어링이란 무엇인가요?
프롬프트 엔지니어링은 생성형 AI로부터 원하는 결과를 얻기 위한 질문의 기술입니다. 생성형 AI는 인간을 모방하려고 시도하지만 고품질의 결과를 만들어내려면 자세한 지침이 필요합니다. 프롬프트 엔지니어링은 생성형 AI가 사용자와 더 의미 있게 상호작용할 수 있도록 가장 적절한 형식, 구문, 단어, 기호를 사용하게 해줍니다. 사용자가 창의력을 발휘하면서도 여러 번의 시행착오를 거쳐 최적의 결과물을 얻을 수 있게 합니다.
프롬프트란 무엇인가요?
프롬프트는 특정 작업을 수행하도록 생성형 AI에 요청하는 자연어 텍스트입니다. 생성형 AI는 스토리, 대화, 동영상, 이미지, 음악과 같은 새로운 콘텐츠를 만들어내는 인공지능 솔루션으로, 방대한 양의 데이터로 사전 훈련된 심층 신경망을 사용하는 대규모 기계 학습(ML) 모델을 기반으로 합니다.
"""

# (1) main() 함수 선언
def main():
    # (2) 메인 화면 구성
    st.set_page_config(layout="wide")
    st.title("문서 요약 프로그램")
    st.caption("스트림릿과 OpenAI API를 활용한 간단한 요약 프로그램")
    # (3) 사이드바 구성
    with st.sidebar:
        st.subheader("OpenAI API Key 설정")
        # (4) 입력 위젯 유형 설정(비밀번호)
        openai_api_key = st.text_input("OpenAI API Key", type="password")
        st.write("[OpenAI API Key 받기](https://platform.openai.com/account/api-keys)")
        # (6) OpenAI 클라이언트 생성
        if openai_api_key:
            client = OpenAI(api_key=openai_api_key)
    # (7) 문서 요약 함수
    def summarize_text(prompt, text):
        content = prompt + "\n" + text
        response = client.chat.completions.create(
            model="gpt-4o-mini",
            messages=[{"role": "user", "content": content}],
        )
        return response.choices[0].message.content
    st.write("### 요약할 문서와 프롬프트 입력")
```

```python
# (8) 문서 입력 위젯
text = st.text_area(
    "문서 입력:",
    height=300,
    placeholder="요약하고 싶은 문서를 여기에 입력하세요.",
    value=sample_text,
)
# (9) 프롬프트 입력 위젯
prompt = st.text_area(
    "프롬프트 입력:",
    height=100,
    value="다음 문서를 요약해주세요.",
)
# (10) 요약 버튼 생성 및 결과 표시
if st.button("요약"):
    if not client:
        st.error("유효한 API Key를 입력하세요.")
    elif not text.strip():
        st.error("문서를 입력하세요.")
    else:
        with st.spinner("요약 중입니다..."):
            # (11) 문서 요약 함수 호출 및 결과 출력
            try:
                summary = summarize_text(prompt, text)
                st.subheader("요약 결과")
                st.write(summary)
            except Exception as e:
                st.error(f"오류가 발생했습니다: {e}")

# (5) main 함수 실행
if __name__ == "__main__":
    main()
```

코드를 저장하고 웹 페이지를 새로 고침 하면 화면에 문서 내용과 프롬프트를 입력할 수 있는 입력창이 나타납니다. API Key를 입력하고 [요약] 버튼을 클릭하면 요약 결과가 잘 출력될 것입니다.

그림 7-8 실행 결과

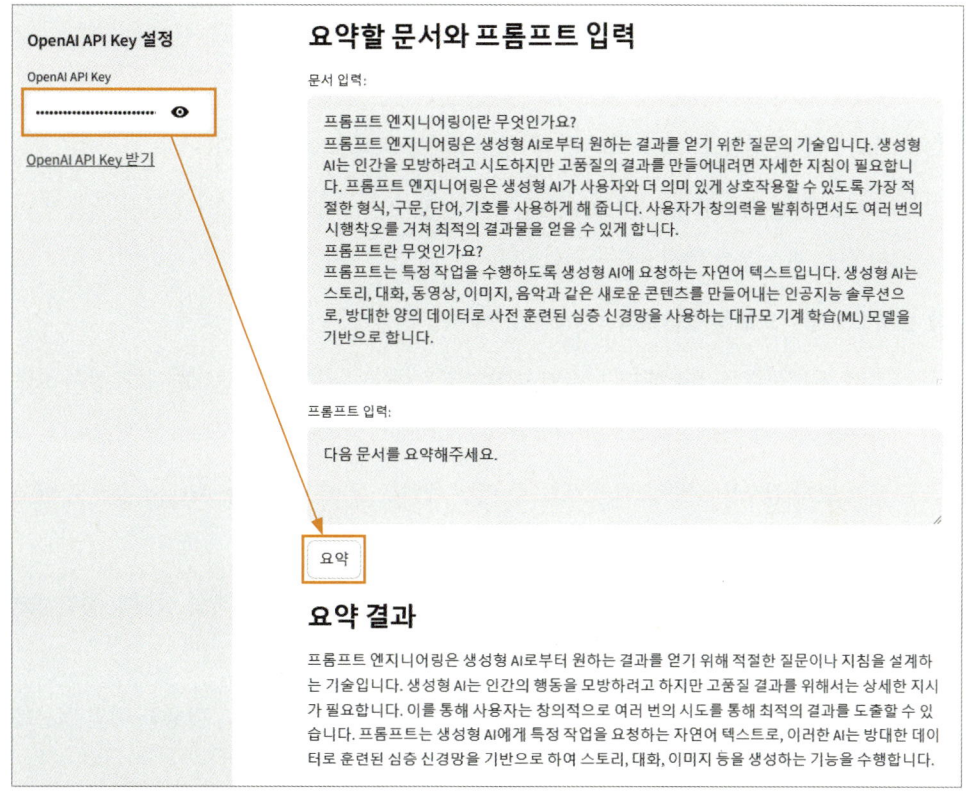

추가된 코드를 자세히 살펴봅시다.

(6) OpenAI 클라이언트 생성: OpenAI API Key를 입력받아 클라이언트를 생성합니다.

(7) 문서 요약 함수: 문서 요약 함수인 summarize_text()를 선언하고, prompt와 text를 입력받아 API 요청 및 응답을 처리합니다.

(8) 문서 입력 위젯

- st.text_input()보다 더 많은 텍스트를 입력할 수 있는 st.text_area()로 문서 입력 위젯을 만듭니다.
- 위젯의 높이(height)는 300으로 넉넉히 설정하고, 위젯이 비었을 때의 안내 메시지(placeholder)를 설정한 후, 기본값(value)으로 샘플 문서(sample_text)를 설정합니다.
- 위젯에 입력받은 텍스트를 text 변수에 저장합니다.

(9) 프롬프트 입력 위젯: 프롬프트 입력 위젯을 만듭니다. 입력받은 프롬프트는 prompt 변수에 저장합니다.

(10) 요약 버튼 생성 및 결과 표시

- 요약 버튼을 만들고, 요약 버튼 클릭 시 실행되는 로직을 정의합니다.
- 로직을 진행하기 전에 API Key를 입력하지 않아 클라이언트가 없거나 문서 내용이 비어 있을 때는 오류 메시지를 출력합니다.

(11) 문서 요약 함수 호출 및 결과 출력

- 문서 요약 함수를 호출하고, 함수의 반환값을 받아 st.write()로 출력합니다. 문서 요약 함수를 호출할 때는 프롬프트가 저장돼 있는 prompt, 요약할 문서인 text를 넘깁니다.
- 문서 요약 함수를 호출할 때 발생할 수 있는 예외(오류)에 대해 try~except 문으로 예외 처리를 합니다.
- try 블록 안의 코드를 실행하던 중 예외 상황이 발생하면 try 블록의 실행을 중단하고 except 블록을 실행합니다.
- except Exception as e: 문은 모든 예외(Exception)를 처리하고, 발생한 예외 정보를 e 변수에 저장하라는 의미입니다.

7.2.4 최적의 프롬프트 찾기

프롬프트를 다양하게 입력하고 요약 결과가 어떻게 바뀌는지 살펴봅시다.

개조식으로 요약하기

일반적으로 문서를 요약할 때 핵심 내용을 중심으로 항목 단위로 요약하는 경우가 많습니다. 문장을 서술형이 아닌 '~음', '~했음' 등으로 끝나게 할 수도 있습니다. 웹 화면의 프롬프트를 지우고 다음과 같이 수정한 후 [요약] 버튼을 클릭합니다.

> **프롬프트의 예**
>
> 다음 문서를 개조식으로 요약해주세요.
> - ~음, ~했음 등의 어조를 사용하세요.
> - 가장 중요한 내용을 중심으로 간결하게 요약하세요.

이렇게 하면 요약 결과가 확연하게 달라집니다.

그림 7-9 실행 결과

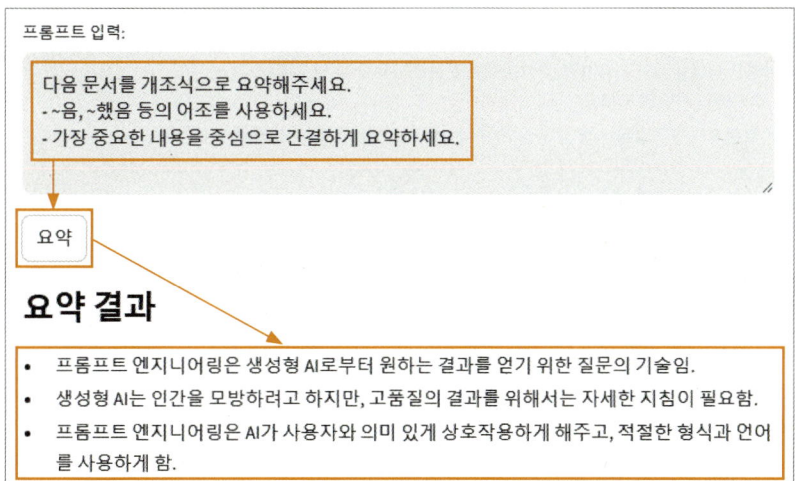

전문 용어에 대한 주석 추가하기

문서에 전문 용어가 많을 때 이러한 용어에 원어를 병기하거나 용어에 대한 설명을 주석으로 추가할 수 있습니다. 다음과 같이 프롬프트를 수정하고 결과를 확인해보세요.

> **프롬프트의 예**
>
> 다음 문서를 개조식으로 요약해주세요.
> - ~음, ~했음 등의 어조를 사용하세요.
> - 가장 중요한 내용을 중심으로 간결하게 요약하세요.
> - 전문 용어는 원어를 병기하세요.
> - 전문 용어는 굵게 표시하고, 용어에 대한 설명을 맨 아래에 주석으로 추가하세요.

그림 7-10 실행 결과

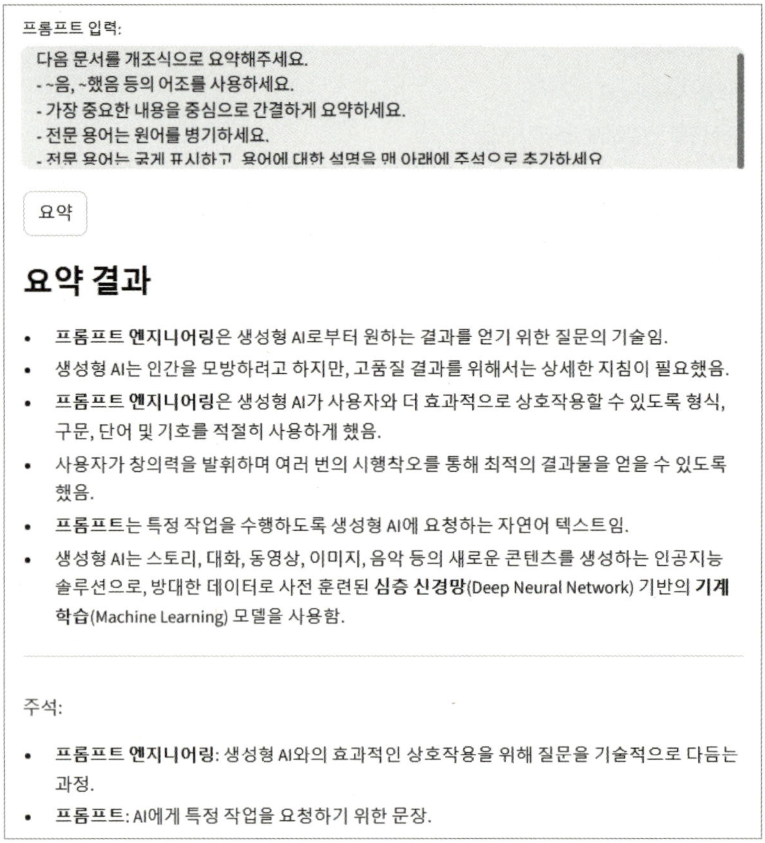

프롬프트 입력:
다음 문서를 개조식으로 요약해주세요.
- ~음, ~했음 등의 어조를 사용하세요.
- 가장 중요한 내용을 중심으로 간결하게 요약하세요.
- 전문 용어는 원어를 병기하세요.
- 전문 용어는 굵게 표시하고, 용어에 대한 설명을 맨 아래에 주석으로 추가하세요.

요약

요약 결과

- **프롬프트 엔지니어링**은 생성형 AI로부터 원하는 결과를 얻기 위한 질문의 기술임.
- 생성형 AI는 인간을 모방하려고 하지만, 고품질 결과를 위해서는 상세한 지침이 필요했음.
- **프롬프트 엔지니어링**은 생성형 AI가 사용자와 더 효과적으로 상호작용할 수 있도록 형식, 구문, 단어 및 기호를 적절히 사용하게 했음.
- 사용자가 창의력을 발휘하며 여러 번의 시행착오를 통해 최적의 결과물을 얻을 수 있도록 했음.
- **프롬프트**는 특정 작업을 수행하도록 생성형 AI에 요청하는 자연어 텍스트임.
- 생성형 AI는 스토리, 대화, 동영상, 이미지, 음악 등의 새로운 콘텐츠를 생성하는 인공지능 솔루션으로, 방대한 데이터로 사전 훈련된 **심층 신경망**(Deep Neural Network) 기반의 **기계 학습**(Machine Learning) 모델을 사용함.

주석:

- **프롬프트 엔지니어링**: 생성형 AI와의 효과적인 상호작용을 위해 질문을 기술적으로 다듬는 과정.
- **프롬프트**: AI에게 특정 작업을 요청하기 위한 문장.

마크다운 활용하기

문서는 나름의 체계와 구조를 갖추고 있으며, 이를 구조적으로 요약하면 전체 의미를 한눈에 파악할 수 있습니다. 마크다운을 활용해 구조화된 요약 결과를 출력하기 위해 다음과 같이 프롬프트를 수정합니다.

프롬프트의 예

다음 문서를 개조식으로 요약해주세요.
- ~음, ~했음 등의 어조를 사용하세요.
- 가장 중요한 내용을 중심으로 간결하게 요약하세요.
- 마크다운을 이용해 구조화된 요약 결과를 보여주세요.

요약 결과를 확인해보면 제목과 소제목으로 나뉘어 출력됐습니다.

그림 7-11 실행 결과

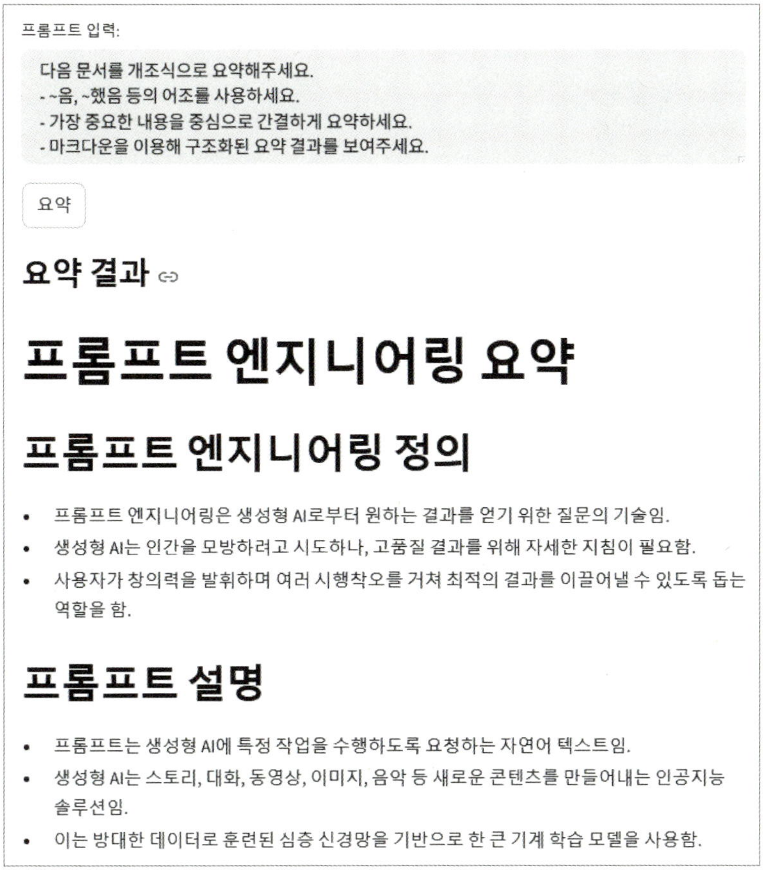

> 프롬프트 입력:
> 다음 문서를 개조식으로 요약해주세요.
> - ~음, ~했음 등의 어조를 사용하세요.
> - 가장 중요한 내용을 중심으로 간결하게 요약하세요.
> - 마크다운을 이용해 구조화된 요약 결과를 보여주세요.
>
> [요약]
>
> 요약 결과
>
> # 프롬프트 엔지니어링 요약
>
> ## 프롬프트 엔지니어링 정의
>
> - 프롬프트 엔지니어링은 생성형 AI로부터 원하는 결과를 얻기 위한 질문의 기술임.
> - 생성형 AI는 인간을 모방하려고 시도하나, 고품질 결과를 위해 자세한 지침이 필요함.
> - 사용자가 창의력을 발휘하며 여러 시행착오를 거쳐 최적의 결과를 이끌어낼 수 있도록 돕는 역할을 함.
>
> ## 프롬프트 설명
>
> - 프롬프트는 생성형 AI에 특정 작업을 수행하도록 요청하는 자연어 텍스트임.
> - 생성형 AI는 스토리, 대화, 동영상, 이미지, 음악 등 새로운 콘텐츠를 만들어내는 인공지능 솔루션임.
> - 이는 방대한 데이터로 훈련된 심층 신경망을 기반으로 한 큰 기계 학습 모델을 사용함.

다양한 프롬프트 중 가장 마음에 드는 것을 골라 프롬프트 기본값으로 변경합니다. 그러면 프로그램이 실행됐을 때 해당 프롬프트를 바로 사용할 수 있습니다.

ch07_summarize_ai.py

```
# (9) 프롬프트 입력 위젯
    start prompt = """다음 문서를 개조식으로 요약해주세요.
- ~음, ~했음 등의 어조를 사용하세요.
- 가장 중요한 내용을 중심으로 간결하게 요약하세요.
- 마크다운을 이용해 구조화된 요약 결과를 보여주세요.
"""
```

```
prompt = st.text_area(
    "프롬프트 입력:",
    height=100,
    value=start_prompt,
)
# (10) 요약 버튼 생성 및 결과 표시
```

지금까지 문서 요약 프로그램을 만들고 다양한 프롬프트로 요약 결과를 확인해 최적의 프롬프트를 찾아봤습니다. 이 프로그램의 핵심은 문서 요약 함수로, 이는 프롬프트와 문서 내용을 입력받아 AI 모델에 전달하고 그 결과를 받아 반환합니다. 화면 UI부터 만들지 않고 문서 요약 함수부터 구현한 것은 프로그램의 핵심 로직과 화면 UI를 구분해 이해하고, 핵심 로직을 먼저 구현한 후 화면 UI와 연동해 확장하려는 의도입니다.

또한 스트림릿의 st.text_area() 위젯으로 문서 내용 입력창과 프롬프트 입력창을 만들었습니다. st.text_area()를 이용하면 긴 텍스트를 입력할 수 있고, 실시간으로 편집할 수 있으며, 샘플 텍스트를 기본값으로 입력함으로써 사용자가 별도의 프롬프트를 입력하지 않고도 프로그램을 사용할 수 있습니다.

끝으로 다양한 프롬프트로 테스트하면서 요약 결과가 어떻게 바뀌는지 살펴봤습니다. 프롬프트 엔지니어링을 이용하면 기본 요약, 개조식 요약, 전문 용어에 대한 주석 추가, 마크다운을 활용한 구조화된 요약 등 AI 모델의 응답 형식과 내용을 세밀하게 조정할 수 있습니다.

마무리

1. 문서 요약 함수

프롬프트와 문서 내용을 입력받아 AI 모델에 전달하고 그 결과를 반환합니다.

```
def summarize_text(prompt, text):
    content = prompt + "\n" + text
    response = client.chat.completions.create(
        model="gpt-4o-mini",
        messages=[{"role": "user", "content": content}],
    )
    return response.choices[0].message.content
```

2. 문서 입력창과 프롬프트 입력창

- 문서 입력창과 프롬프트 입력창은 st.text_area() 위젯으로 만듭니다.
- 위젯의 높이는 height, 위젯이 비어 있을 때의 안내 메시지는 placeholder, 위젯에 표시할 기본값은 value 속성으로 설정합니다.

```
text = st.text_area(
    "문서 입력:",
    height=300,
    placeholder="요약하고 싶은 문서를 여기에 입력하세요.",
    value=sample_text,
)
```
(중략)

```
prompt = st.text_area(
    "프롬프트 입력:",
    height=100,
    value=start_prompt,
)
```

3. 예외 처리

- 문서 요약 함수를 호출할 때 발생할 수 있는 예외(오류)에 대해 try~except 문으로 예외 처리를 합니다.
- try 블록 안의 코드를 실행하던 중 예외 상황이 발생하면 try 블록의 실행을 중단하고 except 블록을 실행합니다.
- except Exception as e: 문은 모든 예외(Exception)를 처리하고, 발생한 예외 정보를 e 변수에 저장하라는 의미입니다.

```
try:
    summary = summarize_text(prompt, text)
    st.subheader("요약 결과")
    st.write(summary)
except Exception as e:
    st.error(f"오류가 발생했습니다: {e}")
```

8장

PDF 번역/요약 프로그램 만들기

이 장에서는 PDF 파일을 업로드하면 번역 및 요약해주는 프로그램을 만듭니다. 문서 저장 및 공유 형식으로 흔히 쓰이는 PDF 파일을 다루는 방법, 스트림릿으로 파일 업로드 기능을 구현하는 방법을 알아봅니다.

난이도: ★★　　핵심 개념: PDF 파일 다루기　　사용 모델: GPT

8.1 프로그램 소개

8.1.1 실행 화면 미리 보기

이 장에서 개발할 프로그램은 사용자가 PDF 파일을 업로드하고 프롬프트를 입력하면 프롬프트에 맞게 PDF의 내용을 번역 및 요약해줍니다. 실행 화면은 다음과 같이 크게 네 부분으로 나뉩니다.

그림 8-1 PDF 번역/요약 프로그램 실행 화면

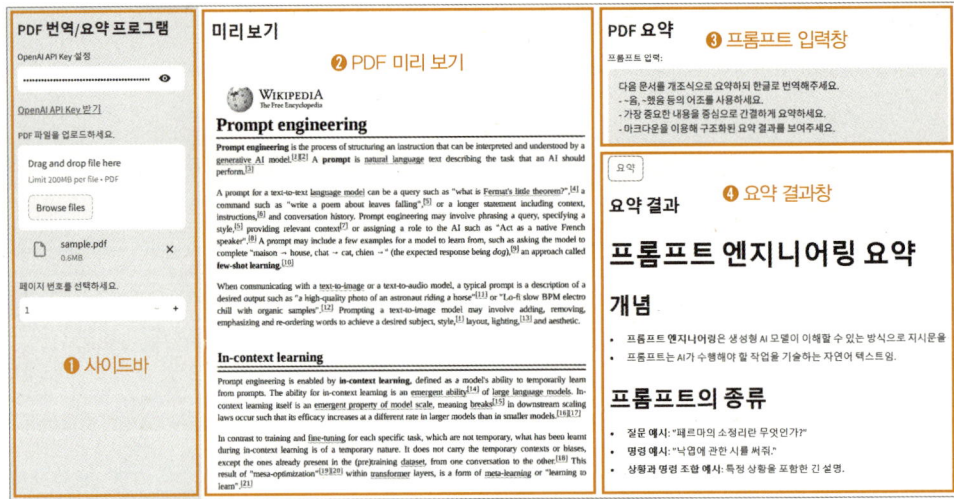

❶ **사이드바**: OpenAI API Key를 입력한 후 PDF 파일을 업로드하고 원하는 페이지를 선택합니다.

❷ **PDF 미리 보기**: 선택한 페이지를 미리 보기로 확인할 수 있습니다.

❸ **프롬프트 입력창**: PDF 번역 및 요약을 위한 프롬프트를 입력합니다. 기본으로 작성돼 있는 프롬프트를 사용해도 되고, 이를 수정하거나 새로 작성해도 됩니다.

❹ **요약 결과창**: 프롬프트에 따라 번역 및 요약된 최종 결과를 출력합니다.

8.1.2 프로그램의 핵심 포인트

이 프로그램의 핵심 포인트는 **파이썬으로 PDF 파일을 어떻게 다루는지 익히는 것**입니다. PDF는 전 세계적으로 문서를 저장하고 공유할 때 많이 이용하는 파일 형식입니다. 계약서, 연구 논문, 매뉴얼, 보고서 등 중요한 문서는 대부분 PDF 파일로 저장 및 공유됩니다.

이 장에서는 파이썬으로 PDF 파일을 다룰 때 사용하는 pymupdf 패키지에 대해 알아봅니다. 그리고 PDF 파일 업로드, PDF 텍스트 추출, PDF 이미지 변환, PDF 내용 번역 및 요약 등의 기능을 구현합니다.

8.1.3 개발 단계 한눈에 보기

PDF 번역/요약 프로그램은 다음과 같이 3단계로 개발합니다.

그림 8-2 PDF 번역/요약 프로그램의 개발 단계

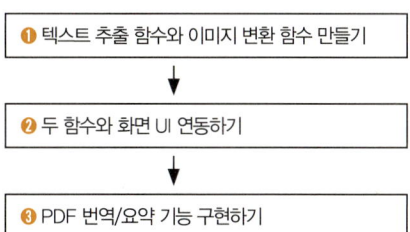

- ❶ **텍스트 추출 함수와 이미지 변환 함수 만들기**: 파이썬으로 PDF 파일을 다룰 때 사용하는 pymupdf 패키지에 대해 알아보고, 이 패키지를 활용해 특정 페이지의 텍스트를 추출하는 함수, 전체 페이지를 이미지로 변환하는 함수를 만듭니다.

- ❷ **두 함수와 화면 UI 연동하기**: PDF 파일을 업로드한 후 선택한 페이지의 미리 보기 화면 UI를

구현하고, 앞서 만든 두 함수와 연동합니다. PDF 파일 업로드에는 4장에서 배웠던 스트림릿의 파일 위젯[st.file_uploader()]을 이용합니다.

❸ **PDF 번역/요약 기능 구현하기:** 페이지별로 프롬프트의 내용에 맞게 번역 및 요약하는 기능을 구현합니다.

8.2 프로그램 만들기

다음 명령으로 가상 환경을 활성화합니다. 가상 환경이 활성화된 상태라면 생략하고 넘어갑니다.

```
터미널
> venv\scripts\activate  ------ 윈도우
> source venv/bin/activate  --- 맥OS
```

이 프로그램에 필요한 패키지는 streamlit, openai, pymupdf입니다. streamlit, openai 패키지는 앞에서 설치했으니 pymupdf 패키지만 설치하면 됩니다.

```
터미널
> pip install pymupdf
```

8.2.1 텍스트 추출 함수와 이미지 변환 함수 만들기

pymupdf 패키지를 이용하면 다음과 같은 작업을 수행할 수 있습니다.

❶ PDF의 전체 텍스트 추출하기

❷ PDF 페이지 단위로 텍스트 읽고 처리하기

❸ PDF 페이지를 이미지로 변환하기

❹ PDF 내 이미지 불러오기

PDF 번역/요약 프로그램은 페이지별로 텍스트를 가져와 요약하기 때문에 **페이지 단위로 텍스트를 처리하는 기능**이 필요합니다. 또한 미리 보기를 제공하기 때문에 **각 페이지를 이미지로 변환하는 기능**도 필요합니다. 이는 pymupdf 패키지로 할 수 있는 작업 중 ❷번과 ❸번에 해당하며, 이 프로그램에서는 그러한 기능을 함수로 구현합니다.

그림 8-3 텍스트 추출 함수와 이미지 변환 함수

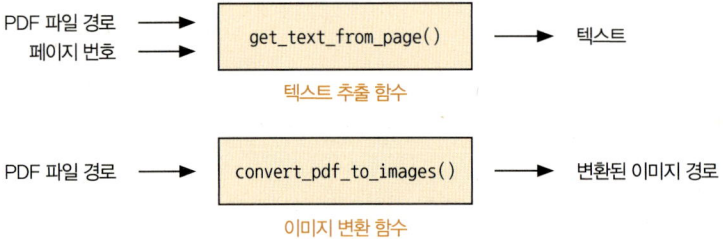

① **텍스트 추출 함수:** PDF 파일의 경로와 페이지 번호를 입력받아 해당 페이지의 텍스트를 반환하는 함수로, 함수명이 get_text_from_page()입니다.

② **이미지 변환 함수:** PDF 파일의 경로를 입력받아 모든 페이지를 이미지로 저장한 후 이미지 저장 경로를 반환하는 함수로, 함수명이 convert_pdf_to_images()입니다.

> **NOTE 함수명 작명 원칙**
>
> 함수가 어떤 동작을 수행하는지 명확하게 드러나도록 다음 원칙을 참고해 함수명을 정하세요.
>
> - 함수는 특정 동작을 수행하기 때문에 get, convert와 같은 동사로 시작하는 것이 좋습니다.
> - 함수명만 보고도 어떤 기능을 하는지 알 수 있도록 간결하고 직관적으로 짓는 것이 좋습니다.
> - 여러 단어로 이뤄진 함수명의 경우 _(언더바)로 단어를 구분해 가독성을 높입니다.
>
> 예를 들어 get_text_from_page()는 '페이지에서 텍스트를 가져온다'는 의미를, convert_pdf_to_images()는 'PDF를 이미지로 변환한다'는 의미를 명확하게 드러냅니다.

실습에 사용할 PDF 파일은 위키피디아의 **prompt_engineering.pdf**입니다.

그림 8-4 prompt_engineering.pdf 파일

이 파일은 **소스 코드 > resource > prompt_engineering.pdf**에 들어 있습니다. 해당 파일을 복사해 ai_program 폴더에 붙여넣고 파일명을 **sample.pdf**로 변경합니다.

그림 8-5 sample.pdf 붙여넣기

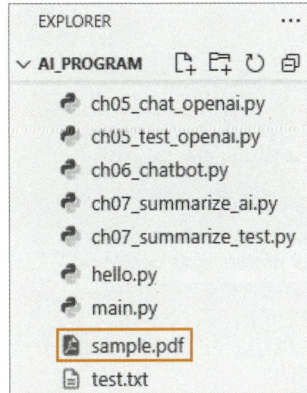

텍스트 추출 함수 만들기

ch08_pdf_test.py 파일을 생성하고, **소스 코드 > resource > ch08_pdf_test.txt**에서 **텍스트 추출 함수 만들기** 코드를 복사해 붙여넣은 후 저장합니다. 이는 sample.pdf 파일을 불러와 1번 페이지의 텍스트를 출력하는 코드입니다.

ch08_pdf_test.py
```python
import pymupdf  # (1) pymupdf 패키지 불러오기

# (2) 텍스트 추출 함수 정의
def get_text_from_page(pdf_data, page_number):
    document = pymupdf.open(pdf_data)      # PDF 파일 열기
    page = document[page_number-1]         # 페이지 가져오기
    return page.get_text()                 # 텍스트 추출 후 반환

# (3) PDF 파일 경로와 페이지 번호 저장
pdf_data = "sample.pdf"  # PDF 파일 경로 저장
page_number = 1          # 페이지 번호 저장

# (4) 텍스트 추출 함수 호출 및 결과 출력
pdf_text = get_text_from_page(pdf_data, page_number)
print(pdf_text)
```

> **TIP** pymupdf 패키지를 설치했는데도 import 문의 pymupdf가 물결로 표시된다면 패키지가 가상 환경이 아닌 전역 환경에 설치됐을 가능성이 있습니다. 그러한 경우 물결 표시가 있더라도 전역 환경에 설치된 패키지를 참조하므로 코드를 실행하는 데에는 문제가 없습니다. 하지만 이 책에서는 가상 환경을 이용하므로 116쪽의 **NOTE 스트림릿 사용 환경 설정**을 참고해 가상 환경을 설정한 후 실습하기 바랍니다.

python ch08_pdf_test.py 명령으로 프로그램을 실행하면 1번 페이지의 텍스트가 출력됩니다.

그림 8-6 실행 결과

```
(venv) PS C:\Users\gilbut\Desktop\ai_program> python ch08_pdf_test.py
Prompt engineering
Prompt engineering is the process of structuring an instruction that can be interprete
generative AI model.[1][2] A prompt is natural language text describing the task that
perform.[3]
A prompt for a te                       can be a query such
                   dent?"[22]
In 2021, researchers fine-tuned one generatively pretrained model (T0) on performing 1
62 datasets, as each task can have multiple datasets). The model showed good performa
surpassing models trained directly on just performing one task (without pretraining).
In-context learning
History
```

코드의 작동 원리는 다음과 같습니다.

(1) pymupdf 패키지 불러오기: pymupdf 모듈을 불러옵니다.

(2) 텍스트 추출 함수 정의

- 함수의 입력값으로 PDF 파일의 경로(pdf_data)와 페이지 번호(page_number)를 받습니다.

- pymupdf.open(pdf_data)로 PDF 파일을 열고 document 변수에 저장합니다. document는 PDF 파일 전체를 저장하는 리스트로, PDF의 한 페이지를 리스트의 한 요소로 저장합니다. 예를 들어 100페이지짜리 PDF의 경우 document는 100개의 요소로 이뤄진 리스트입니다.

- PDF의 페이지 번호는 1부터 시작하지만 document 리스트는 0부터 시작합니다. 그래서 1페이지에 해당하는 내용이 document[0]에 들어 있고, 2페이지에 해당하는 내용이 document[1]에 들어 있습니다. 즉 page_number보다 1만큼 작은 인덱스에 들어 있으므로 document[page_number-1]을 사용해 정확한 페이지 내용을 가져옵니다.

- page.get_text()로 페이지의 텍스트를 추출한 후 함수의 반환값으로 넘깁니다.

(3) PDF 파일 경로와 페이지 번호 저장: PDF 파일(sample.pdf)의 저장 경로를 pdf_data 변수에 저장하고, 페이지 번호를 page_number 변수에 저장합니다.

(4) 텍스트 추출 함수 호출 및 결과 출력: PDF 파일과 페이지 번호를 넘겨주며 텍스트 추출 함수를 호출하고 그 결과를 받아 출력합니다.

이미지 변환 함수 만들기

PDF 파일의 각 페이지를 이미지로 변환하는 함수를 만들기 위해 다음과 같이 코드를 추가합니다.

```python
import pymupdf  # (1) pymupdf 패키지 불러오기

# (2) 텍스트 추출 함수 정의
def get_text_from_page(pdf_data, page_number):
    document = pymupdf.open(pdf_data)    # PDF 파일 열기
    page = document[page_number-1]       # 페이지 가져오기
    return page.get_text()               # 텍스트 추출 반환

# (5) 이미지 변환 함수 정의
def convert_pdf_to_images(pdf_data):
    document = pymupdf.open(pdf_data)
    # (6) 이미지를 저장할 빈 리스트 생성
    images = []
    # (7) PDF 페이지를 순회하며 이미지로 변환
    for page_num in range(len(document)):
        page = document[page_num]
        pix = page.get_pixmap(dpi=150)           # 이미지 생성
        img_path = f"page_{page_num+1}.png"      # 이미지 저장 경로 설정
        pix.save(img_path)                       # 이미지 저장
        images.append(img_path)                  # 이미지 저장 경로 리스트에 추가
    return images                                # 이미지 저장 경로 리스트 반환

# (3) PDF 파일 경로와 페이지 번호 저장
pdf_data = "sample.pdf"  # PDF 파일 경로 저장
page_number = 1          # 페이지 번호 저장

# (4) 텍스트 추출 함수 호출 및 결과 출력
pdf_text = get_text_from_page(pdf_data, page_number)
print(pdf_text)

# (8) 이미지 변환 함수 호출
convert_pdf_to_images(pdf_data)
```

python ch08_pdf_test.py 명령으로 코드를 실행하면 PDF의 각 페이지가 이미지로 변환돼 작업 중인 폴더에 page_1.png, page_2.png, … 파일로 저장됩니다. 각 파일을 클릭하면 해당 이미지를 볼 수 있습니다.

그림 8-7 실행 결과

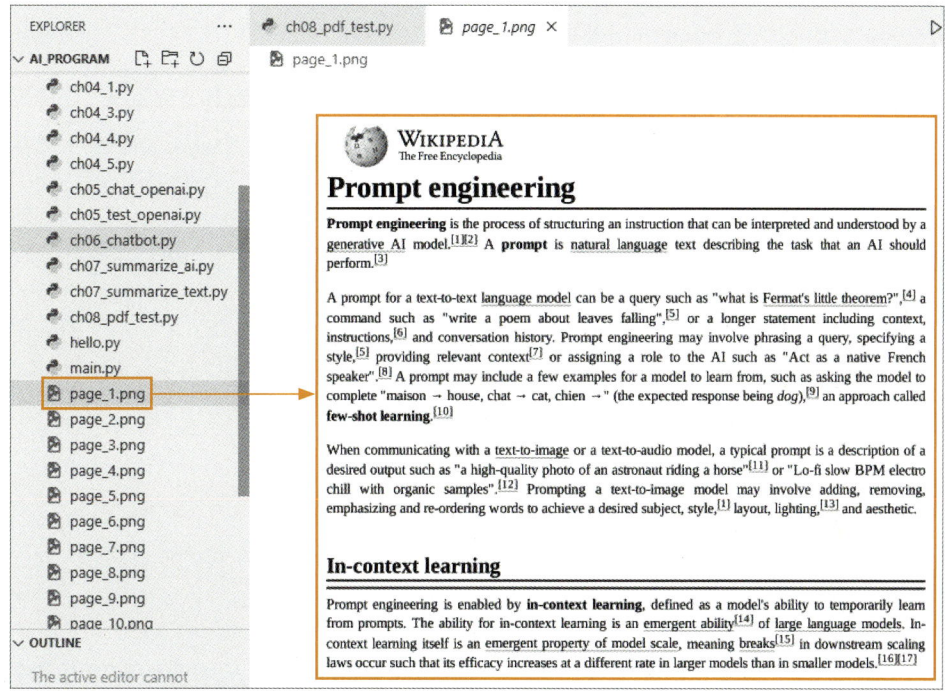

코드가 어떻게 작동하는지 자세히 살펴봅시다.

(5) 이미지 변환 함수 정의: 함수의 입력값으로 PDF 파일의 경로(pdf_data)를 받습니다.

(6) 이미지를 저장할 빈 리스트 생성: 변환된 이미지를 담을 images 리스트를 생성합니다.

(7) PDF 페이지를 순회하며 이미지로 변환

- document는 PDF의 전체 페이지가 저장된 리스트이며, document 리스트의 길이만큼 for 문을 순회합니다.

- 텍스트 추출 함수에서는 page.get_text()로 페이지의 텍스트를 추출했는데, 여기서는 page.get_pixmap(dpi=150)으로 페이지를 이미지로 변환해 pix 변수에 저장합니다. dpi=150은 이미지의 해상도를 의미하며, 이미지의 해상도를 높이고 싶을 때는 더 큰 숫자를 작성하면 됩니다.

- 생성된 이미지를 저장할 경로를 설정해 img_path 변수에 저장합니다. 여기서는 작업 중인 폴더로 설정했는데, 상위 폴더로 설정하려면 ../를 추가해 f"../page_{page_num+1}.png"라고 작성합니다.

- img_path 경로에 있는 이미지를 저장합니다.
- img_path 경로를 images 리스트에 추가합니다.
- for 문을 모두 순회해 PDF의 전체 페이지를 이미지로 변환했다면 전체 페이지의 이미지 저장 경로를 가지고 있는 images 리스트를 반환합니다. 반환받은 images 리스트를 활용하는 방법은 **8.2.2 두 함수와 화면 UI 연동하기**에서 설명하겠습니다.

(8) 이미지 변환 함수 호출: 이미지 변환 함수를 호출해 PDF의 전체 페이지를 이미지로 변환해 저장합니다.

8.2.2 두 함수와 화면 UI 연동하기

사용자가 PDF 파일을 업로드했을 때 PDF 미리 보기와 추출한 텍스트가 화면에 나오도록 텍스트 추출 함수와 이미지 변환 함수를 화면 UI와 연동해봅시다.

ch08_pdf_ai.py 파일을 생성하고, **소스 코드 > resource > ch08_pdf_ai.txt**에서 **8.2.2 두 함수와 화면 UI 연동하기** 코드를 복사해 붙여넣은 후 저장합니다. 이는 기본적인 화면 UI를 구현하는 코드입니다.

ch08_pdf_ai.py

```python
import streamlit as st
import pymupdf

# 텍스트 추출 함수 정의
def get_text_from_page(pdf_data, page_number):
    # (1) 파일 위젯에 맞게 읽는 방식 수정
    document = pymupdf.open(stream=pdf_data, filetype="pdf")
    page = document[page_number - 1]
    return page.get_text()

# 이미지 변환 함수 정의
def convert_pdf_to_images(pdf_data):
    # (1) 파일 위젯에 맞게 읽는 방식 수정
    document = pymupdf.open(stream=pdf_data, filetype="pdf")
    images = []
```

```python
        for page_num in range(len(document)):
            page = document[page_num]
            pix = page.get_pixmap(dpi=150)
            img_path = f"page_{page_num+1}.png"
            pix.save(img_path)
            images.append(img_path)
    return images

def main():
    st.set_page_config(layout="wide")
    with st.sidebar:
        st.title("PDF 번역/요약 프로그램")
        openai_api_key = st.text_input("OpenAI API Key", type="password")
        st.write("[OpenAI API Key 받기](https://platform.openai.com/account/api-keys)")
        # (2) 파일 업로드 위젯 생성
        pdf_file = st.file_uploader("PDF 파일을 업로드하세요.", type=["pdf"])
        # (3) 주요 세션 상태 초깃값 설정
        if "images" not in st.session_state:
            st.session_state.images = []
        if "page_number" not in st.session_state:
            st.session_state.page_number = 1
        # (4) PDF 파일이 업로드된 경우의 조건부 로직
        if pdf_file:
            # (5) 메모리에 PDF의 내용 저장
            pdf_data = pdf_file.read()
            # (6) PDF 페이지를 이미지로 변환
            st.session_state.images = convert_pdf_to_images(pdf_data)
            total_pages = len(st.session_state.images)
            # (7) 페이지 번호 입력 위젯
            st.session_state.page_number = st.number_input(
                "페이지 번호를 선택하세요.",
                min_value=1,
                max_value=total_pages,
                value=1,
            )
    if pdf_file:
        # (8) 열 레이아웃 설정
        left_col, right_col = st.columns([1, 1])
        # (9) 왼쪽 열: 페이지 이미지 표시
        with left_col:
```

```python
            st.subheader("미리 보기")
            st.image(
                st.session_state.images[st.session_state.page_number-1],
                caption=f"Page {st.session_state.page_number}",
                use_container_width=True,
            )
            # (10) 오른쪽 열: 페이지 텍스트 출력
            with right_col:
                st.subheader("텍스트 추출")
                pdf_text = get_text_from_page(pdf_data, st.session_state.page_number)
                st.write(pdf_text)

if __name__ == "__main__":
    main()
```

streamlit run ch08_pdf_ai.py 명령으로 프로그램을 실행합니다. 웹 브라우저의 결과 화면을 보면 사이드바에 파일 업로드 위젯이 있고 [Browse files] 버튼이 있습니다. 이 버튼을 클릭해 **sample.pdf** 파일을 업로드한 후 페이지 번호를 지정하면 왼쪽에 PDF 미리 보기, 오른쪽에 해당 페이지에서 추출한 텍스트가 나타납니다. 사이드바에서 페이지 번호를 변경하면 해당 페이지로 바뀝니다.

그림 8-8 실행 결과

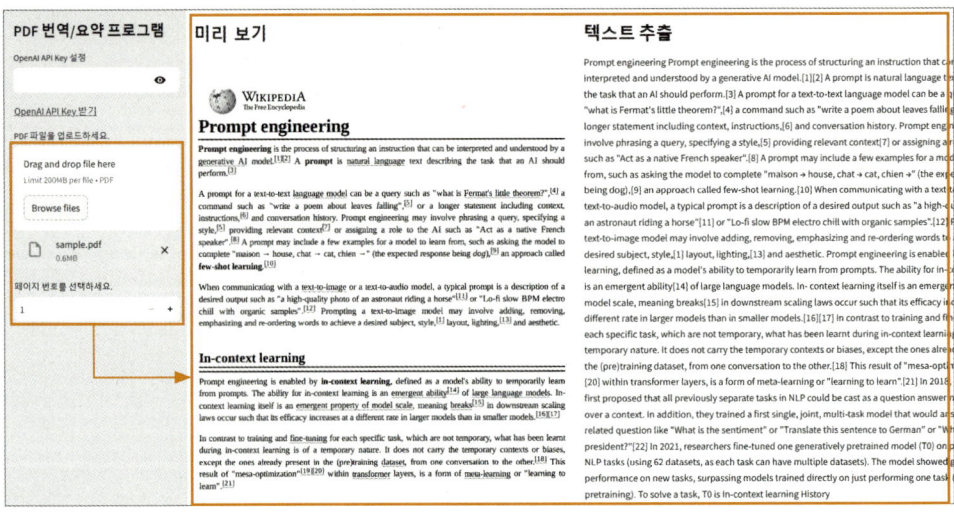

TIP AI 모델을 사용하기 전이라 API Key를 입력하지 않아도 프로그램이 작동합니다.

코드의 작동 원리는 다음과 같습니다.

(1) 파일 위젯에 맞게 읽는 방식 수정

- 텍스트 추출 함수와 이미지 변환 함수는 **8.2.1절**에서 작성한 코드를 그대로 가져다 사용하되 PDF 파일을 여는 방식만 수정합니다.
- 앞에서는 자신의 컴퓨터(디스크)에 저장된 PDF 파일을 열기 위해 pymupdf.open(pdf_data)와 같이 파일 경로(pdf_data)만 작성했습니다. 그러나 지금은 파일 업로드 위젯에 업로드된 PDF 파일을 열어야 하므로 pymupdf.open(stream=pdf_data, filetype="pdf")와 같이 작성합니다. 여기서 stream=pdf_data는 디스크가 아닌 메모리의 PDF 파일을 직접 여는 옵션이고, filetype="pdf"는 데이터가 올바르게 해석되도록 PDF 형식임을 명확하게 지정하는 옵션입니다.

(2) 파일 업로드 위젯 생성: 사용자가 PDF 파일을 업로드할 수 있게 파일 업로드 위젯을 만듭니다. 업로드된 파일은 pdf_file 변수에 저장합니다.

(3) 주요 세션 상태 초깃값 설정: 모든 페이지의 이미지 경로를 담은 images 리스트, 페이지 번호를 담은 page_number 변수를 세션 상태로 선언하고 초깃값을 설정합니다.

(4) PDF 파일이 업로드된 경우의 조건부 로직: PDF 파일이 업로드됐을 때만 작동하는 조건부 로직을 시작합니다.

(5) 메모리에 PDF의 내용 저장: 파일 업로드 위젯에 업로드된 파일은 파일 경로를 저장하는 방식(pdf_data="sample.pdf")으로 다룰 수 없습니다. 대신 업로드된 파일의 내용을 메모리로 읽어와서 저장해야 합니다[pdf_data = pdf_file.read()].

표 8-1 pdf_data = "sample.pdf"와 pdf_data = pdf_file.read()의 차이점

코드	pdf_data에 저장된 내용	파일 여는 방식
pdf_data = "sample.pdf"	파일 경로(문자열)	pymupdf.open("sample.pdf") → 파일을 디스크에서 엶
pdf_data = pdf_file.read()	파일의 바이너리 데이터	pymupdf.open(stream=pdf_data, filetype="pdf") → 파일을 메모리에서 직접 엶

(6) PDF 페이지를 이미지로 변환: 이미지 변환 함수를 호출해 PDF의 전체 페이지를 이미지로 변환하고, 세션 상태로 선언한 images 리스트에 이미지 경로를 저장합니다.

(7) 페이지 번호 입력 위젯: 사용자가 페이지 번호를 입력할 수 있도록 숫자 입력 위젯을 만들고, 입력받은 페이지 번호를 세션 상태로 선언한 page_number 변수에 저장합니다.

(8) 열 레이아웃 설정: 사이드바 오른쪽의 기본 화면에 열 레이아웃을 구성합니다.

(9) 왼쪽 열: 페이지 이미지 표시

- 왼쪽 열에 페이지 이미지를 표시합니다. st.image(파일_경로) 명령을 이용하면 해당 경로에 저장된 이미지를 화면에 표시할 수 있습니다.
- 이미지 캡션(caption="캡션명")과 이미지의 열 너비를 그대로 사용하기 위한 옵션(use_container_width=True)도 설정합니다.

(10) 오른쪽 열: 페이지 텍스트 출력

- 텍스트 추출 함수를 호출해 선택된 페이지의 텍스트를 추출해 화면에 출력합니다.

8.2.3 PDF 번역/요약 기능 구현하기

이 부분은 7장의 문서 요약 프로그램에서 실습한 내용과 비슷합니다. PDF의 내용을 번역 및 요약하는 기능을 구현하기 위해 다음과 같이 코드를 추가합니다.

ch08_pdf_ai.py

```python
import streamlit as st
import pymupdf
from openai import OpenAI

# 텍스트 추출 함수 정의
def get_text_from_page(pdf_data, page_number):
    # (1) 파일 위젯에 맞게 읽는 방식 수정
    document = pymupdf.open(stream=pdf_data, filetype="pdf")
    page = document[page_number - 1]
    return page.get_text()

# 이미지 변환 함수 정의
def convert_pdf_to_images(pdf_data):
    # (1) 파일 위젯에 맞게 읽는 방식 수정
    document = pymupdf.open(stream=pdf_data, filetype="pdf")
```

```python
        images = []
        for page_num in range(len(document)):
            page = document[page_num]
            pix = page.get_pixmap(dpi=150)
            img_path = f"page_{page_num+1}.png"
            pix.save(img_path)
            images.append(img_path)
        return images

def main():
    st.set_page_config(layout="wide")
    with st.sidebar:
        st.title("PDF 번역/요약 프로그램")
        openai_api_key = st.text_input("OpenAI API Key 설정", type="password")
        st.write("[OpenAI API Key 받기](https://platform.openai.com/account/api-keys)")
        # (2) 파일 업로드 위젯 생성
        pdf_file = st.file_uploader("PDF 파일을 업로드하세요.", type=["pdf"])
        # (3) 주요 세션 상태 초깃값 설정
        if "images" not in st.session_state:
            st.session_state.images = []
        if "page_number" not in st.session_state:
            st.session_state.page_number = 1
        # (11) OpenAI 클라이언트 생성
        if openai_api_key:
            client = OpenAI(api_key=openai_api_key)
        # (12) 문서 번역/요약 함수 정의
        def process_text(prompt, text):
            content = prompt + "\n" + text
            response = client.chat.completions.create(
                model="gpt-4o-mini",
                messages=[{"role": "user", "content": content}],
            )
            return response.choices[0].message.content
        # (4) PDF 파일이 업로드된 경우의 조건부 로직
        if pdf_file:
            # (5) 메모리에 PDF의 내용 저장
            pdf_data = pdf_file.read()
            # (6) PDF 페이지를 이미지로 변환
            st.session_state.images = convert_pdf_to_images(pdf_data)
```

```python
        total_pages = len(st.session_state.images)
        # (7) 페이지 번호 입력 위젯
        st.session_state.page_number = st.number_input(
            "페이지 번호를 선택하세요.",
            min_value=1,
            max_value=total_pages,
            value=1,
        )
    if pdf_file:
        # (8) 열 레이아웃 설정
        left_col, right_col = st.columns([1, 1])
        # (9) 왼쪽 열: 페이지 이미지 표시
        with left_col:
            st.subheader("미리 보기")
            st.image(
                st.session_state.images[st.session_state.page_number-1],
                caption=f"Page {st.session_state.page_number}",
                use_container_width=True,
            )
        # (13) 오른쪽 열: 페이지 요약 출력[기존 (10)번 코드를 지우고 작성]
        with right_col:
            st.subheader("PDF 요약")
            pdf_text = get_text_from_page(pdf_data, st.session_state.page_number)
            # (14) 프롬프트 입력 위젯 생성
            start_prompt = """다음 문서를 개조식으로 요약하되 한글로 번역해주세요.
- ~음, ~했음 등의 어조를 사용하세요.
- 가장 중요한 내용을 중심으로 간결하게 요약하세요.
- 마크다운을 이용해 구조화된 요약 결과를 보여주세요.
"""
            prompt = st.text_area(
                "프롬프트 입력:",
                height=120,
                value=start_prompt,
            )
            # (15) 요약 버튼 및 결과 표시
            if st.button("요약"):
                if not client:
                    st.error("유효한 API Key를 입력하세요.")
                elif not pdf_text.strip():
```

```
                st.error("문서를 입력하세요.")
            else:
                with st.spinner("요약 중입니다..."):
                    try:
                        result = process_text(prompt, pdf_text)
                        st.subheader("요약 결과")
                        st.write(result)
                    except Exception as e:
                        st.error(f"오류가 발생했습니다: {e}")

if __name__ == "__main__":
    main()
```

코드를 저장하고 웹 페이지의 새로 고침을 클릭합니다. OpenAI API Key를 입력하고 **sample.pdf** 파일을 업로드한 후 [요약] 버튼을 클릭하면 PDF 파일의 내용을 한글로 번역 및 요약한 결과가 출력됩니다.

그림 8-9 실행 결과

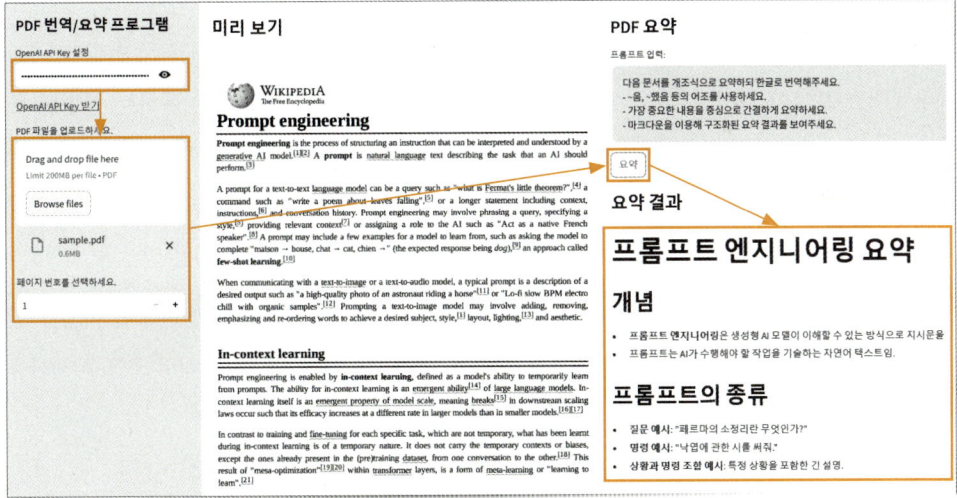

추가된 코드를 주요 기능별로 살펴봅시다.

(11) OpenAI 클라이언트 생성: OpenAI API를 사용하기 위해 클라이언트를 생성합니다.

(12) 문서 번역/요약 함수 정의: 프롬프트와 PDF의 텍스트를 입력값으로 받아 문서 번역 및 요약 결과를 반환하는 함수를 만듭니다.

- **(13), (14) 프롬프트 입력 위젯 생성:** 오른쪽 열에 프롬프트 입력 위젯을 만들고 초기 프롬프트 값을 넣습니다.
- **(15) 요약 버튼 및 결과 표시:** 요약 버튼을 만들고, 버튼을 클릭했을 때 요약 함수를 호출하고 반환값을 받아 출력합니다.

> **NOTE 문서 요약 함수의 재사용**
>
> (11)~(15)번 코드는 7장의 문서 요약 프로그램과 유사합니다. 특히 문서 번역/요약 함수는 이름만 바꿨을뿐[summarize_text() → process_text()] 동일한 코드입니다. 좀 더 일반적인 환경에서 프롬프트와 텍스트를 처리한다는 의미에서 'process(처리하다)'라는 단어를 사용한 것입니다.
>
> 프로그래밍을 할 때는 이처럼 기존 코드를 재사용하는 일이 흔합니다. 입력값과 반환값의 관계가 명확한 함수를 만들어놓으면 재사용하기 쉽습니다. 프롬프트와 텍스트를 입력받아 처리하는 process_text() 함수는 이후의 프로그램에서도 계속 활용됩니다.

지금까지 PDF 파일을 읽어와 미리 보기로 보여주고 특정 페이지의 내용을 번역 및 요약하는 프로그램을 만들었습니다. pymupdf 패키지를 활용해 PDF 파일의 텍스트를 추출하는 함수, 각 페이지를 이미지로 변환하는 함수를 만들었는데, 두 함수는 이 프로그램의 핵심 코드입니다.

사용자가 업로드한 PDF 파일을 열어 처리하기 위해 파일 업로드 위젯을 이용하는 방법도 배웠습니다. 자신의 컴퓨터에 저장된 파일을 열 때는 파일 경로를 활용하지만[pymupdf.open("sample.pdf")], 파일 업로드 위젯으로 업로드된 파일을 열 때는 stream 옵션으로 메모리에서 직접 파일을 엽니다[pymupdf.open(stream=pdf_data, filetype="pdf")].

그리고 문서를 번역 및 요약하기 위해 7장에서 만든 문서 요약 함수를 이용했습니다. 이렇게 함수 단위로 입력값과 반환값의 관계를 명확하게 만들어놓으면 다른 프로그램에서 코드를 재사용할 수 있어 편리합니다.

마무리

1. pymupdf 패키지

pymupdf 패키지를 이용하면 PDF의 전체 텍스트 추출하기, PDF 페이지 단위로 텍스트 읽고 처리하기, PDF 페이지를 이미지로 변환하기, PDF 내 이미지 불러오기 등의 작업을 수행할 수 있습니다.

2. 텍스트 추출 함수

PDF 파일의 경로와 페이지 번호를 입력받아 해당 페이지의 텍스트를 반환합니다.

```python
def get_text_from_page(pdf_data, page_number):
    document = pymupdf.open(pdf_data)
    page = document[page_number-1]
    return page.get_text()
```

3. 이미지 변환 함수

PDF 파일의 경로를 입력받아 모든 페이지를 이미지로 저장한 후 이미지 저장 경로를 반환합니다.

```python
def convert_pdf_to_images(pdf_data):
    document = pymupdf.open(pdf_data)
    images = []
    for page_num in range(len(document)):
```

```
        page = document[page_num]
        pix = page.get_pixmap(dpi=150)
        img_path = f"page_{page_num+1}.png"
        pix.save(img_path)
        images.append(img_path)
    return images
```

4. PDF 파일 여는 방식

디스크에 저장된 PDF 파일을 열 때는 파일 경로를 이용하고, 파일 위젯에 업로드된 파일을 열 때는 메모리에서 직접 파일을 엽니다.

```
# 디스크에서 파일 열기
pdf_data = "sample.pdf"    # 파일 경로 저장
pymupdf.open(pdf_data)
# 메모리에서 직접 열기
pdf_data = pdf_file.read() # 메모리에 PDF의 내용 저장
pymupdf.open(stream=pdf_data, filetype="pdf")
```

9장

AI 텍스트 낭독기 만들기

이 장에서는 텍스트를 음성으로 변환해 들려주는 AI 텍스트 낭독기를 만듭니다. 영어, 일본어 등 언어에 상관없이 어떤 텍스트를 입력해도 정확한 발음으로 읽어주며, 사용자가 음성과 속도 등을 설정할 수 있습니다.

난이도: ★★　　핵심 개념: 텍스트-음성 변환　　사용 모델: TTS

9.1 프로그램 소개

9.1.1 실행 화면 미리 보기

이 장에서 개발할 프로그램은 텍스트를 입력하면 정확한 발음으로 읽어주는 AI 낭독기입니다. 다양한 음성을 선택할 수 있고, 말하는 속도를 조절할 수 있으며, [MP3 다운로드] 버튼을 클릭하면 음성 파일을 내려받을 수도 있습니다. 실행 화면은 다음과 같이 크게 세 부분으로 나뉩니다.

그림 9-1 AI 텍스트 낭독기 실행 화면

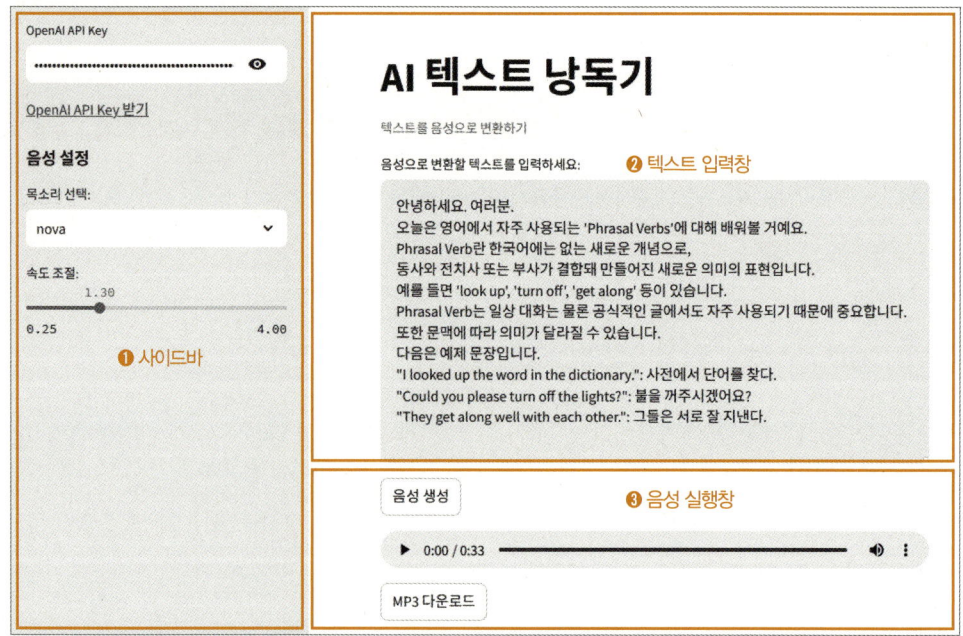

❶ **사이드바:** OpenAI API Key를 입력하고 AI의 음성 종류 선택, 속도 조절이 가능합니다.

❷ **텍스트 입력창:** 음성으로 변환하고 싶은 텍스트를 입력합니다. 영어, 일본어 등 언어에 상관없이 어떤 텍스트를 입력해도 AI가 정확한 발음으로 읽어줍니다.

❸ **음성 실행창:** [음성 생성] 버튼을 클릭해 음성을 재생하고, [MP3 다운로드] 버튼을 클릭해 음성 파일을 내려받습니다.

9.1.2 프로그램의 핵심 포인트

6~8장에서는 챗GPT를 사용할 때처럼 텍스트를 입력하면 텍스트로 답변하는 프로그램을 만들었습니다. 이 장에서는 텍스트를 입력하면 음성으로 변환하는 **TTS**(Text To Speech, 텍스트-음성 변환) 기능을 갖춘 프로그램을 만듭니다. 완성된 프로그램을 실행해보면 알겠지만, 마치 사람이 말하는 것처럼 자연스러운 음성을 들을 수 있습니다.

이러한 텍스트-음성 변환 기능을 활용하면 다양한 일을 할 수 있습니다.

❶ **교육 자료를 음성으로 변환:** 텍스트로 이뤄진 교육 자료나 강의 교안을 음성 자료로 변환할 수 있습니다. 운전을 하거나 길을 걸을 때와 같이 화면을 보며 공부하기 어려운 상황에 유용합니다.

❷ **AI 음성 비서:** 음성으로 답변하는 AI 비서를 만들 수 있습니다.

❸ **영상 콘텐츠 제작:** 별도로 목소리를 녹음하지 않고도 스크립트만 있으면 음성 파일을 만들 수 있습니다. 유튜브나 SNS의 영상 콘텐츠를 제작할 때 유용합니다.

9.1.3 개발 단계 한눈에 보기

AI 텍스트 낭독기는 다음과 같이 3단계로 개발합니다.

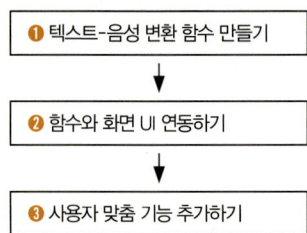

그림 9-2 AI 텍스트 낭독기의 개발 단계

❶ **텍스트-음성 변환 함수 만들기**: OpenAI의 TTS 모델을 사용해 텍스트를 음성으로 변환하는 함수를 만듭니다.

❷ **함수와 화면 UI 연동하기**: 텍스트-음성 변환 함수와 화면 UI를 연동해 입력된 텍스트를 음성으로 재생하는 화면을 만듭니다.

❸ **사용자 맞춤 기능 추가하기**: 음성 종류 선택, 음성 속도 조절, 음성 파일 다운로드 기능을 추가합니다.

9.2 프로그램 만들기

다음 명령으로 가상 환경을 활성화합니다. 가상 환경이 활성화된 상태라면 생략하고 넘어갑니다.

```
터미널
> venv\scripts\activate ------ 윈도우
> source venv/bin/activate --- 맥OS
```

이 프로그램에 필요한 패키지는 streamlit, openai이며 둘 다 앞에서 설치했습니다.

9.2.1 텍스트-음성 변환 함수 만들기

어떻게 텍스트를 음성 파일로 변환하는지 이해하기 위해 간단한 예제 코드를 살펴봅시다. **ch09_audio_test.py** 파일을 생성하고, **소스 코드 > resource > ch09_audio_test.txt**에서 코드를 복사해 붙여넣은 후 저장합니다.

ch09_audio_test.py
```python
from openai import OpenAI

# (1) OpenAI 클라이언트 생성
OPENAI_API_KEY = "API_Key_입력" --- 여기에 OpenAI API Key 입력
client = OpenAI(api_key=OPENAI_API_KEY)

# (2) 음성 파일 경로 설정
speech_file_path = "AI음성.mp3"
```

```python
# (3) API 요청 및 응답
response = client.audio.speech.create(
    model="tts-1",   # TTS 모델 설정
    voice="alloy",   # 음성 종류 선택
    input="파이썬의 세계에 오신 것을 환영해요!", # 변환할 텍스트 입력
)

# (4) 음성 파일 저장
with open(speech_file_path, "wb") as audio_file:
    audio_file.write(response.content)
```

python ch09_audio_test.py 명령으로 코드를 실행하면 현재 폴더에 **AI음성.mp3** 파일이 생성되고, 파일을 클릭해 재생하면 '파이썬의 세계에 오신 것을 환영해요!'라는 음성이 들립니다.

그림 9-3 실행 결과

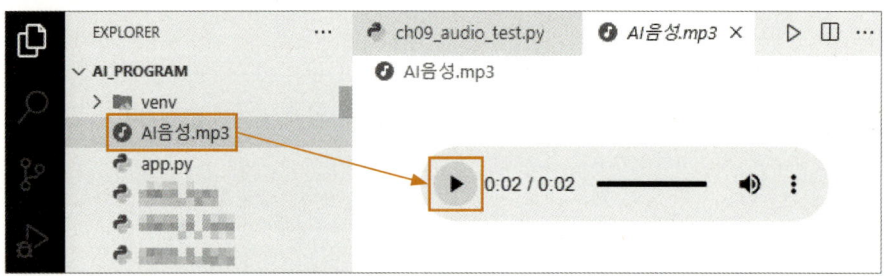

코드의 작동 원리는 다음과 같습니다.

(1) **OpenAI 클라이언트 생성:** 텍스트-음성 변환은 지금까지 사용한 AI 모델(gpt-4o 또는 gpt-4o-mini)이 아닌 **tts-1 모델**을 사용합니다. 하지만 별 차이가 없습니다. tts-1 모델 역시 API로 요청과 응답을 주고받기 때문에 클라이언트를 생성합니다.

(2) **음성 파일 경로 설정:** 생성된 음성 파일의 저장 경로를 설정하고 이를 speech_file_path 변수에 저장합니다.

(3) **API 요청 및 응답**

- 그동안 채팅 형식으로 응답받기 위해 client.chat.completions.create 명령으로 텍스트 생성을 요청했다면, 여기서는 음성을 응답받아야 하므로 client.audio.speech.create 명령으로 텍스트-음성 변환을 요청합니다.

- 요청 시 인자로 AI 모델(model), 음성 종류(voice), 음성으로 변환할 텍스트(input)를 보내고, 변환된 음성 데이터를 응답받아 response 변수에 저장합니다.

(4) 음성 파일 저장: 앞에서 설정한 음성 파일의 경로(speech_file_path)에 음성 데이터를 저장합니다.

> **NOTE** **with open 문**
>
> 파이썬에서 파일을 만든 후 데이터를 저장할 때는 with open 문을 사용합니다. 예를 들어 다음 코드를 실행하면 "안녕 파이썬!"이라는 텍스트가 result.txt 파일에 저장됩니다.
>
> ```
> with open("result.txt", "w") as f:     ── ①
>     f.write("안녕 파이썬!")            ── ②
> ```
>
> ① result.txt 파일을 쓰기 모드(w, 파일이 없으면 새로 생성하고 기존 파일이 있으면 덮어씀)로 열고, 앞으로 이 파일을 다룰 때 f라는 변수를 사용합니다.
>
> ② 이 파일(f)에 "안녕 파이썬"을 씁니다.
>
> ch09_audio_test.py의 경우 앞의 예시 코드와 두 가지가 다릅니다.
>
> 첫째, 바이너리 쓰기 모드(wb)로 설정했습니다. 이는 쓰기(write) 모드로 열되, 텍스트가 아닌 바이너리(binary, 0과 1로 이뤄진 데이터) 형식으로 저장하라는 의미입니다. 음성, 이미지 등은 텍스트가 아닌 바이너리 데이터로 저장되기 때문에 이렇게 설정합니다.
>
> 둘째, as f 부분에 f 대신 audio_file이라는 변수명을 사용했습니다. 파일을 가리키는 변수명은 자유롭게 변경할 수 있습니다.

텍스트-음성 변환의 원리를 살펴봤으니 이를 잘 활용할 수 있는 함수를 구현해봅시다. 코드를 다음과 같이 수정합니다. 함수명을 text_to_speech( )로 짓고, 변환하고자 하는 텍스트를 함수의 입력값으로 넣습니다.

ch09_audio_test.py

```python
from openai import OpenAI

# (1) OpenAI 클라이언트 생성
OPENAI_API_KEY = "API_Key_입력 "
client = OpenAI(api_key=OPENAI_API_KEY)
```

```python
# (2) 음성 파일 경로 설정
speech_file_path = "AI음성.mp3"

# (5) 텍스트-음성 변환 함수 정의[기존 (3), (4)번 코드를 함수 안에 넣기]
def text_to_speech(text):
    # (3) API 요청 및 응답
    response = client.audio.speech.create(
        model="tts-1",      # TTS 모델 설정
        voice="alloy",      # 음성 종류 선택
        input=text,         # 함수의 입력값 전달
    )
    # (4) 음성 파일 저장
    with open(speech_file_path, "wb") as audio_file:
        audio_file.write(response.content)

# (6) 텍스트-음성 변환 함수 호출
text_to_speech("파이썬의 세계에 오신 것을 환영해요!")
```

python ch09_audio_test.py 명령으로 코드를 실행하면 같은 결과가 나옵니다. 음성 파일을 저장할 때 바이너리 쓰기 모드(wb)로 설정했기 때문에 앞서 만든 AI음성.mp3 파일에 덮어씁니다.

코드에서 바뀐 부분은 다음과 같습니다.

(5) 텍스트-음성 변환 함수 정의

- text_to_speech( ) 함수를 선언하고 기존 (3), (4)번 코드를 함수 안에 넣습니다.
- API 요청 시 함수의 입력값 text를 데이터로 전달합니다(input=text).

(6) 텍스트-음성 변환 함수 호출: 음성으로 변환할 텍스트("파이썬의 세계에 오신 것을 환영해요!")를 입력값으로 전달하며 텍스트-음성 변환 함수를 호출합니다.

9.2.2 함수와 화면 UI 연동하기

이제 스트림릿으로 전체 화면 UI를 만들고 텍스트-음성 변환 함수와 연동해보겠습니다. **ch09_audio_ai.py** 파일을 생성하고, **소스 코드 > resource > ch09_audio_ai.txt**에서 **9.2.2 함수와 화**

면 UI 연동하기 코드를 복사해 붙여넣은 후 저장합니다.

ch09_audio_ai.py

```python
import streamlit as st
from openai import OpenAI

# (1) 텍스트-음성 변환 함수 정의
def text_to_speech(client, text):
    response = client.audio.speech.create(
        model="tts-1",
        voice="alloy",
        input=text,
    )
    speech_file_path = "AI음성.mp3"
    with open(speech_file_path, "wb") as audio_file:
        audio_file.write(response.content)

def main():
    st.set_page_config(layout="wide")
    st.title("AI 텍스트 낭독기")
    st.caption("텍스트를 음성으로 변환하기")
    # (2) 사이드바 설정
    with st.sidebar:
        openai_api_key = st.text_input("OpenAI API Key", type="password")
        st.write("[OpenAI API Key 받기](https://platform.openai.com/account/api-keys)")
    # (3) 텍스트 입력 위젯 추가
    default_user_input = """안녕하세요. 여러분.
OpenAI를 활용한 음성 변환 프로그램입니다.
텍스트를 입력하고 음성을 들어보세요.
"""
    user_input = st.text_area(
        "음성으로 변환할 텍스트를 입력하세요:",
        value=default_user_input,
        height=300,
    )
    # (4) 음성 생성 버튼 추가
    if st.button("음성 생성"):
        if not openai_api_key:
            st.info("계속하려면 API Key를 추가하세요.")
            st.stop()
```

```python
        if not user_input.strip():
            st.warning("음성으로 변환할 텍스트를 입력하세요.")
            st.stop()
        # (5) OpenAI 클라이언트 생성
        client = OpenAI(api_key=openai_api_key)
        # (6) 텍스트-음성 변환 함수 호출
        text_to_speech(client, user_input)
        # (7) 음성 파일을 오디오 위젯으로 출력
        with open("AI음성.mp3", "rb") as audio_file:
            audio_data = audio_file.read()
            st.audio(data=audio_data, format="audio/mpeg")

if __name__ == "__main__":
    main()
```

streamlit run ch09_audio_ai.py 명령으로 프로그램을 실행하면 화면 왼쪽 사이드바에 API Key 입력란이, 오른쪽에 음성으로 변환할 텍스트 입력란이 나타납니다. API Key를 입력하고 [음성 생성] 버튼을 클릭해보세요. 오디오 위젯이 표시되고, 재생(▶) 버튼을 클릭하면 음성이 나옵니다.

그림 9-4 실행 결과

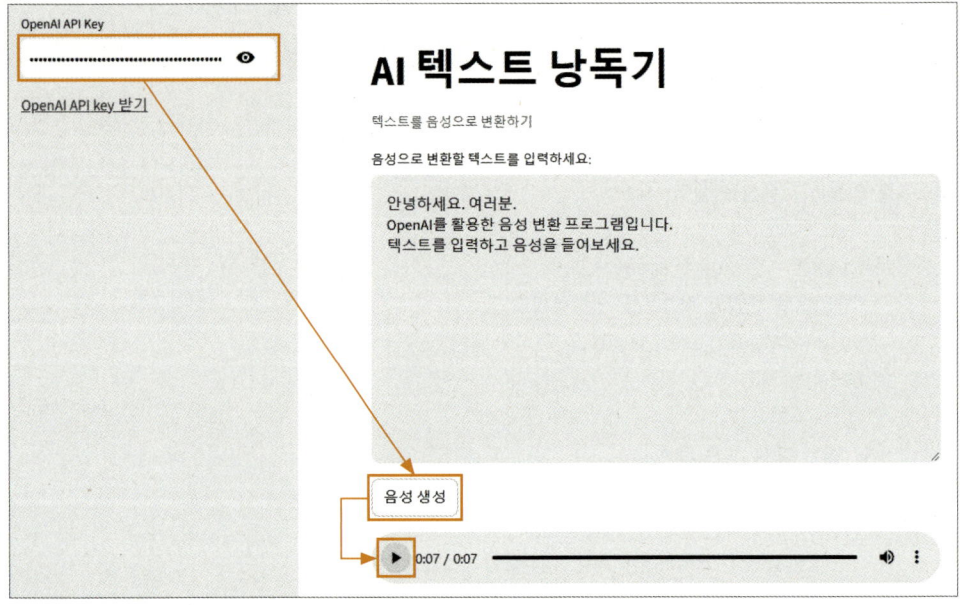

주요 코드를 자세히 살펴봅시다.

(1) **텍스트-음성 변환 함수 정의:** 텍스트-음성 변환 함수를 정의합니다. 이 함수는 **9.2.1절**에서 만든 함수와 달리 client를 추가로 입력받습니다. 아직 OpenAI 클라이언트를 생성하지 않았기 때문에 나중에 API Key를 입력받아 만든 클라이언트를 함수에 활용할 것입니다.

(2) **사이드바 설정:** 사이드바를 만들고 API Key 입력 위젯을 추가합니다.

(3) **텍스트 입력 위젯 추가:** 음성으로 변환할 텍스트를 입력하기 위한 위젯을 만듭니다. 간단한 안내 문구를 기본값으로 넣고, 예문이 충분히 보이도록 st.text_area() 위젯을 이용합니다.

(4) **음성 생성 버튼 추가:** [음성 생성] 버튼을 만들고, 이 버튼을 클릭하면 입력된 텍스트를 음성으로 변환합니다. 이 과정에서 OpenAI API Key 입력란과 변환할 텍스트 입력란이 비어 있으면 경고 메시지를 띄우고 이하 코드의 실행을 중단합니다.

(5) **OpenAI 클라이언트 생성:** 사용자가 입력한 API Key를 기반으로 OpenAI 클라이언트를 생성하고 초기화합니다. 이 클라이언트를 텍스트-음성 변환 함수의 입력값으로 보내 TTS 모델에 텍스트-음성 변환을 요청합니다.

(6) **텍스트-음성 변환 함수 호출:** 텍스트-음성 변환 함수를 호출해 사용자가 입력한 텍스트를 음성 파일로 변환합니다.

(7) **음성 파일을 오디오 위젯으로 출력:** 생성된 **AI음성.mp3** 파일을 읽어와 오디오[st.audio()] 위젯으로 출력합니다.

9.2.3 사용자 맞춤 기능 추가하기

끝으로 사용자 맞춤 기능인 AI의 음성 종류 선택, 음성 속도 조절, 음성 파일 다운로드 기능을 구현하기 위해 다음과 같이 코드를 추가합니다.

ch09_audio_ai.py

```
import streamlit as st
from openai import OpenAI

# (1) 텍스트-음성 변환 함수 수정[기존 (1)번 코드 수정]
def text_to_speech(client, text, voice, speed):
```

```python
        response = client.audio.speech.create(
            model="tts-1",
            voice=voice,
            input=text,
            speed=speed,
        )
        speech_file_path = "AI음성.mp3"
        with open(speech_file_path, "wb") as audio_file:
            audio_file.write(response.content)

def main():
    st.set_page_config(layout="wide")
    st.title("AI 텍스트 낭독기")
    st.caption("텍스트를 음성으로 변환하기")
    # (2) 사이드바 설정
    with st.sidebar:
        openai_api_key = st.text_input("OpenAI API Key", type="password")
        st.write("[OpenAI API Key 받기](https://platform.openai.com/account/api-keys)")
        # (8) 음성 종류 선택
        st.subheader("음성 설정")
        voice = st.selectbox(
            "목소리 선택:",
            [
                "alloy",
                "ash",
                "coral",
                "echo",
                "fable",
                "onyx",
                "nova",
                "sage",
                "shimmer",
            ],
        )
        # (9) 음성 속도 조절
        speed = st.slider("속도 조절:", 0.25, 4.0, 1.0)
    # (10) 텍스트 입력 위젯 수정[기존 (3)번 코드 수정]
    default_user_input = """안녕하세요. 여러분.
오늘은 영어에서 자주 사용되는 'Phrasal Verb'에 대해 배워볼 거예요.
Phrasal Verb란 한국어에는 없는 새로운 개념으로,
```

```
동사와 전치사 또는 부사가 결합돼 만들어진 새로운 의미의 표현입니다.
예를 들면 'look up', 'turn off', 'get along' 등이 있습니다.
Phrasal Verb는 일상 대화는 물론 공식적인 글에서도 자주 사용되기 때문에 중요합니다.
또한 문맥에 따라 의미가 달라질 수 있습니다.
다음은 예제 문장입니다.
"I looked up the word in the dictionary.": 사전에서 단어를 찾다.
"Could you please turn off the lights?": 불을 꺼주시겠어요?
"They get along well with each other.": 그들은 서로 잘 지낸다.
"""
    user_input = st.text_area(
        "음성으로 변환할 텍스트를 입력하세요:",
        value=default_user_input,
        height=300,
    )
    # (4) 음성 생성 버튼 추가
    if st.button("음성 생성"):
        if not openai_api_key:
            st.info("계속하려면 API Key를 추가하세요.")
            st.stop()
        if not user_input.strip():
            st.warning("음성으로 변환할 텍스트를 입력하세요.")
            st.stop()
        # (5) OpenAI 클라이언트 생성
        client = OpenAI(api_key=openai_api_key)
        # (6) 텍스트-음성 변환 함수 호출[기존 (6)번 코드 수정]
        text_to_speech(client, user_input, voice, speed)
        # (7) 음성 파일을 오디오 위젯으로 출력
        with open("AI음성.mp3", "rb") as audio_file:
            audio_data = audio_file.read()
            st.audio(data=audio_data, format="audio/mpeg")
        # (11) 다운로드 버튼 추가
        st.download_button(
            label="MP3 다운로드",      # 버튼에 표시할 텍스트
            data=audio_data,           # 다운로드할 데이터
            file_name="AI음성.mp3",    # 다운로드 후 저장할 파일명
        )

if __name__ == "__main__":
    main()
```

코드를 저장하고 웹 페이지를 새로 고침 합니다. 사이드바에서 원하는 목소리를 선택하고 속도 조절 슬라이더를 조정한 후 [음성 생성] 버튼을 클릭해보세요. 정확한 발음으로 텍스트를 읽어주는 AI 음성을 들을 수 있습니다. [MP3 다운로드] 버튼을 클릭하면 **다운로드** 폴더에 **AI음성.mp3** 파일이 다운로드됩니다.

그림 9-5 실행 결과

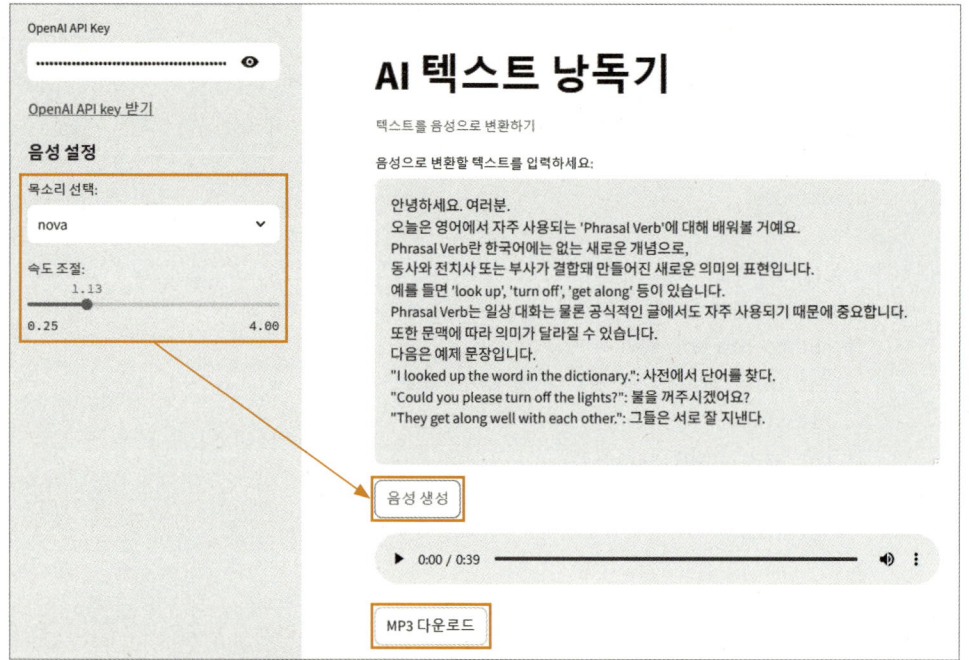

추가된 코드를 자세히 살펴봅시다.

(1) **텍스트-음성 변환 함수 수정:** 함수에 입력값 voice, speed를 추가합니다. 이 두 값은 API 요청 시 TTS 모델에 전달돼 음성의 종류와 재생 속도를 결정합니다.

(8) **음성 종류 선택:** 사이드바에 음성 종류 선택 박스 위젯[st.selectbox()]을 추가합니다. OpenAI에서 제공하는 음성의 종류는 https://platform.openai.com/docs/guides/text-to-speech에서 확인할 수 있습니다.

(9) **음성 속도 조절:** 음성 속도를 조절할 수 있는 슬라이더 위젯[st.slider()]을 추가합니다. 인자로는 표시 문구(속도 조절:), 최솟값(0.25), 최댓값(4.0), 초깃값(1.0)을 전달합니다. 조절된 속도는 speed 변수에 저장하고, 텍스트-음성 변환 함수 호출 시 입력값으로 보냅니다.

(10) 텍스트 입력 위젯 수정: 텍스트 입력 위젯의 기본 문구를 좀 더 길게 수정합니다.

(11) 다운로드 버튼 추가: 다운로드 버튼을 추가합니다. 버튼에 표시할 텍스트(label), 다운로드 할 데이터(data), 다운로드 후 저장할 파일명(file_name)을 설정합니다.

지금까지 OpenAI의 TTS 모델을 활용해 텍스트를 음성으로 변환하는 프로그램을 만들었습니다. 8장까지 사용했던 client.chat.completions.create가 아닌 client.audio.speech.create로 API 요청을 보내고 응답을 받았습니다.

선택 박스[st.selectbox()]와 슬라이더 위젯[st.slider()]을 이용해 사용자가 직접 음성의 종류를 선택하고 재생 속도를 조절하는 방법도 다뤘습니다. 이러한 맞춤형 설정은 사용자 개개인의 요구를 충족하는 동시에 프로그램의 활용성을 높입니다.

마무리

1. 텍스트-음성 변환 함수

클라이언트(client), 음성으로 변환할 텍스트(text), 음성 종류(voice), 음성 속도(speed)를 입력값으로 받아 음성 파일(.mp3)을 만듭니다.

```python
def text_to_speech(client, text, voice, speed):
    response = client.audio.speech.create(
        model="tts-1",
        voice=voice,
        input=text,
        speed=speed,
    )
    speech_file_path = "AI음성.mp3"
    with open(speech_file_path, "wb") as audio_file:
        audio_file.write(response.content)
```

2. 음성 종류 선택 및 음성 속도 조절

- **음성 종류 선택:** 다양한 음성 중에서 선택할 수 있도록 st.selectbox() 위젯을 사용합니다.

- **음성 속도 조절:** 슬라이드를 움직여 값을 선택할 수 있도록 st.slider() 위젯을 사용합니다.

```python
# 음성 종류 선택
voice = st.selectbox(
    "목소리 선택:",
```

```
    ["alloy", "ash", "coral", "echo", "fable", "onyx", "nova", "sage", "shimmer"],
)
# 음성 속도 조절
speed = st.slider("속도 조절:", 0.25, 4.0, 1.0)
```

3. 다운로드 버튼

- 클릭하면 파일을 내려받을 수 있는 다운로드 버튼은 st.download_button() 위젯으로 만듭니다.
- 버튼에 표시할 텍스트(label), 다운로드할 데이터(data), 다운로드 후 저장할 파일명(file_name)을 설정합니다.

```
st.download_button(
    label="MP3 다운로드",        # 버튼에 표시할 텍스트
    data=audio_data,             # 다운로드할 데이터
    file_name="AI음성.mp3",      # 다운로드 후 저장할 파일명
)
```

MEMO

10장

보고서 작성 프로그램 만들기

이 장에서는 원하는 주제를 입력하면 MS워드 문서로 보고서를 작성해주는 프로그램을 만듭니다. 프롬프트를 통해 보고서 텍스트를 생성한 후 MS워드 문서로 저장하는 방법을 알아봅니다.

난이도: ★★★   핵심 개념: 텍스트-문서 변환   사용 모델: GPT

10.1 프로그램 소개

10.1.1 실행 화면 미리 보기

이 장에서 개발할 프로그램은 '생성형 AI의 특징', '생성형 AI가 가져올 변화'와 같이 주제어를 입력하면 보고서를 작성해주는 프로그램입니다. 이 보고서는 원하는 폰트의 종류와 크기를 선택해 MS워드 파일(.docx)로 다운로드할 수 있습니다. 프로그램의 실행 화면은 다음과 같이 크게 세 부분으로 나뉩니다.

그림 10-1 보고서 작성 프로그램 실행 화면

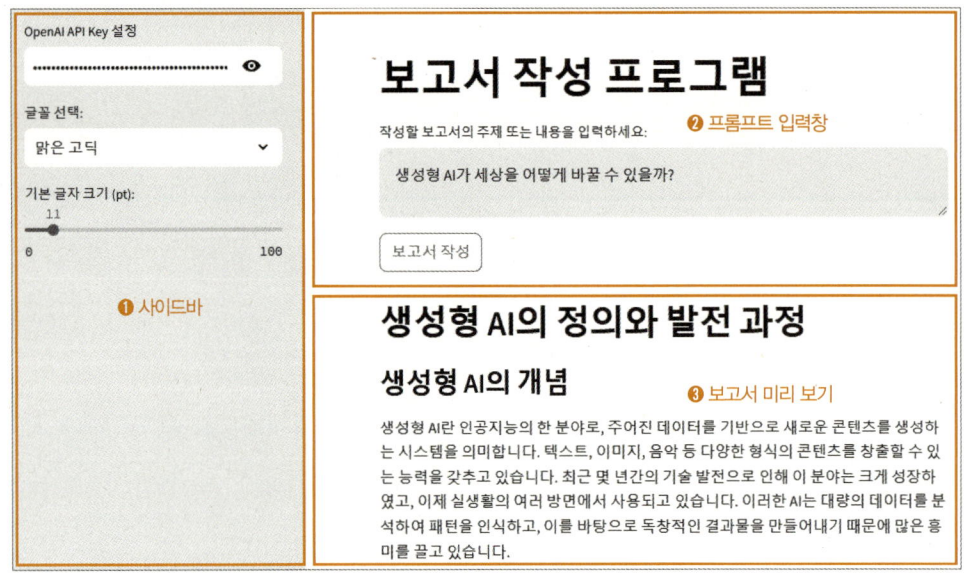

❶ **사이드바:** OpenAI API Key를 입력하고 MS워드 문서의 폰트 종류 및 크기를 설정합니다.

❷ **프롬프트 입력창:** 작성할 보고서의 주제를 나타내는 키워드나 문장을 프롬프트로 입력합니다.

❸ **보고서 미리 보기:** 생성된 보고서의 내용을 미리 보기로 확인할 수 있습니다. 내용이 마음에 들면 [보고서 다운로드] 버튼을 클릭해 내려받고, 마음에 들지 않으면 프롬프트를 수정해 보고서를 다시 생성합니다.

10.1.2 프로그램의 핵심 포인트

이 프로그램의 핵심 포인트는 **파이썬으로 MS워드 문서 다루는 방법을 익히는 것**입니다. MS워드 문서는 PDF와 함께 보고서, 제안서, 학술 논문 등 다양한 문서를 작성하는 데 사용됩니다. 이 장에서는 파이썬의 python-docx 패키지를 이용해 MS워드 문서를 생성·수정·저장하는 방법을 배웁니다. 8장에서 PDF 문서의 텍스트를 추출해 번역 및 요약하는 방법을 알아봤으니 이 장에서는 텍스트를 생성한 후 MS워드 문서로 저장하는 방법을 알아봅니다.

10.1.3 개발 단계 한눈에 보기

보고서 작성 프로그램은 다음과 같이 3단계로 개발합니다.

그림 10-2 보고서 작성 프로그램의 개발 단계

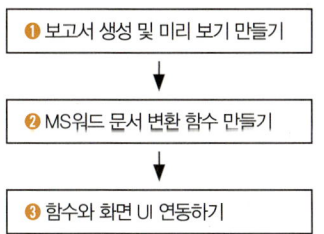

❶ **보고서 생성 및 미리 보기 만들기:** 프롬프트에 따라 보고서를 생성하고 미리 보기로 출력하는 화면을 만듭니다. 마크다운을 활용해 보고서를 체계적으로 작성합니다.

❷ **MS워드 문서 변환 함수 만들기:** python-docx 패키지를 이용해 보고서를 MS워드 문서로 변환하는 함수를 만듭니다.

❸ **함수와 화면 UI 연동하기:** MS워드 문서 변환 함수와 화면 UI를 연동해 프로그램을 완성합니다. MS워드 문서를 다운로드할 때 폰트의 종류와 크기를 설정할 수 있도록 선택 위젯을 추가합니다.

10.2 프로그램 만들기

다음 명령으로 가상 환경을 활성화합니다. 가상 환경이 활성화된 상태라면 생략하고 넘어갑니다.

```
터미널
> venv\scripts\activate      ------ 윈도우
> source venv/bin/activate   --- 맥OS
```

이 프로그램에 필요한 패키지는 streamlit, openai, python-docx입니다. streamlit, openai 패키지는 이미 설치했으니 python-docx 패키지만 설치하면 됩니다. python-docx 패키지를 이용하면 파이썬에서 MS워드 문서를 생성·수정·조회·저장할 수 있습니다.

```
터미널
> pip install python-docx
```

10.2.1 보고서 생성 및 미리 보기 만들기

지금까지 배운 사이드바, 각종 위젯, API 요청 및 응답 기능을 활용해 보고서를 생성하고 미리 보기로 보여주는 화면을 만들어봅시다.

ch10_report_ai.py 파일을 생성하고, **소스 코드 > resource > ch10_report_ai.txt**에서 **10.2.1 보고서 생성 및 미리 보기 만들기** 코드를 복사해 붙여넣은 후 저장합니다.

ch10_report_ai.py

```python
import streamlit as st
from openai import OpenAI

def main():
    st.set_page_config(layout="wide")
    st.title("보고서 작성 프로그램")
    with st.sidebar:
        openai_api_key = st.text_input("OpenAI API Key", type="password")
        # (1) OpenAI 클라이언트 생성
        if openai_api_key:
            client = OpenAI(api_key=openai_api_key)
        # (2) 보고서 작성 함수 정의
        def process_text(prompt, text):
            content = prompt + "\n" + text
            response = client.chat.completions.create(
                model="gpt-4o-mini",
                messages=[{"role": "user", "content": content}],
            )
            return response.choices[0].message.content
    # (3) 보고서 작성을 위한 프롬프트 입력
    prompt = """
    너는 보고서 작성 전문가야.
    다음 형식으로 보고서를 작성해줘.
    - 마크다운을 활용해 체계적으로 작성할 것
    - heading2(##) 3개, 각 heading2 내에서는 heading3(###) 2개로 구성할 것
    - heading2의 내용은 300자 이상으로 작성할 것
    - 목차는 제외할 것
    - 보고서 내용만 응답 결과로 보여줄 것
    """
    default_user_input = """생성형 AI가 세상을 어떻게 바꿀 수 있을까?"""
    user_input = st.text_area(
        "작성할 보고서의 주제 또는 내용을 입력하세요:",
        value=default_user_input,
        height=70,
    )
    # (4) 보고서 작성
    if st.button("보고서 작성"):
        if not openai_api_key:
            st.info("계속하려면 OpenAI API Key를 추가하세요.")
```

```
            st.stop()
        if not user_input.strip():
            st.warning("작성할 보고서의 주제를 입력하세요.")
            st.stop()
        with st.spinner("작성 중..."):
            result = process_text(prompt, user_input)
            st.write(result)

if __name__ == "__main__":
    main()
```

streamlit run ch10_report_ai.py 명령으로 프로그램을 실행합니다. 사이드바에서 OpenAI API Key를 입력하고 [보고서 작성] 버튼을 클릭하면 주제에 대한 보고서가 출력됩니다. 보고서의 내용은 실행할 때마다 달라집니다.

그림 10-3 실행 결과

코드의 작동 원리는 다음과 같습니다.

(1) **OpenAI 클라이언트 생성**: OpenAI API Key를 입력받아 클라이언트를 생성합니다.

(2) 보고서 작성 함수 정의: 7장에서 만들었던 문서 요약 함수와 같은 형태로 보고서 작성 함수를 정의합니다. 입력된 프롬프트(prompt)와 사용자로부터 입력받은 주제(text)를 결합해 최종 프롬프트를 완성한 후 AI 모델에 API 요청을 보내고 응답을 받습니다.

(3) 보고서 작성을 위한 프롬프트 입력: 보고서 작성을 위한 프롬프트를 입력합니다. 마크다운을 활용해 체계적으로 작성하도록 유도하되, heading2 제목(##, 중간 제목)과 heading3 제목(###, 가장 작은 제목)의 개수를 구체적으로 지정합니다. 프롬프트는 원하는 보고서 스타일에 맞게 화면에서 직접 수정할 수 있습니다.

(4) 보고서 작성: [보고서 작성] 버튼을 클릭하면 보고서가 작성되도록 보고서 작성 함수를 호출하고, 반환값을 받아 화면에 출력합니다.

10.2.2 MS워드 문서 변환 함수 만들기

이제 보고서를 MS워드 문서로 변환해봅시다. 파이썬에서 MS워드 문서를 생성·수정·조회·저장할 때는 python-docx 패키지를 사용합니다.

python-docx 패키지 사용법

새 파일을 만들어 python-docx 패키지 사용법을 알아보겠습니다. **ch10_report_test.py** 파일을 생성하고, **소스 코드 > resource > ch10_report_test.txt**에서 python-docx 패키지 사용법 코드를 복사해 붙여넣은 후 저장합니다.

ch10_report_test.py
```
from docx import Document

doc = Document()          # (1) 새 문서 생성
doc.add_paragraph('이것은 샘플입니다.')   # (2) 문단 및 텍스트 추가
doc.save('샘플.docx')     # (3) 문서 저장
```

Ctrl + C를 눌러 실행 중인 스트림릿 프로그램을 중단하고 **python ch10_report_test.py** 명령으로 코드를 실행합니다. ai_program 폴더에 **샘플.docx** 문서가 생성되며, 윈도우 탐색기에서 문서를 열어보면 '이것은 샘플입니다.'라는 내용이 담겨 있습니다. 단 네 줄의 코드로 MS워드

파일을 만든 것입니다.

그림 10-4 실행 결과

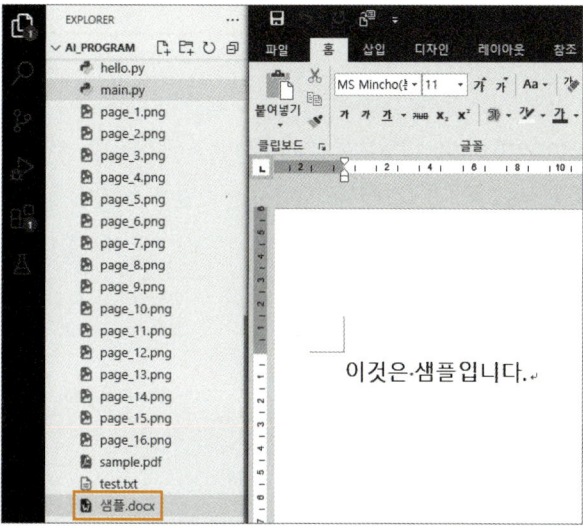

코드를 자세히 살펴봅시다.

(1) **새 문서 생성**: Document() 객체로 새 문서를 생성하고 doc 변수에 저장합니다. doc 변수는 문서 전체를 가리킵니다.

(2) **문단 및 텍스트 추가**: doc 변수가 가리키는 문서에 '이것은 샘플입니다.'라는 문단을 추가합니다.

(3) **문서 저장**: doc 변수가 가리키는 문서를 **샘플.docx**라는 이름으로 저장합니다.

MS워드 문서 변환 함수 만들기

그럼 본격적으로 MS워드 문서 변환 함수를 만들어봅시다. 그런데 그 전에 해야 할 일이 있습니다. 함수의 입력값으로 넣을 마크다운이 포함된 샘플 텍스트를 준비해야 합니다. 앞서 보고서를 만들 때 마크다운을 이용해 제목 체계를 구분했으니 보고서 텍스트를 샘플 텍스트로 사용하겠습니다.

ch10_report_ai.py 파일로 돌아가 다음 코드를 추가합니다. 스트림릿 화면으로 출력되는 보고서의 내용을 터미널로 출력하는 코드입니다.

```
with st.spinner("작성 중..."):
    result = process_text(prompt, user_input)
    print(result)
    st.write(result)
```

코드를 저장하고 **streamlit run ch10_report_ai.py** 명령으로 프로그램을 실행합니다. 보고서 화면에서 OpenAI API Key를 입력하고 [보고서 작성] 버튼을 클릭하면 화면에 보고서 텍스트가 출력됨과 동시에 터미널에도 같은 내용이 나옵니다. 내용 중 두 단락을 드래그해 복사합니다.

그림 10-5 샘플 텍스트 복사

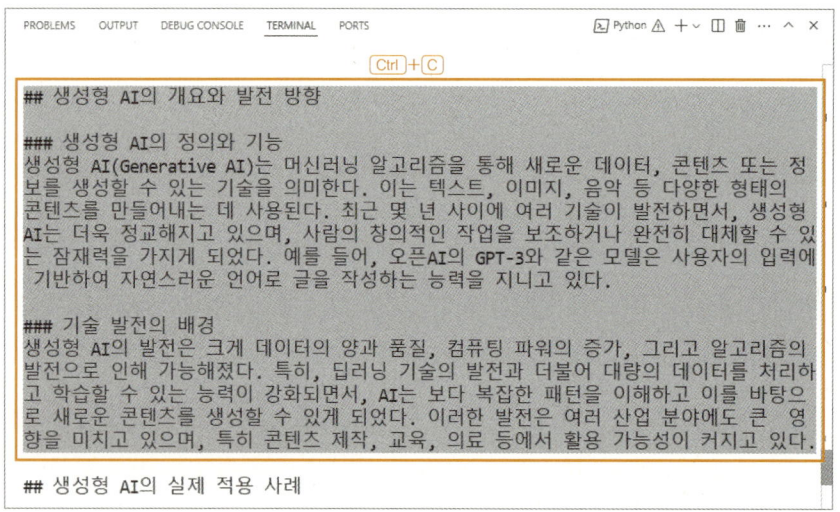

TIP 프로그램을 실행할 때마다 보고서의 내용이 달라지기 때문에 샘플 텍스트가 그림과 다를 수 있습니다.

ch10_report_test.py 파일에서 markdown_input 변수를 만들고, 복사한 내용을 붙여넣습니다. 텍스트가 길게 옆으로 붙는다면 Alt + Z 를 눌러 보기 좋게 줄바꿈하세요.

ch10_report_test.py

```
from docx import Document

markdown_input = '''
## 생성형 AI의 개요와 발전 방향

### 생성형 AI의 정의와 기능
```

생성형 AI(Generative AI)는 머신러닝 알고리즘을 통해 새로운 데이터, 콘텐츠 또는 정보를 생성할 수 있는 기술을 의미한다. 이는 텍스트, 이미지, 음악 등 다양한 형태의 콘텐츠를 만들어내는 데 사용된다. 최근 몇 년 사이에 여러 기술이 발전하면서, 생성형 AI는 더욱 정교해지고 있으며, 사람의 창의적인 작업을 보조하거나 완전히 대체할 수 있는 잠재력을 가지게 되었다. 예를 들어, 오픈AI의 GPT-3와 같은 모델은 사용자의 입력에 기반하여 자연스러운 언어로 글을 작성하는 능력을 지니고 있다.

기술 발전의 배경
생성형 AI의 발전은 크게 데이터의 양과 품질, 컴퓨팅 파워의 증가, 그리고 알고리즘의 발전으로 인해 가능해졌다. 특히, 딥러닝 기술의 발전과 더불어 대량의 데이터를 처리하고 학습할 수 있는 능력이 강화되면서, AI는 보다 복잡한 패턴을 이해하고 이를 바탕으로 새로운 콘텐츠를 생성할 수 있게 되었다. 이러한 발전은 여러 산업 분야에도 큰 영향을 미치고 있으며, 특히 콘텐츠 제작, 교육, 의료 등에서 활용 가능성이 커지고 있다.
'''

```python
doc = Document()          # (1) 새 문서 생성
doc.add_paragraph('이것은 샘플입니다.')  # (2) 문단 및 텍스트 추가
doc.save('샘플.docx')     # (3) 문서 저장
```

샘플 텍스트가 준비됐으니 이제 MS워드 문서 변환 함수를 만들겠습니다. 샘플 텍스트를 제외한 나머지 코드를 다음과 같이 추가한 후 저장합니다.

ch10_report_test.py

```python
from docx import Document
from io import BytesIO
from docx.shared import Pt
from docx.oxml.ns import qn
```

```
markdown_input = '''
## 생성형 AI의 개요와 발전 방향

### 생성형 AI의 정의와 기능
생성형 AI(Generative AI)는 머신러닝 알고리즘을 통해 새로운 데이터, 콘텐츠 또는 정보를 생성할 수 있는 기술을 의미한다. 이는 텍스트, 이미지, 음악 등 다양한 형태의 콘텐츠를 만들어내는 데 사용된다. 최근 몇 년 사이에 여러 기술이 발전하면서, 생성형 AI는 더욱 정교해지고 있으며, 사람의 창의적인 작업을 보조하거나 완전히 대체할 수 있는 잠재력을 가지게 되었다. 예를 들어, 오픈AI의 GPT-3와 같은 모델은 사용자의 입력에 기반하여 자연스러운 언어로 글을 작성하는 능력을 지니고 있다.

### 기술 발전의 배경
생성형 AI의 발전은 크게 데이터의 양과 품질, 컴퓨팅 파워의 증가, 그리고 알고리즘의 발전으로 인해
```

가능해졌다. 특히, 딥러닝 기술의 발전과 더불어 대량의 데이터를 처리하고 학습할 수 있는 능력이 강화되면서, AI는 보다 복잡한 패턴을 이해하고 이를 바탕으로 새로운 콘텐츠를 생성할 수 있게 되었다. 이러한 발전은 여러 산업 분야에도 큰 영향을 미치고 있으며, 특히 콘텐츠 제작, 교육, 의료 등에서 활용 가능성이 커지고 있다.
'''

```python
# (1) MS워드 문서 변환 함수 정의[기존 (1)~(3)번 코드를 지우고 작성]
def markdown_to_docx(markdown_content: str, font_name: str, base_font_size: int):
    doc = Document()
    # (2) 샘플 텍스트를 줄 단위로 분할
    lines = markdown_content.split("\n")
    for line in lines:
        line = line.strip()
        if not line:
            continue
        # (3) 각 줄별로 다른 서식 지정
        # '## '(heading2 제목)로 시작되는 줄 감지
        if line.startswith("## "):
            paragraph = doc.add_paragraph()       # 새 문단(paragraph) 추가
            run = paragraph.add_run(line[3:])     # '## ' 이후 텍스트 추가
            font = run.font                        # run 객체의 font 속성에 접근
            font.size = Pt(base_font_size + 5)    # 폰트 크기 설정
            font.name = font_name                  # 폰트 종류 설정
            font.bold = True                       # 폰트 굵기 설정
            run._element.rPr.rFonts.set(qn('w:eastAsia'), font_name) # 한글 폰트 설정
        # '### '(heading3 제목)로 시작되는 줄 감지
        elif line.startswith("### "):
            paragraph = doc.add_paragraph()
            run = paragraph.add_run(line[4:])
            font = run.font
            font.size = Pt(base_font_size + 3)
            font.name = font_name
            font.bold = True
            run._element.rPr.rFonts.set(qn('w:eastAsia'), font_name)
        # 일반 문단
        else:
            paragraph = doc.add_paragraph()
            run = paragraph.add_run(line)
            font = run.font
            font.size = Pt(base_font_size)
```

```python
            font.name = font_name
            run._element.rPr.rFonts.set(qn('w:eastAsia'), font_name)
    # (4) 문서 객체를 바이트 데이터로 반환
    byte_io = BytesIO()          # 메모리상에서 바이트 데이터를 저장할 객체 생성
    doc.save(byte_io)            # MS워드 문서(docx)를 바이트 스트림(BytesIO)에 저장
    byte_io.seek(0)              # 스트림의 위치를 처음(0)으로 이동
    return byte_io               # 바이트 데이터 반환

# (5) MS워드 문서 변환 함수 호출
font_name = "맑은 고딕"        # 한글 폰트 설정
base_font_size = 12            # 기본 폰트 크기 설정
docx_file = markdown_to_docx(markdown_input, font_name, base_font_size)

# (6) 생성된 파일 저장
with open("샘플워드.docx", "wb") as f:
    f.write(docx_file.read())
```

Ctrl + C 를 눌러 실행 중인 스트림릿 프로그램을 중단하고 **python ch10_report_test.py** 명령으로 코드를 실행합니다. 현재 폴더에 **샘플워드.docx** 파일이 생성되며, 윈도우 탐색기에서 파일을 열어보면 마크다운이 포함된 샘플 텍스트가 MS워드 문서로 변환된 것을 확인할 수 있습니다.

그림 10-6 실행 결과

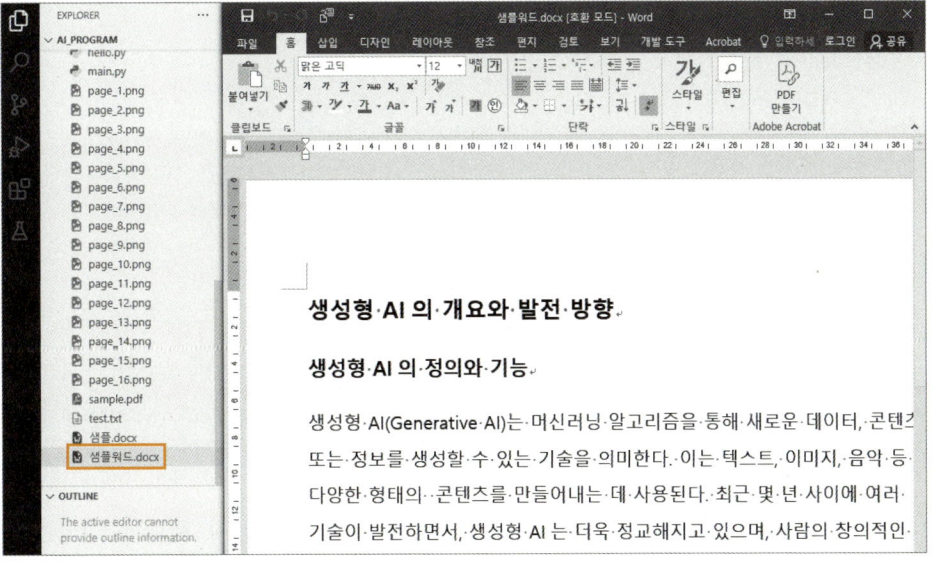

코드의 작동 원리는 다음과 같습니다.

(1) MS워드 문서 변환 함수 정의

- markdown_to_docx() 함수를 만들고 세 개의 입력값을 받습니다.

- 첫 번째 입력값 markdown_content는 마크다운이 포함된 샘플 텍스트로, 이 텍스트를 MS 워드 문서에 저장합니다.

- 두 번째 입력값 font_name은 MS워드 문서의 기본 폰트입니다. 바탕체, 맑은 고딕 등 사용자가 설정한 폰트를 입력받아 MS워드 문서에 적용합니다.

- 세 번째 입력값 base_font_size는 MS워드 문서의 기본 폰트 크기입니다. 사용자가 설정한 폰트 크기를 입력받아 MS워드 문서에 적용합니다.

- 각 입력값의 : 다음에는 자료형을 명시합니다. markdown_content: str과 font_name: str은 샘플 텍스트와 기본 폰트의 자료형을 문자열(str)로 명시한 것이고, base_font_size: int는 기본 폰트 크기의 자료형을 정수형(int)으로 명시한 것입니다. 이렇게 자료형을 명시하는 것을 **타입 힌팅**(type hinting)이라고 하며, 이를 통해 코드의 가독성을 높이고 함수의 입력값을 자료형에 맞게 명확히 전달할 수 있습니다.

▶ 타입 힌팅이 없는 경우와 타입 힌팅을 추가한 경우

```
# 타입 힌팅이 없는 경우
# a와 b의 자료형을 알 수 없음
# add(10, "20")처럼 잘못된 자료형으로 호출하면 런타임 오류 발생
def add(a, b):
    return a + b


# 타입 힌팅을 추가한 경우
# a와 b가 int형임을 알 수 있어 함수의 목적과 사용법을 알고 사용 가능
def add(a: int, b: int):
    return a + b
```

(2) 샘플 텍스트를 줄 단위로 분할: 입력받은 샘플 텍스트(markdown_content)를 줄 단위로 분할해 lines 변수에 저장합니다. split("\n")은 하나의 텍스트를 줄바꿈 문자(\n) 기준으로 잘라 여러 텍스트 요소로 구성된 리스트를 반환합니다.

(3) 각 줄별로 다른 서식 지정: 각 줄을 순회하면서 각 줄이 ##로 시작되는지, ###로 시작되는지, 아무것도 없는 일반 문단인지 확인하고 조건마다 다른 서식을 적용합니다.

이해를 돕기 위해 첫 번째 if 문을 살펴보겠습니다.

```
if line.startswith("## "):  ---------------- ❶
    paragraph = doc.add_paragraph()  ------ ❷
    run = paragraph.add_run(line[3:])  ---- ❸
    font = run.font  ---------------------- ❹
    font.size = Pt(base_font_size + 5)  --- ❺
    font.name = font_name  ---------------- ❻
    font.bold = True  --------------------- ❼
    run._element.rPr.rFonts.set(qn('w:eastAsia'), font_name)  --- ❽
```

❶ '## '(heading2 제목)로 시작되는 줄인지 감지합니다.

❷ MS워드 문서에 새 문단을 추가하고 paragraph 변수에 저장합니다.

❸ line 문자열에서 앞의 세 글자를 제외한 나머지 텍스트 블록('## ' 이후 텍스트)을 가져와 새 문단에 추가하고, 해당 텍스트 블록을 run 변수에 저장합니다.

❹ run이 가리키는 텍스트 블록의 폰트 속성(run.font)을 가져와 font 변수에 저장합니다.

❺ 폰트의 크기를 기본 크기+5pt로 설정합니다.

❻ 폰트의 종류에는 함수의 입력값으로 받은 값을 저장합니다.

❼ 폰트를 굵게 설정합니다.

❽ MS워드에서는 영문 폰트와 한글 폰트를 별도로 관리합니다. 앞의 코드에서 font.name = font_name으로 설정하면 영어는 적용되지만 한글은 font_name이 아닌 기본 폰트로 적용됩니다. 이 문제를 해결하려면 한글 폰트를 따로 지정해야 합니다. MS워드 문서(.docx)는 내부적으로 XML 파일로 구성돼 있으며, XML 파일의 w:eastAsia 속성을 수정해 한글 폰트를 변경합니다.

> **NOTE 문단과 텍스트 블록**
>
> ❷번의 add_paragraph()는 새 문단을 추가하는 명령이고, ❸번의 add_run()은 문단 안에서 개별 서식을 적용할 수 있는 텍스트 블록을 추가하는 명령입니다. MS워드 문서에서 문단과 텍스트 블록은 다른 개념입니다. **문단**은 Enter 를 기준으로 나뉘는 텍스트를, **텍스트 블록**은 문단 내부에서 동일한 서식이 적용된 텍스트를 말합니다. 따라서 문단이 텍스트 블록보다 상위의 개념입니다.

(4) 문서 객체를 바이트 데이터로 반환: 모든 줄을 순회하면 샘플 텍스트가 MS워드 문서로 변환돼 doc 변수에 저장됩니다. 이는 바로 MS워드 파일[예: doc.save('샘플워드.docx')]로 저장할 수 있지만 그렇게 하지 말고 메모리의 바이트 데이터로 저장합니다. 이후 스트림릿의 다운로드 버튼을 클릭해 데이터를 내보내기가 용이하기 때문입니다.

> **NOTE 바이트 데이터**
> 9장에서 음성 파일을 다룰 때 바이너리 쓰기 모드로 바이너리 데이터를 저장했습니다. 바이너리 데이터(binary data)는 0과 1의 비트(bit)로 구성된 데이터 단위입니다. 보통 컴퓨터는 데이터를 8비트씩 묶은 바이트(byte) 단위로 처리하는데, 이렇게 바이트 단위로 구성된 데이터를 **바이트 데이터**(byte data)라고 합니다. 데이터를 바이트 단위로 관리하면 파일을 직접 저장하거나 읽지 않고 서버의 메모리(RAM)에서 임시로 저장하고 이용할 수 있어 처리 속도 면에서 효율적입니다.

10.2.3 함수와 화면 UI 연동하기

ch10_report_ai.py 파일로 돌아가 MS워드 문서 변환 함수와 화면 UI를 연동합니다. 사용자가 폰트의 종류와 크기를 선택하고, [보고서 다운로드] 버튼을 클릭하면 MS워드 문서가 다운로드되도록 다음 코드를 추가한 후 저장합니다.

ch10_report_ai.py

```python
import streamlit as st
from openai import OpenAI
from io import BytesIO
from docx import Document
from docx.shared import Pt
from docx.oxml.ns import qn

# (5) MS워드 문서 변환 함수 정의
def markdown_to_docx(markdown_content: str, font_name: str, base_font_size: int):
    doc = Document()
    lines = markdown_content.split("\n")
    for line in lines:
        line = line.strip()
        if not line:
```

```python
            continue
        if line.startswith("## "):
            paragraph = doc.add_paragraph()
            run = paragraph.add_run(line[3:])
            font = run.font
            font.size = Pt(base_font_size + 3)
            font.name = font_name
            font.bold = True
            run._element.rPr.rFonts.set(qn('w:eastAsia'), font_name)
        elif line.startswith("### "):
            paragraph = doc.add_paragraph()
            run = paragraph.add_run(line[4:])
            font = run.font
            font.size = Pt(base_font_size + 1)
            font.name = font_name
            font.bold = True
            run._element.rPr.rFonts.set(qn('w:eastAsia'), font_name)
        else:
            paragraph = doc.add_paragraph()
            run = paragraph.add_run(line)
            font = run.font
            font.size = Pt(base_font_size)
            font.name = font_name
            run._element.rPr.rFonts.set(qn('w:eastAsia'), font_name)
    byte_io = BytesIO()
    doc.save(byte_io)
    byte_io.seek(0)
    return byte_io

def main():
    st.set_page_config(layout="wide")
    st.title("보고서 작성 프로그램")
    with st.sidebar:
        openai_api_key = st.text_input("OpenAI API Key", type="password")
        # (6) 폰트 종류 및 크기 선택 위젯 추가
        font_name = st.selectbox("글꼴 선택:", ["맑은 고딕", "바탕체"])
        base_font_size = st.slider("기본 글자 크기 (pt):", value=11)
        # (1) OpenAI 클라이언트 생성
        if openai_api_key:
            client = OpenAI(api_key=openai_api_key)
```

```python
# (2) 보고서 작성 함수 정의
def process_text(prompt, text):
    content = prompt + "\n" + text
    response = client.chat.completions.create(
        model="gpt-4o-mini",
        messages=[{"role": "user", "content": content}],
    )
    return response.choices[0].message.content
# (3) 보고서 작성을 위한 프롬프트 입력
prompt = """
너는 보고서 작성 전문가야.
다음 형식으로 보고서를 작성해줘.
- 마크다운을 활용해 체계적으로 작성할 것
- heading2(##) 3개, 각 heading2 내에서는 heading3(###) 2개로 구성할 것
- heading2의 내용은 300자 이상으로 작성할 것
- 목차는 제외할 것
- 보고서 내용만 응답 결과로 보여줄 것
"""
default_user_input = """생성형 AI가 세상을 어떻게 바꿀 수 있을까?"""
user_input = st.text_area(
    "작성할 보고서의 주제 또는 내용을 입력하세요:",
    value=default_user_input,
    height=70,
)
# (4) 보고서 작성
if st.button("보고서 작성"):
    if not openai_api_key:
        st.info("계속하려면 OpenAI API Key를 추가하세요.")
        st.stop()
    if not user_input.strip():
        st.warning("작성할 보고서의 주제를 입력하세요.")
        st.stop()
    with st.spinner("작성 중..."):
        result = process_text(prompt, user_input)
        # (7) 필요 없는 문구 삭제
        # print(result)
        st.write(result)
        # (8) MS워드 문서 변환 함수 호출
        docx_file = markdown_to_docx(result, font_name, base_font_size)
        # (9) 다운로드 버튼 생성
```

```
            st.download_button(
                label="보고서 다운로드",
                data=docx_file,
                file_name="보고서.docx",
            )

if __name__ == "__main__":
    main()
```

streamlit run ch10_report_ai.py 명령으로 프로그램을 실행합니다. 원하는 폰트의 종류와 크기를 설정하고 보고서를 작성한 후 [보고서 다운로드] 버튼을 클릭하면 **보고서.docx**가 다운로드됩니다.

그림 10-7 실행 결과

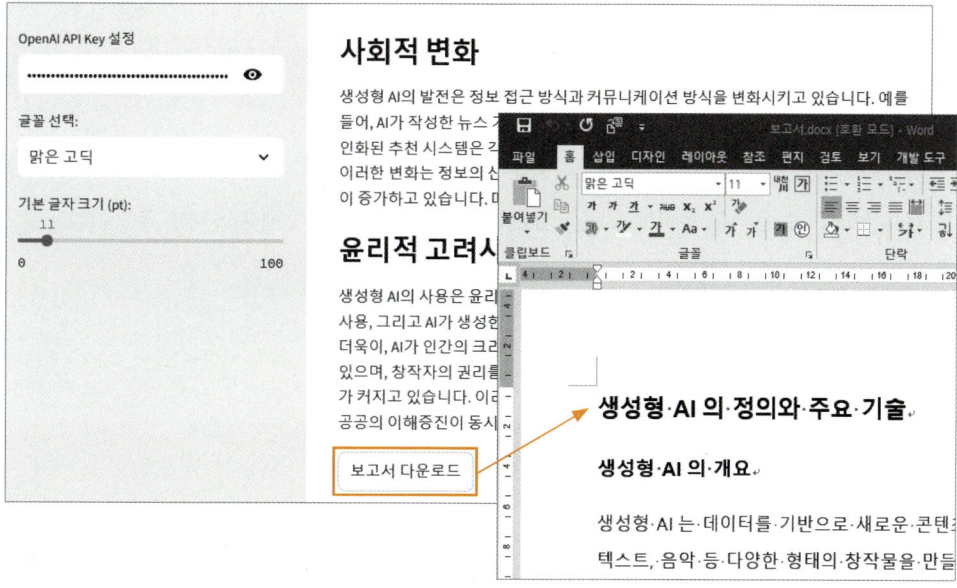

TIP [보고서 다운로드] 버튼을 클릭하면 화면에 출력된 보고서의 내용이 사라집니다. 버튼을 클릭할 때마다 st.download_button으로 인해 프로그램이 재실행돼 result 변수에 저장된 데이터가 소멸되기 때문입니다. 이는 result 변수를 세션 상태로 저장하면 해결할 수 있습니다.

추가된 코드를 자세히 살펴봅시다.

(5) MS워드 문서 변환 함수 정의: 10.2.2절에서 만든 MS워드 문서 변환 함수를 그대로 추가합니다.

- **(6) 폰트 종류 및 크기 선택 위젯 추가:** 폰트의 종류와 크기를 선택하는 위젯을 사이드바에 추가합니다. 사용자가 선택한 폰트의 종류와 크기는 각각 font_name, base_font_size 변수에 저장합니다.

- **(8) MS워드 문서 변환 함수 호출:** AI로 응답받은 보고서 텍스트를 MS워드 문서로 변환하기 위해 함수를 호출합니다. 보고서 텍스트가 저장된 result, 폰트 종류를 지정한 font_name, 폰트 크기를 지정한 base_font_size를 함수의 입력값으로 전달합니다.

- **(9) 다운로드 버튼 생성:** [보고서 다운로드] 버튼을 만듭니다. MS워드 문서 변환 함수의 반환값을 받아 다운로드 데이터로 설정하고, 다운로드한 데이터를 **보고서.docx**로 저장합니다.

이렇게 해서 보고서 작성 프로그램을 완성했습니다. 이 장에서는 python-docx 패키지로 MS워드 문서를 생성·수정·저장하는 방법을 익혔습니다. AI가 생성한 보고서 텍스트를 줄 단위로 구분해 for 문을 순회하며 각 줄마다 다른 서식을 적용했습니다. 그 과정에서 마크다운의 ##, ### 와 같은 제목 서식을 중간 제목과 가장 작은 제목으로, 기본 텍스트를 일반 문단으로 처리하는 방법을 다뤘습니다.

함수의 입력값을 받을 때 타입 힌팅으로 자료형을 명시하는 방법도 배웠습니다. 타입 힌팅은 코드 재사용과 유지·보수를 용이하게 하는 요소이므로 함수를 작성할 때 활용하면 좋습니다.

마무리

1. python-docx 패키지

python-docx 패키지를 이용하면 파이썬에서 MS워드 문서를 생성·수정·조회·저장할 수 있습니다.

```
from docx import Document

doc = Document()          # 새 문서 생성
doc.add_paragraph('이것은 샘플입니다.')  # 문단 및 텍스트 추가
doc.save('샘플.docx')   # 문서 저장
```

2. MS워드 문서 변환 함수

- 샘플 텍스트(markdown_content), 폰트 종류(font_name), 폰트 크기(base_font_size)를 입력받아 MS워드 문서(.docx)를 만듭니다.
- 입력받은 샘플 텍스트는 줄 단위로 분할하고 줄마다 다른 서식을 적용해 바이트 데이터로 변환합니다.
- 최종 데이터를 파일 대신 바이트 데이터로 저장한 것은 사용자가 [보고서 다운로드] 버튼을 클릭했을 때 즉시 다운로드되도록 하기 위함입니다. 이렇게 하면 다운로드 시 파일을 생성하고 불러오는 과정 없이 메모리에서 바로 데이터를 활용할 수 있어 효율적입니다.

```python
def markdown_to_docx(markdown_content: str, font_name: str, base_font_size: int):
    doc = Document()
    # 샘플 텍스트를 줄 단위로 분할
    lines = markdown_content.split("\n")
    for line in lines:
        line = line.strip()
        if not line:
            continue
        # 각 줄별로 다른 서식 지정
        (중략)
    # 문서 객체를 바이트 데이터로 반환
    byte_io = BytesIO()        # 메모리상에서 바이트 데이터를 저장할 객체 생성
    doc.save(byte_io)          # MS워드 문서(docx)를 바이트 스트림(BytesIO)에 저장
    byte_io.seek(0)            # 스트림의 위치를 처음(0)으로 이동
    return byte_io             # 바이트 데이터 반환
```

11장

여행 가이드 프로그램 만들기

이 장에서는 가보고 싶은 도시를 입력하면 자동으로 여행 일정을 짜주는 프로그램을 만듭니다. AI를 활용해 이미지를 생성하고 화면에 표시하는 방법을 배웁니다.

난이도: ★★★   핵심 개념: 이미지 생성   사용 모델: GPT, Dall-E

11.1 프로그램 소개

11.1.1 실행 화면 미리 보기

이 장에서는 여행 가고 싶은 도시를 입력하면 오전, 오후, 저녁으로 나눠 구체적인 여행 계획을 짜고 각 일정에 어울리는 이미지도 보여주는 가이드 프로그램을 만듭니다. 이미지를 통해 여행지의 생생한 분위기를 느낄 수 있습니다. 프로그램의 실행 화면은 다음과 같습니다.

그림 11-1 여행 가이드 프로그램 실행 화면

❶ **사이드바:** OpenAI API Key를 입력합니다.

❷ **여행지 입력창:** 여행 가고 싶은 도시를 입력합니다.

❸ **결과창**: 오전, 오후, 저녁으로 구분된 여행 일정과 각 일정에 어울리는 이미지를 보여줍니다.

11.1.2 프로그램의 핵심 포인트

이 프로그램의 핵심 포인트는 **AI를 이용해 이미지를 생성하는 것**입니다. 10장까지는 AI의 응답으로 텍스트를 생성하는 작업을 했는데, 이 장에서는 OpenAI의 이미지 생성 모델인 **Dall-E**(달리)를 이용해 프롬프트를 입력하면 이미지를 생성해주는 프로그램을 만듭니다. 오전, 오후, 저녁 일정에 맞게 이미지를 생성하고 화면에 표시하는 방법을 알아봅니다.

11.1.3 개발 단계 한눈에 보기

여행 가이드 프로그램은 다음과 같이 4단계로 개발합니다.

그림 11-2 여행 가이드 프로그램의 개발 단계

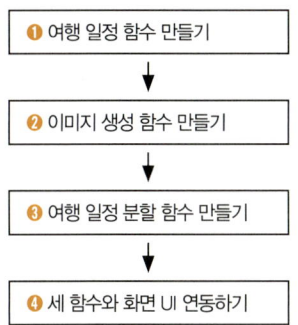

- ❶ **여행 일정 함수 만들기**: 도시를 입력받아 그에 맞는 일정을 짜는 함수를 만듭니다. 프롬프트에 오전, 오후, 저녁으로 구분된 응답 예시를 제시하고 예시대로 여행 일정을 짜도록 유도합니다.

- ❷ **이미지 생성 함수 만들기**: 프롬프트를 입력받아 이미지를 생성하는 함수를 만듭니다. 이미지 생성을 위한 API 요청 및 응답 방법을 알아봅니다.

- ❸ **여행 일정 분할 함수 만들기**: ❶번에서 얻은 여행 일정을 오전, 오후, 저녁 일정으로 분할하는 함수를 만듭니다. 분할한 각 일정을 이미지 생성 함수의 프롬프트로도 활용합니다.

❹ **세 함수와 화면 UI 연동하기:** 여행 일정 함수, 이미지 생성 함수, 여행 일정 분할 함수와 화면 UI를 연동해 오전, 오후, 저녁으로 구분된 여행 일정을 짜고 그에 맞는 이미지를 출력하는 프로그램을 완성합니다.

11.2 프로그램 만들기

다음 명령으로 가상 환경을 활성화합니다. 가상 환경이 활성화된 상태라면 생략하고 넘어갑니다.

```
터미널
> venv\scripts\activate ------ 윈도우
> source venv/bin/activate --- 맥OS
```

이 프로그램에 필요한 패키지는 `streamlit`, `openai`이며 둘 다 이미 설치했습니다.

11.2.1 여행 일정 함수 만들기

도시명을 입력받아 여행 일정을 짜는 함수부터 만들겠습니다. **ch11_travel_test1.py** 파일을 생성하고, **소스 코드 > resource > ch11_travel_test1.txt**에서 코드를 복사해 붙여넣은 후 저장합니다.

ch11_travel_test1.py
```python
import streamlit as st
from openai import OpenAI

# (1) OpenAI 클라이언트 생성
openai_api_key = "API_Key_입력"  ---- 여기에 OpenAI API Key 입력
client = OpenAI(api_key=openai_api_key)

# (2) 여행 일정 함수 정의
```

```
def generate_travel_plan(city):
    # (3) 여행 일정 함수 프롬프트 작성
    prompt = """
    ## 요청 사항
    너는 여행 계획 전문가야.
    - 입력받은 도시에 대해 오전, 오후, 저녁으로 나눠 여행 일정을 작성해.
    - 오전, 오후, 저녁 일정은 반드시 1. 오전:, 2. 오후:, 3. 저녁:으로 시작해.
    - 각 일정마다 4줄씩 bullet point로 작성해.
    - 일정에 대해서만 얘기해.
    - 일정은 구체적이고 친절하게 얘기해.

    ## 응답 예시(도시: 이스탄불)
    1. 오전:
    - 아침 일찍 일어나 블루 모스크(술탄 아흐메트 모스크)를 방문하세요. 오전의 햇살 속에서 더욱 아름답습니다.
    - 블루 모스크 내부의 멋진 타일과 아치형 구조를 감상하며 걸어보세요. 무료 입장이 가능합니다.
    - 그 후 아야 소피아를 향해 걸어보세요. 이곳은 역사적으로 중요한 건축물이며 놀라운 도감을 제공합니다.
    - 인근의 정원에서 기념 촬영을 하고, 주변 카페에서 전통적인 터키식 아침 식사를 즐겨보세요.

    2. 오후:
    - 그랜드 바자르를 방문해 현지의 다양한 상품을 구경하고 쇼핑을 즐기세요. 활기찬 분위기를 느낄 수 있습니다.
    - 바자르에서 가까운 스파이스 바자르로 이동해 향신료와 터키 과자를 구입하세요. 향이 그윽한 시장입니다.
    - 점심 식사는 카라쾨이 지역의 유명한 생선 샌드위치를 추천합니다. 신선한 생선의 맛을 즐길 수 있습니다.
    - 점심 식사 후에는 갈라타 다리 근처에서 강가를 따라 산책하며 도시의 풍경을 만끽하세요.

    3. 저녁:
    - 저녁에는 보스포루스 해협 유람선을 타고 도시의 아름다운 야경을 감상하세요. 해가 질 때의 풍경이 특히 장관입니다.
    - 유람선 투어 후 이슬람 문화의 향기를 느낄 수 있는 근처의 레스토랑에서 저녁 식사를 즐기세요.
    - 현지인이 추천하는 터키식 케밥이나 메제 플래터를 주문해보세요. 맛있는 음식과 함께하는 시간이 될 것입니다.
    - 저녁 식사 후에는 거리를 산책하며 이스탄불의 밤 문화와 분위기를 느껴보세요.
    """
    content = prompt + "\n" + city
    response = client.chat.completions.create(
```

```python
        model="gpt-4o-mini",
        messages=[{"role": "user", "content": content}],
    )
    return response.choices[0].message.content

# (4) 여행 일정 함수 호출 및 결과 출력
city = "도쿄"
plan = generate_travel_plan(city)
print(plan)
```

python ch11_travel_test1.py 명령으로 프로그램을 실행하면 **1. 오전:, 2. 오후:, 3. 저녁:**으로 구분된 결과가 출력됩니다.

그림 11-3 실행 결과

```
(venv) PS C:\Users\gilbut\Desktop\ai_program> python ch11_travel_test1.py
1.오전:
- 아침 일찍 신주쿠 교엔(신주쿠 국립공원)을 방문해 아름다운 정원과 함께 여유로운 시
  간을 보내세요. 공원 내부를 산책하며 일본식 정원의 매력을 느껴보시기 바랍니다.
- 교엔 내의 작은 호수 주변에서 조용한 시간을 가지며 사진도 찍어보세요. 특히 봄철에
  는 벚꽃이 만개하는 아름다운 풍경을 감상할 수 있습니다.
- 이후, 가까운 신주쿠의 유명한 스시 가게에서 신선한 초밥으로 아침 식사를 즐기세요.
  스시의 신선한 맛을 제대로 느낄 수 있습니다.
- 식사 후, 신주쿠 거리에서 활기찬 도시 풍경을 즐기며 소소한 구경거리를 찾아보세요.

2.오후:
- 오후에는 아사쿠사로 이동해 센소지를 방문하세요. 일본에서 가장 오래된 사찰 중 하
  나로, 화려한 입구와 아름다운 경내를 감상하실 수 있습니다.
- 사찰 주변의 나카미세 거리에서 기념품쇼핑과 간식 탐방을 해보세요. 전통적인 일본
  스낵과 과자를 맛보는 재미가 있습니다.
- 점심은 아사쿠사 지역의 맛있는 우동집에서 즐기는 것을 추천합니다. 따뜻한 우동 한
  그릇이 여행의 피로를 잊게 해 줄 것입니다.
- 점심 후, 스카이트리 전망대에 올라 도쿄의 전경을 감상하세요. 특히, 해질 무렵의 풍
  경은 환상적입니다.

3.저녁:
- 저녁에는 시부야로 가서 하치코 동상을 만나고, 변화한 거리에서 쇼핑과 관람을 즐기
  세요. 도쿄의 젊은 문화를 느낄 수 있는 좋은 장소입니다.
```

코드의 작동 원리는 다음과 같습니다.

(1) **OpenAI 클라이언트 생성**: OpenAI API Key를 입력받아 클라이언트를 생성합니다.

(2) **여행 일정 함수 정의**: 도시명을 입력받아 해당 도시에 대한 여행 일정을 짜고 문자열로 반환하는 generate_travel_plan() 함수를 만듭니다.

(3) **여행 일정 함수 프롬프트 작성**: 여행 일정을 짜달라고 API 요청을 보낼 때 전달할 프롬프트를

작성합니다. 프롬프트에 구체적인 응답 예시를 포함해 제시하면 AI가 예시대로 응답하도록 유도할 수 있습니다. 프롬프트의 주요 문구를 살펴봅시다.

- **너는 여행 계획 전문가야:** 프로그램의 성격에 맞게 AI에게 구체적인 역할을 부여합니다.
- **입력받은 도시에 대해 … 1. 오전:, 2. 오후:, 3. 저녁:으로 시작해:** 여행 일정을 세 가지 시간대로 나눠 짜도록 요청하고, 반드시 **1. 오전:** 과 같이 정해진 형식으로 응답하도록 유도합니다. 이는 뒤에서 여행 일정을 분할할 때 구분자로 사용됩니다.
- **## 응답 예시(도시: 이스탄불):** 이렇게 프롬프트에 응답 예시를 포함하면 AI가 예시의 형태를 지켜 응답합니다.

(4) 여행 일정 함수 호출 및 결과 출력: 도시명에 '도쿄'가 입력돼 여행 일정 함수를 호출하고 반환값을 받아 출력합니다.

11.2.2 이미지 생성 함수 만들기

지금까지 다룬 OpenAI API의 기능은 크게 두 가지입니다.

① **기본적인 텍스트 생성:** 6, 7, 8, 10장에서 학습한 내용으로, API 요청 시 `client.chat.completions.create` 명령을 사용하고 AI 모델은 gpt-4o 또는 gpt-4o-mini입니다.

② **텍스트를 음성으로 변환:** 9장에서 학습한 내용으로, API 요청 시 `client.audio.speech.create` 명령을 사용하고 AI 모델은 tts-1입니다.

이 장에서 익힐 이미지 생성 기능은 API 요청 시 `client.images.generate`로 시작하는 명령을 사용하며, AI 모델은 dall-e-3입니다.

```
response = client.images.generate(model="dall-e-3", prompt=prompt)
```

새 파일을 만들어 이미지 생성 함수를 실습해보겠습니다. **ch11_travel_test2.py** 파일을 생성하고, **소스 코드 > resource > ch11_travel_test2.txt**에서 코드를 복사해 붙여넣은 후 저장합니다.

```python
from openai import OpenAI

# (1) OpenAI 클라이언트 생성
openai_api_key = "API_Key_입력" --- 여기에 OpenAI API Key 입력
client = OpenAI(api_key=openai_api_key)

# (2) 이미지 생성 함수 정의
def generate_image_url(prompt: str):
    response = client.images.generate(
        model="dall-e-3",
        prompt=prompt,
    )
    return response.data[0].url

# (3) 프롬프트 작성
prompt = "멋진 이스탄불 저녁"

# (4) 이미지 생성 함수 호출 및 결과 출력
image_url = generate_image_url(prompt)
print(image_url)
```

python ch11_travel_test2.py 명령으로 코드를 실행하면 다음과 같이 긴 링크 하나가 출력됩니다.

그림 11-4 실행 결과

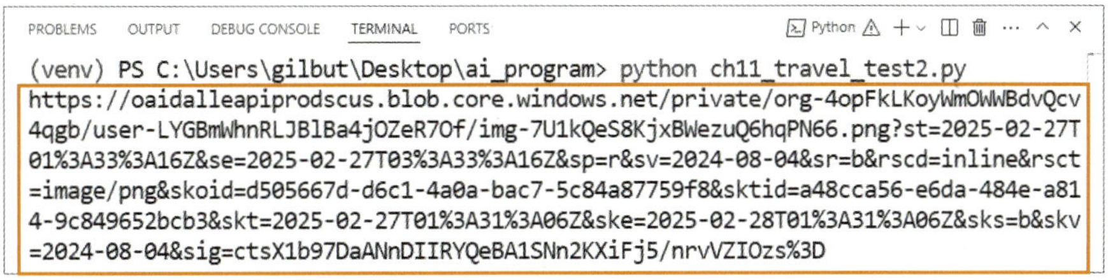
PROBLEMS
OUTPUT
DEBUG CONSOLE
TERMINAL
PORTS
Python
(venv) PS C:\Users\gilbut\Desktop\ai_program> python ch11_travel_test2.py
https://oaidalleapiprodscus.blob.core.windows.net/private/org-4opFkLKoyWmOWWBdvQcv4qgb/user-LYGBmWhnRLJBlBa4jOZeR7Of/img-7U1kQeS8KjxBWezuQ6hqPN66.png?st=2025-02-27T01%3A33%3A16Z&se=2025-02-27T03%3A33%3A16Z&sp=r&sv=2024-08-04&sr=b&rscd=inline&rsct=image/png&skoid=d505667d-d6c1-4a0a-bac7-5c84a87759f8&sktid=a48cca56-e6da-484e-a814-9c849652bcb3&skt=2025-02-27T01%3A31%3A06Z&ske=2025-02-28T01%3A31%3A06Z&sks=b&skv=2024-08-04&sig=ctsX1b97DaANnDIIRYQeBA1SNn2KXiFj5/nrvVZIOzs%3D

링크 위에서 Ctrl 을 누른 채 마우스 오른쪽 버튼을 클릭하면 웹 브라우저가 열리고, AI가 생성한 이미지가 출력됩니다.

그림 11-5 AI 생성 이미지

코드의 작동 원리는 다음과 같습니다.

(1) **OpenAI 클라이언트 생성:** OpenAI API Key를 입력받아 클라이언트를 생성합니다.

(2) **이미지 생성 함수 정의:** 프롬프트를 입력받아 Dall-E 모델에 이미지 생성을 요청하는 이미지 생성 함수를 만듭니다. 이미지 생성 결과로 이미지가 저장된 링크가 만들어지며, 이를 response.data[0].url 형태로 반환합니다.

(3) **프롬프트 작성:** 생성하려는 이미지에 대한 설명을 프롬프트로 작성합니다. 프롬프트를 구체적으로 길게 작성할수록 원하는 이미지에 가깝게 생성됩니다.

(4) **이미지 생성 함수 호출 및 결과 출력:** 이미지 생성 함수를 호출해 결과 URL을 받아 출력합니다.

11.2.3 여행 일정 분할 함수 만들기

11.2.1절에서 만든 여행 일정 함수는 오전, 오후, 저녁으로 구분된 여행 일정을 하나의 문자열로 반환했습니다. 그런데 각 일정에 맞는 이미지를 생성하려면 이를 세 개의 문자열로 분할해야 합니다. 그럼 여행 일정을 분할하기 위한 함수를 구현해봅시다.

ch11_travel_test3.py 파일을 생성하고, **소스 코드 > resource > ch11_travel_test3.txt**에서 코드를 복사해 붙여넣은 후 저장합니다.

ch11_travel_test3.py

```python
from openai import OpenAI

# (1) OpenAI 클라이언트 생성
openai_api_key = "API_Key_입력"  # --- 여기에 OpenAI API Key 입력
client = OpenAI(api_key=openai_api_key)

# (2) 여행 일정 분할 함수 정의
def parse_plan(input_text):
    morning_part=input_text.split('1. 오전:')[1].split('2. 오후:')[0].strip()
    afternoon_part=input_text.split('2. 오후:')[1].split('3. 저녁:')[0].strip()
    evening_part=input_text.split('3. 저녁:')[1].strip()
    return [morning_part, afternoon_part, evening_part]

# (3) 여행 일정 샘플 작성
sample = '''
1. 오전:
- 아침 일찍 일어나 블루 모스크(술탄 아흐메트 모스크)를 방문하세요. 오전의 햇살 속에서 더욱 아름답습니다.
- 블루 모스크 내부의 멋진 타일과 아치형 구조를 감상하며 걸어보세요. 무료 입장이 가능합니다.
- 그 후 아야 소피아를 향해 걸어보세요. 이곳은 역사적으로 중요한 건축물이며 놀라운 도감을 제공합니다.
- 인근의 정원에서 기념 촬영을 하고, 주변 카페에서 전통적인 터키식 아침 식사를 즐겨보세요.

2. 오후:
- 그랜드 바자르를 방문해 현지의 다양한 상품을 구경하고 쇼핑을 즐기세요. 활기찬 분위기를 느낄 수 있습니다.
- 바자르에서 가까운 스파이스 바자르로 이동해 향신료와 터키 과자를 구입하세요. 향이 그윽한 시장입니다.
- 점심 식사는 카라쾨이 지역의 유명한 생선 샌드위치를 추천합니다. 신선한 생선의 맛을 즐길 수 있습니다.
- 점심 식사 후에는 갈라타 다리 근처에서 강가를 따라 산책하며 도시의 풍경을 만끽하세요.

3. 저녁:
- 저녁에는 보스포루스 해협 유람선을 타고 도시의 아름다운 야경을 감상하세요. 해가 질 때의 풍경이 특히 장관입니다.
```

- 유람선 투어 후 이슬람 문화의 향기를 느낄 수 있는 근처의 레스토랑에서 저녁 식사를 즐기세요.
- 현지인이 추천하는 터키식 케밥이나 메제 플래터를 주문해보세요. 맛있는 음식과 함께하는 시간이 될 것입니다.
- 저녁 식사 후에는 거리를 산책하며 이스탄불의 밤 문화와 분위기를 느껴보세요.
'''

```python
# (4) 여행 일정 분할 함수 호출 및 결과 출력
result = parse_plan(sample)
for item in result:
    print("리스트 항목")
    print(item)
```

python ch11_travel_test3.py 명령으로 코드를 실행하면 원래 하나였던 문자열이 오전, 오후, 저녁으로 구분돼 세 개의 문자열로 출력됩니다.

그림 11-6 실행 결과

```
(venv) PS C:\Users\gilbut\Desktop\ai_program> python ch11_travel_test3.py
리스트 항목
- 아침 일찍 일어나 블루 모스크(술탄 아흐메트 모스크)를 방문하세요. 오전의 햇살 속에
- 블루 모스크 내부의 멋진 타일과 아치형 구조를 감상하며 걸어보세요. 무료 입장이 가능
- 그 후 아야 소피아를 향해 걸어보세요. 이곳은 역사적으로 중요한 건축물이며 놀라운
- 인근의 정원에서 기념 촬영을 하고, 주변 카페에서 전통적인 터키식 아침 식사를 즐겨
리스트 항목
- 그랜드 바자르를 방문해 현지의 다양한 상품을 구경하고 쇼핑을 즐기세요. 활기찬 분위
- 바자르에서 가까운 스파이스 바자르로 이동해 향신료와 터키 과자를 구입하세요. 향이
- 점심 식사는 카라쾨이 지역의 유명한 생선 샌드위치를 추천합니다. 신선한 생선의 맛을
- 점심 식사 후에는 갈라타 다리 근처에서 강가를 따라 산책하며 도시의 풍경을 만끽하세
리스트 항목
- 저녁에는 보스포루스 해협 유람선을 타고 도시의 아름다운 야경을 감상하세요. 해가 질
- 유람선 투어 후 이슬람 문화의 향기를 느낄 수 있는 근처의 레스토랑에서 저녁 식사를
- 현지인이 추천하는 터키식 케밥이나 메제 플래터를 주문해보세요. 맛있는 음식과 함께
- 저녁 식사 후에는 거리를 산책하며 이스탄불의 밤 문화와 분위기를 느껴보세요.
```

코드를 자세히 살펴봅시다.

(1) OpenAI 클라이언트 생성: OpenAI API Key를 입력받아 클라이언트를 생성합니다.

(2) 여행 일정 분할 함수 정의

- 여행 일정 샘플을 입력받아 오전, 오후, 저녁 일정으로 분할해 각각 `morning_part`, `afternoon_part`, `evening_part` 변수에 저장한 후 반환하는 함수를 만듭니다.

- 문자열을 분할할 때는 `.split(구분자)[인덱스]` 명령을 사용합니다. `.split(구분자)`는

구분자를 기준으로 문자열을 나눠 리스트로 반환하고, [인덱스]는 반환된 리스트에서 특정 인덱스의 요소를 추출합니다. 예를 들어 오전 일정 분할 코드는 다음과 같습니다.

```
morning_part=input_text.split('1. 오전:')[1].split('2. 오후:')[0].strip()
```
❶   ❷   ❸

- ❶ 샘플 텍스트(input_text)를 '1. 오전:' 구분자를 기준으로 나눠 리스트로 저장하고, 리스트의 1번 인덱스(오전 일정 이후)를 추출합니다.

- ❷ ❶번에서 얻은 문자열을 '2. 오후:'를 기준으로 다시 나눠 리스트로 저장하고, 리스트의 0번 인덱스(오전 일정)를 추출합니다.

- ❸ ❷번의 결과로 얻은 문자열에서 앞뒤 공백을 제거합니다.

• 결국 여행 일정 분할 함수를 호출하면 오전, 오후, 저녁 일정을 다음과 같이 분할합니다. 분할된 세 개의 문자열은 리스트의 요소로 저장 및 반환됩니다.

그림 11-7 여행 일정 샘플 분할 결과

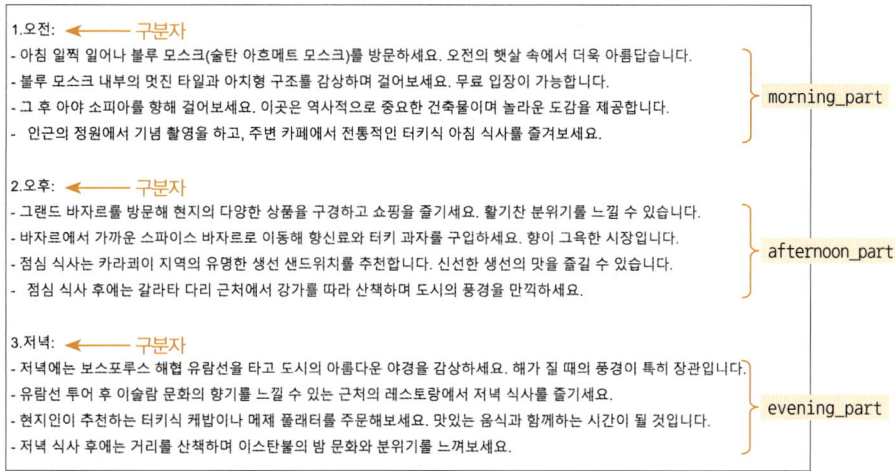

(3) 여행 일정 샘플 작성: 여행 일정 분할 함수의 입력값으로 사용할 샘플 텍스트를 작성합니다.

(4) 여행 일정 분할 함수 호출 및 결과 출력: 샘플 텍스트를 넘겨주면서 여행 일정 분할 함수를 호출하고, 반환값을 받아 for 문을 순회하며 리스트의 각 요소를 출력합니다.

11.2.4 세 함수와 화면 UI 연동하기

앞에서 구현한 세 함수와 화면 UI를 연동해 프로그램을 완성해봅시다. **ch11_travel_ai.py** 파일을 생성하고, **소스 코드 > resource > ch11_travel_ai.txt**에서 코드를 복사해 붙여넣은 후 저장합니다.

ch11_travel_ai.py

```
import streamlit as st
from openai import OpenAI


# (1) 여행 일정 함수 정의
def generate_travel_plan(city, client):
    prompt = """
    ## 요청 사항
    너는 여행 계획 전문가야.
    - 입력받은 도시에 대해 오전, 오후, 저녁으로 나눠 여행 일정을 작성해.
    - 오전, 오후, 저녁 일정은 반드시 1. 오전:, 2. 오후:, 3. 저녁:으로 시작해.
    - 각 일정마다 4줄씩 bullet point로 작성해.
    - 일정에 대해서만 얘기해.
    - 일정은 구체적이고 친절하게 얘기해.

    ## 응답 예시(도시: 이스탄불)
    1. 오전:
    - 아침 일찍 일어나 블루 모스크(술탄 아흐메트 모스크)를 방문하세요. 오전의 햇살 속에서 더욱 아름답습니다.
    - 블루 모스크 내부의 멋진 타일과 아치형 구조를 감상하며 걸어보세요. 무료 입장이 가능합니다.
    - 그 후 아야 소피아를 향해 걸어보세요. 이곳은 역사적으로 중요한 건축물이며 놀라운 도감을 제공합니다.
    - 인근의 정원에서 기념 촬영을 하고, 주변 카페에서 전통적인 터키식 아침 식사를 즐겨보세요.

    2. 오후:
    - 그랜드 바자르를 방문해 현지의 다양한 상품을 구경하고 쇼핑을 즐기세요. 활기찬 분위기를 느낄 수 있습니다.
    - 바자르에서 가까운 스파이스 바자르로 이동해 향신료와 터키 과자를 구입하세요. 향이 그윽한 시장입니다.
    - 점심 식사는 카라쾨이 지역의 유명한 생선 샌드위치를 추천합니다. 신선한 생선의 맛을 즐길 수 있습니다.
    - 점심 식사 후에는 갈라타 다리 근처에서 강가를 따라 산책하며 도시의 풍경을 만끽하세요.
```

        3. 저녁:
        - 저녁에는 보스포루스 해협 유람선을 타고 도시의 아름다운 야경을 감상하세요. 해가 질 때의 풍경이 특히 장관입니다.
        - 유람선 투어 후 이슬람 문화의 향기를 느낄 수 있는 근처의 레스토랑에서 저녁 식사를 즐기세요.
        - 현지인이 추천하는 터키식 케밥이나 메제 플래터를 주문해보세요. 맛있는 음식과 함께하는 시간이 될 것입니다.
        - 저녁 식사 후에는 거리를 산책하며 이스탄불의 밤 문화와 분위기를 느껴보세요.
        """

```python
    content = prompt + "\n" + city
    response = client.chat.completions.create(
        model="gpt-4o-mini",
        messages=[{"role": "user", "content": content}],
    )
    return response.choices[0].message.content

# (2) 여행 일정 분할 함수 정의
def parse_schedule(input_text):
    morning_part=input_text.split('1. 오전:')[1].split('2. 오후:')[0].strip()
    afternoon_part=input_text.split('2. 오후:')[1].split('3. 저녁:')[0].strip()
    evening_part=input_text.split('3. 저녁:')[1].strip()
    return [morning_part, afternoon_part, evening_part]

# (3) 이미지 생성 함수 정의
def generate_image_url(prompt: str, client):
    response = client.images.generate(
        model="dall-e-3",
        prompt=prompt,
    )
    return response.data[0].url

def main():
    st.set_page_config(layout="wide")
    st.title("여행 가이드 프로그램")
    with st.sidebar:
        openai_api_key = st.text_input("OpenAI API Key", type="password")
        if openai_api_key:
            client = OpenAI(api_key=openai_api_key)
```

```python
        # (4) 도시 입력
        user_input = st.text_input(
            "여행 가고 싶은 도시를 입력하세요.",
            value="이스탄불",
        )
        if st.button("여행 계획 작성"):
            if not openai_api_key:
                st.info("계속하려면 OpenAI API Key를 추가하세요.")
                st.stop()
            if not user_input.strip():
                st.warning("요약할 텍스트를 입력하세요.")
                st.stop()
            with st.spinner("작성 중..."):
                travel_plan = generate_travel_plan(user_input, client)
                plan_items = parse_schedule(travel_plan)
                plan_times = ['오전', '오후', '저녁']
                # (5) 시간대별 여행 일정 출력
                for index, item in enumerate(plan_items):
                    col1, col2 = st.columns([3, 2])
                    with col1:
                        st.write("## " + plan_times[index])
                        st.write(item)
                    with col2:
                        # (6) 시간대별 이미지 생성
                        image_url = generate_image_url(item, client)
                        st.image(image_url)

if __name__ == "__main__":
    main()
```

streamlit run ch11_travel_ai.py 명령으로 프로그램을 실행합니다. 사이드바에서 OpenAI API Key를 입력하고 여행 가고 싶은 도시를 입력한 후 [여행 계획 작성] 버튼을 클릭하면 오전, 오후, 저녁으로 구분된 일정과 각각에 어울리는 이미지가 출력됩니다.

그림 11-8 실행 결과

코드를 자세히 살펴봅시다.

(1)~(3) 세 함수 정의: 앞에서 만든 여행 일정 함수(11.2.1절), 여행 일정 분할 함수(11.2.3절), 이미지 생성 함수(11.2.2절)를 그대로 작성합니다.

(4) 도시 입력: 여행 가고 싶은 도시를 입력하는 텍스트 입력 위젯을 만듭니다. 입력받은 도시명은 user_input 변수에 저장합니다.

(5) 시간대별 여행 일정 출력

- 오전, 오후, 저녁별로 여행 일정을 출력합니다. 코드의 for 문은 다음과 같이 작동합니다.

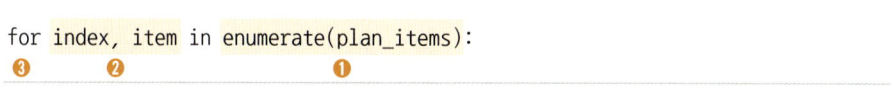

❶ plan_items 리스트의 각 요소와 해당 인덱스를 쌍으로 반환합니다.

❷ ❶번에서 반환받은 인덱스(0부터 시작)는 index 변수에, 요소는 item 변수에 저장합니다.

❸ 0번 인덱스부터 리스트를 순회하며 각 항목의 인덱스와 요소에 접근해 이후 코드를 실행합니다.

- 결국 인덱스 0은 오전, 1은 오후, 2는 저녁이 되고, 이를 중간 제목으로 지정해 제목과 일정을 출력합니다.

(6) 시간대별 이미지 생성

- 이미지 생성 함수를 호출합니다. 시간대별 여행 일정(item)을 이미지 생성 함수의 프롬프트로 넘기고 생성 이미지의 URL을 반환받습니다.
- 스트림릿에서 특정 링크에 있는 이미지를 출력할 때는 st.image(이미지_링크) 명령을 사용합니다.

이상으로 여행 가이드 프로그램을 완성했습니다. 이 프로그램에서는 OpenAI의 이미지 생성 모델인 Dall-E를 활용해 이미지를 생성하는 방법을 알아봤습니다. 여행 일정을 텍스트와 이미지로 보여줌으로써 더욱 생생한 여행지의 모습을 전달했습니다.

여행 일정은 문자열 분할 작업(.split(구분자)[인덱스])을 수행해 오전, 오후, 저녁으로 구분했습니다. 구분자(1.오전:, 2.오후:, 3.저녁:)를 사용해 하나의 문자열을 세 개로 나누고, 각 문자열을 이미지 생성 함수의 프롬프트로 활용했습니다. 이렇게 문자열을 분할하면 각 문자열을 원하는 형태로 화면에 배치할 수 있어 사용자가 정보를 보다 직관적으로 이해하게 됩니다.

마무리

1. 여행 일정 함수

- 도시명을 입력받아 여행 일정을 짜주는 함수입니다.
- 함수 내부에 작성한 프롬프트 예시대로 여행 일정을 출력합니다.

```
def generate_travel_plan(city):
    prompt = """
    ## 요청 사항
    (중략)
    """
    content = prompt + "\n" + city
    response = client.chat.completions.create(
        model="gpt-4o-mini",
        messages=[{"role": "user", "content": content}],
    )
    return response.choices[0].message.content
```

2. 이미지 생성 함수

- 여행 일정이 담긴 프롬프트를 입력받아 이미지를 생성하는 함수입니다.
- AI 모델은 dall-e-3이며, 이미지가 저장된 링크를 반환합니다.

```python
def generate_image_url(prompt: str):
    response = client.images.generate(
        model="dall-e-3",
        prompt=prompt,
    )
    return response.data[0].url
```

3. 여행 일정 분할 함수

- 하나의 문자열로 이뤄진 여행 일정을 오전, 오후, 저녁으로 분할하는 함수입니다.

- 분할한 문자열은 리스트에 넣어 반환합니다.

```python
def parse_plan(input_text):
    morning_part=input_text.split('1. 오전:')[1].split('2. 오후:')[0].strip()
    afternoon_part=input_text.split('2. 오후:')[1].split('3. 저녁:')[0].strip()
    evening_part=input_text.split('3. 저녁:')[1].strip()
    return [morning_part, afternoon_part, evening_part]
```

4. 특정 링크의 이미지 출력

스트림릿에서 특정 링크에 있는 이미지를 출력할 때는 st.image(이미지_링크) 명령을 사용합니다.

```python
st.image(image_url)
```

12장

회의록 요약 프로그램 만들기

이 장에서는 회의록 음성 파일(mp3)을 업로드하면 음성을 텍스트로 추출해 요약해주는 프로그램을 만듭니다. 음성을 텍스트로 변환하는 방법, mp3 파일을 화면에 업로드하는 방법을 알아봅니다.

난이도: ★★★ **핵심 개념:** 음성-텍스트 변환 **사용 모델:** GPT, Whisper

12.1 프로그램 소개

12.1.1 실행 화면 미리 보기

이 장에서는 회의 내용을 녹음한 음성 파일(.mp3)을 업로드하면 이를 텍스트로 변환한 후 요약해주는 프로그램을 만듭니다. 실행 화면은 다음과 같이 크게 세 부분으로 나뉩니다.

그림 12-1 회의록 요약 프로그램 실행 화면

❶ **사이드바**: OpenAI API Key를 입력합니다.

❷ **음성 파일 업로드창**: 요약하고 싶은 음성 파일(.mp3)을 업로드합니다.

❸ **결과창**: 음성 파일에서 변환한 텍스트와 이를 요약한 요약본을 출력합니다. 화면을 [원본 텍스트] 탭과 [요약본] 탭으로 나누고 각각의 탭에 출력합니다.

12.1.2 프로그램의 핵심 포인트

이 프로그램의 핵심 포인트는 **AI를 이용해 음성을 텍스트로 변환하는 것**입니다. 9장에서는 텍스트를 음성으로 변환하는 프로그램을 만들었는데, 이 장에서는 반대로 음성 파일을 텍스트로 변환하는 **STT**(Speech To Text, 음성-텍스트 변환) 기능을 갖춘 프로그램을 만듭니다. 또한 변환된 텍스트를 보기 좋게 요약합니다.

이러한 음성-텍스트 변환 기능을 활용하면 다양한 일을 할 수 있습니다.

❶ **인터뷰를 텍스트로 변환**: 녹음한 인터뷰 내용을 텍스트로 변환해 기사나 원고 작성에 이용할 수 있습니다.

❷ **강의 내용을 텍스트로 변환**: 녹음한 강의 내용을 텍스트로 변환해 학습에 이용할 수 있습니다.

❸ **자막 생성**: 영상 콘텐츠의 음성을 텍스트로 변환해 자막을 만들고 다양한 언어로 번역할 수 있습니다.

12.1.3 개발 단계 한눈에 보기

회의록 요약 프로그램은 다음과 같이 3단계로 개발합니다.

그림 12-2 회의록 요약 프로그램의 개발 단계

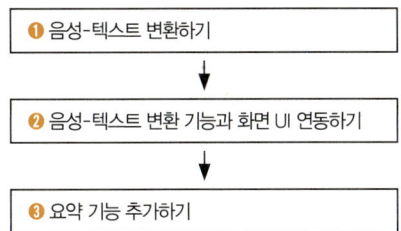

❶ **음성-텍스트 변환하기:** OpenAI의 STT 모델을 사용해 음성을 텍스트로 변환하는 기능을 구현합니다.

❷ **음성-텍스트 변환 기능과 화면 UI 연동하기:** 음성-텍스트 변환 기능과 화면 UI를 연동해 업로드된 음성 파일을 텍스트로 변환하는 화면을 만듭니다.

❸ **요약 기능 추가하기:** 변환된 텍스트를 회의록 형태로 요약하는 기능을 추가합니다. 화면을 두 개의 탭으로 나누고 [원본 텍스트] 탭에는 음성을 변환한 텍스트를, [요약본] 탭에는 이를 요약한 내용을 출력합니다.

12.2 프로그램 만들기

다음 명령으로 가상 환경을 활성화합니다. 가상 환경이 활성화된 상태라면 생략하고 넘어갑니다.

```
터미널
> venv\scripts\activate ------ 윈도우
> source venv/bin/activate --- 맥OS
```

이 프로그램에 필요한 패키지는 `streamlit`, `openai`이며 둘 다 이미 설치돼 있습니다.

12.2.1 음성-텍스트 변환하기

생성형 AI에 대한 회의를 녹음한 음성 파일을 텍스트로 변환해봅시다. **소스 코드 > resource > sample_meeting.mp3** 파일을 복사해 ai_program 폴더에 붙여넣습니다. 그런 다음 **ch12_meeting_test.py** 파일을 생성하고, **소스 코드 > resource > ch12_meeting_test.txt**에서 코드를 복사해 붙여넣은 후 저장합니다.

ch12_meeting_test.py
```python
from openai import OpenAI

# (1) OpenAI 클라이언트 생성
OPENAI_API_KEY = "API_Key_입력"    --- 여기에 OpenAI API Key 입력
client = OpenAI(api_key=OPENAI_API_KEY)
```

```
# (2) 음성 파일 경로 설정
mp3_file = "sample_meeting.mp3"

# (3) 파일 읽어오기
audio_content = open("sample_meeting.mp3", "rb")

# (4) API 요청 및 응답 처리
transcription = client.audio.transcriptions.create(
    model="whisper-1",
    file=audio_content,
    response_format="text",
)

# (5) 변환 결과 출력
print(transcription)
```

python ch12_meeting_test.py 명령으로 코드를 실행하면 음성 파일에서 추출한 텍스트가 출력됩니다.

그림 12-3 실행 결과

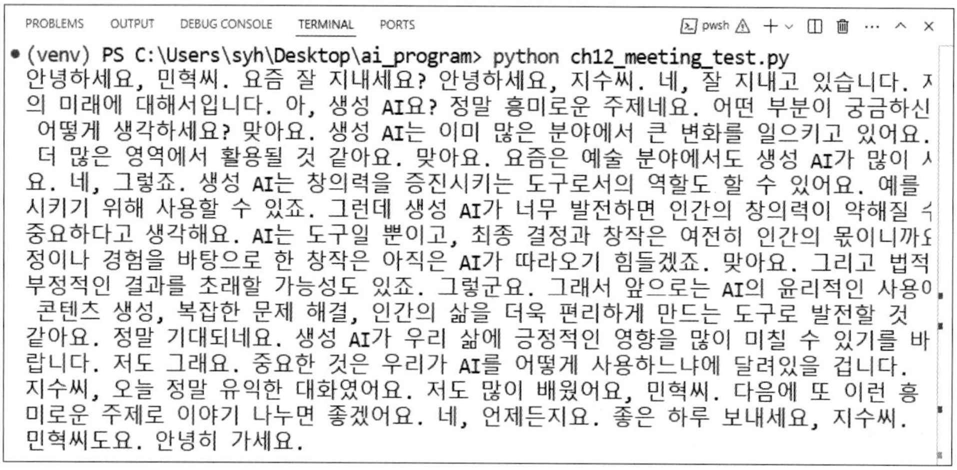
PROBLEMS OUTPUT DEBUG CONSOLE TERMINAL PORTS
pwsh
(venv) PS C:\Users\syh\Desktop\ai_program> python ch12_meeting_test.py
안녕하세요, 민혁씨. 요즘 잘 지내세요? 안녕하세요, 지수씨. 네, 잘 지내고 있습니다.
의 미래에 대해서입니다. 아, 생성 AI요? 정말 흥미로운 주제네요. 어떤 부분이 궁금하신
어떻게 생각하세요? 맞아요. 생성 AI는 이미 많은 분야에서 큰 변화를 일으키고 있어요.
더 많은 영역에서 활용될 것 같아요. 맞아요. 요즘은 예술 분야에서도 생성 AI가 많이
요. 네, 그렇죠. 생성 AI는 창의력을 증진시키는 도구로서의 역할도 할 수 있어요. 예를
시키기 위해 사용할 수 있죠. 그런데 생성 AI가 너무 발전하면 인간의 창의력이 약해질
중요하다고 생각해요. AI는 도구일 뿐이고, 최종 결정과 창작은 여전히 인간의 몫이니까
정이나 경험을 바탕으로 한 창작은 아직은 AI가 따라오기 힘들겠죠. 맞아요. 그리고 법적
부정적인 결과를 초래할 가능성도 있죠. 그렇군요. 그래서 앞으로는 AI의 윤리적인 사용이
콘텐츠 생성, 복잡한 문제 해결, 인간의 삶을 더욱 편리하게 만드는 도구로 발전할 것
같아요. 정말 기대되네요. 생성 AI가 우리 삶에 긍정적인 영향을 많이 미칠 수 있기를 바
랍니다. 저도 그래요. 중요한 것은 우리가 AI를 어떻게 사용하느냐에 달려있을 겁니다.
지수씨, 오늘 정말 유익한 대화였어요. 저도 많이 배웠어요, 민혁씨. 다음에 또 이런 흥
미로운 주제로 이야기 나누면 좋겠어요. 네, 언제든지요. 좋은 하루 보내세요, 지수씨.
민혁씨도요. 안녕히 가세요.

코드의 작동 원리는 다음과 같습니다.

(1) OpenAI 클라이언트 생성: OpenAI API Key를 입력받아 클라이언트를 생성합니다.

(2) 음성 파일 경로 설정: 음성 파일의 경로를 mp3_file 변수에 저장합니다. **sample_meeting. mp3** 파일은 지금 실행 중인 파이썬 프로그램과 같은 폴더에 있으므로 파일명만 작성합니다.

(3) 파일 읽어오기: sample_meeting.mp3 파일을 바이너리 읽기 모드(rb)로 열어 audio_content 변수에 저장합니다.

(4) API 요청 및 응답 처리

- audio_content에 저장된 음성 파일을 텍스트로 변환해달라고 API 요청을 보내고 응답을 받아 transcription 변수에 저장합니다.

- 앞에서 텍스트 생성을 요청할 때는 client.chat.completions.create 명령을, 텍스트-음성 변환을 요청할 때는 client.audio.speech.create 명령을 사용했습니다. 여기서는 음성-텍스트 변환을 요청하므로 client.audio.transcriptions.create 명령을 사용하고, STT 기술을 기반으로 하는 whisper-1을 AI 모델로 지정합니다.

12.2.2 음성-텍스트 변환 기능과 화면 UI 연동하기

음성-텍스트 변환 기능을 구현했으니 이를 화면 UI와 연동합니다.

기본 화면 만들기

ch12_meeting_ai.py 파일을 생성하고, **소스 코드 > resource > ch12_meeting_ai.txt**에서 **기본 화면 만들기** 코드를 복사해 붙여넣은 후 저장합니다.

ch12_meeting_ai.py

```
import streamlit as st
from openai import OpenAI

def main():
    # (1) 페이지 설정 및 사이드바 구현
    st.set_page_config(layout="wide")
    st.title("회의록 요약 프로그램")
    st.caption("회의를 녹음한 음성 파일을 업로드하면 원본 텍스트와 요약본을 출력합니다.")
    with st.sidebar:
        openai_api_key = st.text_input(
```

```python
            "OpenAI API Key",
            type="password",
        )
        st.markdown(
            "[OpenAI API Key 받기](https://platform.openai.com/account/api-keys)"
        )
    if "messages" not in st.session_state:
        st.session_state.messages = []
    # (2) 파일 업로드 위젯 생성
    mp3_file = st.file_uploader("mp3 파일을 업로드하세요.", type=["mp3"])
    if st.button("음성-텍스트 변환"):
        if not openai_api_key:
            st.info("계속하려면 OpenAI API Key를 추가하세요.")
            st.stop()
        if not mp3_file:
            st.warning("mp3 파일을 업로드하세요.")
            st.stop()
        client = OpenAI(api_key=openai_api_key)
        with st.spinner("텍스트 추출 및 요약 중..."):
            # (3) 음성-텍스트 변환을 위한 API 요청 및 응답 처리
            transcription = client.audio.transcriptions.create(
                model="whisper-1",
                file=mp3_file,
                response_format="text",
            )
            st.write(transcription)

if __name__ == "__main__":
    main()
```

streamlit run ch12_meeting_ai.py 명령으로 프로그램을 실행합니다. OpenAI API Key를 입력하고 ai_program 폴더의 **sample_meeting.mp3** 파일을 업로드한 후 [음성-텍스트 변환] 버튼을 클릭하면 음성 파일에서 추출한 텍스트가 화면 아래에 출력되는 것을 볼 수 있습니다.

그림 12-4 실행 결과

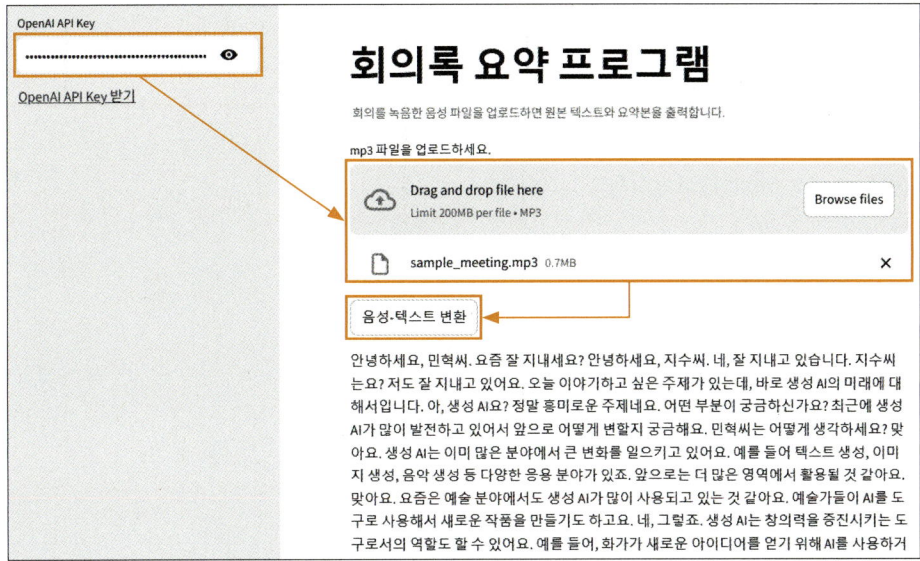

코드를 자세히 살펴봅시다.

(1) **페이지 설정 및 사이드바 구현:** 화면의 전체 레이아웃을 넓게 설정하고, 사이드바를 만들어 OpenAI API Key를 입력받습니다.

(2) **파일 업로드 위젯 생성:** 파일 업로드 위젯을 만들고, 업로드한 파일의 내용을 mp3_file 변수에 저장합니다. mp3 파일만 업로드할 수 있도록 업로드 파일 형식을 type=["mp3"]로 지정합니다.

(3) **음성-텍스트 변환을 위한 API 요청 및 응답 처리:** 음성을 텍스트로 변환하기 위해 API 요청을 하고 응답을 받습니다. API 요청 시 파일 업로드 위젯에서 받은 mp3_file을 그대로 전달하고, 변환된 텍스트를 응답받아 transcription 변수에 저장한 다음 st.write(transcription) 명령으로 화면에 출력합니다.

그런데 실행 결과에 한 가지 아쉬운 점이 있습니다. 음성이 텍스트로 잘 변환됐지만 줄바꿈이 되지 않아 가독성이 떨어집니다. 함수를 만들어 이 문제를 해결하겠습니다.

텍스트 줄바꿈 함수 만들기

변환된 텍스트를 보면 문장이 끝날 때마다 .(마침표)가 있습니다. 이 마침표를 기준으로 새 문장이 항상 다음 줄에서 시작하도록 코드를 수정합니다.

```python
import streamlit as st
from openai import OpenAI

# (4) 텍스트 줄바꿈 함수 정의
def format_transcription(text):
    sentences = text.replace('. ', '.  \n')
    return sentences
```
← 주의! 두 칸 띄우기

```python
def main():
    # (1) 페이지 설정 및 사이드바 구현
    st.set_page_config(layout="wide")
    st.title("회의록 요약 프로그램")
    st.caption("회의를 녹음한 음성 파일을 업로드하면 원본 텍스트와 요약본을 출력합니다.")
    with st.sidebar:
        openai_api_key = st.text_input(
            "OpenAI API Key",
            type="password",
        )
        st.markdown(
            "[OpenAI API Key 받기](https://platform.openai.com/account/api-keys)"
        )
    if "messages" not in st.session_state:
        st.session_state.messages = []
    # (2) 파일 업로드 위젯 생성
    mp3_file = st.file_uploader("mp3 파일을 업로드하세요.", type=["mp3"])
    if st.button("음성-텍스트 변환"):
        if not openai_api_key:
            st.info("계속하려면 OpenAI API Key를 추가하세요.")
            st.stop()
        if not mp3_file:
            st.warning("mp3 파일을 업로드하세요.")
            st.stop()
        client = OpenAI(api_key=openai_api_key)
        with st.spinner("텍스트 추출 및 요약 중..."):
            # (3) 음성-텍스트 변환을 위한 API 요청 및 응답 처리
            transcription = client.audio.transcriptions.create(
                model="whisper-1",
                file=mp3_file,
                response_format="text",
```

```
                    )
                    # (5) 텍스트 줄바꿈 함수 호출 및 결과 출력
                    st.write(format_transcription(transcription))

if __name__ == "__main__":
    main()
```

코드를 저장하고 화면을 새로 고침 한 후 다시 [음성-텍스트 변환] 버튼을 클릭하면 줄바꿈된 텍스트가 출력됩니다.

그림 12-5 실행 결과

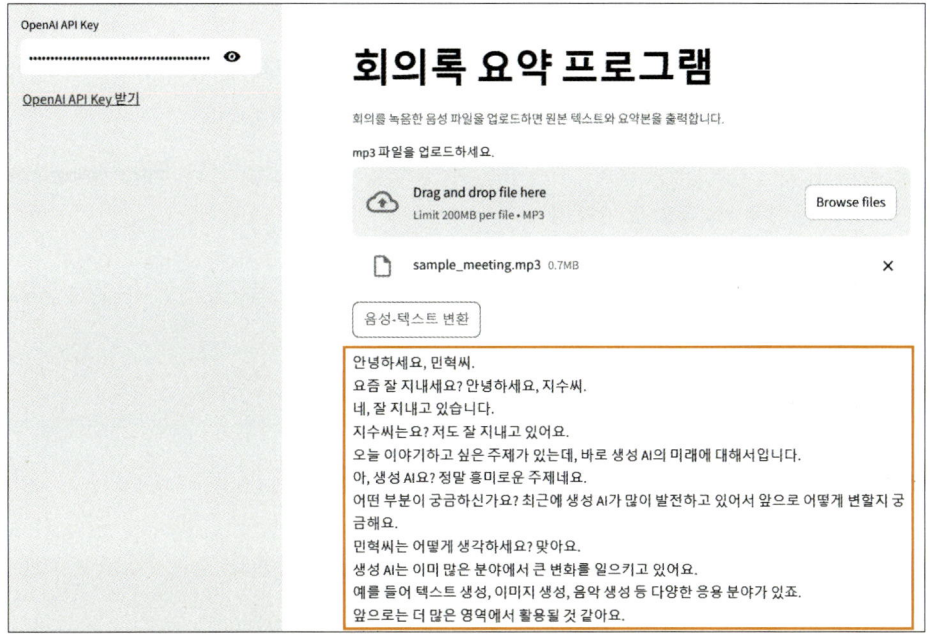

추가된 코드를 자세히 살펴봅시다.

- **(4) 텍스트 줄바꿈 함수 정의:** 변환 텍스트를 입력받아 마침표+공백('. ')을 마침표+두 칸 공백 +줄바꿈('. \n')으로 대체하는 함수를 정의합니다.

- **(5) 텍스트 줄바꿈 함수 호출 및 결과 출력:** 변환 텍스트를 바로 출력하는 것이 아니라 텍스트 줄바꿈 함수를 호출해 그 결과를 출력합니다.

12.2.3 요약 기능 추가하기

변환한 텍스트를 일목요연하게 요약하는 기능을 추가해봅시다. 원본 텍스트와 요약본을 구분하기 위해 결과창을 두 개의 탭으로 나눕니다. 스트림릿으로 화면에 탭을 만드는 명령은 다음과 같습니다. 이는 열을 만드는 st.columns()와 코드 패턴이 완전히 일치합니다.

```
형식 | 탭_변수1, 탭_변수2 = st.tabs(탭_개수)
       with 탭_변수1: # 왼쪽 탭 활성화
           st.write("출력문")
       with 탭_변수2: # 오른쪽 탭 활성화
           st.write("출력문")
```

두 개의 탭을 만든 다음 첫 번째 탭에는 텍스트 줄바꿈 함수의 실행 결과를 출력하고, 아직 요약본을 만들지 않았으므로 두 번째 탭에는 "아직"이라는 텍스트를 출력합니다.

ch12_meeting_ai.py

```python
with st.spinner("텍스트 추출 및 요약 중..."):
    # (3) 음성-텍스트 변환을 위한 API 요청 및 응답 처리
    transcription = client.audio.transcriptions.create(
        model="whisper-1",
        file=mp3_file,
        response_format="text",
    )
    # (6) 두 개의 탭 생성 및 결과 출력[기존 (5)번 코드를 지우고 작성]
    tab1, tab2 = st.tabs(["원본 텍스트", "요약본"])
    with tab1:
        st.write(format_transcription(transcription))
    with tab2:
        st.write("아직")

if __name__ == "__main__":
    main()
```

코드를 저장하고 화면을 새로 고침 한 후 [음성-텍스트 변환] 버튼을 클릭하면 두 개의 탭이 나타납니다. 첫 번째 탭에는 원래의 변환 텍스트가 출력되고, 두 번째 탭에는 "아직"이 출력됩니다.

그림 12-6 실행 결과

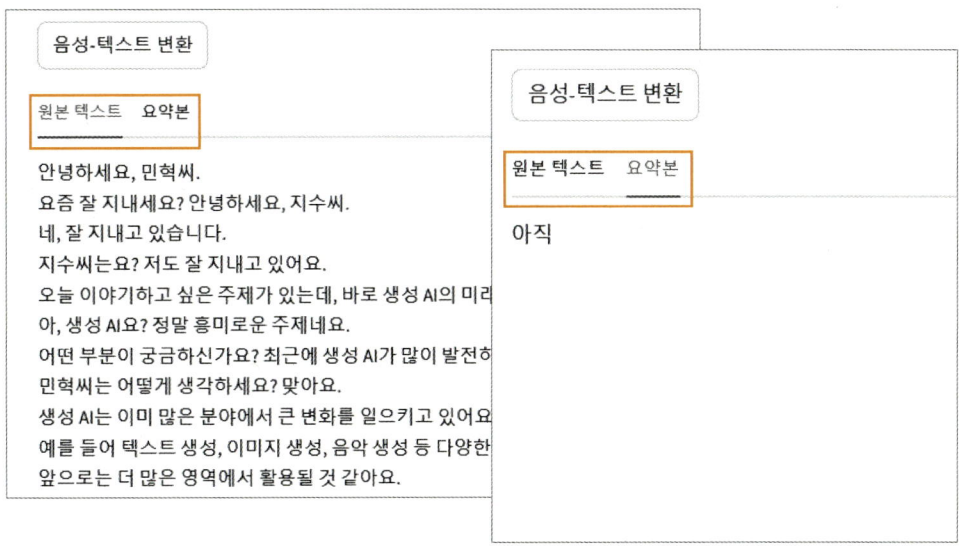

탭 레이아웃을 완성했으니 AI로 변환 텍스트를 요약해 두 번째 탭에 출력하기 위해 다음 코드를 추가합니다.

ch12_meeting_ai.py

```python
import streamlit as st
from openai import OpenAI

# (4) 텍스트 줄바꿈 함수 정의
def format_transcription(text):
    sentences = text.replace('. ', '. \n')
    return sentences

# (7) 텍스트 요약 함수 정의
def summarize_text(input_text: str, client):
    initial_prompt = """
    다음 회의록을 요약해줘.
    - 마크다운으로 요약해줘.
    """
    prompt = f"{initial_prompt}\n\n{input_text}"
    response = client.chat.completions.create(
        model="gpt-4o-mini",
        messages=[{"role": "user", "content": prompt}],
    )
```

```python
        return response.choices[0].message.content

def main():
    # (1) 페이지 설정 및 사이드바 구현
    st.set_page_config(layout="wide")
    st.title("회의록 요약 프로그램")
    st.caption("회의를 녹음한 음성 파일을 업로드하면 원본 텍스트와 요약본을 출력합니다.")
    with st.sidebar:
        openai_api_key = st.text_input(
            "OpenAI API Key",
            type="password",
        )
        st.markdown(
            "[OpenAI API Key 받기](https://platform.openai.com/account/api-keys)"
        )
    if "messages" not in st.session_state:
        st.session_state.messages = []
    # (2) 파일 업로드 위젯 생성
    mp3_file = st.file_uploader("mp3 파일을 업로드하세요.", type=["mp3"])
    if st.button("음성-텍스트 변환"):
        if not openai_api_key:
            st.info("계속하려면 OpenAI API Key를 추가하세요.")
            st.stop()
        if not mp3_file:
            st.warning("mp3 파일을 업로드하세요.")
            st.stop()
        client = OpenAI(api_key=openai_api_key)
        with st.spinner("텍스트 추출 및 요약 중..."):
            # (3) 음성-텍스트 변환을 위한 API 요청 및 응답 처리
            transcription = client.audio.transcriptions.create(
                model="whisper-1",
                file=mp3_file,
                response_format="text",
            )
            # (6) 두 개의 탭 생성 및 결과 출력[기존 (5)번 코드를 지우고 작성]
            tab1, tab2 = st.tabs(["원본 텍스트", "요약본"])
            with tab1:
                st.write(format_transcription(transcription))
            with tab2:
```

```
            # (8) 텍스트 요약 함수 호출 및 결과 출력
            st.write(summarize_text(transcription, client))

if __name__ == "__main__":
    main()
```

수정한 프로그램을 실행하면 요약본이 잘 출력되는 것을 확인할 수 있습니다.

그림 12-7 실행 결과

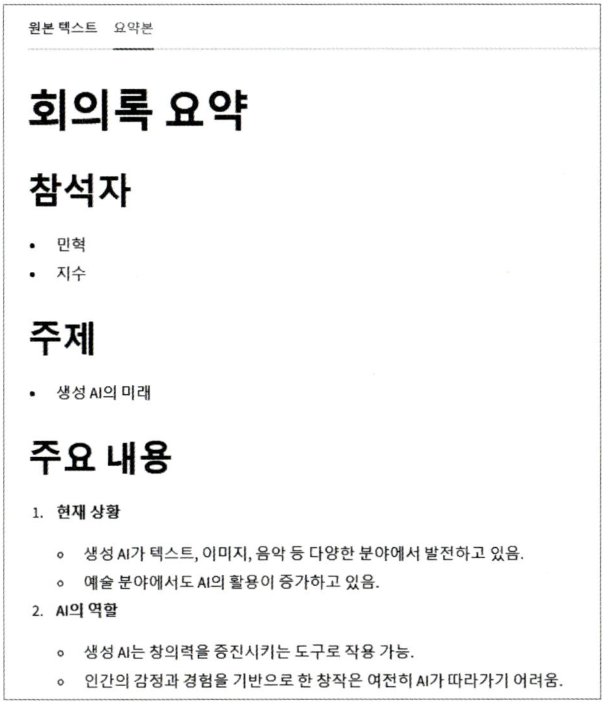

```
원본 텍스트   요약본

회의록 요약

참석자
  • 민혁
  • 지수

주제
  • 생성 AI의 미래

주요 내용
1. 현재 상황
    ○ 생성 AI가 텍스트, 이미지, 음악 등 다양한 분야에서 발전하고 있음.
    ○ 예술 분야에서도 AI의 활용이 증가하고 있음.
2. AI의 역할
    ○ 생성 AI는 창의력을 증진시키는 도구로 작용 가능.
    ○ 인간의 감정과 경험을 기반으로 한 창작은 여전히 AI가 따라가기 어려움.
```

추가된 코드를 자세히 살펴봅시다.

(7) 텍스트 요약 함수 정의: 변환할 텍스트를 입력받아 초기 프롬프트 설정값과 결합해 텍스트를 요약하라는 API 요청을 보내고 응답을 받습니다.

(8) 텍스트 요약 함수 호출 및 결과 출력: 두 번째 탭에서 텍스트 요약 함수를 호출해 그 결과를 출력합니다.

지금까지 회의록 음성 파일을 입력받아 요약하는 프로그램을 개발했습니다. OpenAI의 STT

기능을 가진 Whisper 모델을 이용해 음성 파일을 텍스트로 변환하고, GPT 모델을 이용해 변환된 원본 텍스트를 요약본으로 만들었습니다.

원본 텍스트의 가독성이 떨어지는 문제는 텍스트 줄바꿈 함수로 해결했습니다. 긴 회의 내용을 쉽게 이해할 수 있도록 replace() 함수를 사용해 문장 끝의 마침표를 기준으로 줄바꿈을 했습니다('. ' → '. \n').

또한 원본 텍스트와 요약본을 구분하기 위해 탭 레이아웃도 구현했습니다. 이렇게 함으로써 탭을 전환하며 두 가지 결과를 볼 수 있어 사용자 경험이 좋아집니다.

마무리

1. 음성-텍스트 변환

STT 기능을 사용해 음성 파일을 입력받아 텍스트로 변환합니다.

```
# 음성 파일 경로 설정
mp3_file = "sample_meeting.mp3"
# 파일 읽어오기
audio_content = open("sample_meeting.mp3", "rb")
# API 요청 및 응답 처리
transcription = client.audio.transcriptions.create(
    model="whisper-1",
    file=audio_content,
    response_format="text",
)
```

2. mp3 파일 업로드 위젯

파일 업로드 위젯은 st.file_uploader() 명령으로 만들며, 업로드 파일 형식을 type=["mp3"]로 지정하면 mp3 파일만 업로드할 수 있습니다.

```
mp3_file = st.file_uploader("mp3 파일을 업로드하세요.", type=["mp3"])
```

3. 텍스트 줄바꿈 함수

- 텍스트를 입력받아 마침표+공백('. ')을 마침표+두 칸 공백+줄바꿈('. \n')으로 대체합니다.

- 텍스트가 마침표 단위로 보기 좋게 줄바꿈됩니다.

```python
def format_transcription(text):
    sentences = text.replace('. ', '.  \n')
    return sentences
```

4. 텍스트 요약 함수

변환할 텍스트를 입력받아 초기 프롬프트 설정값과 결합해 텍스트를 요약합니다.

```python
def summarize_text(input_text: str, client):
    initial_prompt = """
    다음 회의록을 요약해줘.
    - 마크다운으로 요약해줘.
    """
    prompt = f"{initial_prompt}\n\n{input_text}"
    response = client.chat.completions.create(
        model="gpt-4o-mini",
        messages=[{"role": "user", "content": prompt}],
    )
    return response.choices[0].message.content
```

13장

면접 준비 도우미 만들기

이 장에서는 취업 면접 준비를 도와줄 도우미 프로그램을 만듭니다. 사용자가 직무 정보를 입력하면 AI가 질문을 생성하고, 이에 대한 답변을 녹음해 제출하면 답변을 분석해줍니다.

난이도: ★★★   핵심 개념: 세션 관리/녹음   사용 모델: GPT, Whisper

13.1 프로그램 소개

13.1.1 실행 화면 미리 보기

이 장에서는 사용자가 직무 정보를 입력하면 그에 관한 질문을 하나 생성하고, 질문에 대한 답변을 녹음해 제출하면 답변의 장단점을 분석해주는 프로그램을 만듭니다. 프로그램의 실행 화면은 다음과 같습니다.

그림 13-1 면접 준비 도우미 실행 화면

① **사이드바:** OpenAI API Key를 입력합니다.
② **직무 정보 입력창:** 어떤 분야의 면접을 준비 중인지 구체적인 직무 정보를 입력합니다.
③ **질문 생성창:** [질문 생성] 버튼을 클릭하면 해당 직무 정보를 기반으로 질문을 생성합니다.
④ **답변 녹음창:** [녹음] 버튼을 클릭해 질문에 대한 답변을 녹음합니다.
⑤ **분석 결과창:** 사용자의 답변을 분석해 논리적 구조와 개선점 등을 알려줍니다. 탭 레이아웃을 이용해 첫 번째 탭에는 답변 분석 결과를 출력하고, 두 번째 탭에는 답변 원본을 출력합니다.

> **NOTE 실습 시 주의 사항**
>
> 면접 준비 도우미 프로그램은 마이크 장치가 있어야 사용할 수 있습니다. 자신의 컴퓨터에 마이크 장치가 있는지 확인하는 방법은 다음과 같습니다.
>
> - **윈도우:** [시작] 메뉴에서 **장치 관리자**를 검색해 실행합니다. [오디오 입력 및 출력] 항목을 펼치면 마이크 장치를 확인할 수 있습니다.
> - **맥OS:** 왼쪽 상단의 애플 로고를 클릭해 [시스템 설정]을 선택한 후 [사운드]를 클릭합니다. [입력] 탭을 클릭하면 마이크 목록이 나타나고 내장 마이크 또는 외장 마이크(USB 마이크나 블루투스 마이크 등)가 표시됩니다.
>
> 마이크 장치가 없다면 답변을 녹음하는 대신 텍스트로 입력할 수도 있습니다. 이 방법은 모든 실습을 마친 뒤 349쪽 **NOTE 답변을 녹음하는 대신 텍스트로 입력하기**에서 소개하겠습니다.

13.1.2 프로그램의 핵심 포인트

이 프로그램의 핵심 포인트는 **여러 단계에 사용하는 변수를 세션 상태로 관리하는 것**입니다. AI에게 예상 질문을 요청하고 질문에 대한 답변을 분석해달라고 하는 과정에서 공통으로 쓰이는 변수는 세션 상태로 정의해야 값을 유지한 채 사용할 수 있습니다. 이 프로그램에서는 여러 단계에 걸쳐 쓰이는 변수를 세션 상태로 정의해 사용하는 법을 배웁니다.

13.1.3 개발 단계 한눈에 보기

면접 준비 도우미는 다음과 같이 3단계로 개발합니다.

그림 13-2 면접 준비 도우미의 개발 단계

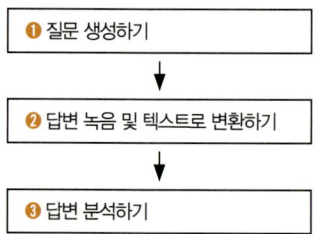

❶ **질문 생성하기**: 직무 정보를 입력하면 이를 기반으로 질문 하나를 생성하는 기능을 구현합니다.

❷ **답변 녹음 및 텍스트로 변환하기**: 질문에 대한 사용자의 답변을 녹음하고 이를 텍스트로 변환합니다. **12장 회의록 요약 프로그램 만들기**에서 배운 STT(음성-텍스트 변환) 기능을 이용합니다.

❸ **답변 분석하기**: 사용자의 답변을 분석해 논리적 구조, 개선점 등을 출력하는 기능을 추가합니다.

13.2 프로그램 만들기

다음 명령으로 가상 환경을 활성화합니다. 가상 환경이 활성화된 상태라면 생략하고 넘어갑니다.

```
터미널
> venv\scripts\activate  ------ 윈도우
> source venv/bin/activate  --- 맥OS
```

이 프로그램에 필요한 패키지는 streamlit, openai이며 둘 다 이미 설치돼 있습니다.

13.2.1 질문 생성하기

직무 정보를 입력하면 이를 기반으로 예상 면접 질문을 생성하는 기능을 구현하겠습니다. **ch13_interview_ai.py** 파일을 생성하고, **소스 코드 > resource > ch13_interview_ai.txt**에서 **13.2.1 질문 생성하기** 코드를 복사해 붙여넣은 후 저장합니다.

ch13_interview_ai.py

```python
import streamlit as st
from openai import OpenAI

# (1) 세션 상태 선언
if "interview_question" not in st.session_state:
    st.session_state.interview_question = None
if "client" not in st.session_state:
    st.session_state.client = None

# (2) AI 응답 생성 함수 정의(질문 생성, 답변 분석)
```

```python
def process_text(prompt: str, client):
    response = client.chat.completions.create(
        model="gpt-4o-mini",
        messages=[{"role": "user", "content": prompt}],
    )
    return response.choices[0].message.content

def main():
    st.set_page_config(layout="wide")
    st.title("면접 준비 도우미")
    with st.sidebar:
        openai_api_key = st.text_input(
            "OpenAI API Key",
            type="password",
        )
        st.markdown("[OpenAI API Key 받기](https://platform.openai.com/account/api-keys)")
    default_job_info = """데이터 분석가 직무 정보:
1. 주요 업무
- 데이터 수집 및 정제: 다양한 소스에서 데이터를 수집하고 분석 가능한 형태로 정제
- 데이터 분석: 통계, 머신러닝, 인공지능 기법을 이용해 데이터를 분석하고 패턴을 찾음
- 시각화 및 보고: 분석 결과를 이해하기 쉽게 시각화하고 보고서로 작성해 의사결정자에게 전달
2. 필요 역량
- 기술적 역량: 통계학, 수학, 프로그래밍 언어(R, 파이썬 등), 데이터베이스 관리(SQL 등)
- 문제 해결 능력: 데이터를 통해 비즈니스 문제를 분석하고 해결책 제시
"""
    # (3) 직무 정보 입력 위젯 생성
    user_input = st.text_area(
        "직무 정보를 입력하세요:",
        value=default_job_info,
        height=200,
    )

    if st.button("질문 생성"):
        if not openai_api_key:
            st.info("계속하려면 OpenAI API Key를 추가하세요.")
            st.stop()
        # (4) OpenAI 클라이언트 생성
        st.session_state.client = OpenAI(api_key=openai_api_key)
        # (5) 질문 생성을 위한 프롬프트 작성
        prompt = f"""
        너는 채용 전문 컨설턴트야.
        주어진 직무 정보를 바탕으로 면접 시 예상 질문 하나를 생성해줘.
```

```python
        - 3분 이내로 답변이 가능한 질문을 생성해.
        - 단순히 질문만 출력해.
        - 직무 정보: {user_input}
        """
    # (6) 질문 생성
    with st.spinner("질문 생성 중..."):
        st.session_state.interview_question = process_text(
            prompt,
            st.session_state.client,
        )
        st.success("질문 생성 완료!")
    # (7) 질문 출력
    if st.session_state.interview_question:
        st.write("### 예상 질문: ")
        st.write(f"{st.session_state.interview_question}")

if __name__ == "__main__":
    main()
```

streamlit run ch13_interview_ai.py 명령으로 프로그램을 실행합니다. OpenAI API Key를 입력하고 [질문 생성] 버튼을 클릭하면 기본으로 입력된 직무 정보에 대한 예상 질문이 출력됩니다.

그림 13-3 실행 결과

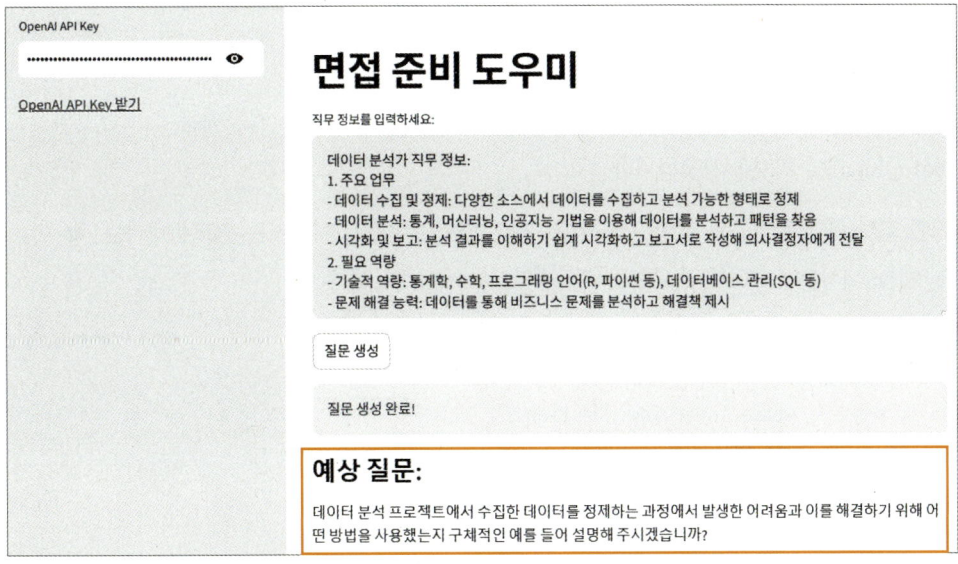

코드를 자세히 살펴봅시다.

(1) 세션 상태 선언: `interview_question`(면접 질문), `client`(클라이언트) 변수의 값이 초기화되는 것을 방지하기 위해 두 변수를 세션 상태로 선언합니다.

(2) AI 응답 생성 함수 정의: `prompt`, `client` 객체를 입력값으로 받아 답변을 생성하는 함수를 정의합니다. 이 함수는 입력된 직무 정보에 대한 질문을 생성하는 용도, 사용자의 답변을 분석하는 용도로 사용됩니다.

(3) 직무 정보 입력 위젯 생성: `text_area()` 위젯으로 직무 정보 입력창을 만들고, 데이터 분석가의 직무 정보를 기본값으로 넣은 후 `user_input` 변수에 저장합니다.

(4) OpenAI 클라이언트 생성: OpenAI 클라이언트를 생성하고 세션 상태로 저장합니다.

(5) 질문 생성을 위한 프롬프트 작성: 예상 질문 하나를 생성하라는 요청과 직무 정보 입력창의 내용(`user_input`)을 결합해 프롬프트를 작성합니다.

(6) 질문 생성: [질문 생성] 버튼을 클릭하면 AI 응답 생성 함수를 호출합니다. 함수의 실행 결과로 예상 질문을 반환받아 세션 상태로 선언된 `interview_question` 변수에 저장합니다.

(7) 질문 출력: 세션 상태로 저장된 `interview_question` 변수의 내용을 출력합니다.

13.2.2 답변 녹음 및 텍스트로 변환하기

질문에 대해 사용자가 답변한 내용을 녹음해봅시다. 이러한 녹음 기능에는 스트림릿의 `st.audio_input()` 위젯을 사용합니다.

(7)번 코드 아래에 다음과 같이 코드를 추가합니다. 🎙(마이크) 이모지는 윈도우에서는 ⊞+`;`을, 맥OS에서는 `command`+`control`+`space`를 눌러 입력합니다.

ch13_interview_ai.py

```
# (7) 질문 출력
if st.session_state.interview_question:
    st.write("### 예상 질문: ")
    st.write(f"{st.session_state.interview_question}")
    st.write("### 🎙 답변 녹음 후 평가받기")
    # (8) 답변 녹음 후 저장
```

```python
        audio = st.audio_input("답변 녹음하기")
        if audio and st.button("답변 평가받기"):
            if not openai_api_key:
                st.info("계속하려면 OpenAI API Key를 추가하세요.")
                st.stop()
            with st.spinner("답변 평가 중..."):
                # (9) 음성-텍스트 변환
                transcription = st.session_state.client.audio.transcriptions.create(
                    model="whisper-1",
                    file=audio,
                    response_format="text"
                )
                # (10) 텍스트 변환 결과 출력
                st.write(transcription)

if __name__ == "__main__":
    main()
```

코드를 저장하고 웹 페이지를 새로 고침 해 질문을 생성하면 음성 녹음 위젯이 추가되며, 마이크 아이콘을 클릭하면 녹음이 시작됩니다.

그림 13-4 실행 결과

TIP 마이크 아이콘을 클릭했는데 'This app would like to use your microphone. Learn how to allow access.'라는 메시지가 나타나면 컴퓨터에 마이크 장치가 없거나 제대로 작동하지 않기 때문입니다. 이럴 때는 답변을 녹음하는 대신 입력하는 방식으로 프로그램을 구현할 수 있습니다. 자세한 내용은 349쪽 NOTE 답변을 녹음하는 대신 텍스트로 입력하기에서 설명하겠습니다.

처음 마이크 아이콘을 클릭하면 웹 브라우저에서 마이크 권한을 요청하는 창이 뜨는데, 여기서 [사이트에 있는 동안 허용] 버튼을 클릭하세요.

그림 13-5 웹 브라우저의 마이크 사용 허용

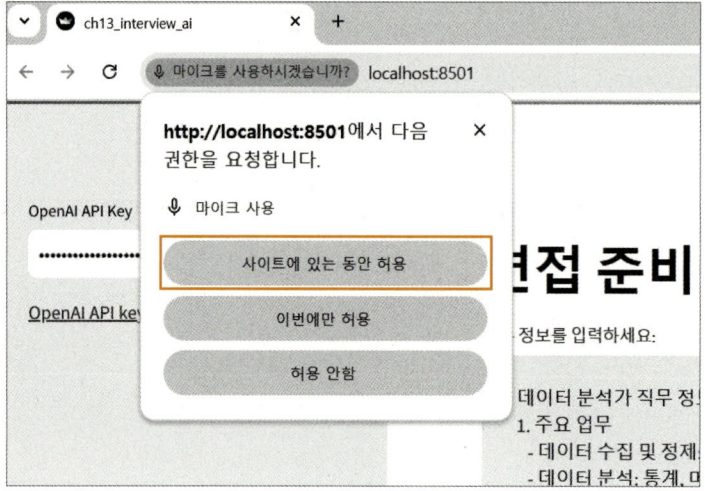

> **NOTE** 웹 브라우저의 다양한 기능과 권한 요청
>
> 오늘날의 웹 브라우저는 음성 녹음뿐만 아니라 위치 정보 활용, 카메라 기능 등을 제공합니다. 예전에는 모바일 앱으로 개발해야 이용할 수 있는 기능이었지만, 최근에는 기술의 발전으로 웹 브라우저에서도 음성 녹음, 위치 정보 활용, 카메라 기능을 이용할 수 있게 됐습니다. 이러한 기능을 이용하려면 **그림 13-5**와 같이 웹 브라우저의 권한 요청에 대해 '허용'으로 설정해야 합니다.

'**지금 테스트해보겠습니다.**'라고 말한 뒤 정지 아이콘을 클릭하면 음성이 몇 초 동안 녹음됐는지 미리 보기로 나오고 그 아래에 [답변 평가받기] 버튼이 생깁니다. 이 버튼을 클릭하면 녹음된 내용이 텍스트로 출력됩니다.

그림 13-6 음성 녹음 테스트

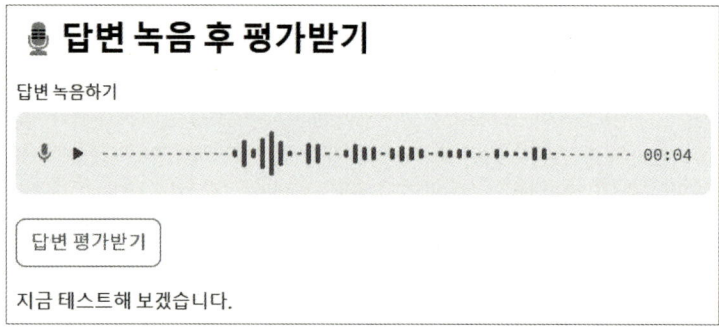

추가된 코드를 자세히 살펴봅시다.

(8) 답변 녹음 후 저장: 음성 녹음 위젯을 만들고 녹음한 데이터를 audio 변수에 저장합니다.

(9) 음성-텍스트 변환: 녹음한 음성 데이터를 텍스트로 변환하기 위해 API 요청을 보내고 응답을 받아 transcription 변수에 저장합니다. API 요청 시 file 항목에 audio 변수를 그대로 넣어 전달합니다.

(10) 텍스트 변환 결과 출력: transcription 변수의 값을 화면에 출력합니다.

13.2.3 답변 분석하기

끝으로 사용자의 답변을 분석해 논리적 구조, 개선점 등을 출력하기 위해 다음과 같이 코드를 추가합니다.

ch13_interview_ai.py

```python
import streamlit as st
from openai import OpenAI

# (1) 세션 상태 선언
if "interview_question" not in st.session_state:
    st.session_state.interview_question = None
if "client" not in st.session_state:
    st.session_state.client = None
# (11) 세션 상태 추가
if "transcription" not in st.session_state:
    st.session_state.transcription = None

# (2) AI 응답 생성 함수 정의(질문 생성, 답변 분석)
def process_text(prompt: str, client):
    response = client.chat.completions.create(
        model="gpt-4o-mini",
        messages=[{"role": "user", "content": prompt}],
    )
    return response.choices[0].message.content

def main():
```

```python
st.set_page_config(layout="wide")
st.title("면접 준비 도우미")
with st.sidebar:
    openai_api_key = st.text_input(
        "OpenAI API Key",
        type="password",
    )
    st.markdown("[OpenAI API Key 받기](https://platform.openai.com/account/api-keys)")

default_job_info = """데이터 분석가 직무 정보:
1. 주요 업무
- 데이터 수집 및 정제: 다양한 소스에서 데이터를 수집하고 분석 가능한 형태로 정제
- 데이터 분석: 통계, 머신러닝, 인공지능 기법을 이용해 데이터를 분석하고 패턴을 찾음
- 시각화 및 보고: 분석 결과를 이해하기 쉽게 시각화하고 보고서로 작성해 의사결정자에게 전달
2. 필요 역량
- 기술적 역량: 통계학, 수학, 프로그래밍 언어(R, 파이썬 등), 데이터베이스 관리(SQL 등)
- 문제 해결 능력: 데이터를 통해 비즈니스 문제를 분석하고 해결책 제시
"""

# (3) 직무 정보 입력 위젯 생성
user_input = st.text_area(
    "직무 정보를 입력하세요:",
    value=default_job_info,
    height=200,
)

if st.button("질문 생성"):
    if not openai_api_key:
        st.info("계속하려면 OpenAI API Key를 추가하세요.")
        st.stop()
    # (4) OpenAI 클라이언트 생성
    st.session_state.client = OpenAI(api_key=openai_api_key)
    # (5) 질문 생성을 위한 프롬프트 작성
    prompt = f"""
    너는 채용 전문 컨설턴트야.
    주어진 직무 정보를 바탕으로 면접 시 예상 질문 하나를 생성해줘.
    - 3분 이내로 답변이 가능한 질문을 생성해.
    - 단순히 질문만 출력해.
    - 직무 정보: {user_input}
    """
    # (6) 질문 생성
    with st.spinner("질문 생성 중..."):
```

```python
        st.session_state.interview_question = process_text(
            prompt,
            st.session_state.client,
        )
        st.success("질문 생성 완료!")
# (7) 질문 출력
if st.session_state.interview_question:
    st.write("### 예상 질문: ")
    st.write(f"{st.session_state.interview_question}")
    st.write("### 🎤 답변 녹음 후 평가받기")
    # (8) 답변 녹음 후 저장
    audio = st.audio_input("답변 녹음하기")
    if audio and st.button("답변 평가받기"):
        if not openai_api_key:
            st.info("계속하려면 OpenAI API Key를 추가하세요.")
            st.stop()
        with st.spinner("답변 평가 중..."):
            # (12) 음성-텍스트 변환값 변수명 수정[기존 (9)번 코드 수정]
            st.session_state.transcription = st.session_state.client.
                                             audio.transcriptions.create(
                model="whisper-1",
                file=audio,
                response_format="text"
            )
            # (13) 답변 분석을 위한 프롬프트 작성[기존 (10)번 코드를 지우고 작성]
            evaluation_prompt = f"""
            너는 전문 면접관이야.
            지원자가 다음 질문에 대한 답변을 녹음해 제공했어.
            질문: {st.session_state.interview_question}
            지원자의 답변을 다음 기준으로 평가해줘.
            1. 답변의 논리적 구조
            2. 면접 질문과의 관련성
            3. 개선할 점
            - 마크다운 형식으로 정리해.
            - 장점과 단점을 명확히 구분해서 설명해.
            지원자의 답변: {st.session_state.transcription}
            """
            # (14) 답변 분석
            evaluation = process_text(evaluation_prompt, st.session_state.client)
            # (15) 두 개의 탭 생성 및 결과 출력
```

```
            tab1, tab2 = st.tabs(["답변 분석", "답변 원본"])
            with tab1:
                st.write(evaluation)
            with tab2:
                st.write(st.session_state.transcription)

if __name__ == "__main__":
    main()
```

코드를 저장하고 웹 페이지를 새로 고침 합니다. 예상 질문을 생성하고 답변을 녹음한 후 [답변 평가받기] 버튼을 클릭하면 두 개의 탭에 각각 답변 분석 결과와 답변 원본이 출력되는 것을 확인할 수 있습니다.

그림 13-7 실행 결과

예상 질문:
데이터 분석 프로젝트에서 수집한 데이터의 품질이 저조했을 때, 이를 극복하기 위해 어떤 접근 방식을 취했는지 구체적인 사례를 들어 설명해 주세요.

🎙️ **답변 녹음 후 평가받기**

답변 녹음하기

00:36

답변 평가받기

답변 분석 답변 원본

지원자 답변 평가

장점

1. **논리적 구조**:
   - 지원자는 데이터 품질 문제를 해결하기 위해 두 가지 주요 접근 방식을 제시했습니다: 관련 팀에 데이터 재요청 및 데이터 정제. 이 구조는 문제 해결 과정에서 단계적으로 어떤 조치를 취했는지를 명확하게 보여 줍니다.

> **TIP** 녹음 후 분석 결과가 나오기까지 시간이 오래 걸린다면 웹 브라우저를 바꿔 다시 실행해보세요(예: 크롬에서 실행 중이라면 마이크로소프트 엣지에서 재시도).

추가된 코드를 자세히 살펴봅시다.

- **(11) 세션 상태 추가:** 녹음한 음성을 텍스트로 변환한 값을 저장하는 transcription 변수를 세션 상태로 정의합니다.

- **(12) 음성-텍스트 변환값 변수명 수정:** 음성-텍스트 변환 결과를 transcription 변수가 아닌 st.session_state.transcription 변수에 저장합니다.

- **(13) 답변 분석을 위한 프롬프트 작성**
    - 사용자가 받은 질문(st.session_state.interview_question)과 답변 텍스트(st.session_state.transcription)를 {}(중괄호)로 감싸 f-문자열 형태로 프롬프트에 포함합니다. 이렇게 하면 AI가 그때그때 바뀌는 질문과 답변을 받아 분석할 수 있습니다.
    - 실습에서는 답변의 논리적 구조와 개선할 점 등을 분석해달라고 요청했는데, 다른 방식으로 분석하고 싶으면 프롬프트를 수정해도 됩니다.

- **(14) 답변 분석:** AI 응답 생성 함수를 호출해 사용자의 답변을 분석해달라고 요청하고 반환값을 받아 evaluation 변수에 저장합니다.

- **(15) 두 개의 탭 생성 및 결과 출력:** 두 개의 탭을 만들고, 사용자의 답변과 분석 내용을 함께 볼 수 있도록 첫 번째 탭에는 답변 분석 결과(evaluation)를, 두 번째 탭에는 답변 원본(st.session_state.transcription)을 출력합니다.

> **NOTE 답변을 녹음하는 대신 텍스트로 입력하기**
>
> 마이크 장치가 없어 답변을 녹음할 수 없다면 텍스트로 입력해도 됩니다. 사용자의 답변을 텍스트로 입력받아 분석하는 코드는 다음과 같으며, 코드의 작동 원리는 본문과 같기 때문에 자세한 설명을 생략하겠습니다.
>
> ch13_interview_ai_text.py
> ```
> import streamlit as st
> from openai import OpenAI
>
> # 세션 상태 선언
> if "interview_question" not in st.session_state:
>     st.session_state.interview_question = None
> if "client" not in st.session_state:
>     st.session_state.client = None
> ```
> ◐ 계속

```python
# AI 응답 생성 함수 정의(질문 생성, 답변 분석)
def process_text(prompt: str, client):
    response = client.chat.completions.create(
        model="gpt-4o-mini",
        messages=[{"role": "user", "content": prompt}],
    )
    return response.choices[0].message.content

def main():
    st.set_page_config(layout="wide")
    st.title("면접 준비 도우미")
    with st.sidebar:
        openai_api_key = st.text_input(
            "OpenAI API Key",
            type="password",
        )
        st.markdown("[OpenAI API Key 받기](https://platform.openai.com/account/api-keys)")
    default_job_info = """데이터 분석가 직무 정보:
1. 주요 업무
- 데이터 수집 및 정제: 다양한 소스에서 데이터를 수집하고 분석 가능한 형태로 정제
- 데이터 분석: 통계, 머신러닝, 인공지능 기법을 이용해 데이터를 분석하고 패턴을 찾음
- 시각화 및 보고: 분석 결과를 이해하기 쉽게 시각화하고 보고서로 작성해 의사결정자에게 전달
2. 필요 역량
- 기술적 역량: 통계학, 수학, 프로그래밍 언어(R, 파이썬 등), 데이터베이스 관리(SQL 등)
- 문제 해결 능력: 데이터를 통해 비즈니스 문제를 분석하고 해결책 제시
"""
    # 직무 정보 입력 위젯 생성
    user_input = st.text_area(
        "직무 정보를 입력하세요:",
        value=default_job_info,
        height=200,
    )
    if st.button("질문 생성"):
        if not openai_api_key:
            st.info("계속하려면 OpenAI API Key를 추가하세요.")
            st.stop()
        # OpenAI 클라이언트 생성
        st.session_state.client = OpenAI(api_key=openai_api_key)
        # 질문 생성을 위한 프롬프트 작성
```

```python
    prompt = f"""
    너는 채용 전문 컨설턴트야.
    주어진 직무 정보를 바탕으로 면접 시 예상 질문 하나를 생성해줘.
    - 3분 이내로 답변이 가능한 질문을 생성해.
    - 단순히 질문만 출력해.
    - 직무 정보: {user_input}
    """
    # 질문 생성
    with st.spinner("질문 생성 중..."):
        st.session_state.interview_question = process_text(
            prompt,
            st.session_state.client,
        )
        st.success("질문 생성 완료!")
# 질문 출력
if st.session_state.interview_question:
    st.write("### 예상 질문: ")
    st.write(f"{st.session_state.interview_question}")
    st.write("### 답변 입력 후 평가받기")
    # 답변 입력
    user_answer = st.text_area(
        "답변을 입력하세요:",
        height=100,
    )
    # 답변 평가
    if user_answer and st.button("답변 평가받기"):
        if not openai_api_key:
            st.info("계속하려면 OpenAI API Key를 추가하세요.")
            st.stop()
        with st.spinner("답변 평가 중..."):
            # 답변 평가를 위한 프롬프트 작성
            evaluation_prompt = f"""
            너는 전문 면접관이야.
            지원자가 다음 질문에 대한 답변을 녹음해 제공했어.
            질문: {st.session_state.interview_question}
            지원자의 답변을 다음 기준으로 평가해줘.
            1. 답변의 논리적 구조
            2. 면접 질문과의 관련성
```

◐ 계속

```
            3. 개선할 점
            - 마크다운 형식으로 정리해.
            - 장점과 단점을 명확히 구분해서 설명해.
            지원자의 답변: {user_answer}
            """
            # 답변 분석
            evaluation = process_text(evaluation_prompt,
                                      st.session_state.client)
            # 답변 출력
            st.write(evaluation)

if __name__ == "__main__":
    main()
```

이상으로 면접 준비 도우미 프로그램을 완성했습니다. 이 프로그램에서는 예상 질문 생성, 음성-텍스트 변환, 사용자 답변 분석을 위해 총 세 번 API 요청 및 응답 처리를 했습니다. 이 과정에서 첫 번째와 세 번째는 텍스트 생성을 요청한다는 점이 같아 하나의 함수[process_text()]를 만들어 사용했습니다.

프로그램을 실행할 때 interview_question(면접 질문), client(클라이언트 객체), transcription(음성-텍스트 변환값) 변수는 세션이 유지되는 동안 값이 유지돼야 하므로 세션 상태로 정의해 관리했습니다.

오늘날의 웹 브라우저는 음성 녹음, 위치 정보 활용, 카메라 기능 등을 제공합니다. 이러한 기능을 이용하려면 웹 브라우저 권한 요청 시 '허용'으로 설정해야 합니다.

마무리

1. AI 응답 생성 함수

- prompt, client 객체를 입력값으로 받아 답변을 생성합니다.
- 직무 정보에 대한 질문을 생성하는 용도, 사용자의 답변을 분석하는 용도로 사용합니다.

```python
def process_text(prompt: str, client):
    response = client.chat.completions.create(
        model="gpt-4o-mini",
        messages=[{"role": "user", "content": prompt}],
    )
    return response.choices[0].message.content
```

2. 음성 녹음 위젯

웹 브라우저에서 음성 녹음을 할 때는 st.audio_input() 위젯을 사용합니다.

```python
audio = st.audio_input("답변 녹음하기")
```

3. 답변 분석을 위한 프롬프트 작성

프롬프트에 그때그때 바뀌는 내용을 포함할 때는 해당 내용을 저장한 변수를 {}(중괄호)로 감싸 넣습니다.

```
evaluation_prompt = f"""
너는 전문 면접관이야.
지원자가 다음 질문에 대한 답변을 녹음해 제공했어.
질문: {st.session_state.interview_question}
지원자의 답변을 다음 기준으로 평가해줘.
1. 답변의 논리적 구조
2. 면접 질문과의 관련성
3. 개선할 점
- 마크다운 형식으로 정리해.
- 장점과 단점을 명확히 구분해서 설명해.
지원자의 답변: {st.session_state.transcription}
"""
```

14장

이미지 분석 프로그램 만들기

이 장에서는 이미지 파일을 업로드하면 이미지의 내용을 분석해주는 프로그램을 만듭니다. 이미지의 핵심 내용을 표로 정리하고 그와 관련된 인사이트를 출력하며, 표 다운로드 기능을 제공합니다.

난이도: ★★★★   핵심 개념: 이미지 인코딩/데이터프레임   사용 모델: GPT

14.1 프로그램 소개

14.1.1 실행 화면 미리 보기

이 장에서는 이미지 파일을 업로드하면 이미지에서 텍스트를 추출해 핵심 내용을 표로 정리하고 그에 관한 인사이트를 보여주며, 표 다운로드 기능을 제공하는 이미지 분석 프로그램을 만듭니다. 실행 화면은 다음과 같습니다.

그림 14-1 이미지 분석 프로그램 실행 화면

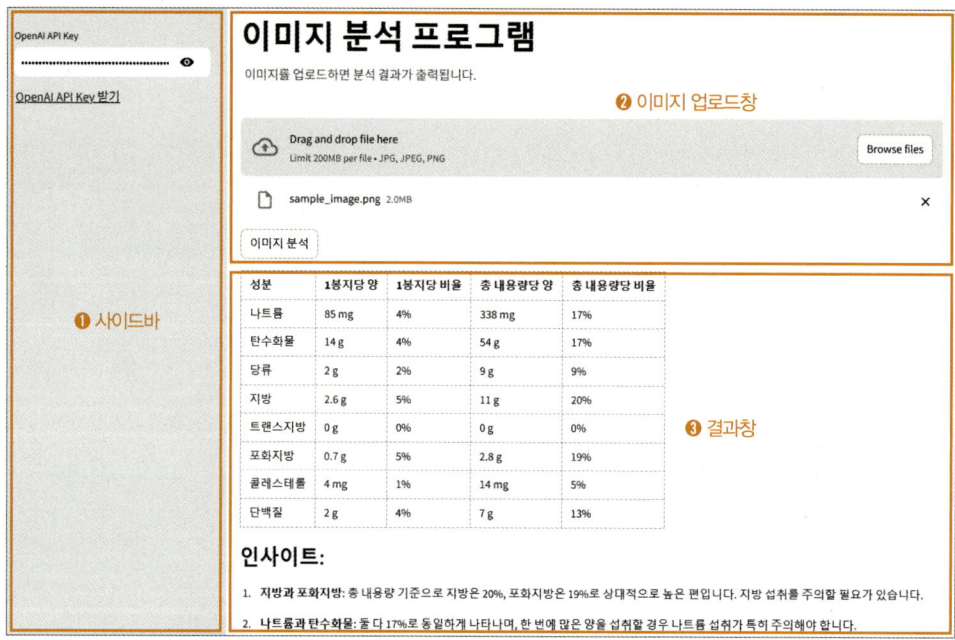

❶ **사이드바**: OpenAI API Key를 입력합니다.

❷ **이미지 업로드창**: 분석하고자 하는 이미지 파일(jpg, jpeg, png)을 업로드합니다.

❸ **결과창**: 이미지를 분석해 핵심 내용을 정리한 표, 분석 결과를 통해 추측할 수 있는 인사이트, 표 다운로드 아이콘을 보여줍니다.

14.1.2 프로그램의 핵심 포인트

이 프로그램의 핵심 포인트는 AI가 이미지를 인식할 수 있도록 **이미지 인코딩을 하는 것**과 **데이터프레임이라는 데이터 형식을 이해하는 것**입니다. **이미지 인코딩**(image encoding)은 이미지 파일을 특정 형식으로 변환하는 것으로, 이 장에서는 이미지 파일(jpg, jpeg, png)을 base64 방식으로 변환합니다. 또한 데이터 분석에서 많이 사용되는 **데이터프레임**(dataframe)은 행과 열로 이뤄진 표 형식의 데이터 구조입니다.

이미지 인코딩과 데이터프레임 형식을 이해하고 프로그램에 적용해봅시다.

14.1.3 개발 단계 한눈에 보기

이미지 분석 프로그램은 다음과 같이 3단계로 개발합니다.

그림 14-2 이미지 분석 프로그램의 개발 단계

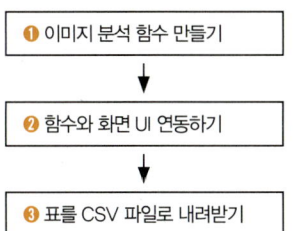

❶ **이미지 분석 함수 만들기**: 이미지를 입력받아 분석을 요청하고 응답 결과를 반환하는 함수를 만듭니다.

❷ **함수와 화면 UI 연동하기:** 이미지 분석 함수와 파일 업로드 위젯, 분석 결과창 등이 포함된 화면 UI를 연동합니다.

❸ **표를 CSV 파일로 내려받기:** 이미지 분석 결과로 얻은 표를 데이터프레임으로 변환하고, 이 데이터프레임을 CSV 파일로 다운로드하는 기능을 추가합니다.

> **TIP** CSV(Comma Separated Values)는 데이터를 쉼표로 구분해 저장한 형식으로, 엑셀·구글 시트 등 다양한 프로그램에서 CSV 파일을 열 수 있습니다.

14.2 프로그램 만들기

다음 명령으로 가상 환경을 활성화합니다. 가상 환경이 활성화된 상태라면 생략하고 넘어갑니다.

```
터미널
> venv\scripts\activate  ------ 윈도우
> source venv/bin/activate  --- 맥OS
```

이 프로그램에 필요한 패키지는 streamlit, openai, pandas입니다. streamlit, openai 패키지는 앞에서 설치했으니 pandas만 추가로 설치합니다.

```
터미널
> pip install pandas
```

14.2.1 이미지 분석 함수 만들기

한 식품의 영양 정보가 담긴 샘플 이미지를 분석해봅시다. **소스 코드 > resource > sample_image.png** 파일을 복사해 ai_program 폴더에 붙여넣습니다.

그림 14-3 샘플 이미지

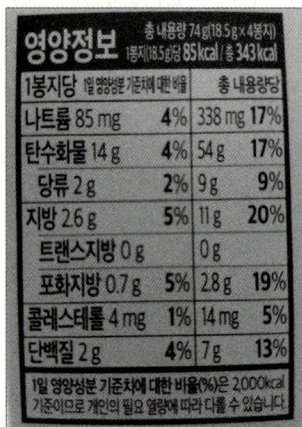

ch14_image_test.py 파일을 생성하고, **소스 코드** > resource > ch14_image_test.txt에서 코드를 복사해 붙여넣은 후 저장합니다.

ch14_image_test.py

```
from openai import OpenAI
import base64


# (1) OpenAI 클라이언트 생성
OPENAI_API_KEY = "API_Key_입력"    --- 여기에 OpenAI API Key 입력
client = OpenAI(api_key=OPENAI_API_KEY)


# (2) 이미지 인코딩 함수 정의
def encode_image(image_path):
    with open(image_path, "rb") as image_file:
        return base64.b64encode(image_file.read()).decode("utf-8")


# (3) 이미지 인코딩 함수 호출
base64_image = encode_image("sample_image.png")


# (4) 이미지 분석 함수 정의
def analyze_image(prompt, base64_image):
    response = client.chat.completions.create(
        model="gpt-4o",
        messages=[
            {
                "role": "user",
```

```
            "content": [
                {
                    # 이미지 분석 요청 프롬프트
                    "type": "text",
                    "text": prompt,
                },
                {
                    # base64로 변환된 이미지 데이터
                    "type": "image_url",
                    "image_url": {"url": f"data:image/jpeg;base64,
                                    {base64_image}"},
                },
            ],
        }
    ],
)
return response.choices[0].message.content
```

```
# (5) 이미지 분석 함수의 프롬프트 작성
prompt = "이 사진이 뭔지 2줄로 요약해줘."

# (6) 이미지 분석 함수 호출 및 결과 출력
result = analyze_image(prompt, base64_image)
print(result)
```

python ch14_image_test.py 명령으로 코드를 실행하면 이미지의 성분표를 분석한 내용이 간략하게 출력됩니다. 실행할 때마다 분석 결과가 달라지므로 다음 그림과 실제 화면이 다를 수 있습니다.

그림 14-4 실행 결과

```
(venv) PS C:\Users\gilbut\Desktop\ai_program> python ch14_image_test.py
해당 사진은 식품의 영양정보를 담고 있으며, 총 74g의 내용량을 4봉지로 나누어 표시
하고 있습니다. 1봉지당 85kcal이며, 주요 성분은 나트륨, 탄수화물, 당류, 지방, 콜레
스테롤, 단백질입니다.
```

코드의 작동 원리를 살펴보기 전에 코드에 언급된 base64에 대해 짚고 넘어가겠습니다. 이미지 파일은 0과 1의 바이너리 데이터로 구성됩니다. 그러나 AI 모델에 이미지 파일을 전송할 때는 바이너리 데이터가 아닌 base64 데이터로 전송합니다. **base64**는 0과 1의 바이너리 데이터

를 A~Z, a~z, 0~9 등의 텍스트로 변환한 것입니다.

base64 데이터의 생김새는 **https://base64.guru/converter/encode/url**에서 확인할 수 있습니다. 특정 이미지의 URL을 Remote URL에 붙여넣고 [Encode URL to Base64] 버튼을 클릭하면 이미지가 텍스트로 변환되는데, 이 텍스트가 바로 base64 데이터입니다.

그림 14-5 base64 데이터 확인

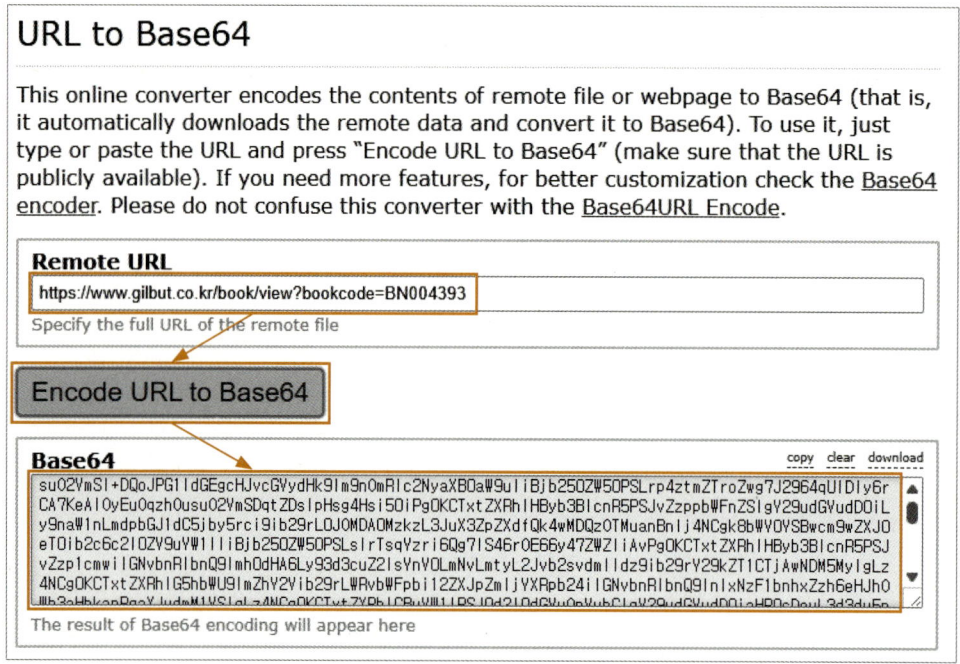

AI 모델에 base64 데이터로 변환한 이미지를 전송하는 이유는 다음과 같습니다.

- 바이너리 데이터를 직접 전송하면 일부 네트워크 환경에서 변형되거나 올바르게 해석되지 않을 수 있지만 base64 데이터는 안정적으로 전송할 수 있습니다.

- 많은 네트워크 프로토콜과 시스템이 텍스트 기반(JSON 등)으로 동작하기 때문에 base64 데이터로 변환하면 이미지를 보다 쉽게 주고받을 수 있습니다.

코드로 돌아와 작동 원리를 좀 더 자세히 살펴봅시다.

(1) OpenAI 클라이언트 생성: OpenAI API Key를 입력받아 클라이언트를 생성합니다.

(2) 이미지 인코딩 함수 정의: 이미지 파일의 경로를 입력받아 이미지를 base64 데이터로 변환하는 함수를 정의합니다.

(3) 이미지 인코딩 함수 호출: 이미지 인코딩 함수를 호출해 **sample_image.png** 파일을 base64 데이터로 변환하고, 그 결과를 받아 base64_image 변수에 저장합니다.

(4) 이미지 분석 함수 정의

- 이미지 분석을 수행하는 API 요청을 보내고 응답을 받아 반환하는 함수를 만듭니다.
- API 요청 시 대화형 텍스트를 생성하는 client.chat.completions.create 명령을 사용하는 것은 그동안 실습했던 프로그램과 비슷합니다. 그러나 "content"에 프롬프트 문자열이 아닌 두 개의 딕셔너리로 이뤄진 리스트가 들어간다는 점이 다릅니다. 각 딕셔너리에 들어가는 내용은 다음과 같습니다.

API 요청 시 content 내용

```
"content": [
    {
        # 이미지 분석 요청 프롬프트 ──────── ❶
        "type": "text",
        "text": prompt,
    },
    {
        # base64로 변환된 이미지 데이터 ─── ❷
        "type": "image_url",
        "image_url": {"url": f"data:image/jpeg;base64, {base64_image}"},
    },
],
```

❶ 첫 번째 딕셔너리에는 AI 모델에 요청할 프롬프트가 들어갑니다.

❷ 두 번째 딕셔너리에는 분석할 이미지를 base64로 변환한 데이터가 들어갑니다. 이때 data:image/jpeg;base64,와 같은 접두사를 붙여 AI 모델이 base64 데이터임을 인식할 수 있게 합니다.

(5) 이미지 분석 함수의 프롬프트 작성: 이미지 분석 함수의 입력값으로 넘길 프롬프트를 작성합니다. 코드에서처럼 "이 사진이 뭔지 2줄로 요약해줘."라고 해도 되고, 원하는 분석 방향이 있다면 구체적으로 작성해도 됩니다.

(6) 이미지 분석 함수 호출 및 결과 출력: 이미지 분석 함수를 호출하고 반환값을 받아 터미널에 출력합니다.

14.2.2 함수와 화면 UI 연동하기

이미지 분석 함수가 어떻게 작동하는지 알아봤으니 이 함수와 화면 UI를 연동하겠습니다. **ch14_image_ai.py** 파일을 생성하고, **소스 코드 > resource > ch14_image_ai.txt**에서 **14.2.2 함수와 화면 UI 연동하기** 코드를 복사해 붙여넣은 후 저장합니다.

ch14_image_ai.py

```python
import streamlit as st
from openai import OpenAI
import base64

# (1) 이미지 인코딩 함수 정의
def encode_image(image):
    return base64.b64encode(image.read()).decode("utf-8")

# (2) 이미지 분석 함수 정의
def analyze_image(base64_image, prompt, client):
    response = client.chat.completions.create(
        model="gpt-4o",
        messages=[
            {
                "role": "user",
                "content": [
                    {
                        "type": "text",
                        "text": prompt,
                    },
                    {
                        "type": "image_url",
                        "image_url": {"url": f"data:image/jpeg;base64,
                                    {base64_image}"},
                    },
                ],
            }
        ],
    )
    return response.choices[0].message.content

def main():
    st.set_page_config(layout="wide")
    st.title("이미지 분석 프로그램")
```

```python
        st.caption("이미지를 업로드하면 분석 결과가 출력됩니다.")
        with st.sidebar:
            openai_api_key = st.text_input(
                "OpenAI API Key",
                type="password",
            )
            st.markdown(
                "[OpenAI API Key 받기](https://platform.openai.com/account/api-keys)"
            )
        # (3) 파일 업로드 위젯 구현
        image_file = st.file_uploader(
            "이미지를 업로드하세요.",
            type=["jpg", "jpeg", "png"],
            label_visibility="hidden",
        )
        if st.button("이미지 분석"):
            if not openai_api_key:
                st.info("계속하려면 OpenAI API Key를 추가하세요.")
                st.stop()
            if not image_file:
                st.warning("이미지를 업로드하세요.")
                st.stop()
            client = OpenAI(api_key=openai_api_key)
            with st.spinner("이미지 분석 중..."):
                # (4) 이미지 인코딩 함수 호출
                base64_image = encode_image(image_file)
                # (5) 프롬프트 작성
                prompt = f"""
                너는 최고의 데이터 분석가야.
                - 데이터를 분석해 핵심 내용을 정리한 표와 그에 관한 인사이트를 보여줘.
                - 표는 마크다운으로 만들어.
                - 최소한 두 가지 이상의 인사이트를 제시해.
                - 분석 결과만 응답해.
                """
                # (6) 이미지 분석 함수 호출 및 결과 출력
                result = analyze_image(base64_image, prompt, client)
                st.write(result)

if __name__ == "__main__":
    main()
```

streamlit run ch14_image_ai.py 명령으로 프로그램을 실행합니다. OpenAI API Key를 입력하고 ai_program 폴더의 sample_image.png 파일을 업로드한 후 [이미지 분석] 버튼을 클릭하면 분석 결과가 출력됩니다.

그림 14-6 실행 결과

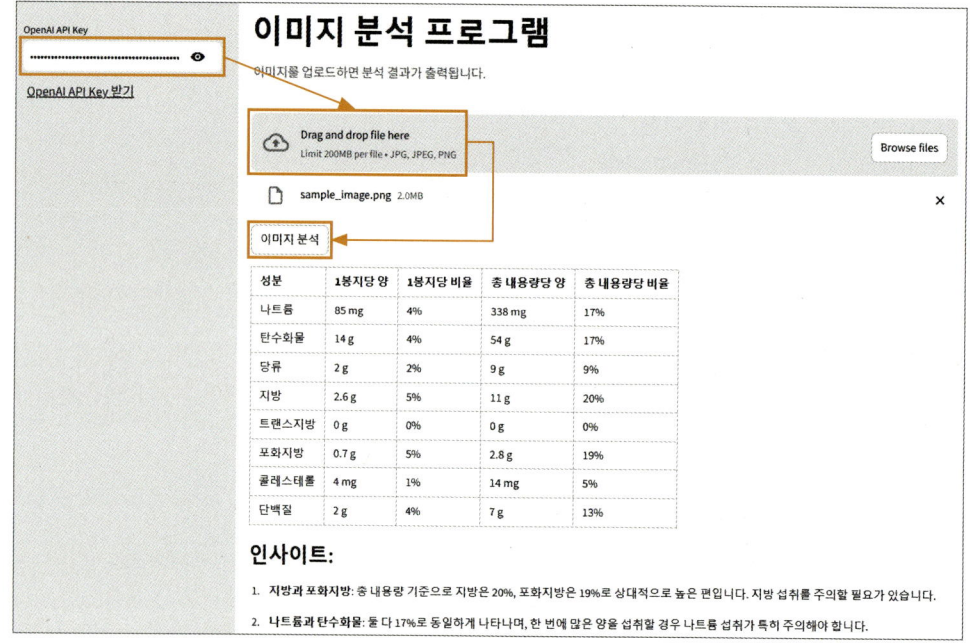

코드의 작동 원리는 다음과 같습니다.

(1) 이미지 인코딩 함수 정의

- 이미지를 base64 데이터로 변환하는 함수를 정의합니다.
- **ch14_image_test.py**에서 이미지 분석 함수를 만들 때는 이미지 파일을 여는 것부터 시작했습니다[with open(image_path, "rb") as image_file:]. 그러나 이번에는 파일 업로드 위젯에 올린 이미지 데이터 자체를 사용하기 때문에 파일을 여는 과정 없이 바로 base64 데이터로 변환합니다.

(2) 이미지 분석 함수 정의: base64_image, prompt, client 객체를 입력받아 이미지 분석 결과를 반환하는 함수를 정의합니다.

(3) 파일 업로드 위젯 구현

- 파일 업로드 위젯을 만들고, 업로드 가능한 파일 형식을 jpg, jpeg, png로 제한합니다.
- 파일 업로드 위젯에 올린 이미지를 image_file 변수에 저장합니다.

(4) 이미지 인코딩 함수 호출: 이미지 인코딩 함수를 호출해 파일 업로드 위젯에 올린 이미지를 base64 데이터로 변환한 후 base64_image 변수에 저장합니다.

(5) 프롬프트 작성: 이미지 분석 결과를 정리한 표와 그에 관한 인사이트를 보여달라는 내용의 프롬프트를 작성합니다. 표는 마크다운을 이용해 만들라고 요청합니다.

(6) 이미지 분석 함수 호출 및 결과 출력: 이미지 분석 함수를 호출해 base64_image, prompt, client 객체를 전달하고, 이미지 분석 결과를 받아 출력합니다.

14.2.3 표를 CSV 파일로 내려받기

분석 결과로 얻은 표를 CSV 파일로 다운로드하는 기능을 추가하려면 데이터프레임이라는 개념을 알아야 합니다. **데이터프레임**(dataframe)은 표 형태로 정리된 데이터 구조로, 엑셀에서 숫자나 정형화된 데이터를 행과 열로 정리한 것과 비슷합니다. 파이썬에서는 pandas 패키지를 사용하면 데이터프레임을 생성하고 관리할 수 있습니다.

데이터프레임은 열 이름인 **헤더**(header), 행을 구분하는 값인 **인덱스**(index)로 구성됩니다. 예를 들어 **그림 14-6**의 표를 데이터프레임으로 만들면 다음과 같습니다.

그림 14-7 데이터프레임의 예

	성분	1봉지당 양	1봉지당 비율	총 내용량당 양	총 내용량당 비율
0	나트륨	85mg	4%	338mg	17%
1	탄수화물	14g	4%	54g	17%
2	당류	2g	2%	9g	9%
3	지방	2.6g	5%	11g	20%
4	트랜스지방	0g	0%	0g	0%
5	포화지방	0.7g	5%	2.8g	19%
6	콜레스테롤	4mg	1%	14mg	5%
7	단백질	2g	4%	7g	13%

이해를 돕기 위한 예제로, **ch14_dataframe.py** 파일을 생성하고, **소스 코드 > resource > ch14_dataframe.txt**에서 코드를 복사해 붙여넣은 후 저장합니다.

ch14_dataframe.py

```python
import streamlit as st
import pandas as pd

# (1) 데이터 정의
data = [
    {'영양 성분': '열량', '1봉지당': '85kcal', '총 내용량당': '343kcal',
     '일일 기준치 대비(%)': '-'},
    {'영양 성분': '나트륨', '1봉지당': '85mg', '총 내용량당': '338mg',
     '일일 기준치 대비(%)': '17%'},
]
# (2) 데이터프레임 생성
df = pd.DataFrame(data)
# (3) 데이터프레임 출력
st.dataframe(df)
```

[Ctrl]+[C]를 눌러 실행 중인 스트림릿 프로그램을 중단하고 **streamlit run ch14_dataframe.py** 명령으로 코드를 실행하면 데이터프레임으로 저장된 데이터가 표 형태로 출력되고, 표 위에 마우스 커서를 갖다 대면 **Download as CSV** 아이콘이 나옵니다. 이 아이콘을 클릭하면 CSV 파일이 다운로드됩니다.

그림 14-8 실행 결과

	영양 성분	1봉지당	총 내용량당	일일 기준치 대비(%)
0	열량	85 kcal	343 kcal	-
1	나트륨	85 mg	338 mg	17%

코드를 자세히 살펴봅시다.

(1) 데이터 정의: data 변수에 딕셔너리 리스트 형식으로 데이터를 저장합니다. 각 딕셔너리는 하나의 행에 대응되며 영양 성분, 1봉지당, 총 내용량당, 일일 기준치 대비(%) 항목을

키로 가집니다.

(2) 데이터프레임 생성: data를 데이터프레임으로 생성하고 df 변수에 저장합니다. 영양 성분, 1봉지당, 총 내용량당, 일일 기준치 대비(%) 항목이 데이터프레임의 헤더가 됩니다.

(3) 데이터프레임 출력: st.dataframe() 명령으로 스트림릿 화면에 데이터프레임을 출력합니다. 데이터프레임은 표 형태로 출력되며, CSV 파일로 다운로드하는 제공합니다.

이처럼 스트림릿에서 데이터프레임을 출력하면 보기 좋게 표 형태로 나오고 다운로드도 할 수 있어 편리합니다.

그럼 이미지 분석 프로그램으로 돌아와 화면에 출력된 표를 데이터프레임으로 변환해보겠습니다. 기본적으로 데이터프레임은 표 구조와 동일하기 때문에 마크다운으로 만든 표를 데이터프레임으로 바꿀 수 있습니다. 이는 표를 만드는 마크다운(|)을 찾아 그에 대응하는 데이터프레임을 만드는 것으로, 마크다운 표를 찾기 위한 정규 표현식 패턴을 이용하는 원리입니다.

정규 표현식(regex)이란 특정한 패턴의 문자열을 찾거나 변환하는 데 사용하는 규칙입니다. 여기서는 마크다운 표의 구조를 감지해 데이터프레임으로 변환하는 데 사용합니다. 또한 정규 표현식은 문서에서 메일 주소나 URL 링크처럼 일정한 형식을 가진 텍스트를 찾는 데에도 활용할 수 있습니다.

이러한 정규 표현식을 적용한 코드를 **ch14_image_ai.py** 파일에 추가해 프로그램을 완성합니다.

ch14_image_ai.py

```python
import streamlit as st
from openai import OpenAI
import base64
# (7) 추가 패키지 불러오기
import pandas as pd
import re

# (1) 이미지 인코딩 함수 정의
def encode_image(image):
    return base64.b64encode(image.read()).decode("utf-8")

# (2) 이미지 분석 함수 정의
def analyze_image(base64_image, prompt, client):
```

```python
    response = client.chat.completions.create(
        model="gpt-4o",
        messages=[
            {
                "role": "user",
                "content": [
                    {
                        "type": "text",
                        "text": prompt,
                    },
                    {
                        "type": "image_url",
                        "image_url": {"url": f"data:image/jpeg;base64,
                                        {base64_image}"},
                    },
                ],
            }
        ],
    )
    return response.choices[0].message.content

# (8) 마크다운-데이터프레임 변환 함수 정의
def markdown_to_dataframes(markdown_text):
    # 마크다운 표를 찾기 위한 정규 표현식 패턴
    table_pattern = r"\|(.+)\|\n\|(-+\|)+\n(((\|.+\|\n)+\|.+\|)\n?)"
    tables = re.findall(table_pattern, markdown_text)
    dataframes = []
    for table in tables:
        header = table[0].strip().split("|")
        data_rows = table[2].strip().split("\n")
        header = [h.strip() for h in header if h.strip()]
        data = [
            [cell.strip() for cell in row.split("|") if cell.strip()]
            for row in data_rows
        ]
        column_counts = {}
        new_header = []
        for col in header:
            if col in column_counts:
```

```python
                column_counts[col] += 1
                new_col_name = f"{col}_{column_counts[col]}"
            else:
                column_counts[col] = 0
                new_col_name = col
            new_header.append(new_col_name)
        df = pd.DataFrame(data, columns=new_header)
        dataframes.append(df)
    return dataframes


def main():
    st.set_page_config(layout="wide")
    st.title("이미지 분석하기")
    st.caption("이미지를 업로드하면 분석 결과가 출력됩니다.")
    with st.sidebar:
        openai_api_key = st.text_input(
            "OpenAI API Key",
            type="password",
        )
        st.markdown(
            "[OpenAI API Key 받기](https://platform.openai.com/account/api-keys)"
        )
    # (3) 파일 업로드 위젯 구현
    image_file = st.file_uploader(
        "이미지를 업로드하세요.",
        type=["jpg", "jpeg", "png"],
        label_visibility="hidden",
    )
    if st.button("이미지 분석"):
        if not openai_api_key:
            st.info("계속하려면 OpenAI API Key를 추가하세요.")
            st.stop()
        if not image_file:
            st.warning("이미지를 업로드하세요.")
            st.stop()
        client = OpenAI(api_key=openai_api_key)
        with st.spinner("이미지 분석 중..."):
            # (4) 이미지 인코딩 함수 호출
            base64_image = encode_image(image_file)
```

```python
# (5) 프롬프트 작성
prompt = f"""
너는 최고의 데이터 분석가야.
- 데이터를 분석해 핵심 내용을 정리한 표와 그에 관한 인사이트를 보여줘.
- 표는 마크다운으로 만들어.
- 최소한 두 가지 이상의 인사이트를 제시해.
- 분석 결과만 응답해.
"""
# (6) 이미지 분석 함수 호출 및 결과 출력
result = analyze_image(base64_image, prompt, client)
st.write(result)
# (9) 마크다운-데이터프레임 변환 함수 호출 및 결과 출력
dataframes = markdown_to_dataframes(result)
st.write("## 데이터 다운로드")
for df in dataframes:
    st.dataframe(df)

if __name__ == "__main__":
    main()
```

Ctrl + C 를 눌러 데이터프레임 예제 프로그램을 중단하고 **streamlit run ch14_image_ai.py** 명령으로 프로그램을 실행합니다. 샘플 이미지를 업로드해 이미지를 분석해보면 데이터프레임으로 변환된 표가 맨 아래에 출력됩니다.

그림 14-9 실행 결과

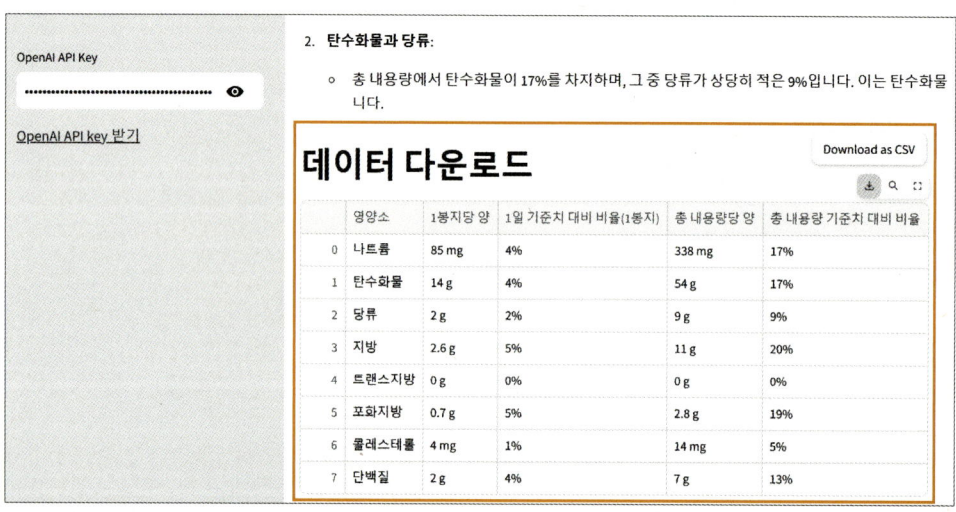

추가된 코드를 자세히 살펴봅시다.

(7) 추가 패키지 불러오기: 데이터프레임을 생성하는 데 필요한 pandas 패키지, 마크다운으로 된 텍스트에서 마크다운 표만 찾는 데 필요한 re(정규 표현식) 패키지를 불러옵니다.

(8) 마크다운-데이터프레임 변환 함수 정의

- 이미지 분석 결과를 함수의 입력값으로 받아 마크다운 표를 정규 표현식으로 추출하고 데이터프레임으로 변환하는 함수를 정의합니다.
- 예제에서는 마크다운 표가 하나이지만 이미지 분석 결과에 따라 표가 여러 개일 수도 있으므로 for 문을 순회하며 각 표를 데이터프레임으로 변환하고, 변환된 데이터프레임을 하나의 리스트에 저장해 반환합니다.
- 함수에 대한 자세한 설명은 생략하겠습니다. 코드가 복잡할 뿐만 아니라 한 줄 한 줄 설명하는 것보다 어떤 역할을 하는 함수인지 이해하고 활용하는 것이 더 중요하기 때문입니다. 지금은 '함수의 입력값으로 마크다운 텍스트를 넣으면 데이터프레임 리스트를 반환한다'라고 이해하는 것으로 충분합니다.

(9) 마크다운-데이터프레임 변환 함수 호출 및 결과 출력

- 마크다운-데이터프레임 변환 함수를 호출하고 반환값을 받아 dataframes 변수에 저장합니다. dataframes는 리스트이기 때문에 for 문을 통해 리스트에 있는 모든 데이터프레임을 하나씩 돌면서 st.dataframe(df)를 이용해 화면에 출력합니다.
- 예제에서는 마크다운 표가 하나이므로 dataframes 리스트에 하나의 요소가 저장됩니다. 따라서 for 문이 한 번만 실행됩니다.

이상으로 이미지 분석 프로그램을 완성했습니다. AI 모델에 이미지를 전달할 때 base64 데이터로 변환해야 한다는 것, 마크다운으로 작성된 표를 데이터프레임으로 변환해 스트림릿 화면에 출력할 수 있다는 것을 배웠습니다.

코드가 길고 복잡하다고 해서 지레 겁을 먹기보다 전체 흐름을 이해하고 활용하는 것이 중요하다는 점도 강조했습니다. 코드를 100% 이해해야만 활용할 수 있는 것은 아닙니다. 코드의 역할을 이해하고 무엇을 입력하면 어떤 결과가 출력된다는 정도만 알아도 충분합니다.

마무리

1. 이미지 인코딩 함수

- 파일 업로드 위젯에 올린 이미지 파일을 base64 데이터로 변환합니다.
- 0과 1의 바이너리 데이터가 A~Z, a~z, 0~9 등의 텍스트로 변환됩니다.

```python
def encode_image(image):
    return base64.b64encode(image.read()).decode("utf-8")
```

2. 이미지 분석 함수

base64_image, prompt, client 객체를 입력받아 이미지 분석 결과를 반환합니다.

```python
def analyze_image(base64_image, prompt, client):
    response = client.chat.completions.create(
        model="gpt-4o",
        messages=[
            {
                "role": "user",
                "content": [
                    {
                        "type": "text",
                        "text": prompt,
                    },
                    {
                        "type": "image_url",
```

```
                    "image_url": {"url": f"data:image/jpeg;base64,
                                {base64_image}"},
                },
            ],
        }
    ],
)
return response.choices[0].message.content
```

3. 데이터프레임

행과 열로 이뤄진 표 형식의 데이터 구조로, pandas 패키지를 사용해 생성합니다. 데이터프레임은 표 구조와 동일하기 때문에 마크다운으로 만든 표를 데이터프레임으로 바꿀 수 있습니다.

MEMO

15장

메일 자동 응답 프로그램 만들기

이 장에서는 네이버 메일 리스트를 가져와 수신 메일을 확인하고, 답장 초안을 작성한 후 발송해주는 프로그램을 만듭니다. AI가 작성한 답장 초안을 활용하면 업무 시간을 아낄 수 있습니다.

난이도: ★★★★★　**핵심 개념: 외부 메일 연동**　**사용 모델: GPT**

15.1

프로그램 소개

15.1.1 실행 화면 미리 보기

이 장에서는 네이버 메일과 연동해 수신 메일을 확인하고, 선택한 메일에 대한 답장 초안을 작성해주는 메일 자동 응답 프로그램을 만듭니다. 실행 화면은 다음과 같습니다.

그림 15-1 메일 자동 응답 프로그램 실행 화면

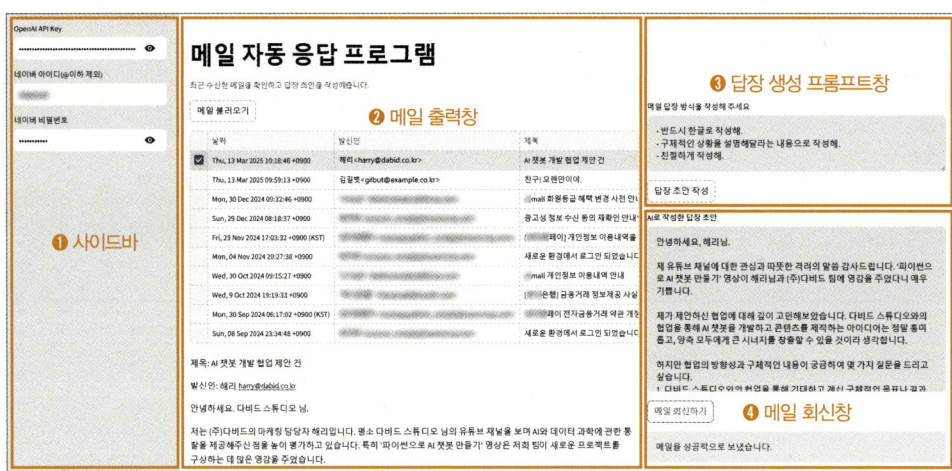

1. **사이드바**: OpenAI API Key, 네이버 아이디, 네이버 비밀번호를 입력합니다.
2. **메일 출력창**: 최근에 받은 메일을 표 형태로 출력하고, 선택한 메일의 본문을 보여줍니다.
3. **답장 생성 프롬프트창**: 선택한 메일에 대한 답장 초안을 생성해달라는 내용의 프롬프트를 작성합니다. 기본으로 입력된 프롬프트를 그대로 사용해도 되고, 이를 수정해서 사용해도 됩니다. [답장 초안 작성] 버튼을 클릭하면 답장 초안이 생성됩니다.

④ **메일 회신창:** AI가 작성한 답장 초안의 내용을 확인하고 수정 또는 추가한 후 메일을 보냅니다.

15.1.2 프로그램의 핵심 포인트

이 프로그램의 핵심 포인트는 **파이썬 프로그램으로 외부 메일을 받아오거나, 반대로 외부 메일 계정으로 메일을 발송하는 것**입니다. 이 프로그램은 3부에서 구현한 열 가지 프로그램 중 가장 어렵고 코드의 양도 많습니다. 하지만 코드 한 줄 한 줄의 문법적 해석에 집중하기보다는 코드의 작동 흐름과 함수의 역할을 중점적으로 살펴보겠습니다. 어렵더라도 차근차근 따라 하다 보면 코드를 분석하고 변형해 사용하는 능력을 키울 수 있을 것입니다.

15.1.3 개발 단계 한눈에 보기

메일 자동 응답 프로그램은 다음과 같이 3단계로 개발합니다.

그림 15-2 메일 자동 응답 프로그램의 개발 단계

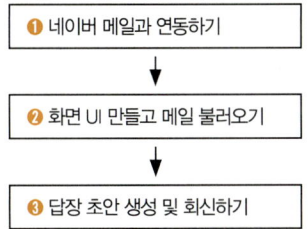

① **네이버 메일과 연동하기:** 파이썬 프로그램과 네이버 메일을 연동해 네이버 메일을 불러오고 네이버 메일 계정으로 메일을 보내는 방법을 알아봅니다.

② **화면 UI 만들고 메일 불러오기:** ①번에서 학습한 내용을 바탕으로 최근 네이버 메일 리스트를 불러와 표 형태로 출력하고, 선택한 메일의 본문을 표 아래에 출력합니다.

③ **답장 초안 생성 및 회신하기:** 선택한 메일에 대한 답장 초안을 생성하고 초안 내용을 수정한 후 메일을 보냅니다.

15.2 프로그램 만들기

다음 명령으로 가상 환경을 활성화합니다. 가상 환경이 활성화된 상태라면 생략하고 넘어갑니다.

```
터미널
> venv\scripts\activate  ------ 윈도우
> source venv/bin/activate  --- 맥OS
```

이 프로그램에 필요한 패키지는 streamlit, openai, pandas이며 모두 앞에서 설치했습니다.

15.2.1 네이버 메일과 연동하기

메일 자동 응답 프로그램을 만들려면 네이버 메일의 환경 설정을 변경해야 합니다.

네이버 메일 환경 설정하기

네이버에 접속해 메일함으로 가서 **환경설정** → **POP3/IMAP 설정** → **IMAP/SMTP 설정** 탭을 클릭한 후 IMAP/SMTP를 **사용함**으로 설정하고 [저장] 버튼을 클릭합니다.

그림 15-3 네이버 메일 환경 설정

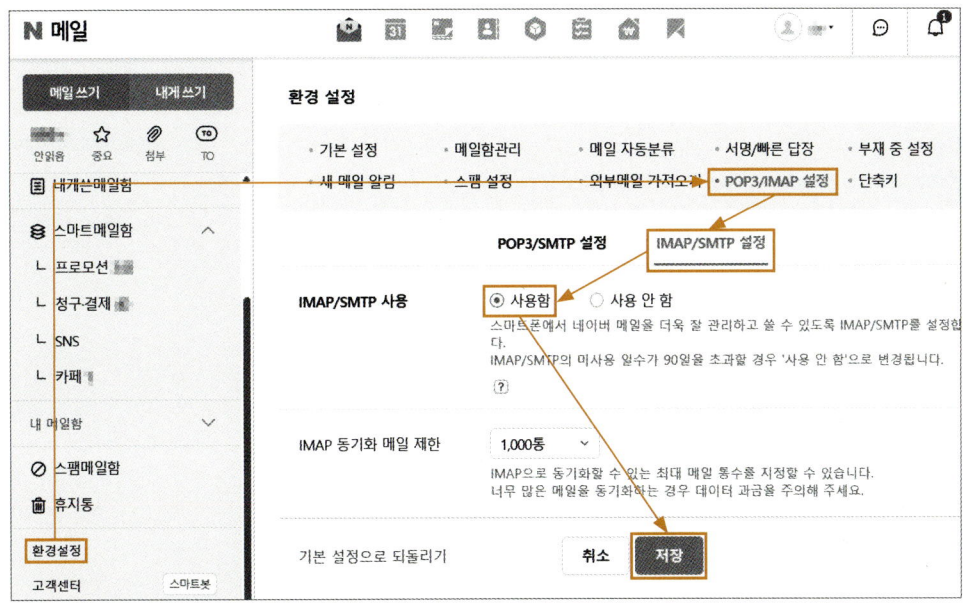

> **NOTE** IMAP/SMTP 설정
>
> **IMAP**(Internet Message Access Protocol)는 메일을 받을 때 사용하는 프로토콜로, 사용 중인 기기에 메일을 다운로드하지 않고 네이버 메일이나 지메일 같은 **메일 서버에 저장된 상태로 조회**합니다. 메일 원본이 서버에 남아 있기 때문에 여러 기기에서 메일을 확인할 수 있지만, 인터넷이 연결되지 않으면 메일을 볼 수 없다는 것이 단점입니다.
>
> 참고로 IMAP와 반대로 작동하는 프로토콜이 있습니다. 메일을 **자신의 기기에 다운로드한 후 서버에서 삭제**하는 **POP3**(Post Office Protocol 3)입니다. 이 프로토콜을 사용하면 인터넷이 연결되지 않은 오프라인 환경에서도 메일을 확인할 수 있지만, 여러 기기에서 같은 메일을 동기화해 보기 어렵습니다.
>
> 또한 **SMTP**(Simple Mail Transfer Protocol)는 메일을 보낼 때 사용하는 프로토콜로, 네이버 메일에서 직접 [메일 보내기] 버튼을 클릭하지 않더라도 파이썬 프로그램에서 네이버의 메일 서버에 요청해 메일을 전송할 수 있습니다.
>
> 이 장에서 만들 프로그램은 IMAP 방식으로 메일을 받고, SMTP 방식으로 메일을 보냅니다. 이렇게 하면 서버에 메일을 유지하면서 여러 기기에서 동기화해 메일을 확인하고 회신할 수 있습니다.

파이썬 프로그램에서 네이버 메일 받아보기(IMAP 사용)

ch15_mail_test1.py 파일을 생성하고, **소스 코드 > resource > ch15_mail_test1.txt**에서 코드를 복사해 붙여넣은 후 저장합니다.

ch15_mail_test1.py

```python
from email.header import decode_header
import imaplib
import email

# (1) 메일 수신 함수 정의
def fetch_emails(email_id: str, email_password: str):
    try:
        mail = imaplib.IMAP4_SSL("imap.naver.com")
        mail.login(email_id, email_password)
        # (2) 수신 메일함 선택
        mail.select("inbox")
        result, data = mail.search(None, "ALL")
        # (3) 최근 메일 열 개 가져오기
        mail_ids = data[0].split()[-10:]
        fetched_emails = []
        for mail_id in mail_ids:
            result, data = mail.fetch(mail_id, "(RFC822)")
            raw_email = data[0][1]
            msg = email.message_from_bytes(raw_email)
            # (4) 딕셔너리 선언(메일 발신인/제목 디코딩, 메일 본문 가져오기)
            email_data = {
                "날짜": msg.get("Date"),
                "발신인": decode_mime_words(msg.get("From")),
                "제목": decode_mime_words(msg.get("Subject")),
                "본문": get_email_content(msg),
            }
            fetched_emails.append(email_data)
        # (5) 결과 리스트 반전 및 반환
        fetched_emails.reverse()
        return fetched_emails
    except Exception as e:
        print(f"오류 발생: {e}")
        return None

# (6) 메일 발신인/제목 디코딩 함수 정의
```

```python
def decode_mime_words(encoded_string):
    if encoded_string is None:
        return ""
    decoded_words = decode_header(encoded_string)
    decoded_string = ""
    for content, charset in decoded_words:
        if isinstance(content, bytes):
            try:
                decoded_string += content.decode(charset or "utf-8")
            except (UnicodeDecodeError, TypeError):
                decoded_string += content.decode("latin1", errors="ignore")
        else:
            decoded_string += content
    return decoded_string

# (7) 메일 본문 가져오기 함수 정의
def get_email_content(message):
    if message.is_multipart():
        parts = [get_email_content(part) for part in message.get_payload()
                 if part.get_content_type() == "text/plain"]
        return "\n".join(parts) if parts else ""
    else:
        content_type = message.get_content_type()
        if content_type == "text/plain":
            content = message.get_payload(decode=True)
            if content:
                charset = message.get_content_charset()
                try:
                    return content.decode(charset or "utf-8")
                except (UnicodeDecodeError, TypeError):
                    return content.decode("latin1", errors="ignore")
        return ""

def main():
    naver_id = "네이버_아이디_입력"    --- @를 제외한 아이디 부분만 입력
    naver_password = "네이버_비밀번호_입력"
    # (8) 메일 수신 함수 호출
    result = fetch_emails(naver_id, naver_password)
    # (9) 최근에 수신한 메일 출력
    print(result[0])
```

```
if __name__ == "__main__":
    main()
```

naver_id 변수에 @를 제외한 아이디 부분만 입력하고 naver_password 변수에 비밀번호를 입력한 후 저장합니다. **python ch15_mail_test1.py** 명령으로 코드를 실행하면 최근에 수신한 메일의 날짜, 발신인, 제목, 본문 내용이 딕셔너리 형태로 출력됩니다.

그림 15-4 실행 결과

```
(venv) PS C:\Users\gilbut\Desktop\ai_program> python ch15_mail_test1.py
{'날짜': 'Thu, 13 Mar 2025 10:18:46 +0900', '발신인': '해리 <harry@dabid.co.kr>', '제
목': 'AI 챗봇 개발 협업 제안 건', '본문': '안녕하세요. 다비드 스튜디오 님.\r\n\r\n저는 (
주)다비드의 마케팅 담당자 해리입니다. 평소 다비드 스튜디오 님의 유튜브 채널을 보며 AI와
데이터 과학에 관한 통찰을 제공해\r\n주신 점을 높이 평가하고 있습니다. 특히 \'파이썬으로 A
I 챗봇 만들기\' 영상은 저희 팀에서 새로운 프로젝트를 구상하는 데 많은 영감을\r\n주었습니
다.\r\n\r\n저희 (주)다비드는 AI 기술을 활용 해 사용자 경험을 향상시키는 다양한 마케팅 전
략을 개발하고 있습니다. 다비드 스튜디오 님의 전문성과\r\n저희 회사의 리소스를 결합한다면
양측에게 큰 시너지를 창출할 수 있을 것이라 확신합니다.\r\n\r\n이에 다비드 스튜디오 님과
```

> **NOTE** **본문 내용이 제대로 출력되지 않는 경우**
>
> 메일 자동 응답 프로그램은 메일의 본문 내용을 UTF-8로 인코딩(encoding, 변환)해 읽어들입니다. **UTF-8**(Unicode Transformation Format-8-bit)은 전 세계의 거의 모든 문자를 0과 1의 컴퓨터 언어로 표현할 수 있는 문자 변환 표준입니다. 메일, 웹 페이지, 각종 문서 등에서 다양한 언어를 문제없이 표시하려면 UTF-8로 인코딩해야 합니다.
>
> 그런데 메일 내용에 따라 ñ, ö, ü와 같은 특수문자가 포함되거나 첨부 파일이 있는 경우 UTF-8로 인코딩되지 않아 결과가 제대로 출력되지 않을 수도 있습니다. 이럴 때는 원활한 실습을 위해 자신의 네이버 메일로 아래 메일을 전송한 후 다시 코드를 실행하세요. 그러면 **그림 15-4**와 같은 결과를 얻을 수 있습니다.
>
> > **메일 작성의 예(ch15_mail.txt)**
> >
> > 제목: AI 챗봇 개발 협업 제안 건
> >
> > 안녕하세요. 다비드 스튜디오 님.
> >
> > 저는 (주)다비드의 마케팅 담당자 해리입니다. 평소 다비드 스튜디오 님의 유튜브 채널을 보며 AI와 데이터 과학에 관한 통찰을 제공해주신 점을 높이 평가하고 있습니다. 특히 '파이썬으로 AI 챗봇 만들기' 영상은 저희 팀이 새로운 프로젝트를 구상하는 데 많은 영감을 주었습니다.
> >
> > 저희 회사는 AI 기술을 활용해 사용자 경험을 향상하는 다양한 마케팅 전략을 개발하고 있습니다. 다비드 스튜디오 님의 전문성과 저희 회사의 리소스를 결합한다면 양측에게 큰 시너지를 창출할 수 있을

> 것이라 확신합니다.
>
> 이에 다비드 스튜디오 님과의 협업을 제안드립니다. 함께 AI 챗봇을 개발하고, 이를 통해 상호 채널에서 활용할 수 있는 콘텐츠를 제작하는 것입니다. 협업을 통해 양측의 브랜드 가치를 높이고, AI 기술을 통한 실질적인 사용자 경험 개선을 도모하고자 합니다.
>
> 협업에 대해 논의하기 위해 간단한 미팅을 가질 수 있기를 희망합니다. 미팅 일정은 다비드 스튜디오 님에 맞춰 유연하게 조정할 준비가 돼 있습니다.
>
> 바쁘신 와중에도 메일을 읽어주셔서 감사합니다. 다비드 스튜디오 님과의 협업이 양측에게 큰 기회가 될 것이라 믿으며, 귀하의 의견을 기다리겠습니다.
>
> 감사합니다.
>
> 해리 드림

코드를 자세히 살펴봅시다.

(1) **메일 수신 함수 정의:** 네이버 아이디와 비밀번호를 입력받아 IMAP 프로토콜로 해당 계정에서 수신한 메일을 딕셔너리 리스트(fetched_emails) 형태로 반환하는 함수를 정의합니다.

(2) **수신 메일함 선택:** 가져올 메일함을 선택합니다. inbox는 수신함을 가리킵니다.

(3) **최근 메일 열 개 가져오기:** 최근 메일 열 개의 id를 가져오고, id별로 순회하면서 mail.fetch(mail_id, "(RFC822)") 명령으로 해당 메일의 데이터를 불러옵니다. 여기서 RFC822는 메일 메시지의 표준 형식을 의미합니다.

(4) **딕셔너리 선언:** email_data 딕셔너리를 선언하고 메일 데이터 안에 있는 날짜, 발신인, 제목, 본문을 읽어와 반환할 리스트에 추가합니다. 발신인과 제목은 메일 발신인/제목 디코딩 함수[decode_mime_words()]로, 본문은 메일 본문 가져오기 함수[get_email_content()]로 변환한 값을 사용합니다.

(5) **결과 리스트 반전 및 반환:** 결과 리스트(fetched_emails)에는 최근에 받은 메일 열 개가 빠른 날짜 순으로 저장돼 있습니다. 이를 reverse() 함수로 반전해 날짜가 가장 늦은(가장 최근에 수신한) 메일이 리스트의 맨 앞에 오게 한 후 반환합니다.

(6) **메일 발신인/제목 디코딩 함수 정의:** 메일을 IMAP 방식으로 가져오면 발신인(From)과 제목(Subject) 정보가 MIME 표준 형식으로 인코딩된 상태입니다. 이를 사람이 읽을 수 있도록 UTF-8로 디코딩하는 함수를 정의합니다.

(7) 메일 본문 가져오기 함수 정의: 메일은 텍스트로만 이뤄진 간단한 유형만 있는 것이 아닙니다. 첨부 파일이 있거나 HTML로 작성된 것 등 다양한 유형의 메일에 담긴 본문 내용을 문자열 또는 UTF-8로 일정하게 반환하는 함수를 정의합니다.

(8) 메일 수신 함수 호출: 메일 수신 함수를 호출하면서 네이버 아이디와 비밀번호를 전달하고, 최근에 수신한 메일 열 개를 반환받아 result 변수에 저장합니다.

(9) 최근에 수신한 메일 출력: result 변수에는 열 개의 메일이 저장돼 있고, 가장 최근에 수신한 메일이 리스트의 맨 앞에 있습니다. 가장 최근에 수신한 메일을 print(result[0])으로 출력합니다.

파이썬 프로그램에서 메일 보내기(SMTP 사용)

새 파일을 만들어 파이썬 프로그램에서 메일을 보내는 기능을 구현하겠습니다. **ch15_mail_test2.py** 파일을 생성하고, **소스 코드 > resource > ch15_mail_test2.txt**에서 코드를 복사해 붙여넣은 후 저장합니다.

ch15_mail_test2.py

```python
import smtplib
from email.message import EmailMessage

# (1) 메일 생성 함수 정의
def create_email(to_addr, subject, body, naver_id):
    from_addr = f"{naver_id}@naver.com"
    email_message = EmailMessage()
    email_message["To"] = to_addr
    email_message["From"] = from_addr
    email_message["Subject"] = subject
    email_message.set_content(body)
    return email_message

# (2) 메일 전송 함수 정의
def send_email(message, naver_id, naver_password):
    smtp_server = "smtp.naver.com"
    port = 587
    with smtplib.SMTP(smtp_server, port) as server:
        server.starttls()
        server.login(naver_id, naver_password)
```

```python
        server.send_message(message)

def main():
    naver_id = "네이버_아이디_입력"    # --- @를 제외한 아이디 부분만 입력
    naver_password = "네이버_비밀번호_입력"
    # (3) 메일의 주요 정보 입력
    recipient_email = "받는_사람_메일_주소_입력"
    subject = "테스트 메일"
    body = "안녕하세요. 이 메일은 테스트 메일입니다."
    # (4) 메일 생성 함수 호출
    email_message = create_email(recipient_email, subject, body, naver_id)
    # (5) 메일 전송 함수 호출
    send_email(email_message, naver_id, naver_password)
    print("✅ 메일이 성공적으로 전송됐습니다!")

if __name__ == "__main__":
    main()
```

naver_id, naver_password 변수에 각각 네이버 아이디와 비밀번호를, recipient_email 변수에 수신인의 메일 주소를 입력한 후 **python ch15_mail_test2.py** 명령으로 코드를 실행합니다. 터미널에 '✅ 메일이 성공적으로 전송됐습니다!'가 출력되고, 네이버 메일의 보낸메일함에서 '테스트 메일'이라는 제목의 메일이 전송된 것을 확인할 수 있습니다.

그림 15-5 실행 결과

코드를 자세히 살펴봅시다.

(1) 메일 생성 함수 정의: email_message라는 메일 객체를 만들고 수신인의 메일 주소(to_addr), 발신인의 메일 주소(from_addr), 메일 제목(subject), 메일 본문(body)을 저장해 반환합니다.

(2) 메일 전송 함수 정의: (1)번에서 만든 메일 객체와 네이버 아이디, 네이버 비밀번호를 입력값으로 받아 SMTP 방식으로 메일을 보냅니다.

(3) 메일의 주요 정보 입력: 수신인의 메일 주소, 메일 제목, 메일 본문을 각각 변수에 입력합니다.

(4) 메일 생성 함수 호출: 메일 생성 함수를 호출해 전송할 메일 객체를 만든 후 email_message 변수로 반환받습니다.

(5) 메일 전송 함수 호출: 메일 전송 함수를 호출해 네이버 계정으로 email_message에 담긴 내용을 전송합니다.

15.2.2 화면 UI 만들고 메일 불러오기

파이썬 프로그램에서 네이버 메일을 받아오고 보내는 연습을 했습니다. 이제 네이버 계정 정보를 입력하면 최근에 수신한 메일을 표 형태로 불러오는 화면을 만들겠습니다. **ch15_mail_ai.py** 파일을 생성하고, **소스 코드 > resource > ch15_mail_ai.txt**에서 **15.2.2 화면 UI 만들고 메일 불러오기** 코드를 복사해 붙여넣은 후 저장합니다.

ch15_mail_ai.py

```python
from email.header import decode_header
import streamlit as st
import pandas as pd
import imaplib
import email

# (1) 메일 수신 함수 정의
def fetch_emails(email_id: str, email_password: str) -> pd.DataFrame:
    try:
        mail = imaplib.IMAP4_SSL("imap.naver.com")
        mail.login(email_id, email_password)
```

```python
        mail.select("inbox")
        result, data = mail.search(None, "ALL")
        mail_ids = data[0].split()[-10:]
        fetched_emails = []
        for mail_id in mail_ids:
            result, data = mail.fetch(mail_id, "(RFC822)")
            raw_email = data[0][1]
            msg = email.message_from_bytes(raw_email)
            email_data = {
                "날짜": msg.get("Date"),
                "발신인": decode_mime_words(msg.get("From")),
                "제목": decode_mime_words(msg.get("Subject")),
                "본문": get_email_content(msg),
            }
            fetched_emails.append(email_data)
        fetched_emails.reverse()
        # 결과 리스트를 데이터프레임으로 변환
        df = pd.DataFrame(fetched_emails)
        return df
    except Exception as e:
        st.error(f"메일 로딩 중 오류가 발생했습니다: {str(e)}")
        return None

# (2) 메일 발신인/제목 디코딩 함수 정의
def decode_mime_words(encoded_string):
    if encoded_string is None:
        return ""
    decoded_words = decode_header(encoded_string)
    decoded_string = ""
    for content, charset in decoded_words:
        if isinstance(content, bytes):
            try:
                decoded_string += content.decode(charset or "utf-8")
            except (UnicodeDecodeError, TypeError):
                decoded_string += content.decode("latin1", errors="ignore")
        else:
            decoded_string += content
    return decoded_string

# (3) 메일 본문 가져오기 함수 정의
```

```python
def get_email_content(message):
    if message.is_multipart():
        parts = [get_email_content(part) for part in message.get_payload()
                 if part.get_content_type() == "text/plain"]
        return "\n".join(parts) if parts else ""
    else:
        content_type = message.get_content_type()
        if content_type == "text/plain":
            content = message.get_payload(decode=True)
            if content:
                charset = message.get_content_charset()
                try:
                    return content.decode(charset or "utf-8")
                except (UnicodeDecodeError, TypeError):
                    return content.decode("latin1", errors="ignore")
        return ""

def main():
    st.set_page_config(layout="wide")
    st.title("메일 자동 응답 프로그램")
    st.caption("최근 수신한 메일을 확인하고 답장 초안을 작성해줍니다.")
    # (4) 주요 세션 상태 변수 선언
    if "openai_api_key" not in st.session_state:      # OpenAI API Key
        st.session_state.openai_api_key = None
    if "email_id" not in st.session_state:            # 네이버 아이디
        st.session_state.email_id = None
    if "email_password" not in st.session_state:      # 네이버 비밀번호
        st.session_state.email_password = None
    if "emails" not in st.session_state:              # 메일 데이터프레임
        st.session_state.emails = None
    if "client" not in st.session_state:              # OpenAI 클라이언트
        st.session_state.client = None
    if "answer_generated" not in st.session_state:    # 답장 초안
        st.session_state.answer_generated = None
    if "final_reply" not in st.session_state:         # 최종 메일
        st.session_state.final_reply = None
    # (5) 사이드바 생성
    with st.sidebar:
        st.session_state.openai_api_key = st.text_input(
            "OpenAI API Key",
```

```python
            type="password",
        )
        st.session_state.email_id = st.text_input(
            "네이버 아이디(@ 이하 제외)", key="id"
        )
        st.session_state.email_password = st.text_input(
            "네이버 비밀번호", key="password", type="password"
        )
# (6) 열 레이아웃 생성
col1, col2 = st.columns([1.5, 1])
with col1:
    if st.button("메일 불러오기"):
        if not (
            st.session_state.openai_api_key
            and st.session_state.email_id
            and st.session_state.email_password
        ):
            st.info("API Key, 네이버 아이디와 비밀번호를 입력하세요.")
            st.stop()
        with st.spinner("메일 불러오는 중..."):
            emails_df = fetch_emails(
                st.session_state.email_id, st.session_state.email_password
            )
            # (7) 메일 데이터프레임 세션 상태 변수 선언
            if emails_df is not None:
                st.session_state.emails = emails_df
    if st.session_state.emails is not None:
        # (8) 메일 데이터프레임 출력
        selected_email = st.dataframe(
            st.session_state.emails[["날짜", "발신인", "제목"]],
            hide_index=True,
            on_select="rerun",
            selection_mode="single-row",
            use_container_width=True,
        )
        # (9) 특정 행 선택 시 해당 내용 출력
        if selected_email["selection"]["rows"]:
            selected_index = selected_email["selection"]["rows"][0]
            selected_row = st.session_state.emails.iloc[selected_index]
            email_subject = selected_row["제목"]
```

```
                sender = selected_row["발신인"]
                email_content = selected_row["본문"]
                st.write("제목: " + email_subject)
                st.write("발신인: " + sender)
                st.write(email_content)
            else:
                st.write("메일을 선택하세요.")
    with col2:
        st.write("답장 초안")

if __name__ == "__main__":
    main()
```

streamlit run ch15_mail_ai.py 명령으로 프로그램을 실행합니다. 사이드바에서 OpenAI API Key, 네이버 아이디, 네이버 비밀번호를 입력한 후 [메일 불러오기] 버튼을 클릭하면 최근에 받은 메일 열 개가 표 형태로 출력됩니다. 표의 왼쪽에서 행 하나를 체크하면 해당 메일의 본문이 하단에 출력됩니다.

그림 15-6 실행 결과

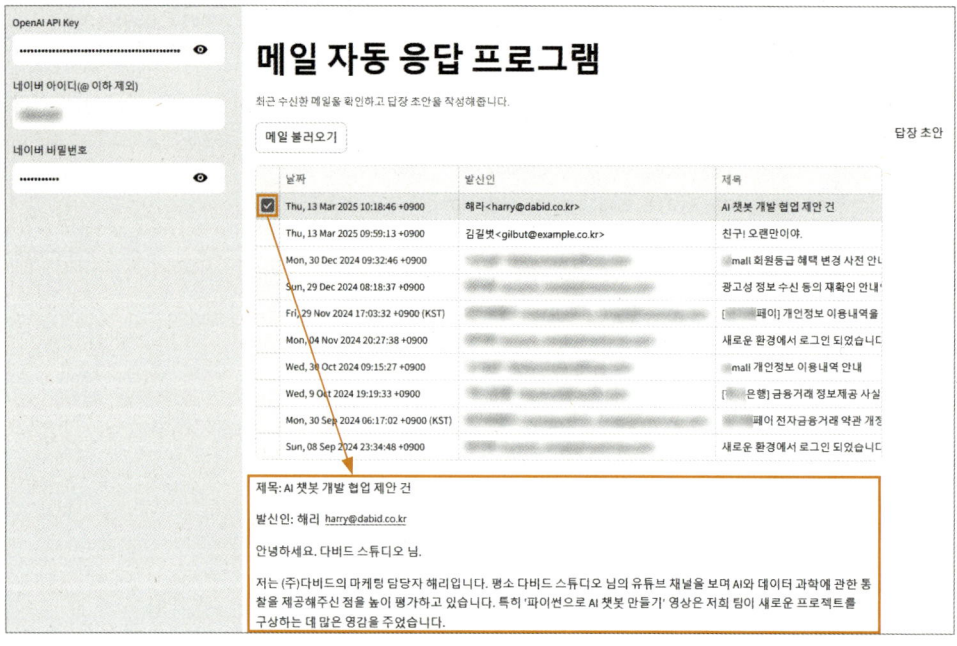

코드를 자세히 살펴봅시다.

(1)~(3) 세 함수 정의: 메일 수신 함수, 메일 발신인/제목 디코딩 함수, 메일 본문 가져오기 함수를 정의합니다. 앞에서 연습한 코드를 세 함수에 그대로 사용하되, 메일 수신 함수만 수정을 가하면 됩니다. 원래 메일 수신 함수는 리스트[fetch_emails()]를 반환했는데, 웹 화면에 표 형태로 출력하기 위해 리스트를 데이터프레임으로 변환한 후[df = pd.DataFrame(fetched_emails)] 반환하도록 수정했습니다.

(4) 주요 세션 상태 변수 선언: 메일 수신, 답장 초안 작성, 최종 메일 회신 등의 작업이 한 프로그램에서 구현되기 때문에 내부적으로 여러 번 재실행됩니다. 따라서 네이버 아이디, 네이버 비밀번호, 메일 데이터프레임, OpenAI 클라이언트, 답장 초안, 최종 메일 등의 변수를 세션 상태로 선언해 관리합니다. 새로 고침을 하더라도 변수의 값을 유지하기 위함입니다.

(5) 사이드바 생성: 사이드바를 만들고 OpenAI API Key, 네이버 아이디, 네이버 비밀번호를 입력받아 세션 상태 변수에 저장합니다.

(6) 열 레이아웃 생성: 두 개의 열 레이아웃을 만들고, 첫 번째 열에 네이버 메일에서 가져온 메일 열 개와 선택된 메일 본문을 표시합니다.

(7) 메일 데이터프레임 세션 상태 변수 선언: [메일 불러오기] 버튼을 클릭해 네이버에서 메일을 가져와(데이터프레임 형식) emails_df 변수에 저장한 후 emails라는 세션 상태로 선언합니다.

(8) 메일 데이터프레임 출력: 받아온 메일 데이터프레임을 출력합니다. 이때 데이터프레임의 각 행을 하나만 선택할 수 있도록 selection_mode="single-row" 항목을 추가합니다. 사용자가 선택한 행에 대한 정보는 selected_email 변수에 저장합니다.

(9) 특정 행 선택 시 해당 내용 출력

- (8)번에서 선택한 행의 메일 본문을 출력합니다.

- 특정 행을 선택하면 selected_email["selection"]["rows"]에 값이 들어갑니다. 여기서 selected_email은 딕셔너리 형태의 객체로, 그 안에 선택된 행과 열의 인덱스를 포함한 "selection" 키가 있습니다.

- selected_email["selection"]은 또 다른 딕셔너리로, 그 안에 선택된 행의 인덱스를 포함한 "rows" 키가 있습니다.

- 결국 selected_email["selection"]["rows"]에는 사용자가 선택한 행의 인덱스가 담깁

니다.

- selected_email["selection"]["rows"]에 값이 존재하면 이 값을 이용해 데이터프레임의 특정 행 정보를 추출한 후 st.write() 명령으로 화면에 출력합니다.

15.2.3 답장 초안 생성 및 회신하기

사용자가 선택한 메일에 대한 답장 초안을 생성하고 수정된 최종 메일을 회신하도록 다음 코드를 추가합니다.

ch15_mail_ai.py

```python
from email.header import decode_header
import streamlit as st
import pandas as pd
import imaplib
import email
# (10) 추가 패키지 설치
from openai import OpenAI
from email.message import EmailMessage
import smtplib

# (1) 메일 수신 함수 정의
def fetch_emails(email_id: str, email_password: str) -> pd.DataFrame:
    try:
        mail = imaplib.IMAP4_SSL("imap.naver.com")
        mail.login(email_id, email_password)
        mail.select("inbox")
        result, data = mail.search(None, "ALL")
        mail_ids = data[0].split()[-10:]
        fetched_emails = []
        for mail_id in mail_ids:
            result, data = mail.fetch(mail_id, "(RFC822)")
            raw_email = data[0][1]
            msg = email.message_from_bytes(raw_email)
            email_data = {
                "날짜": msg.get("Date"),
                "발신인": decode_mime_words(msg.get("From")),
```

```python
                "제목": decode_mime_words(msg.get("Subject")),
                "본문": get_email_content(msg),
                "메일 객체": msg,  # (11) 메일 객체도 저장
            }
            fetched_emails.append(email_data)
        fetched_emails.reverse()
        # 결과 리스트를 데이터프레임으로 변환
        df = pd.DataFrame(fetched_emails)
        return df
    except Exception as e:
        st.error(f"메일 로딩 중 오류가 발생했습니다: {str(e)}")
        return None

# (2) 메일 발신인/제목 디코딩 함수 정의
def decode_mime_words(encoded_string):
    if encoded_string is None:
        return ""
    decoded_words = decode_header(encoded_string)
    decoded_string = ""
    for content, charset in decoded_words:
        if isinstance(content, bytes):
            try:
                decoded_string += content.decode(charset or "utf-8")
            except (UnicodeDecodeError, TypeError):
                decoded_string += content.decode("latin1", errors="ignore")
        else:
            decoded_string += content
    return decoded_string

# (3) 메일 본문 가져오기 함수 정의
def get_email_content(message):
    if message.is_multipart():
        parts = [get_email_content(part) for part in message.get_payload()
                 if part.get_content_type() == "text/plain"]
        return "\n".join(parts) if parts else ""
    else:
        content_type = message.get_content_type()
        if content_type == "text/plain":
            content = message.get_payload(decode=True)
```

```python
            if content:
                charset = message.get_content_charset()
                try:
                    return content.decode(charset or "utf-8")
                except (UnicodeDecodeError, TypeError):
                    return content.decode("latin1", errors="ignore")
    return ""

# (12) 회신 메일 생성 함수 정의
def create_reply(email_message, reply_message, from_addr):
    reply_to = email_message.get("Reply-To", email_message["From"])
    reply = EmailMessage()
    reply["To"] = reply_to
    reply["From"] = from_addr
    reply["Subject"] = "Re: " + email_message["Subject"]
    reply["In-Reply-To"] = email_message["Message-ID"]
    reply["References"] = (
        email_message.get("References", "") + " " + email_message["Message-ID"]
    ).strip()
    reply.set_content(reply_message)
    return reply

# (13) 메일 전송 함수 정의
def send_email(message, email_id, email_password):
    smtp_server = "smtp.naver.com"
    port = 587
    username = email_id
    password = email_password
    with smtplib.SMTP(smtp_server, port) as server:
        server.starttls()
        server.login(username, password)
        server.send_message(message)

def main():
    st.set_page_config(layout="wide")
    st.title("메일 자동 응답 프로그램")
    st.caption("최근 수신한 메일을 확인하고 답장 초안을 작성해줍니다.")
    # (4) 주요 세션 상태 변수 선언
    if "openai_api_key" not in st.session_state:    # OpenAI API Key
```

```python
        st.session_state.openai_api_key = None
    if "email_id" not in st.session_state:              # 네이버 아이디
        st.session_state.email_id = None
    if "email_password" not in st.session_state:        # 네이버 비밀번호
        st.session_state.email_password = None
    if "emails" not in st.session_state:                # 메일 데이터프레임
        st.session_state.emails = None
    if "client" not in st.session_state:                # OpenAI 클라이언트
        st.session_state.client = None
    if "answer_generated" not in st.session_state:      # 답장 초안
        st.session_state.answer_generated = None
    if "final_reply" not in st.session_state:           # 최종 메일
        st.session_state.final_reply = None
# (5) 사이드바 생성
with st.sidebar:
    st.session_state.openai_api_key = st.text_input(
        "OpenAI API Key",
        type="password",
    )
    st.session_state.email_id = st.text_input(
        "네이버 아이디(@ 이하 제외)", key="id"
    )
    st.session_state.email_password = st.text_input(
        "네이버 비밀번호", key="password", type="password"
    )
# (6) 열 레이아웃 생성
col1, col2 = st.columns([1.5, 1])
with col1:
    if st.button("메일 불러오기"):
        if not (
            st.session_state.openai_api_key
            and st.session_state.email_id
            and st.session_state.email_password
        ):
            st.info("API Key, 네이버 아이디와 비밀번호를 입력하세요.")
            st.stop()
        with st.spinner("메일 불러오는 중..."):
            emails_df = fetch_emails(
                st.session_state.email_id, st.session_state.email_password
```

```python
            )
            # (7) 메일 데이터프레임 세션 상태 변수 선언
            if emails_df is not None:
                st.session_state.emails = emails_df
        if st.session_state.emails is not None:
            # (8) 메일 데이터프레임 출력
            selected_email = st.dataframe(
                st.session_state.emails[["날짜", "발신인", "제목"]],
                hide_index=True,
                on_select="rerun",
                selection_mode="single-row",
                use_container_width=True,
            )
            # (9) 특정 행 선택 시 해당 내용 출력
            if selected_email["selection"]["rows"]:
                selected_index = selected_email["selection"]["rows"][0]
                selected_row = st.session_state.emails.iloc[selected_index]
                email_subject = selected_row["제목"]
                sender = selected_row["발신인"]
                email_content = selected_row["본문"]
                message_object = selected_row["메일 객체"] # (14) 메일 객체 추가
                st.write("제목: " + email_subject)
                st.write("발신인: " + sender)
                st.write(email_content)
            else:
                st.write("메일을 선택하세요.")
    with col2:
        # (15) 답장 작성을 위한 프롬프트 입력 위젯 생성
        default_user_prompt = """- 반드시 한글로 작성해.
- 구체적인 상황을 설명해달라는 내용으로 작성해.
- 친절하게 작성해.
"""
        user_input = st.text_area(
            "메일 답장 방식을 작성해주세요",
            value=default_user_prompt,
            height=100
        )
        generate_answers = st.button("답장 초안 작성")
        if generate_answers:
            st.session_state.client = OpenAI(
```

```python
                api_key=st.session_state.openai_api_key
            )
            with st.spinner("답장 초안 작성 중..."):
                # (16) 최종 프롬프트로 답장 초안 생성
                prompt = f"""
                메일 발신인: {sender}
                메일 내용: {email_content}
                너는 위 메일에 대해 답장을 작성하는 사람이야.
                {user_input}
                """
                response = st.session_state.client.chat.completions.create(
                    model="gpt-4o-mini",
                    messages=[{"role": "system", "content": prompt}],
                )
                result_text = response.choices[0].message.content
            # (17) 답장 초안의 세션 상태 선언
            st.session_state.generated_answer = result_text
            st.session_state.answer_generated = True
        if st.session_state.answer_generated:
            # (18) 답장 초안 출력
            st.session_state.final_reply = st.text_area(
                "AI로 작성한 답장 초안",
                value=st.session_state.generated_answer,
                height=300,
            )
            result_text = response.choices[0].message.content
            # (19) 메일 회신 버튼 로직 구현
            if st.button("메일 회신하기"):
                with st.spinner("메일 회신 중..."):
                    from_addr = f"{st.session_state.email_id}@naver.com"
                    reply_message = st.session_state.final_reply
                    reply_email = create_reply(message_object,
                                                reply_message, from_addr)
                    send_email(reply_email, st.session_state.email_id,
                                st.session_state.email_password)
                    st.success("메일을 성공적으로 보냈습니다.")

if __name__ == "__main__":
    main()
```

웹 페이지를 새로 고침 하고 [답장 초안 작성] 버튼을 클릭해 답장 초안을 작성한 후 [메일 회신하기] 버튼을 클릭하면 답장 초안이 발송됩니다.

그림 15-7 실행 결과

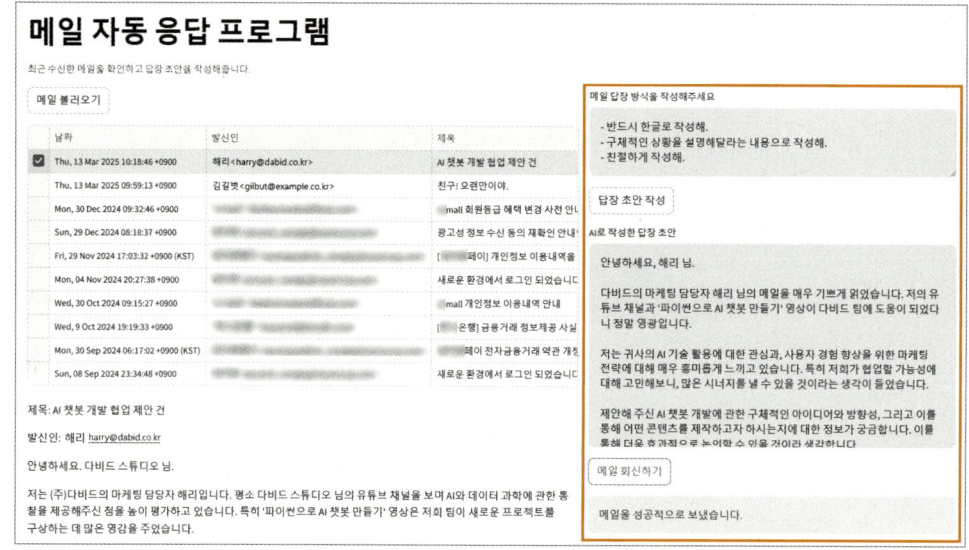

추가된 코드를 자세히 살펴봅시다.

(10) 추가 패키지 설치: 메일을 회신하는 데 필요한 패키지를 설치합니다.

(11) 메일 객체도 저장

- 메일을 불러올 때 제목, 발신인, 본문과 함께 원본 메일 객체도 저장합니다. 메일 객체는 원본 메일의 모든 정보를 담고 있는 완전한 데이터입니다.

- 메일 객체에는 답장을 보낼 때 필요한 원본 메일의 정보(발신인, 메일 제목 등)가 담겨 있습니다. 이 정보를 활용하면 'RE: 원본 제목'과 같은 형식으로 답장을 보내거나, 원본 메일에 있던 다른 수신인에게도 함께 답장을 보낼 수 있습니다.

(12) 회신 메일 생성 함수 정의

- 원본 메일과 답장 내용을 받아 새로운 답장 메일을 만드는 함수를 작성합니다. 앞에서 (ch15_mail_test2.py) 연습한 '메일 생성 함수'를 이용합니다.

- 이 함수는 답장할 주소를 설정하고, 새 메일에 필요한 정보를 채워 답장 내용을 구성한 후 완성된 답장 메일 객체를 반환합니다.

- 답장 내용에는 수신인의 메일 주소("To"), 발송인의 메일 주소("From"), 원본 제목 앞에 "Re: "를 붙인 제목("Subject"), 원본 메일의 고유 ID("In-Reply-To"), 메일 대화 흐름을 추적하는 ID 목록("References")이 포함됩니다.

(13) **메일 전송 함수 정의:** SMTP 서버에 연결해 (12)번에서 만든 회신 메일을 전송하는 함수를 작성합니다. 앞에서(ch15_mail_test2.py) 연습한 '메일 전송 함수'를 이용합니다.

(14) **메일 객체 추가:** 특정 행 선택 시 해당 내용을 출력할 때 메일 객체도 가져와 message_object에 저장합니다. 메일 객체는 이후 회신 메일을 보낼 때 필요합니다.

(15) **답장 작성을 위한 프롬프트 입력 위젯 생성:** text_area() 위젯을 이용해 답장 작성을 위한 프롬프트 입력 위젯을 만듭니다. 프롬프트는 사용자의 상황에 따라 작성하면 됩니다. 예시처럼 긍정적으로 답변하되 상황을 좀 더 구체적으로 알려달라고 해도 되고, 거절 또는 수용과 같은 답변 방향을 제시해도 됩니다.

(16) **최종 프롬프트로 답장 초안 생성:** 메일 발신인, 메일 내용, 답장 작성 프롬프트를 모두 포함한 최종 프롬프트를 만들어 prompt 변수에 저장하고, prompt가 포함된 API 요청을 보내 답장 초안을 응답받습니다.

(17) **답장 초안의 세션 상태 선언:** AI가 작성한 답장 초안을 세션 상태로 선언합니다. 이렇게 하면 웹 페이지를 새로 고침 하거나 다른 기능을 사용해도 AI가 작성한 답장 초안이 유지됩니다.

(18) **답장 초안 출력:** 사용자가 답장 초안을 수정할 수 있도록 st.write() 대신 st.text_area() 위젯으로 답장 초안을 출력합니다. 사용자가 답장 초안의 내용을 수정하면 최종 답장을 final_reply 세션 상태에 저장합니다.

(19) **메일 회신 버튼 로직 구현:** [메일 회신하기] 버튼을 클릭하면 회신 메일 생성 함수[create_reply()], 메일 전송 함수[send_email()]를 호출해 답장 메일 객체를 만들어 전송합니다.

이렇게 해서 메일 자동 응답 프로그램을 완성했습니다. 네이버 메일의 IMAP, SMTP 환경 설정을 통해 파이썬 프로그램에서 외부 메일을 받아오고, 반대로 외부 메일 계정으로 메일을 보내는 방법을 배웠습니다. 이 프로그램에서는 답장 초안을 생성하는 데에만 AI를 활용했지만, 외부 메일을 파이썬 프로그램에 연계할 수 있다는 점을 이용하면 메일 분석, 분류, 모니터링 등에도 AI를 활용할 수 있습니다.

또한 이 프로그램은 여러 단계와 작업이 혼합된 복합 프로그램으로, 각 단계별 데이터를 저장한 후 다음 단계에서 활용하기 위해 세션 상태 변수를 이용했습니다. 복잡한 프로그램일수록 세션 상태를 이용하는 것이 중요합니다.

마무리

1. IMAP와 SMTP

- IMAP는 메일을 받을 때 사용하는 프로토콜로, 사용 중인 기기에 메일을 다운로드하지 않고 메일 서버에 저장된 상태로 조회합니다.
- SMTP는 메일을 보낼 때 사용하는 프로토콜로, 외부 메일에서 직접 [메일 보내기] 버튼을 클릭하지 않더라도 파이썬 프로그램에서 외부의 메일 서버에 요청해 메일을 전송할 수 있습니다.

2. 메일 수신 함수

메일 아이디와 비밀번호를 입력받아 IMAP 프로토콜로 해당 계정의 메일을 딕셔너리 리스트 형태로 반환합니다.

```python
def fetch_emails(email_id: str, email_password: str):
    try:
        mail = imaplib.IMAP4_SSL("imap.naver.com")
        mail.login(email_id, email_password)
        # 수신 메일함 선택
        mail.select("inbox")
        result, data = mail.search(None, "ALL")
        # 최근 메일 열 개 가져오기
        mail_ids = data[0].split()[-10:]
        fetched_emails = []
        for mail_id in mail_ids:
            result, data = mail.fetch(mail_id, "(RFC822)")
            raw_email = data[0][1]
```

```
            msg = email.message_from_bytes(raw_email)
            # 딕셔너리 선언(메일 발신인/제목 디코딩, 메일 본문 가져오기)
            email_data = {
                "날짜": msg.get("Date"),
                "발신인": decode_mime_words(msg.get("From")),
                "제목": decode_mime_words(msg.get("Subject")),
                "본문": get_email_content(msg),
            }
            fetched_emails.append(email_data)
        # 결과 리스트 반전 및 반환
        fetched_emails.reverse()
        return fetched_emails
    except Exception as e:
        print(f"오류 발생: {e}")
        return None
```

3. 메일 생성 함수

- 새로운 메일을 만드는 함수입니다.

- email_message라는 메일 객체를 만들어 수신인의 메일 주소(to_addr), 발신인의 메일 주소(from_addr), 메일 제목(subject), 메일 본문(body)을 저장해 반환합니다.

```
def create_email(to_addr, subject, body, naver_id):
    from_addr = f"{naver_id}@naver.com"
    email_message = EmailMessage()
    email_message["To"] = to_addr
    email_message["From"] = from_addr
    email_message["Subject"] = subject
    email_message.set_content(body)
    return email_message
```

4. 메일 전송 함수

SMTP 프로토콜로 외부 메일 서버에 연결해 메일을 전송합니다.

```
def send_email(message, naver_id, naver_password):
    smtp_server = "smtp.naver.com"
    port = 587
    with smtplib.SMTP(smtp_server, port) as server:
        server.starttls()
        server.login(naver_id, naver_password)
        server.send_message(message)
```

찾아보기

ㄱ

가상 환경	54
객체	151
깃허브	53

ㄷ

데이터프레임	367
딕셔너리	88

ㄹ

레이아웃	130
리스트	84

ㅁ

마크다운	123
매개변수	105
메서드	151
모듈	109
문자형	78

ㅂ

바이트 데이터	290
반복문	98
반응형 레이아웃	133
배포	160
버튼 위젯	143
변수	75
별칭	109
불형	78

ㅅ

사이드바	135
선택형 위젯	148
세션 상태	155
세션 상태명	156
세트	92
속성	151
숫자형	77
스코프	108
스트림	208
스트림릿	28, 114
스트림릿 커뮤니티 클라우드	160
실수형	77

ㅇ

위젯	142
음성-텍스트 변환	319
이미지 인코딩	357
인덱스	85, 367
인자	105
임포트	109
입력 위젯	146

ㅈ

자료구조	83
자료형	77
정규 표현식	369
정수형	77
조건문	95

주석	75	헤더	367
ㅊ		**A**	
최종 프롬프트	223	AI 모델	172
축약 연산자	76	API	172
		API 요청	173
		API Key	174
ㅋ			
컨텍스트 윈도우	183	**B**	
클라이언트	179	base64	361
		break 문	99
ㅌ			
타입 힌팅	288	**D**	
터미널	45	Dall-E	299
텍스트-음성 변환	259		
토큰	184	**F**	
튜플	93	f-문자열	82
		for 문	98
ㅍ			
파이썬	27	**I**	
파일 위젯	150	if 문	95
패키지	56, 108	if~else 문	96
프롬프트	183	if~elif~else 문	97
프롬프트 엔지니어링	183	if __name__ == "__main__"	203
		IMAP	381
ㅎ		input()	76
할당 연산자	75		
함수	103	**L**	
함수의 반환값	106	localhost	160
함수의 입력값	105		

O

openai	175
OpenAI API	28

P

pandas	359
print( )	75
pymupdf	239
python-docx	282

S

Simple Browser	118
SMTP	381
STT	319

T

TTS	259
tts-1 모델	262

U

UTF-8	385

V

VSCode	38

W

while 문	101
whisper-1	323
with open 문	263